Zum Buch

*Sturmflut über Hamburg* ist die Chronik der Hamburger Sturmflut von 1962, bei der 315 Menschen sowie 25 000 Tiere ihr Leben verloren. Aufgehängt an Einzelschicksalen schildert Alexander Schuller in seinem Tatsachenroman die dramatischen Ereignisse in der Nacht vom 16. auf den 17. Februar 1962. Das Buch beginnt in der Deutschen Bucht vor Cuxhaven am gefürchteten »Vogelsand«. Wir folgen der tödlichen Flutwelle die Elbe hinauf bis zur späteren Katastrophe, die sich in den südlichen Hamburger Stadtteilen ereignen wird. Der Leser erfährt – konsequent entlang der handelnden Personen erzählt –, wie es »meteorologisch« zur Katastrophe kommen konnte, warum die Deiche brachen, wie Tausende von Menschen vor dem Hochwasser aus den Niederungen längs der Elbe flüchteten. Wir lernen Retter kennen, die ihr Leben für andere riskierten – aber auch Retter, die ihr Leben im Einsatz verloren. Schuller schildert anhand zahlreicher Interviews mit Zeitzeugen, wie sich Hamburg in ein einziges Chaos verwandelt, bis ein selbst ernannter Krisenmanager – Helmut Schmidt – das Heft in die Hand nimmt. Hierzu griff der Autor auch auf diverse Akten und offizielle Berichte aus den Archiven der Stadt zurück und bediente sich vieler Augenzeugenberichte sowie privater Aufzeichnungen Betroffener.
Ein kurzer Ausblick auf den bestehenden Hochwasserschutz, Foto- und Kartenmaterial sowie ein informativer Anhang runden das Buch ab.


Zum Autor

Der Journalist Alexander Schuller, geboren 1961, arbeitet seit 1995 als freier Autor hauptsächlich fürs Fernsehen. Er schrieb u. a. die Romanfassungen zu den Filmen *Der König von St. Pauli, Der Liebe entgegen* und *Soraya.* Schuller lebt mit seiner Familie in der Nähe von Hamburg.

Lieferbare Titel
*Vera – Die Frau des Sizilianers; Julie – Agentin des Königs; Soraya; Papa und Mama.*

Alexander Schuller

# STURMFLUT
## ÜBER HAMBURG

Die Nacht, in der eine Stadt ertrank

Ein Tatsachenroman

WILHELM HEYNE VERLAG
MÜNCHEN

## Bildnachweis

ullstein bild: S. 1 oben u. unten, S. 2 oben, S. 6, S. 8 oben, S. 9 oben u. unten, S. 16
SV-Bilderdienst: S. 4, S. 5 oben, S. 10, S. 12 oben u. unten, S. 13 unten
Associated Press: S. 11, S. 14 unten
Aus dem Buch »Sturmflutkatastrophe 1962«, Stade-Buxtehude: S. 2 unten, S. 3 oben u. unten, S. 13 oben, S. 15
Aus dem Buch »Die große Februarflut 1962«, Otterndorf-Cuxhaven: S. 5 unten, S. 8 unten, S. 14 oben

Der Verlag hat sich bemüht, sämtliche Rechteinhaber ausfindig zu machen. Dies ist nicht in allen Fällen gelungen. Für Hinweise sind wir dankbar.

*Umwelthinweis:*
Dieses Buch wurde auf chlor- und
säurefreiem Papier gedruckt.

Originalausgabe 02/2006

Copyright © 2006 by Wilhelm Heyne Verlag, München,
in der Verlagsgruppe Random House GmbH
Printed in Germany 2006
Redaktion: Angela Kuepper, München
Umschlaggestaltung: Eisele Grafik-Design, München
Umschlagfotos: © picture-alliance / dpa und
© picture-alliance / dpa / Lothar Heidtmann
Satz: Christine Roithner Verlagsservice, Breitenaich
Druck und Bindung: GGP Media GmbH, Pößneck

ISBN-10: 3-453-40148-4
ISBN-13: 978-3-453-40148-8

www.heyne.de

# Inhalt

## Trutz, blanke Hans

Von der Nordsee, der Mordsee, vom Festland geschieden,
liegen die friesischen Inseln im Frieden.
Und, Zeugen weltenvernichtender Wut,
taucht Hallig auf Hallig aus fliehender Flut.
Die Möwe zankt schon auf wachsenden Watten,
der Seehund sonnt sich auf sandigen Platten.
Trutz, blanke Hans.

Im Ozean, mitten, schläft bis zur Stunde
ein Ungeheuer, tief auf dem Grunde.
Sein Haupt ruht dicht vor Englands Strand,
die Schwanzflosse spielt bei Brasiliens Sand.
Es zieht, sechs Stunden den Atem nach innen
und treibt ihn, sechs Stunden, wieder von hinnen.
Trutz, blanke Hans.

Doch einmal in jedem Jahrhundert entlassen
die Kiemen gewaltige Wassermassen.
Dann holt das Untier tiefer Atem ein
und peitscht die Wellen und schläft wieder ein.
Viele tausend Menschen im Nordland ertrinken,
viel reiche Länder und Städte versinken.
Trutz, blanke Hans.

DETLEF VON LILIENCRON,
Hardesvogt auf Pellworm, 1882 bis 1883

# Großwetterlage 16.2.1962

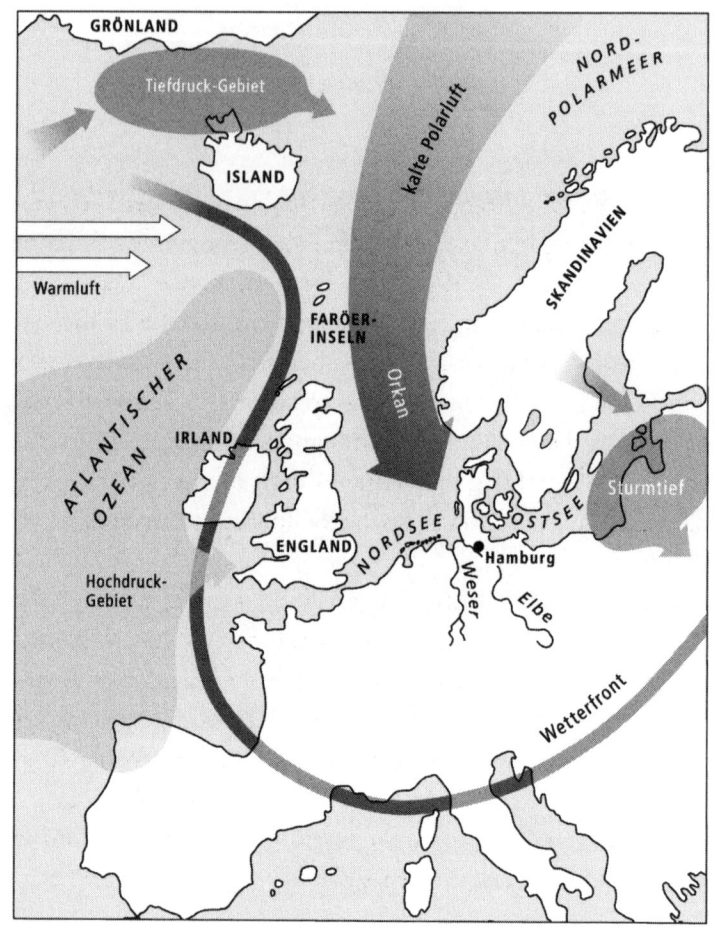

GRÖNLAND

Tiefdruck-Gebiet

ISLAND

NORD-POLARMEER

kalte Polarluft

Warmluft

FARÖER-INSELN

SKANDINAVIEN

Orkan

ATLANTISCHER OZEAN

IRLAND

Sturmtief

ENGLAND

NORDSEE

OSTSEE

Hochdruck-Gebiet

Weser

Hamburg

Elbe

Wetterfront

# Vorwort

Im Jahre 1962 sollten sich in Deutschland und der Welt viele Dinge ereignen, an die sich die Zeitgenossen noch lange erinnern würden, häufig bis an ihr Lebensende. Die NASA würde mit John Glenn einen Amerikaner ins Weltall schießen, allerdings ein paar Wochen *nach* den Sowjets. In Nordafrika würde nach acht Jahren der Krieg zwischen Frankreich und der algerischen Unabhängigkeitsbewegung zu Ende gehen, während der Bürgerkrieg in Vietnam durch das massive Eingreifen amerikanischer und russischer Militärberater erst recht aufflammen sollte.

Zwischen den USA und der UdSSR herrschte der »Kalte Krieg«. Am Grenzübergang »Checkpoint Charlie« in Berlin-Kreuzberg standen sich seit Wochen schwere Kampfpanzer beider Nationen gegenüber, und während der Kuba-Krise würde die Welt sich sogar tagelang am Rande eines nuklearen Konflikts zwischen den beiden Supermächten bewegen.

Die »Mauer«* teilte seit gut einem halben Jahr das Land in zwei deutsche Staaten. Immer mehr verzweifelte DDR-Bür-

---

* Am 13. August 1961 hatte auf Geheiß der damaligen DDR-Führung der Bau der Berliner Mauer begonnen. Von einem auf den anderen Tag wurde Berlin – Deutschland – in zwei Hälften geteilt, wurden Familien und Freunde auseinander gerissen. Offiziell als »antifaschistischer Schutzwall« bezeichnet, sollte die Mauer vor allem das Ausbluten der DDR verhindern.

ger, denen es nicht mehr rechtzeitig gelungen war, sich in den »Goldenen Westen« abzusetzen, riskierten die lebensgefährliche Flucht über den »Todesstreifen«. Oder sie vertrauten – häufig gegen Bares – einem professionellen Fluchthelfer Freiheit und Leben an. Bis zur umjubelten Öffnung der Mauer am 9. November 1989 sollte noch einigen tausend Ostdeutschen die Flucht, meist übers kommunistische Ausland, glücken. Aber an dieser perfiden Grenze würden schließlich auch mehr als 1000 Menschen ihren Wunsch nach Freiheit mit dem Leben bezahlen: so wie der junge Ostberliner Bauarbeiter Peter Fechter, den die DDR-Grenzsoldaten am 17. August 1962 unter den Protesten entsetzter Augenzeugen inmitten des Stacheldrahts verbluten ließen, nachdem sie ihn angeschossen hatten.

Die »Spiegel-Affäre« im Frühjahr jenes Jahres bis zum heutigen Tag *das* Synonym für den Versuch, kritische Presse-Berichterstattung in Deutschland durch staatliche Sanktionen zu verhindern, sollte die junge Demokratie wie ein Erdbeben erschüttern. Die Affäre würde mit dem Rücktritt eines blamierten Verteidigungsministers namens Franz Josef Strauß enden. Der mysteriöse Tod der Hollywood-Diva Marylin Monroe würde alle anderen Kulturereignisse des Jahres überschatten. Und mit dem Sturmtief »Vincinette« würde Mitte Februar ein Jahrhundertorkan über Deutschland hinwegfegen, der den Menschen einmal mehr begreiflich machen sollte, dass die Natur letztendlich immer siegt …

**Im Jahr 1962 erreichte auch das »Wirtschaftswunder« seinen Höhepunkt:** Den Deutschen ging es so gut wie noch nie, und das, obwohl sie doch erst 17 Jahre zuvor demoralisiert worden waren – und die großen Städte in Schutt und Asche gelegen hatten. Jetzt herrschten geradezu paradiesische Zustände: »Arbeitslos« war ebenso ein Schimpf- wie auch ein Fremdwort. In Westdeutschland waren 26 Millionen Erwerbstätige registriert (statistisch kamen jeweils *vier* Lohn- und Gehaltsempfänger auf *einen* Rentner), aber es war immer noch *zu viel* Arbeit vorhanden, sodass man gezwungen war, ausländische Arbeitskräfte in Scharen anzuwerben. Die meisten von ihnen kamen aus Südeuropa, zunächst aus Italien, Spanien und Portugal. »Made in Germany« war wieder weltweit gefragt. Auf einmal waren die Deutschen Exportweltmeister und durften stolz von sich behaupten: »Wir sind wieder wer.« Es sollte nicht mehr lange dauern, dann würden sie auch »Reise-Weltmeister« sein.

Dass es vielleicht auch wieder wirtschaftliche Krisenzeiten geben könnte, lag in jenen Tagen außerhalb jeglicher Vorstellungskraft. Nur eine Hand voll Politiker, wie zum Beispiel der Wirtschaftsminister Ludwig Erhard, hatten erkannt, dass der Höhepunkt der Konjunktur bereits überschritten war. Sie setzten daraufhin die rosarote Brille ab und forderten das Volk zum Maßhalten auf. Doch angesichts übervoller Kühlschränke, wachsender Reiselust und zunehmend verstopfter Straßen wurden ihre Mahnungen entweder überhört, nicht ernst genommen oder beides zugleich. Das »Wirtschaftswunder« machte die Menschen nicht nur blind und taub für warnende Stimmen, es machte sie euphorisch. Und auch das *Verdrängen* fiel jetzt besonders leicht …

Davon profitierten vor allem diejenigen Deutschen, die in den Jahren zwischen 1933 und 1945 zum Teil enorme Schuld auf sich geladen hatten und jetzt trotzdem unbeschwert und unbehelligt leben konnten. Einige setzten in ihren früheren Positionen sogar noch ihre Karrieren fort: Ärzte, Professoren, Lehrer, Beamte, Polizisten, Berufssoldaten, Richter … Manch einem kam es so vor, als hätte die Gestapo, hätten Terror und

Mord, hätten Auschwitz, Birkenau oder Mittelbau-Dora niemals existiert. Auch die breite Masse hatte Wichtigeres zu tun, als sich kritisch mit der (eigenen) Nazi-Vergangenheit auseinander zu setzen. »Jetzt wird erst mal ordentlich gelebt«, hieß das Motto, und: »Wir lassen uns den Spaß nicht verderben!« Überdies gab es Aufregenderes, als sich mit diesem *dummen Unfall* der Weltgeschichte zu beschäftigen … Man nehme zum Beispiel den 16. Januar 1962: An diesem Dienstag empörte der Kabarettist Wolfgang Neuss die ganze Nation – jedenfalls diejenigen, die schon einen Fernseher besaßen oder irgendwo mitgucken durften –, als er vor der alles entscheidenden, letzten Folge des sechsteiligen Fernsehkrimis »Das Halstuch« von Francis Durbridge* per Zeitungsannonce den Mörder verriet und dem enttäuschten Publikum empfahl, »doch lieber mal wieder ins Kino zu gehen«.

Der nächste kollektive Aufschrei ging am 24. Januar durchs Land, diesmal war es jedoch ein Aufschrei der Freude: 28 DDR-Bürgern, *unseren Brüdern und Schwestern aus der Zone*, war die spektakuläre Flucht durch einen 27 Meter langen, selbst gegrabenen Tunnel von Ost- nach Westberlin gelungen. Kaum war dieser Jubel verhallt, senkte sich jedoch wieder Trauer über die Republik: Am 7. Februar starben bei einer Schlagwetterexplosion in der Völklinger Steinkohlenzeche »Luisenthal« 299 Bergleute.

So jagte bereits in den ersten Wochen des Jahres 1962 ein Ereignis das andere. Bloß die ungewöhnliche Gesamtwetterlage

---

* Der sechsteilige Ratekrimi »Das Halstuch« ging mit einer Einschaltquote nahe der 80 Prozent in die deutsche Fernsehgeschichte ein. Bis zu 30 Millionen Bürger verfolgten in atemloser Spannung die Jagd von Inspektor Yates (Heinz Drache) auf den Mordverdächtigen John Hopedean (Dieter Borsche), der am Ende tatsächlich der Täter war – Wolfgang Neuss hatte nicht geschwindelt.

in diesem Winter wurde weitgehend ignoriert. Das Klima war kein Schlagzeilenthema, dabei spielte es verrückt: Die winterliche Sturmsaison hatte früher als sonst begonnen, und die Stürme waren nicht nur häufiger, sondern im Durchschnitt auch heftiger als gewöhnlich übers Land gefegt. Doch die Menschen nahmen die Wetterkapriolen gelassen hin. »Es gibt kein schlechtes Wetter, höchstens die falsche Kleidung«, sagte man und schlug trotzig den Mantelkragen hoch.

Die Klimaforschung war längst nicht so weit wie heute. Langzeit-Wetterprognosen hatten ungefähr dieselbe Qualität wie der »todsichere Tipp« beim Pferderennen. Lediglich einige windige Astrologen hatten zum Jahreswechsel 61/62 auf Anfrage vorausgesagt, dass eine »Naturkatastrophe« in Deutschland im Bereich des Möglichen liege. Diesbezüglich war die Auswahl jedoch ziemlich begrenzt: Flächenbrände schieden im Winter von vornherein aus, und auch ein Erdbeben schien äußerst ungewöhnlich. Im Prinzip blieben daher nur die beiden Elemente Wind und Wasser übrig, die gefährlich werden konnten.

In den vergangenen 100 Jahren hatte es natürlich immer wieder Orkane und Sturmfluten (verbunden mit Deichbrüchen und Überschwemmungen an den norddeutschen Küsten) gegeben, doch von einer »Jahrhundertflut« wie in den Niederlanden* neun Jahre zuvor glaubte man sich in Deutschland weit entfernt. Außerdem hatte man aus der Katastrophe im Nach-

---

* Nach insgesamt sieben »voreiligen« Sturmflutwarnungen schenkten die Bewohner der Provinzen Zeeland, Zuid-Holland und Noord-Braband dem achten, jedoch entscheidenden Alarm keinen Glauben mehr. Dann aber überspülte plötzlich doch eine mächtige Springflut die Deiche: Mehr als 200 000 Hektar Land standen binnen weniger Stunden meterhoch unter Wasser, 1835 Menschen kamen nicht mehr rechtzeitig aus ihren Häusern und Wohnungen heraus und ertranken.

barland gelernt und *alles nur Erdenkliche* getan. Die Deiche waren gewiss hoch genug. Sie würden bestimmt halten.

**Am Morgen des 12. Februar 1962 aber frischte der stramme Nordwestwind auf, und von nun an hörte es nicht mehr auf zu wehen.** Volle vier Tage lang zog ein Sturmtief nach dem anderen über Deutschland hinweg und verursachte dabei so manch kleinere Sturmflut. Doch erst mit dem letzten Orkan, der sich ab dem 15. Februar in der Troposphäre\* zusammenbraute und den man auf den sinnigen Namen »Vincinette«\*\* taufte, würde am Ende die Katastrophe eintreten, die kaum jemand für möglich gehalten hatte. Nichts fürchtete man damals in den deutschen Amtsstuben mehr als einen *falschen* Alarm. Das war eine der wichtigsten Lehren, die man aus der holländischen *Mandrenke* gezogen hatte. Die erste Bürgerpflicht hieß daher: »Ruhe bewahren.« Man wollte die Bevölkerung auf keinen Fall verunsichern oder gar in Panik versetzen. Tatsächlich aber hatte sich das Hamburger Seewetteramt bereits früh zur Herausgabe einer *Orkanwarnung* durchgerungen, und auch das benachbarte Deutsche Hydrographische Institut hatte rechtzeitig vor einer *sehr schweren Sturmflut* gewarnt.

Während sich daraufhin die sturmfluterprobten Bewohner an den norddeutschen Küsten und entlang der Elbe auf die ewig neue Schlacht des Wassers gegen den Menschen mehr schlecht als recht vorbereiteten, ging das Leben in der Millionenstadt Hamburg weiter wie gehabt. Behördenintern war zwar höchste Wachsamkeit verordnet worden, aber letztendlich

---

\* Die Troposphäre ist die unterste der verschiedenen Luftschichten (Atmosphäre), die die Erde wie eine Hülle umgeben. Sie reicht bis in ungefähr elf Kilometer Höhe. In der Troposphäre spielt sich das gesamte Wettergeschehen ab.
\*\* Französisch, »die Siegreiche«

wähnte man sich hier in Sicherheit. Die Nordsee war schließlich über 100 Kilometer weit entfernt, und die durchschnittliche Höhe der Deiche von 5,70 Meter galt als ausreichend. Nicht einmal ein Katastrophenplan existierte für den Fall der Fälle, der aber bestimmt niemals eintreten würde ...

Diese grundsätzlich laxe Haltung gegenüber den Naturgewalten war jedoch nicht der einzige Grund, warum während der großen Sturmflut am 16. und 17. Februar 1962 in Hamburg 315 Menschen (und 339 in Deutschland insgesamt) ihr Leben verloren, zigtausend Tiere ertrinken mussten und tausende von Wohnungen, Häusern und Existenzen zerstört wurden: Hinzu kamen blindes Gottvertrauen, fatale Fehleinschätzungen, Desorganisation, Kompetenzgerangel, technische Pannen sowie der totale Zusammenbruch der Kommunikation, was gerade in den ersten Stunden nach dem Überlaufen und Bersten der Hamburger Deiche zu einem beispiellosen Chaos führen sollte.

In diesem Tohuwabohu gab es jedoch zum Glück eine Hand voll Menschen, denen es durch ihren entschlossenen Mut zum Handeln zu verdanken war, dass nicht »20 000 oder gar mehr Opfer« beklagt werden mussten. So pessimistisch hatte am frühen Morgen des 17. Februar noch die erste Einschätzung des damaligen Hamburger Polizeisenators Helmut Schmidt vor dem eiligst einberufenen Krisenstab gelautet. Die höchste Flutwelle aller Zeiten (bis 5,71 Meter über Normalnull*, eine zweite Quelle gibt 5,73 Meter an) hatte da bereits rund 130 Quadratkilometer oder gut ein Sechstel des Hamburger Staatsgebiets überschwemmt. Und einmal mehr hatte eine Katastrophe ausgerechnet die Ärmsten der Armen *tödlich* getrof-

---

* siehe Glossar

fen … Viele tausend hockten zu jenem Zeitpunkt seit Stunden in Todesangst auf Dächern im eiskalten Wind oder klammerten sich mit letzter Kraft an die Äste der Bäume, auf die sie sich vor den eiskalten Fluten hatten retten können. Viele hatten binnen weniger Sekunden all ihr Hab und Gut verloren und nicht wenige auch ihre Partner, Kinder, Verwandten oder Freunde. Zehntausende waren in ihren Wohnungen oder Häusern von der Außenwelt abgeschnitten. Strom, Wasser und Gas funktionierten nicht mehr – das Telefon sowieso nicht –, und Funkgeräte waren Mangelware (auch deswegen hatte es in der Hamburger Sturmflutnacht niemanden gegeben, der einen genauen Überblick besaß und die Einsatzkräfte hätte bündeln können).

Feuerwehr, Deutsches Rotes Kreuz, Bundeswehr, Polizei und Technisches Hilfswerk hatten zwar fast den ganzen 16. Februar über in Alarmbereitschaft gestanden. Aber bei insgesamt 61 nahezu zeitgleichen Deichbrüchen wussten die Helfer zunächst gar nicht, wo sie mit den Rettungsmaßnahmen anfangen sollten. Sie taten jedoch intuitiv das einzig Richtige und versuchten einfach, so viele Betroffene wie möglich erst einmal ins Trockene zu bringen. Dabei gerieten sie häufig selbst in Lebensgefahr – und manch einer verlor sogar sein Leben.

Für den Hamburger SPD-Politiker Helmut Schmidt, der mit mehrstündiger, jedoch unfreiwilliger Verspätung, dafür aber mit beispiellosem Impetus am frühen Morgen des 17. Februar die Koordination der Rettungs- und Versorgungsmaßnahmen an sich riss, sollten diese schicksalhaften Tage und Nächte einen Karriereschub bedeuten, obwohl er »einfach nur das tat, was zu tun war«. Sein Name wird auf ewig mit der »Sturmflut über Hamburg« verbunden sein. Noch heute sind ihm die Hansestädter dankbar für sein couragiertes Handeln über Parteigrenzen, bestehende Gesetze und Verordnungen hinweg …

**Dieses Buch handelt hauptsächlich von den ganz gewöhnlichen Menschen, die die Hamburger Sturmflutkatastrophe miterlebt haben.** Es erzählt von denjenigen, die damals über sich hinauswuchsen und deshalb zu Helden wurden. Es sind Geschichten von Tapferkeit und Pflichterfüllung bis hin zur Selbstaufgabe, es sind aber auch Geschichten vom Versagen, von Ignoranz und purer Hilflosigkeit, Geschichten von Schmerz, Leid und Tod. Und es sind auch die paar kleinen Randnotizen von unverhofftem Glück, von Zusammenhalt und Freundschaft, von Hoffnung und Liebe, die häufig nur dann bemerkt werden, wenn Menschen in extreme Situationen geraten und plötzlich aufeinander angewiesen sind.

Gleichzeitig ist es das Anliegen dieses Buches, weitere plausible Antworten auf die vielen, zum Teil noch offenen Fragen zu finden, wie es überhaupt zu dieser Katastrophe kommen konnte, die auch nach über 40 Jahren noch nicht aus unseren Erinnerungen verschwunden ist.

Ihren Anfang machte die »Sturmflut über Hamburg« um den 12. Februar 1962 herum, tausende von Kilometern entfernt von den Laubenkolonien in Hamburg-Waltershof und Hamburg-Wilhelmsburg, wo sie am Ende die meisten ihrer Opfer heimsuchen würde. Dieser lange Weg soll nun erzählt werden. Dieses Buch erhebt jedoch nicht den Anspruch einer *vollständigen* Chronologie der Hamburger Sturmflut. All die Protagonisten, Orte und damit verbundenen Ereignisse können immer nur *stellvertretend* für das stehen, was in jenen dramatischen Tagen und Nächten geschah. Mein Wunsch war es, einen *Tatsachenroman* zu schreiben; einen möglichst vollständigen, informativen Bericht einerseits und ein spannendes und unterhaltsames Buch andererseits. Hierfür habe ich mich vieler verschiedener Informationsquellen bedient und die entsprechenden Fakten (die sich übrigens je nach Quelle manchmal stark voneinander unterscheiden) nach bestem Wissen und Gewissen für dieses Buch verwendet. Hinzu kamen über 100 Gespräche mit Betroffenen, Angehörigen und Freunden jener Zeitzeugen, die in den Sturmfluttagen vor nunmehr 43 Jahren (und für dieses Buch) eine wichtige Rolle spielten – wobei im Laufe der Zeit so manche Erinnerungen verblasst sein mögen … An einigen Stellen habe ich mir daher – vor allem aus dramaturgischen Gründen – die schriftstellerische Freiheit herausgenommen, die Gespräche sowie Gedanken und charakterlichen Eigenschaften der Hauptpersonen so genau wie nur irgend möglich aus all dem vorhandenen Informationsmaterial und den mündlichen Schilderungen zu rekonstruieren. Kurz gesagt: Mehrere der auf den folgenden Seiten auftauchenden Dialoge und inneren Monologe der Protagonisten haben in der vorliegenden Form zwar nicht stattgefunden – aber es *könnte* mit an Sicherheit grenzender Wahrscheinlichkeit genau so gewesen sein … Damals, im Jahre 1962, als eine Stadt ertrank …

*Alexander Schuller,*
Großhansdorf, im November 2005

# Die Ouvertüre – »Vincinette«
# wird geboren

*Cuxhaven, 15. Februar 1962, 1.00 Uhr*

Eigentlich hätte es die *Meerkatze* verdient gehabt, zu den Klängen eines Shanty-Chors auszulaufen: Für das 660 Bruttoregistertonnen große Fischereischutzboot, 1943 in Wilhelmshaven auf Kiel gelegt, war es immerhin die hundertste Ausfahrt im Dienst der Deutschen Hochsee-Fischereiflotte. Das Ziel der Reise war das »Gatt«*, wo die besten Fischfanggründe im Nordatlantik zu finden waren. Doch bei einem solch stürmischen und nasskalten Wetter war niemandem nach Feiern zumute, schon gar nicht zu so früher Stunde. So hatten sich weder Familienangehörige der Besatzungsmitglieder noch die sonst unvermeidlichen Verbandsfunktionäre am Kai eingefunden, als die Leinen losgeworfen wurden und die *Meerkatze* zu ihrem Jubiläumstörn ablegte.

Die großen Kutter und Trawler der Deutschen Hochsee-Fischereiflotte blieben bis zu drei, die modernen Fabrikschiffe gar bis zu sechs Wochen auf See. An Bord dieser neuartigen Spezialschiffe konnte der Fang komplett verarbeitet werden. Die

---

* Ein weiträumiges Seegebiet im Dreieck zwischen Grönland, Island und Schottland. Im Zweiten Weltkrieg konnte es von Aufklärungs- und Kampfflugzeugen nicht erreicht werden.

19

ausgenommenen Fische und die tranchierten Fischfilets wurden tiefgekühlt, die Köpfe und Gräten zu Fischmehl zermahlen, die restlichen Abfälle zu Fischöl verkocht. Die begleitenden Fischereischutzboote hatten dabei mehrere Aufgaben zu erfüllen: Sie unterstützten ihre nationalen Fangflotten beim Aufspüren von Schwärmen und überwachten penibel die Einhaltung der Fangquoten und Gesetze. Mit ihrer Schleppvorrichtung konnten sie in Seenot geratene Fischdampfer an den Haken nehmen und dank ihrer modern ausgerüsteten Krankenstationen medizinische Hilfe vor Ort leisten. Die *Meerkatze* hatte darüber hinaus eine voll eingerichtete Wetterbeobachtungsstation an Bord. Auf jeder ihrer Reisen fuhr ein Meteorologe des Deutschen Wetterdienstes mit. Der warnte die Hochseefischer nicht nur vor heraufziehenden Stürmen, sondern funkte auch mehrmals am Tag die aktuellen Wetterdaten an das Seewetteramt in Hamburg – eines der wichtigsten Mosaiksteinchen, aus denen sich die täglichen Wettervorhersagen zusammensetzten.

Für den 28-jährigen Meteorologen Peter Emmerich war es die vierte Reise ins Nordmeer. Emmerich, ein untersetzter, stämmiger Mann mit flachsblondem Haar, stammte von »drüben«, aus der DDR. Er war im Riesengebirge »mit Skiern an den Füßen« aufgewachsen – wie er bei seinem Einstellungsgespräch lachend erzählt hatte; nach seinem Militärdienst in der NVA* hatte er zwei Jahre in der Wetterwarte von Warnemünde an der Ostsee seinen Dienst verrichtet. Dann hatte er kurz entschlossen sein Bündel gepackt und war in der Nähe von Ratzeburg in Schleswig-Holstein bei Nacht und Nebel über die grüne Grenze in den Westen geflohen – gerade noch rechtzeitig vor dem Mauerbau.

---

* Nationale Volksarmee der DDR

Kaum hatte die *Meerkatze* in dieser Nacht das ruhige Hafenbecken verlassen, wurde sie von der Nordsee mit drei Meter hohen Wellen begrüßt. Trotzdem hielt Emmerich sich draußen auf, denn die ersten Stunden an Bord bedeuteten für ihn stets eine Qual – vor allem bei einem solch heftigen Seegang. Unter Deck wäre er jetzt sofort seekrank geworden und hätte sich die Seele aus dem Leib gekotzt wie auf seiner Jungfernreise. Doch dann hatte ihm der Steuermann der *Meerkatze* einen Trick verraten: Um den Gleichgewichtssinn so schnell wie möglich an die Schaukelei zu gewöhnen, benötigte man zu Beginn einer Seereise einfach einen festen Punkt am Horizont, auf den man die Augen richtete – auch wenn es sich nur um eine beleuchtete Fahrwassertonne handelte.

Emmerich hatte dies auf seiner zweiten Reise erfolgreich ausprobiert, und deshalb stand er nun in der aasigen Kälte draußen an Deck.

Das kann ja heiter werden, dachte Willy Kühn, der 46-jährige Funker der *Meerkatze*, als er Emmerich gewahrte. Allerdings hatte ihm sein Kollege Teetzen vorm Ablegen gesteckt, dass »der Skifahrer aus der Zone« ein pflegeleichter Kandidat sei – und ein pfiffiger Wetterfrosch dazu. Teetzen hatte die ersten drei Reisen mit Emmerich gemacht. Pfiffig? – Davon wollte Kühn sich lieber selbst überzeugen.

Er riss die Tür zum Deck auf. Der »Adenauer«* am Heck stand steif wie ein Brett in der Luft.

»Na, was is' mit Ihnen, Herr Emmerich?«, schrie er gegen den Sturm an. »Immer noch ganz grün inne Gesicht? Wollense vielleicht 'nen heißen Tee? Und dann könnse mir mal verklickern, was wir morgen vom Wettergott noch alles zu erwarten haben!

---

* Ein Ausdruck für die deutsche Flagge, der von Seeleuten gerne verwendet wird.

Ach ja, und denkense dran: Sie müssen schon bald die erste Meldung durchgeben, *Herr* Emmerich!«

Emmerich blickte überrascht auf. Ein heißer Tee? Das hörte sich gut an. Der könnte seinen grummelnden Magen beruhigen. Überdies gab es noch ein weiteres probates Mittel gegen die Seekrankheit: und zwar Ablenkung, oder besser gesagt, Arbeit. Der Meteorologe atmete ein paar Mal tief aus und ein. Dann folgte er dem Funker entschlossen in die stickige Funkerkabine. Hier würden sie die nächsten Wochen gemeinsam Dienst tun. Auf engstem Raum. Schlimm, wenn man sich da nicht verstünde.

In diesem Augenblick passierte die *Meerkatze* an Steuerbord den Großen Vogelsand. Unheimlich leuchteten die Schaumkronen der Grundseen* an der Brandungskante der gefürchteten Untiefe, die sich am nördlichen Rand des schmalen Tiefenfahrwassers der Außenelbe verbirgt – einem der größten Schiffsfriedhöfe der Welt. Bei Tageslicht wären jetzt die Reste zweier jüngst gestrandeter Schiffe** gut zu sehen gewesen: Am 6. Dezember des vergangenen Jahres war dort der englische Frachter *Ondo* in schwerem Sturm auf Grund gelaufen; dabei hatte es drei Tote gegeben. Aufgegeben hatte man die *Ondo* jedoch nicht: Das Schiff saß noch immer aufrecht im Mahlsand*** fest, und an Bord befand sich zu diesem Zeitpunkt ein fünfköpfiges Kommando der Hamburger »Bugsier-Reederei AG« und bereitete einen weiteren Bergungsversuch vor.

Sechs Wochen nach der *Ondo*, am 20. Januar 1962, hatte die italienische *Fides* nur etwa eine dreiviertel Seemeile entfernt das

---

* siehe Glossar
** Die aufsehenerregende Havarie der *Ondo* wird im Anhang ausführlich erzählt.
*** siehe Glossar

gleiche Schicksal ereilt. Allerdings hatten die Nordseewellen *diesen* Havaristen inzwischen zertrümmert: Von der *Fides* ragten nur mehr die Brücke und ein Teil des Vorschiffs aus dem aufgepeitschten Meer.

Peter Emmerich kümmerte all das zu diesem Zeitpunkt jedoch wenig, wobei er sich unter Deck besser hielt, als er es selbst erwartet hätte. Ab und zu schoss ihm zwar noch ein brennender Schluck Magensäure die Speiseröhre hoch, aber der heiße Tee tat seine Wirkung, und je länger er sich nun mit den Wetteraufzeichnungen der letzten Stunden beschäftigte, desto mehr verflog die latente Übelkeit. Sorgfältig verglich er die neuesten Daten, die von anderen Wetterschiffen (wie der britischen *Anton* vor Neufundland und der ebenfalls britischen *Martha* vor Grönland) per Funk an alle Stationen in Nordeuropa übermittelt worden waren.

»Na, wie sieht's aus?«, wollte Kühn wissen und wandte sich um.

»Es wird rau werden. Da kommt was Dickes auf uns zu«, entgegnete Emmerich, unterdrückte ein weiteres saures Aufstoßen und blickte auf seine Armbanduhr. Noch zehn Minuten, dann würde er Meldung machen, und danach erst wieder um neun Uhr früh.

»Noch rauer?«, grinste Kühn.

»Von Island nähert sich ein großes Sturmtief. Wir fahren mitten rein.« Emmerichs Schlund brannte.

»Scheibenkleister. Das hört ja gar nicht mehr auf«, murmelte der Funker. Er schenkte dem Meteorologen aus seiner alten, mit speckigem Leder umhüllten Thermoskanne ungefragt Tee nach. »Wie kann das eigentlich sein?« Dabei sah er ihn listig an.

Emmerich nippte am Emaillebecher, verbrühte sich leicht die Lippen und verzog den Mund zu einem zaghaften Lächeln.

Wie sollte er einem Laien die komplizierten Zusammenhänge der Gesamtwetterlage verständlich erklären? Aber die weitaus wichtigere Frage lautete: Wie sollte er das jemandem erklären, der offensichtlich nur vorgab, ahnungslos zu sein? Der Meteorologe war sich nämlich sicher, dass der reizende Willy Kühn ihn nur testen wollte. Oder veräppeln. Oder beides. Sollte er doch: Emmerich nahm es dem erfahrenen Seemann nicht übel. In Kühns Augen war er ja nur ein junger Dachs. Eine Landratte, die Ski fahren konnte. Er beschloss spontan, sich auf das Spielchen einzulassen, schon um des lieben Friedens willen. »Sehen Sie mal hier, Herr Kühn«, begann er seinen kleinen Vortrag und deutete mit dem angespitzten Bleistift auf die Wetterkarte, »über Nordkanada und Labrador beobachten wir seit dem 12. Februar ein ausgeprägtes Kältezentrum mit Bodentemperaturen von minus 30 bis 40 Grad und Höhentemperaturen bis zu minus 51 Grad.« Emmerich tippte auf die Wetterkarte vom 12. Februar. »Und hier, genau über Neufundland, hat sich dieses Sturmtief gebildet. Dem gegenüber steht wiederum ein stabiles Azorenhoch mit einem außergewöhnlich hohen Druck von rund 1045 Millibar im Kern …«

»Aha«, nickte Kühn, »und deshalb kriegen wir jetzt diesen Sturm?« Seine Stimme klang betont einfältig. Emmerich musste ein Grinsen unterdrücken.

»Nee, deshalb haben wir ihn bereits schon den vierten Tag! Wenn nämlich warme, subtropische Luftmassen auf ein solches Kältezentrum prallen, dann entstehen die Zyklone, die uns gefährlich werden können … Sehen Sie jetzt mal hier, Herr Kühn: Neufundland, Grönland, Island, Shetland-Inseln und am Ende die Deutsche Bucht: diese Strecke müssen Sie sich ungefähr so vorstellen wie 'ne Autobahn für Stürme! Und das Sturmtief, das sich uns jetzt nähert, hat es in sich, sag ich Ihnen! Der Kern-

druck bewegt sich schon jetzt bei 980 Millibar, stark fallend.«
Der Funker sah den Meteorologen mit gespielter Ratlosigkeit
an und rieb sich das linke Ohrläppchen. »Das wiederum heißt«,
fuhr Emmerich ungerührt fort, »je tiefer der Kerndruck fällt,
desto höher werden auch die Windgeschwindigkeiten! Denn
dann geht es für den Wind sozusagen bergab, und umso höher
steigt auch der Wasserpegel des Meeres …«

Kühn kratzte sich am Kopf. »Wissen Sie, Herr Emmerich,
was ich dann aber nich verstehe?«, fragte er. »Warum hat es
dieses Jahr noch keine ordentliche Sturmflut gegeben? Ich
mein, es weht doch schon seit Montag wie verrückt, und heute ist Donnerstag … In Niedersachsen und Hessen sind ganze
Wälder umgeknickt – das hamse schon in der Tagesschau gebracht …«

Emmerich blieb weiterhin ernsthaft bei der Sache und beugte sich erneut über die Wetterkarten. »'tschuldigung, dass ich
Sie korrigieren muss, Herr Kühn: Aber wir hatten deshalb in
den vergangenen Tagen bereits mehrere kleinere Sturmfluten
von knapp 2,50 Meter über dem Mittleren Hochwasser*. Dass
jedoch bis jetzt nichts Ernsthaftes passiert ist, liegt nur an den
Luftmassen, die sich auf der Rückseite des Sturmfeldes aufgebaut hatten. Die sind zum Glück rechtzeitig nach Südosten ab-
geschwenkt und haben den Wind in der Deutschen Bucht
kurzzeitig auf Stärke 6 abflauen lassen. So konnte der Sturm
das Wasser vor der Küste nicht aufstauen …«

»Dann kommt's jetzt also bald richtig dicke?«, meinte Kühn,
nahm vor dem Funkgerät Platz und stülpte sich die Kopfhörer auf. Seiner Meinung nach hatte Emmerich den Test bestanden. Der Mann hatte Ahnung, ganz klar. Und seiner Ge-

---

* siehe Glossar

sichtsfarbe nach zu urteilen, ging es dem jungen Dachs jetzt auch schon viel besser. »Wie isses, Peter«, fragte der Funker versöhnlich, »willste jetzt nicht mal allmählich Meldung machen? Wird Zeit!«

»Einen Moment noch«, sagte Emmerich, hob den rechten Zeigefinger und kniff die Augen zusammen. Er musste einen kurzen Würgereiz unterdrücken. Plötzlich sehnte er sich nach seiner Koje; eine Mütze Schlaf würde ihm verdammt gut tun, und außerdem musste er ja auch ganz früh wieder raus. Dann riss er sich zusammen. »Gib mir noch zwei Minuten, Willy!« Das »Du« aus dem Munde des Seefahrers war sozusagen ein Ritterschlag gewesen: das Signal, dass er fortan zur Crew der *Meerkatze* gehörte, jedenfalls in den Augen des Funkers. Nun ja, mit Kühns Vorgänger Teetzen war es ungefähr genauso gelaufen.

Emmerich beeilte sich jetzt, die Zusammenfassung der Wetterprognose für seinen neuen Kumpel Willy auf einen Notizzettel zu schreiben. Der Funker überflog das Papier und setzte dann auf der Mittelwellenfrequenz 2182* den Funkspruch mit der Wettervorhersage ab, der nicht nur von den vielen Schiffen auf dem Meer, sondern auch im Seewetteramt in Hamburg schon ungeduldig erwartet wurde: »Hier Fischereischutzboot *Meerkatze …*«

Noch während Kühn die Meldung weitergab, verließ Emmerich den Funkraum und stolperte durch die schmalen Gänge zu seiner Kabine. Das Schiff schaukelte entsetzlich. Eine Hand fürs Leben, die andere fürs Boot, dachte Emmerich und hielt sich

---

* Die klassische Notruf- und Anruf-Frequenz von der Küstenfunkstelle Radio Lyngby in Dänemark. Die bekannteste deutsche Küstenfunkstation war Norddeich Radio. Mit dem Beginn der satellitengestützten Kommunikation wurden jedoch die meisten Küstenfunkstellen nach und nach eingestellt – Norddeich Radio sendete zum letzten Mal am 31.12.1998 um Mitternacht, »for ever over and out«.

krampfhaft am Handlauf fest, um nicht umgeworfen zu werden. Als er ein paar Augenblicke später endlich in seiner Koje lag, fiel ihm Kühns Bemerkung ein: »Dann kommt's jetzt also bald richtig dicke!«, hatte der Funker gesagt. Es hatte sich nicht so angehört, als hätte er eine Frage in den Raum gestellt. Eher eine Feststellung ... Ja, dachte Emmerich und rief sich die Wetterdaten der vergangenen Tage vor das geistige Auge, »dicke« trifft die Sache wahrscheinlich auf den Punkt. Denn soweit Emmerich es beurteilen konnte, waren die vorangegangenen vier Tage tatsächlich bloß ein Vorgeplänkel gewesen – die sprichwörtliche Ruhe vor dem Sturm ...

### Hamburg-St. Pauli, 15. Februar 1962, 7.00 Uhr

Hinter Dr. Hans-Otto Mertins lagen 12 Stunden Nachtschicht als Diensthabender Meteorologe im Hamburger Seewetteramt*, das in einem mächtigen Rotklinkerbau an der Bernhard-Nocht-Straße untergebracht war. Direkt daneben befand sich das Deutsche Hydrographische Institut**. Die beiden renommierten Institute waren durch eine Stahltür auf dem Flur in der zweiten Etage miteinander verbunden.

Die Bernhard-Nocht-Straße, etwa 12 Meter oberhalb des Elbufers gelegen, bildete die südliche Stadtteilgrenze der »sündigsten Quadratmeile der Welt«, dem ebenso berühmten wie beliebten Hamburger Rotlichtbezirk mit seinen ungefähr

---

\* Das Hamburger Seewetteramt ist dem Deutschen Wetterdienst angeschlossen.
\*\* Das DHI unterstand zu jener Zeit der Hamburger Baubehörde bzw. dem »Amt für Wasserwirtschaft«.

3000 Huren und Animierdamen, zahllosen Restaurants, Imbissbuden, Kneipen, Tanzschuppen, Spielclubs und natürlich den Stripteaselokalen und Bordellen, in denen das korrekte Bezahlen neuerdings häufig eine Glückssache war. Denn nicht wenige Wirte hatten sich – selbstverständlich ganz zufällig zur gleichen Zeit – mal wieder etwas Neues einfallen lassen, um ihre zumeist »angeschickerten« Gäste ordentlich zu rupfen: Schummeriges rotes Licht war zwar schon immer in Mode gewesen, doch inzwischen waren die cleveren Kneipiers dazu übergegangen, die Getränkepreise in blassroter Farbe auf rote Karten drucken zu lassen. Vor allem das »Kleingedruckte« war somit kaum mehr entzifferbar, und deshalb erlebten Touristen und Seeleute Nacht für Nacht so manche böse Überraschung, wenn ein »Herrengedeck«* plötzlich 60 Mark kostete, nur weil die leicht bekleidete Animierdame so »aufmerksam« gewesen war, die Getränke an der Bar zu bestellen. Wenn der empörte Gast dann nach der Polizei schrie, wurde im Lokal das Licht einfach angeknipst – und siehe da: Plötzlich konnte man das »Kleingedruckte« ganz deutlich lesen …

Die »Udls«** in der weltberühmten Davidwache hatten vor allem an den Freitag- und Samstagabenden damit zu tun, solche und handgreifliche Streitereien zu schlichten oder den ebenfalls beliebten »Beischlafdiebstählen« nachzugehen. Die internen Revierkämpfe überließen die Polizisten jedoch häufig den Zuhältern selbst; da gab es zwischen dem Milieu und der Polizei eine stillschweigende Übereinkunft, natürlich streng außerhalb des Protokolls. Aber die St. Paulianer ließen es sich nun mal nicht nehmen, auf eigene Faust dafür zu sorgen, dass

---

* Sekt und Bier gemischt für den Herrn, Sekt und Orangensaft für die Dame
** Hamburger Slangausdruck für Polizisten oder den »Schutzmann«

»ihr Kiez« sauber blieb – soweit es nicht die »legale« Abzocke in ihren eigenen Amüsierlokalen betraf. Zugereiste Schläger, Taschen- und Autodiebe, aber auch Dealer* erhielten lebenslanges »Kiezverbot«, wenn sie zufällig auf frischer Tat ertappt wurden. Solche »Platzverweise« waren in der Regel eine ziemlich ernste Angelegenheit, denn sie gingen fast immer mit einer fürchterlichen Tracht Prügel einher. Die prall gefüllten Lohntüten der Gäste waren ja auch eine wirklich lohnende Beute, die man nicht mit irgendwelchen dahergelaufenen Gaunern teilen wollte.

Aber der Kiez hatte noch mehr zu bieten, vor allem Musik für junge Leute. So trieb in diesen Tagen ein Mann namens Manfred Weile in der Großen Freiheit Nummer 39, der viel besungenen Seitenstraße der Reeperbahn, ein Dutzend Handwerker zur Arbeit an: Es mussten noch jede Menge Elektrokabel unter Putz verlegt werden, die Tresen waren bisher auch nicht gezimmert worden, und mit den Toiletten hatten die Klempner nicht einmal angefangen. Der Ausbau des zukünftigen deutschen Rock-'n'-Roll-Tempels namens *Starclub* war mächtig in Verzug geraten. Dabei sollten hier am Freitag, den 13. April, zur feierlichen Eröffnung vier Liverpooler Jungen auftreten, die sich »The Beatles« nannten und seit ihren ersten Auftritten im *Indra* und im *Kaiserkeller* zu Anfang der 60er Jahre bereits eine große Fan-Gemeinde in der Hansestadt besaßen.

Mertins hielt nicht allzu viel von der Reeperbahn. Sein größtes Vergnügen war die Seefahrt, das zweitgrößte seine Arbeit,

---

* Der Drogenkonsum beschränkte sich damals auf Aufputsch- und Beruhigungsmittel: Angesagt waren vor allem Mandrax, Preludin sowie Captagon. Auch Opium wurde bisweilen geraucht. Weiche Drogen wie Haschisch oder Marihuana und harte Drogen wie Kokain und Heroin allerdings wurden erst ab Mitte der 60er Jahre zunehmend konsumiert.

und wenn er sich mal eine Pause vom »Wettermachen« gönnen wollte, konnte er sich zu jeder Tages- und Nachtzeit am Blick über den Hamburger Hafen erfreuen, den er von seinem Bürofenster aus hatte. Zu seiner Linken blickte er auf die spakigen, grünen Kupferdächer der Landungsbrücken und des Elbtunnels hinunter; drüben, auf der anderen Seite des Stroms, lag das Dock 17 von »Blohm & Voss«, eines der größten Trockendocks der Welt, das noch immer außer Betrieb war. Dort wurde nach wie vor mit Hochdruck an der Beseitigung der letzten Kriegsschäden gearbeitet.

Der 47-jährige Seemeteorologe, der recht früh ergraut war, machte erst seit gut 20 Monaten Landdienst. Immer wieder überkam ihn die Sehnsucht nach dem Meer, vielleicht auch, weil er in den letzten Monaten mächtig zugelegt hatte. Sogar er selbst fand sich inzwischen zu mollig. Über 60 anstrengende Reisen in den Nordatlantik hatte er als Bordmeteorologe allein auf der *Meerkatze* absolviert. Weder für ihn noch für seine Frau war es anfangs leicht gewesen, dass er jetzt im regelmäßigen Schichtdienst arbeitete und jeden Tag nach Hause kam. Sie hatte schließlich jahrelang fast alle Entscheidungen allein treffen müssen, die traditionsgemäß von Männern gefällt wurden.

Mertins machte das Leben an Land zwar auch Freude, doch weder ein blühender Garten noch die Annehmlichkeiten einer modernen Großstadt wie Kino-, Theater- oder Opernbesuche konnten ihm die Seefahrerromantik ersetzen. Er vermisste das Leben an Bord der *Meerkatze*, die über die Jahre hinweg zu seinem zweiten Zuhause geworden war. Ein Foto des Schiffes hing daheim im Flur seines Hauses in Hamburg-Nienstedten, und jedes Mal, wenn er es betrachtete, überfiel ihn das Fernweh. Dann neidete er seinem jungen Nachfolger Peter Emmerich die

Arbeit. Seine Frau konnte darüber jedoch nur den Kopf schütteln und hilflos lächeln. Was aber blieb ihr auch anderes übrig?

Wahrscheinlich will jeder kleine Junge irgendwann einmal Kapitän werden – mindestens jedoch Matrose –, doch Mertins hatte es mit seinem Berufswunsch immer bitterernst gemeint. Schon als Buttje hatte er sich zum Leidwesen seiner Eltern stundenlang am Elbufer herumgetrieben, um den Schiffen hinterher zu schauen. Später hatte er sich ihre Namen und Besonderheiten notiert. Noch immer führte er stets ein kleines Fernglas mit sich. In seinem Gedächtnis waren die Namen und Schicksale von vielen hundert Schiffen gespeichert. Er kannte sogar die Namen vieler Kapitäne, manchmal sogar die Namen ihrer Ehefrauen.

Nach der Matura, dem heutigen Abitur, hatte er jedoch auf Geheiß seines Vaters erst einmal »etwas Anständiges« lernen müssen. So hatte er vor dem Krieg mit einem Meteorologiestudium begonnen, das ihn zu seinem großen Glück auch ein paar Mal aufs Meer hinausgeführt hatte, an Bord eines Wetterbeobachtungsschiffes. Mit diesem Beruf war Mertins jedoch auch »kriegswichtig« geworden, und als die deutsche Luftwaffe ab dem fünften Kriegsjahr die Nacht- und Fernnachtjagd auf die übermächtigen Bomberverbände der Alliierten verstärkt hatte, war er eingezogen worden, kurz nachdem er noch rasch geheiratet hatte.

Das Kriegsende hatte Mertins im April 1945 auf dem Fliegerhorst Jüterbog bei Berlin erlebt, als die Panzerspitze der 1. Ukrainischen Front das Flugfeld überrollt hatte. Die Russen hatten ihn in seinem Unterstand geschnappt. Ende 1949, nach viereinhalb Jahren, war er aus der Kriegsgefangenschaft auf der Krim heimgekehrt. Das war im Vergleich zu den vielen tausend deutschen Soldaten, die in den sibirischen Lagern am Polarkreis verschwunden waren, jedoch ein geradezu gnädiges Schicksal gewesen.*

Bei seiner Rückkehr in die Heimat hatte Mertins nun ein unschlagbares Argument gehabt, um sich endlich seinen Seefahrertraum erfüllen zu können: es hieß »Freiheit«. Seine Frau hatte das wohl oder übel einsehen müssen und sich über die Jahre an das Leben einer Seemannsbraut gewöhnt …

Mertins erhob sich von seinem Schreibtischstuhl und streckte sich genüsslich, als sein Kollege Dr. Gerd Rödiger von der Tagesschicht das Büro betrat, unterm Arm die »Hamburger Morgenpost« und die »Bild«-Zeitung. Dabei war er eigentlich gar nicht müde, nur verspannt. Die ganze Nacht hatte er über den aktuellen Wettermeldungen gehockt und gegrübelt, was sich wohl aus diesem kapitalen Sturmtief, das von Island her Kurs auf Deutschland genommen hatte, entwickeln könnte. Diesem Tief traute er nicht über den Weg, oder andersherum: Mertins traute diesem Sturm allerhand zu. Seine große, praktische Erfahrung, die er als Seemeteorologe gesammelt hatte, flüsterte ihm, dass sich dieses Sturmtief zu einem großen und mächtigen Zyklon entwickeln werde. Wahrscheinlich sogar zu einem Jahrhundertorkan, so wie im Jahre 1825, als Hamburg nach einer verheerenden Sturmflut untergegangen war. Mertins spürte ein Kribbeln auf der Haut. Denn im Gegensatz zu einem Laien konnte er sich allein anhand der Wetterkarten und -daten bildhaft vorstellen, welche Urgewalt in diesem Augenblick auf das nördliche und mittlere Europa zuraste – falls nicht ein Wunder geschähe, eine plötzliche Änderung der Windrichtung beispielsweise.

---

\* Die letzten deutschen Kriegsgefangenen kehrten erst 1955 aus der Sowjetunion in die Heimat zurück.

Wenn er nun die Augen schloss, konnte er die zuckenden Blitze deutlich sehen, die aus einem tiefschwarzen Himmel herauszuckten; Bäume, die sich unter der Kraft des Windes schüttelten, und die haushohen Wellen des Meeres, die auf die Küste zurollten und alles zerschmetterten, was ihnen im Wege stand – begleitet vom Grollen und peitschenartigen Knallen des Donners. Doch gleichzeitig wusste Mertins auch, dass man mit jeder Sturmwarnung schon seit jeher äußerst vorsichtig und zurückhaltend umging. Man hielt sich sozusagen vornehm zurück, um ja keine Ängste zu schüren – auch und vor allem in der Hamburger Seewetterwarte, selbst wenn der Weltuntergang bevorstehen sollte …

Auf jeden Fall aber mussten sie ihre Wettervorhersage vom Vortag revidieren. Mertins mochte die Morgenzeitungen, die Rödiger auf den Schreibtisch gelegt hatte, lieber nicht aufschlagen: Sie hatten – wie peinlich – doch tatsächlich eine leichte Beruhigung des tagelangen stürmischen Wetters prognostiziert. Die gedruckten Wetterberichte zeigten lediglich ein schwaches Tief in der Dänemarkstraße. Im Verlauf der letzten 24 Stunden aber war genau dieses Tief auf eine enorme Größe angewachsen und raste jetzt auf der »Rennstrecke der Zyklonen« direkt auf die deutsche Nordseeküste zu.

»Und? Irgendetwas Besonderes vorgefallen?«, fragte Rödiger fröhlich.

Mertins zuckte zusammen und verließ augenblicklich das imaginäre Schreckensszenario. »Leider ja«, antwortete er, »wir haben uns gestern mal wieder gründlich geirrt!« Er deutete auf die aktuelle Wetterkarte. »Das kleine Tiefdruckgebiet aus der Dänemarkstraße macht mir inzwischen Sorgen, es will offenbar erwachsen werden … Na ja, in spätestens zwei Stunden werden Sie mehr wissen. Der Emmerich funkt bis jetzt überpünktlich. Sehr zuverlässiger Mann!« Mertins ging zum Kleiderschrank neben der Bürotür, holte Mantel, Schal und Hut heraus und zog sich an.

Währenddessen überflog sein Kollege bereits die Daten der Beobachtungsschiffe im Nordatlantik aus der Nacht.

»Ein kleines Tief?«, entfuhr es Rödiger. »So klein ist das meiner Meinung nach gar nicht mehr. Nein, diese Entwicklung gefällt auch mir nicht. Sie gefällt mir sogar ganz und gar nicht. Was mich aber verblüfft, ist die Tatsache, dass diese junge Dame noch vor drei Tagen bloß ein stecknadelgroßer Punkt auf der Karte war. Andererseits, ihre Bahn – und dann auch noch dieser rapide Druckabfall: Also, ich finde, das sieht ganz schön bedrohlich aus.«

»Eben ein typisches Skandinavientief*, Herr Kollege«, schmunzelte Mertins, aber er meinte es keineswegs besserwisserisch.

Rödiger nickte. »Wenn Sie vor die Tür gehen, Herr Kollege, dann werden Sie es sofort merken: Der Wind hat auf Nordwest gedreht!« Er fing an, seine Aktentasche auszupacken: Zwei

---

\* Meteorologen unterscheiden zwischen drei verschiedenen Typen von nordeuropäischen Tiefdruckgebieten: Da ist zum einen der so genannte »Jütlandtyp«, ein Sturmtief, das den 8. Längengrad etwa zwischen dem 55. und 57. nördlichen Breitengrad überquert. Kennzeichnend für diese verhältnismäßig selten vorkommende Wetterlage ist, dass dem Sturm aus westlichen Richtungen häufig für einige Stunden Winde aus Südwest in mittlerer Stärke vorausgehen. Der »Jütlandtyp« wandert mit großer Geschwindigkeit und löst kurze, aber umso heftigere Stürme aus, die meist an der schleswig-holsteinischen und dänischen Westküste zu hohen Wasserständen führen. Sturmtiefs vom Typ »Skagerrak« dagegen überqueren den 8. Längengrad zwischen dem 57. und 60. nördlichen Breitengrad. Sie kommen in der Saison am häufigsten vor. Dabei wird die Wirkung der im Norden der Nordsee einsetzenden Gezeitenwelle durch die nordwestlichen Winde verstärkt, was in der Regel verhältnismäßig lange und schwere Sturmfluten hervorruft. Darüber hinaus haben vorangehende westliche Winde bereits für eine Erhöhung der Wasserstände

Stullen mit Mett- und Leberwurst, ein Apfel und eine Banane verschwanden in der Schreibtischschublade.

»Einen ruhigen Dienst, Dr. Rödiger!«, sagte Mertins zum Abschied. Den wünschte er ihm wirklich.

»Schönen Feierabend«, erwiderte Rödiger. Dann fiel ihm plötzlich noch etwas ein. »Wann machen Sie eigentlich endlich Ihre Führerscheinprüfung?«

Mertins zuckte zusammen. »Heute Nachmittag um fünf habe ich meine letzte Fahrstunde. Und dann, nächste Woche Donnerstag, ist die Prüfung – so Gott will! Sagen Sie es bloß niemandem weiter …«

»Aber *alle* Kollegen halten Ihnen schon seit Wochen die Daumen, Dr. Mertins!«, lachte Rödiger.

»Ich wär' froh, wenn es vorbei wäre«, druckste der Fahrschüler herum. Er mochte es nicht so gern, wenn man ihn auf seinen wunden Punkt ansprach: Er war ein Mann ohne Führerschein! Seine Frau hatte ihre Fahrerlaubnis dagegen schon kurz nach dem Krieg erworben, noch unter der englischen Besatzungsmacht. Aber er war durch die Seefahrerei einfach nicht dazu gekommen, das Autofahren zu lernen. Andererseits machte es ihm jetzt sogar Spaß, unter lauter jungen Leuten im Ver-

---

gesorgt, was dann die eigentliche Sturmflut an der gesamten Nordseeküste von Dänemark bis hinunter nach Holland auslöst. Häufig füllt sich ein Tief beim Überqueren des Atlantiks aber auch zusätzlich mit Wasser auf und verringert dadurch seine Geschwindigkeit, die normalerweise zwischen 60 und 100 Kilometern pro Stunde beträgt. Besonders ungünstig ist es, wenn solch ein Tief deswegen so träge wird, dass es praktisch zum Stillstand kommt: Dann kann der Wind besonders lange auf die Wasseroberfläche des Meeres einwirken, und ein so genannter Windstau entsteht. Dieser ziemlich seltene »Skandinavientyp« überquert den 8. Längengrad zwischen dem 60. und 65. nördlichen Breitengrad und verursacht lang andauernde Stürme mittlerer Stärke aus westlichen bis nordwestlichen Richtungen. Die Gefahr, wenn sich ein Sturmtief direkt vor der Küste festsetzt, liegt auf der Hand: in der Regel eine schwere Sturmflut …

kehrsunterricht in der Fahrschule zu sitzen und die Vorfahrts-
regeln zu pauken. Er wusste auch schon, welches Auto er kaufen würde: eine Borgwardt-Isabella, das elegante Coupé, auch
wenn es 7200 Mark kostete. Für einen Mercedes fühlte er sich
einfach noch zu jung. In jedem Fall aber hatte seine Frau etwas Besseres verdient als den goldfarbenen Käfer, den sie nun
schon seit dem Jahre 1953 fuhr. Irgendwie glaubte Hans-Otto
Mertins, dass er es ihr schuldig wäre, sie einmal ein bisschen
zu verwöhnen ...


### Nordsee, 15. Februar 1962, 9.45 Uhr

Etwa 120 Seemeilen vor der norddeutschen Küste kämpfte sich
die *Meerkatze* durch sieben bis acht Meter hohe Wellen. Ihre
exakte Position lautete 55,9 Grad Nord und 5 Grad Ost. Peter
Emmerich hatte Schwierigkeiten, gegen den kalten Wind auf
dem schwankenden Deck anzukommen, der ihm wie ein schar-
fes Messer ins Gesicht schnitt. Schon beim Erwachen aus einem
kurzen, unruhigen Schlaf hatte er durch das salzverkrustete Sicherheitsglas des Bullauges gesehen, dass sich das Wetter seit
der letzten Funkmeldung um sechs erneut verschlechtert hatte. Dieses Sturmtief kam offenbar nicht nur schneller voran,
sondern war darüber hinaus auch viel größer, als er es vorausberechnet hatte.

Allein die Ausläufer waren zum Fürchten: Die Farbe des
Himmels hatte sich in ein uneinheitliches Grau aus Wolkenfetzen verwandelt. Der Seegang hatte dramatisch zugenommen, Schaum- und Gischtspritzer flogen übers Deck wie Luft-
gewehrkugeln, und kälter war es auch geworden: höchstens

noch ein bis zwei Grad über Null, schätzte Emmerich. Trotz des Südwesters rann ihm eiskaltes Spritzwasser den Nacken hinunter. Er begann zu frieren. Immerhin war er jetzt seefest; er verspürte nicht mehr die geringste Übelkeit, das Gleichgewichtsorgan in seinem Innenohr hatte sich offenbar an die Schaukelei gewöhnt.

Die Instrumentenabdeckung am Fuß des Wettermastes ließ sich nur mühsam öffnen. Emmerich war nicht einmal sonderlich überrascht, als er die unerhörten Messwerte von den Papierstreifen ablas. Ungefähr genauso hatte er es nämlich erwartet: Es herrschte gerade mal ein Grad Lufttemperatur bei sechs Grad Wassertemperatur, und seit einer halben Stunde wehte es konstant mit 9 Beaufort, in Böen auch schon mal bis 11. Windstärke 9: das war Sturm. Emmerich klappte die Abdeckung zu und eilte dann so rasch wie möglich übers nasse Deck an den Kartentisch zurück, in die behagliche Wärme der Funkerkabine.

»Moin, junger Herr. Warst du nich' gerade schon mal hier?«, versuchte Willy Kühn einen Witz. Der Funker saß putzmunter vor seinem Funkgerät, die unvermeidliche Thermoskanne mit dem Tee vor sich auf der Ablage und eine Pfeife zwischen den gelben Zähnen. Dieser Mann, dachte Emmerich, braucht anscheinend keinen Schlaf. Teetzen dagegen hatte vorm Funkgerät gern mal ein Nickerchen eingelegt.

»Meine Fresse, ist das ein Sauwetter«, stieß er hervor. Er schälte sich aus dem gelben Ölzeug und schüttelte sich wie ein nasser Hund.

»Das seh ich selber. Wie steht es denn hiermit?«, lächelte der Funker und deutete auf seinen Magen.

»Alles in Ordnung. Aber ob es auch so bleibt, weiß ich nicht: Denn die Lage draußen schreit förmlich nach Kotzeritis. Ich muss sofort 'ne Sturmwarnung fürs Gatt rausgeben, Willy – sofort!«

»Oha!«, sagte Willy Kühn mit wichtiger Miene, setzte augenblicklich die Kopfhörer auf und stellte auf der Funkskala die Fischereiwelle ein, Kanal 23. »Isses also mal wieder so weit?« Doch er erwartete keine ernsthafte Antwort auf diese Frage. »Denn schieß mal los!«

Das Barometer war wieder gefallen, auf 970 Millibar. »Es sieht wirklich übel aus«, sagte Emmerich beinahe feierlich und zwängte sich hinter den Kartentisch, um mit einem dünnen Bleistift die aktuellen Messwerte und Isobaren* in die Wetterkarte einzutragen.

»Gib mal die Durchsage!«

»Augenblick noch, Willy!« Das förmliche Sie war endgültig passé. Mit Kühn war es schneller gegangen als mit Teetzen. Auch daran hat das miserable Wetter bestimmt einen maßgeblichen Anteil, dachte Emmerich, denn eine alte Seemannsweisheit lautete: »Stürme zerschlagen so manche Freundschaft. Aber sie bilden auch neue.« Und hier auf der kleinen *Meerkatze* saßen sie nun wirklich »in einem Boot«.

Hastig kritzelte Emmerich den kurzen Text seiner Sturmwarnung auf den Spiralblock, korrigierte ihn, riss dann den Zettel ab und reichte ihn dem Funker. Kühn überflog den Text. »O, là là«, meinte er und presste die Lippen zusammen, »da wird der Klabautermann aber so manche Freude haben!«

»Sag bloß nicht so was – ich bin abergläubisch«, meinte der Meteorologe.

Kühn nickte und drückte die Sprechtaste: »Hier *Meerkatze*«, meldete er sich, »ich rufe alle Fischereiboote auf dem Gatt!

---

* Als Isobare bezeichnet man die Linien gleichen Drucks auf einer Wetterkarte.

Hier Fischereischutzboot *Meerkatze* mit einer Sturmwarnung für alle ...«

Wenn der Funker in sein Mikrofon sprach, hatte er eine angenehm tiefe, sonore und ruhige Stimme. Emmerich war sofort aufgefallen, dass sich Willy Kühns Tonlage auch dann nicht veränderte, wenn er Aufregendes zu vermelden hatte. Und dies *war* eine aufregende Sturmwarnung: Das Tief brachte alle Voraussetzungen für einen *Jahrhundertorkan* mit – Emmerich war sich dessen hundertprozentig sicher. Wenn es weiterhin in diesem Tempo voranpreschte, würde es spätestens in 24 Stunden die Deutsche Bucht erreichen. Und bei einer solch konstanten Windrichtung aus Nordwest bis West würde es zudem mit einer größeren Sturmflut einhergehen. Emmerich hatte plötzlich ein mulmiges Gefühl im Magen. Aber mit Seekrankheit hatte das nichts zu tun, sondern mit Furcht. Mit der Angst vor dem größten Sturm, den er in seiner bisherigen Karriere als Meteorologe erleben würde. Außerdem war er gespannt, wie seine Berliner Kollegen dieses gefährliche Mädel nennen würden ...

*Berlin-Dahlem, 15. Februar 1962, 10.30 Uhr*

Das neuerliche isländische Sturmtief ließ man auch im Institut für Meteorologie und Geophysik nicht aus den Augen. Das Institut* war in einer prächtigen Stadtvilla aus der Jahrhundertwende im feinen Berliner Stadtteil Dahlem zu Hause. Die Adresse lautete offiziell Peter-Heinrich-Becker-Weg Nr. 610,

---

* Heute ist das Institut in die Freie Universität Berlin integriert.

aber jeder Taxifahrer hätte daraufhin geantwortet: »Uff 'n Finkelberg wollnse? – Allet klar!«

Der Dienst habende Meteorologe an diesem Freitagvormittag hieß Dr. Gerd Hoffmann. Er war 38 Jahre alt und sah in seinem weißen Kittel eher wie ein Arzt aus. Tief war er über die Karte vor ihm auf dem lang gestreckten Tisch gebeugt, auf dem man problemlos Tapeten hätte einkleistern können. So viel Platz war auch nötig, denn die Karte umfasste immerhin gut zwei Drittel der nördlichen Welthalbkugel. Sie reichte von Labrador in Kanada bis weit hinter den Ural in der Sowjetunion.

Auch Hoffmann fiel es schwer zu glauben, dass aus dem harmlosen Tief im Nordwesten Kanadas inzwischen ein derartig gewaltiger Zyklon entstanden war. Doch alle vorliegenden Daten sprachen dafür: Aus dem ursprünglichen Tiefdruckgebiet hatte sich zunächst ein kleines Tief abgespalten, das jedoch genau zwischen die gigantischen kalten Luftmassen der Polarzone und die warmen, subtropischen Strömungen geraten war. Dort hatte sich nun sein weiteres Schicksal entschieden. Denn genau da, in der unmittelbaren Nähe des Polarkreises, lösten sich solche Tiefs entweder auf oder wuchsen zu Stürmen heran.

Dieses Tief hatte nicht einmal 24 Stunden dazu benötigt, um sich die gewaltigen kalten Luftmassen einzuverleiben, die es erst zu einem Orkantief aufpumpten. Dann hatte es sich, geladen mit der Energie von mehreren Wasserstoffbomben, auf den Weg gemacht; einen Weg, der den Zyklon direkt auf die Deutsche Nordseeküste führen würde. Laut der vorliegenden Wettermeldungen der *Meerkatze* hatten die ersten Ausläufer des Sturms zu diesem Zeitpunkt bereits Schottland in der Höhe von Edinburgh erreicht, während sich das eigentliche Sturmzentrum noch rund 150 Seemeilen nordwestlich der Shetland-

Inseln über dem Atlantik befand. Dieses Kind hatte in jedem Fall einen Namen verdient.

Die Taufe war eine gänzlich unromantische Angelegenheit. Dazu musste Hoffmann nur eine zerfledderte Kladde aus seiner Schreibtischschublade herausholen, in der verschiedene weibliche Vornamen-Listen von A bis Z verzeichnet waren, auf etwa fünf Jahre im Voraus. Die alljährliche Sturmsaison wurde im November mit dem Buchstaben »A« eingeläutet und dann kontinuierlich abgearbeitet. Das hielten sie hier in Berlin inzwischen seit acht Jahren so. Sie hatten sich diesen »Spaß« bei den Amerikanern abgeguckt; Frauennamen standen dabei stets für schlechtes, Männernamen für gutes Wetter – und bisher hatte noch niemand ernsthaft nachgefragt, warum das so war.

Hoffmann schlug die Kladde auf. Das »V« war als nächster Buchstabe dran; ein weiterer Beweis dafür, wie ungewöhnlich heftig die bisherige Saison der Winterstürme verlaufen war. »Vincinette« las Hoffmann. Ein schöner, aber auch ein viel versprechender Name, dachte er und drehte sich zu der jungen Schreibkraft um, die schon eine ganze Weile geduldig am Fernschreiber saß und ihn jetzt erleichtert anlächelte.

»Notieren Sie bitte«, sagte der Meteorologe, »unsere neue Kandidatin erhält den Namen Vincinette.«

»Entschuldigung, aber wie schreibt man das?«, wollte die junge Frau wissen.

Natürlich, dachte Hoffmann, die Kleine hat kein Französisch in der Schule gehabt. »Ganz einfach«, meinte er freundlich, »schreiben Sie, wie man es spricht, bloß nicht mit ›z‹ sondern mit ›c‹ ... Oder halt, nein, warten Sie, ich buchstabiere es Ihnen: V-i-n-c-i-n-e-t-t-e ...«

»Das ist Französisch, oder?«, fragte die Sekretärin, während sie tippte. »Und was heißt das?«

»Die Siegreiche«, antwortete der Meteorologe langsam, fast träumerisch. »Haben Sie's?«

»Endlich mal wieder ein schöner Name«, meinte die junge Frau, legte den Lochstreifen in den Fernschreiber ein und jagte die komplette Vorhersage an die angeschlossenen Nachrichtenagenturen und Funkhäuser heraus.


### Bremerhaven, 15. Februar 1962, 11.00 Uhr

Kaum jemand außerhalb der Hafenstadt an der Unterweser kannte Dr. Kurt Ehlers. Doch an diesem Tag war er wahrscheinlich einer der wenigen Menschen an der Nordseeküste, die vom Herannahen der »Siegreichen« früher als andere erfahren hatten. Dies lag jedoch nicht daran, dass er ein Meteorologe war oder über hellseherische Kräfte verfügte, nein: der 54-Jährige war Tierarzt und gleichzeitig Direktor der Bremerhavener »Tiergrotten«, einem kleinen, aber beliebten Familienzoo, der direkt ans Ufer der Weser grenzte und nur durch eine gut zweieinhalb Meter hohe Mauer vom Wasser getrennt war.

Über die Jahre hatte Ehlers durch intensives Beobachten viel über das Verhalten von Tieren gelernt. Er war überzeugt davon, dass deren natürlicher Instinkt unfehlbar war. Im Gegensatz zu den Menschen spürten sie, wenn eine Gefahr in der Luft lag; sie konnten diese Gefahr sogar dann fühlen, wenn sie noch sehr weit entfernt war. In Freiheit würden die Tiere vor der Gefahr fliehen. Aber aus einem Zoo konnten sie nicht heraus und verhielten sich daher ängstlich, nervös und verschreckt.

An diesem Morgen hatte es damit angefangen, dass überdurchschnittlich viele Seemöwen über Bremerhaven aufgetaucht waren. Das genügte Ehlers bereits, um zu wissen, dass ein gewaltiges Unwetter im Anzug war, viel schlimmer noch als die zahlreichen Stürme der letzten Tage, die die Zahl der Zoobesucher gegen null hatten sinken lassen. Auf den Wetterbericht, den er an diesem Morgen in der »Bremerhavener Nordseezeitung« gelesen hatte, hätte er keinen Groschen gesetzt; von wegen Wetterberuhigung, hatte er gedacht und die Zeitung kopfschüttelnd zur Seite gelegt.

Trotz geschlossener Bürofenster hatte er genau hören können, dass auch *seine* Tiere auf dem insgesamt 5000 Quadratmeter umfassenden Zoogelände zunehmend unruhig geworden waren. Deshalb hatte er sich auf einen spontanen Kontrollgang durch den Zoo begeben.

Er war kaum überrascht, dass die Raubkatzen aggressiver als sonst durch ihre Gehege strichen und kaum zu beruhigen waren. Die Karpatenbären dagegen hatten sich apathisch in die hintersten Ecken ihrer künstlichen Höhle verzogen, die Papageien wiederum kreischten wild durcheinander, die Flamingos flatterten aufgeregt mit den Flügeln, und im Affengehege tobten bereits seit dem frühen Morgen erbitterte Streitereien. »Riechen Sie das auch?«, sagte Kurt Ehlers zu dem Tierpfleger, der ihn auf seinem Rundgang begleitete, »der ganze Zoo stinkt irgendwie nach Angst! Die Tiere spüren die Gefahr … Die würden jetzt alle am liebsten abhauen.« Der Tierpfleger nickte. Sein Chef hatte sich selten geirrt. Manchmal war ihm der Doktor richtig unheimlich. »Wir sollten vielleicht mit ein paar Männern im Zoo übernachten. Wie ist es, Bartelsen? Ich habe einfach kein gutes Gefühl …«

»Was meinen Sie, Herr Direktor?«

Dr. Kurt Ehlers antwortete nicht. Stattdessen warf er einen misstrauischen Blick auf die Mauer, die das Zoogelände vor neugierigen Blicken schützte. Aber bestimmt nicht vor einer gewaltigen Sturmflut.

Doch nicht nur in Bremerhaven, sondern auch an vielen anderen Orten in Norddeutschland – vor allem an der Westküste Schleswig-Holsteins – konnte man an diesem Vormittag ähnliche Phänomene beobachten. In der Vogelwelt passierten plötzlich seltsame Dinge, wie die Wasserung eines Schwarms wilder Schwäne auf der Weser bei Lemwerder etwa, und das zu einer absoluten »Unzeit«. Und so wurden an diesem Donnerstagvormittag einige Mitarbeiter der Lokalzeitungen ausgesandt, um über die wunderlichen Ereignisse zu berichten. Tierstorys eigneten sich immer fürs »Vermischte«.

»Die Schwäne scheinen sehr erschöpft zu sein«, notierte der Lokalreporter der »Bremerhavener Nordseezeitung« und schoss dann leider nur ein mittelprächtiges Foto, weil er sein Teleobjektiv vergessen hatte. Die müden Vögel ruhten sich nicht sehr lange aus, sondern flogen bereits nach einer knappen halben Stunde weiter landeinwärts. Dem Zeitungsmann kam es so vor, als wären die Tiere vor irgendetwas auf der Flucht.

Weiter im Norden, im schleswig-holsteinischen Braderup, entdeckte ein Landwirt etwa zur gleichen Zeit in seinem Hühnerstall beim Eiersammeln einen ihm unbekannten Vogel. Er brachte ihn zum Tierarzt. Es dauerte eine Viertelstunde, bis der Veterinär das geschwächte Tier mithilfe eines Lexikons anhand der Schwimmhäute zwischen den Krallen als Krabbentaucher identifiziert hatte. Aber Krabbentaucher lebten doch tausende von Seemeilen entfernt, an den felsigen Küsten Grönlands und Islands! Auch das war eine gute Geschichte für die Lokalzeitung – genauso wie die überraschende Begegnung mit einem Seeadler im Dörfchen Bergenhusen, knapp 20 Kilometer westlich von Rendsburg, wo sich an diesem Tag zum ersten Mal seit mehr als einem Vierteljahrhundert wieder ein solcher Vogel hatte blicken lassen. Der Seeadler hatte stundenlang auf einer Straßenlaterne gesessen und sein staunendes Publikum neugierig beäugt …

Etwa 80 Kilometer weiter südlich wiederum, zwischen Otterndorf und Cuxhaven, fand ein Forstbeamter neben der stark befahrenen Bundesstraße 73 einen jungen Storch, der einen Ring der Vogelwarte Helgoland trug. Und in den Vogelschutzgebieten der Elbniederung nahe der alten Salzstadt Lüneburg, etwa 130 Kilometer weiter östlich, ließen sich gegen Mittag plötzlich hunderte von Alken nieder, die ebenfalls nicht hierher gehörten – da sie in Nordskandinavien und auf Island zu Hause waren.

Doch auch die Meeresbewohner schienen verrückt zu spielen: An den norddeutschen Stränden wurden an diesem Tag Dutzende von Heulern* angetrieben, und im östlichen Schleswig-Holstein entdeckten die Fischer von Kappeln einen gigantischen Heringsschwarm in der Schlei – sechs Wochen *vor* der eigentlichen Laichzeit des beliebten Speisefischs.

Ebenso rätselhaft, wenn auch weitaus ekelerregender, war die plötzliche Ratten- und Mäuseplage, die an diesem Tag wie aus dem Nichts über mehrere Küstenorte an der Nordsee hereinbrach. Die Nager verließen in Scharen ihre Höhlen und Gänge, die sie in die Deiche gegraben hatten. Die spitzen Schnauzen stur landeinwärts gerichtet, liefen sie eilig in östliche Richtung davon, Hauptsache fort vom Wasser. Mancherorts erinnerte dies an eine pelzige Prozession, und die Hartgesottenen

---

* Alle jungen Seehunde werden fälschlich als Heuler bezeichnet, weil es für sie keine griffige Bezeichnung gibt. Ein Heuler ist jedoch ein Jungtier, das seine Mutter endgültig verloren hat, seit Tagen nicht mehr gesäugt worden ist und dementsprechend aus Hunger und Einsamkeit heult.

unter den Einheimischen taten das, was sie in solchen Fällen schon immer getan hatten: Sie bewaffneten sich mit Spaten und Plattschaufel und gingen auf die Jagd. Hinterher, am Tresen bei reichlich »Köm« und Bier, feierten sie ausgiebig die »Strecke«, die sie erlegt hatten, und stellten abenteuerliche Theorien über das »Warum« und »Wieso« auf.

Es gab eben nur wenige Menschen wie den Zoodirektor Dr. Kurt Ehlers aus Bremerhaven, die genau *wussten*, was all diese Phänomene zu bedeuten hatten – Menschen, die solche Alarmzeichen der Natur richtig deuten konnten. Zeichen, die auf Sturm standen.

*Kranenburg, 15. Februar 1962, 16.15 Uhr*

Schon seit drei Tagen beobachtete man in dem kleinen nordniedersächsischen Dorf am Elbe-Nebenfluss Oste – 15 Kilometer westlich von Stade und etwa ebenso weit südlich der Elbe im Landesinneren – die Entwicklung des Wetters mit Sorge. Denn nur wenige Kilometer weiter nördlich, im benachbarten Flecken Blumenthal, war bereits in der allerersten Sturmnacht am Montag der Ostedeich auf einer Länge von 25 Meter gebrochen. Zunächst waren die Felder zwischen dem Dorf und dem Deich überschwemmt worden. Daraufhin hatten die Blumenthaler alles Erdenkliche versucht, um die Bruchstelle wieder abzudichten, aber der anhaltende Sturm, der konsequent aus nordwestlichen Richtungen wehte, hatte mit jeder Tide noch mehr Nordseewasser über die Elbe in die Oste gedrückt und das Flickwerk immer wieder zerstört. Überdies handelte es sich um einen neuralgischen Punkt, der dem örtlichen

Deichverband immer wieder Sorgen bereitete: Denn schon in den Jahren 1926 und 1936 war der Deich genau in dieser Flussbiegung, der so genannten »Krughörne«, bei Hochwasser gebrochen, allen Anstrengungen zum Trotz. Die Blumenthaler standen jedenfalls vor einem Rätsel – und ihr Dorf wieder komplett unter Wasser. Die Einwohner konzentrierten sich daher jetzt verstärkt auf den Schutz ihrer Häuser und Höfe. Auch die Freiwilligen Feuerwehren aus den Nachbarorten Oldendorf und Himmelpforten halfen mit, Wälle aus Sandsäcken um die Gebäude herum aufzuschichten. Außerdem sollte an diesem Donnerstagnachmittag die Tiefbaufirma »Hahn« aus dem benachbarten Hechthausen die Bruchstelle in der »Krughörne« mit einer stählernen Spundwand provisorisch abdichten.

Doch das anhaltend stürmische Wetter machte diesen Plan wieder zunichte. Durch die Blumenthaler Deichbruchstelle floss seit dem Mittaghochwasser erneut mehr Wasser nach. Inzwischen hatte es sich bis nach Kranenburg vorgearbeitet: Gegen 14.00 Uhr hatte das Hochwasser »die Specken« erreicht, einen mächtigen Verbindungsdamm zwischen dem Dorf und dem Ostedeich, der ein rund 80 Hektar großes Siedfeld zwischen Blumenthal und Kranenburg begrenzte. Diese riesige Fläche war nun ein einziger, rund zwei Meter tiefer See, aus der nur noch das Gehöft des Bauern Friedrich Lütt* herausragte, das am östlichen Rand dieses Feldes auf einer Warft** errichtet worden war. Auf der Wasseroberfläche kräuselten sich Wellen – und der Wasserspiegel hörte nicht auf zu steigen.

Vor »der Specken« befand sich ein weiterer Schutzdeich, und dann kam auch schon das hübsche Reihendorf. Zehn Bauern-

---

* Name auf Wunsch der Betroffenen geändert
** siehe Glossar

höfe gab es entlang der Dorfstraße, für die bei einem Deichbruch unmittelbare Gefahr bestünde, denn diese Anwesen
standen allesamt auf Marschland, während die übrigen vier
Fünftel von Kranenburg sich auf der hochwassersicheren Geest*
verteilten.

Hermann Buck wohnte »unten« im Dorf. Er war 12 Jahre
alt, aber er wusste schon ganz genau, was er später mal werden
wollte: Bauer nämlich. Andererseits hatte er praktisch auch keine andere Wahl: Wie fast alle Kranenburger Kinder besuchte
er die Zwergschule am Ort. In dem einen der beiden Klassen-
zimmer wurden die Klassen 1 bis 4 gemeinsam unterrichtet, im
anderen die Klassen 5 bis 8. Und obwohl ihm sein Lehrer zu-
traute, eine weiterführende Schule zu besuchen, würde er mit
Sicherheit nach dem Volksschulabschluss den elterlichen Hof
übernehmen, denn die Eltern hatten sich dafür entschieden,
dass Hermanns fast vier Jahre älterer Bruder Walter eine Lehre als Elektriker antreten durfte. »Du weetst je, Hermann«, hatten sie gesagt, »wi hebbt nich so 'n Barg Geld, und een vun juch
beiden mutt irgendwann den Hoff övernehmen!«

So hatte der Junge schon früh das arbeitsreiche Leben eines
Landwirts kennen gelernt. Der Hof seiner Eltern, der am äu-
ßersten westlichen Ende Kranenburgs lag (also unmittelbar am
Schutzdeich), wurde konservativ bewirtschaftet. Neun Hektar
Land gehörten zum Grundbesitz, weitere drei Hektar hatten die
Eltern dazugepachtet, worauf in der Hauptsache Getreide und
Rüben angepflanzt wurden. Zum Eigenbedarf besaß die Familie
auch eine Kuh, ein paar Schweine und natürlich Hühner.

Der Vater hatte ihm vier Monate zuvor eine recht verant-
wortungsvolle Aufgabe übertragen: Hermann sollte sich um

---

* siehe Glossar

eine trächtige Sau kümmern und nur im Notfall um Hilfe rufen, wenn es bei der bevorstehenden Geburt der Ferkel zu Komplikationen kommen sollte. 114 Tage war es her, seitdem der Eber des Nachbarn sie besprungen hatte. An diesem Nachmittag scharrte das Muttertier schon seit Stunden mit den Füßen auf dem Scheunenboden und schichtete Stroh zu einem Ferkelnest auf. Die Sau lag damit gut im Zeitplan: Denn die Tragzeit bei Schweinen dauert in der Regel genau 115 Tage, plus/minus drei Tage, ungefähr.

Hermann hatte bisher alles richtig gemacht: Seit dem 85. Tag hatte er zugefüttert, doch seitdem er gemerkt hatte, dass die Sau sichtlich nervöser geworden war, hatte er sie auf halbe Futterration gesetzt. Sein Vater hatte ihm genau erklärt, wie wichtig ein möglichst leerer Darm für den Kreislauf während des Ferkelns war. Eltern und Großeltern waren stolz auf ihren jungen Schweinezüchter. »Ganz prima mookst du dat, Hermann!«, lobte ihn sein Großvater; auf dem Hof lebten alle drei Generationen unter einem Dach.

Am Morgen hatte Hermann noch vor der Schule seine Sau in der Abferkelbucht besucht, die er am Tag zuvor sorgfältig gesäubert hatte. Jetzt schien das Tier Anstalten zu machen, sich auf die Seite zu legen. Also stand die Geburt offensichtlich unmittelbar bevor, und er freute sich bereits darauf, am nächsten Tag die Schule ausfallen lassen zu können: Schließlich war es ungeheuer wichtig, die Geburt und am Tag danach den Wurf zu beobachten und zu verhindern, dass die neugeborenen Ferkel versehentlich von der eigenen Mutter erdrückt wurden.

»Dat duurt aver noch 'n beten!«, sagte plötzlich eine Stimme hinter ihm. Hermann fuhr herum. Sein Großvater stand gebeugt in der Stalltür. Der alte Mann grinste. »Vör morgen fröh ward dat nix – und dien Mudder seggt, du schallst fix dien

Schoolarbeiten moken!« Hermann zog einen Flunsch – natürlich so, dass sein Opa es nicht sehen konnte –, gab der Sau einen Klaps und trottete aus der Scheune heraus über den windigen Hof, um sich seufzend an den Küchentisch zu setzen und mit den langweiligen Hausaufgaben zu beginnen. Dies war wieder einer jener Augenblicke, in denen er seinen älteren Bruder beneidete. Der hatte die Schule bereits hinter sich und verdiente schon eigenes Geld.

### Hamburg-St. Pauli, 15. Februar 1962, 18.30 Uhr

Die letzte Fahrstunde vor der Prüfung war ein Debakel gewesen. Erst hatte Mertins immer wieder vergessen, in die Rückspiegel zu schauen, dann hatte er mitten auf dem Rödingsmarkt, im dichten Feierabendverkehr, beim Anfahren den Motor abgewürgt und einen kurzen Stau verursacht; schließlich hatte er noch ein paar Mal das Getriebe des geschundenen Fahrschul-Käfers ordentlich krachen lassen. Aber sein Fahrlehrer war erstaunlicherweise zufrieden gewesen. »In der Prüfung passiert Ihnen das bestimmt nicht, Herr Dr. Mertins«, hatte er gut gelaunt gemeint, »ich weiß, dass Sie das schaffen werden!« Mit diesen Worten hatte er ihn an den Landungsbrücken herausgelassen und sich in den Feierabend verabschiedet.

Vor dem Seemeteorologen lag nun eine weitere lange, arbeitsreiche Nacht. Aber Mertins hatte jetzt noch ein paar Minuten Zeit. Er ging neugierig über die Überseebrücke hinunter ans Wasser. Der Elbstrom war aufgewühlt, und im Hamburger Hafen herrschte ein beinahe schon spektakulärer Seegang. Die Wellen brachen sich an den riesigen Pontons der

Landungsbrücken und setzten sie zur Hälfte unter Wasser. Noch einen Schritt näher an den Rand, und er würde sich nasse Füße holen. Ihm fiel auf, dass auf der Elbe wenig Schiffsverkehr herrschte. Die kleinen, flinken Barkassen lagen fest vertäut an den Kais. Nur zwei KüMos* stampften durchs aufgewühlte Fahrwasser, und drei Personenfähren, die den regelmäßigen Liniendienst nach Finkenwerder, Teufelsbrück und Cranz im Alten Land aufrechterhielten, waren kurz vorm Ablegen. Mertins blickte flussabwärts und bekam den Wind voll ins Gesicht. Er fegte ihm beinahe den Hut vom Kopf. Nein, dachte er, dies ist kein Wind mehr, sondern es stürmt – es stürmt nun schon den vierten Tag hintereinander.

Immerhin hatten sie mit ihrer Wettervorhersage diesmal richtig gelegen.

Auch sein Kollege Rödiger machte ein ungewöhnlich ernstes Gesicht, als Mertins eine gute Viertelstunde später das Dienstzimmer im Seewetteramt betrat. Nicht mal der übliche Scherz über die bevorstehende Fahrprüfung kam ihm über die Lippen. Stattdessen hatte sich der Meteorologe kopfschüttelnd über die Wetterkarte gebeugt und den knappen Gruß seiner Ablösung erwidert, ohne aufzuschauen. Mertins verstaute Mantel, Schal und Hut ordentlich im Kleiderschrank, so wie er es gewohnt war, und trat dann neben Rödiger an den Kartentisch.

»Wie sieht's inzwischen aus?«, fragte er, »draußen stürmt es jedenfalls schon mächtig!«

»Nicht besonders gut«, entgegnete Rödiger, »für die nördliche und mittlere Ostsee habe ich bereits eine vorläufige Warnung rausgegeben, Stärke 8 aus West bis Nordwest, und für die Küstenfunkstationen rund um die Deutsche Bucht Wind-

---

\* siehe Glossar

stärke 7 bis 8. Aber sogar ich alter Zauderer würde die Werte am liebsten jetzt schon erhöhen. ›Vincinette‹ wird ihrem Namen sicherlich alle Ehre machen.«

»Oha, ›die Siegreiche‹«, lächelte Mertins. »Da haben unsere Berliner Kollegen sich ja mal was Nettes einfallen lassen!«

»Beschreien Sie es bitte nicht«, sagte Rödiger und hob mahnend den Zeigefinger. »Ich *wette*, dass Sie auf meine vorläufige Sturmwarnung noch was drauflegen müssen, Herr Kollege!« Er ging zum Schreibtisch herüber, holte die leere Brotdose aus der Schublade und schlüpfte in seinen Mantel. »›Vincinette‹ wird uns garantiert nicht enttäuschen!«

»Aber Sie wissen doch: Ich wette nie, Herr Dr. Rödiger«, entgegnete Mertins. Für ihn war die Meteorologie schließlich eine ernsthafte Wissenschaft, wobei er sich recht häufig darüber ärgerte, dass die Menschheit es zwar fertig brachte, einen Astronauten in den Weltraum zu schießen, aber nicht in der Lage war, den hundertprozentig zuverlässigen Wetterbericht zu erfinden. Andererseits war er jedoch auch ein bekennender Pragmatiker, der trotz aller Formeln und Berechnungsgrundlagen, die ihm für die Vorhersagen zur Verfügung standen, stets auf seine Intuition hörte. Doch wie man es auch drehte und wendete: Für einen Meteorologen gab es nun mal nichts Peinlicheres, als Alarm zu schlagen, wenn dies am Ende vielleicht überhaupt nicht notwendig gewesen wäre. Oder eben umgekehrt, was dann meistens noch viel schlimmer war.

Rödiger schien Gedanken lesen zu können. »Tja«, meinte er, als er das Büro verließ, »das ist unser Schicksal: Hinterher ist man immer schlauer … Ruhigen Dienst!«

»Danke, Herr Kollege … Bis Viertel nach acht hab ich ja noch etwas Zeit, um mich zu entscheiden!«, entgegnete Mertins und wünschte rasch noch einen geruhsamen Feierabend.

Jeden Abend um diese Zeit musste der jeweils Dienst habende Meteorologe des Hamburger Seewetteramtes eine längere Vorhersage für den umfassenden Norddeich-Radio-Wetterbericht diktieren, der über die ostfriesische Küstenfunkstation aus in fast jedem Winkel der Erde empfangen werden konnte. Mertins war jetzt allein. Er fühlte sich bedrückt, zum ersten Mal in seinem Leben als Meteorologe. Denn die Verantwortung, die ihm sein Kollege überlassen hatte, ruhte wie eine Zentnerlast auf seinen Schultern.

*Hamburg-Wilhelmsburg, 15. Februar 1962, 19.45 Uhr*

Hermann Westphal, der 49-jährige, frischgebackene Leiter des Ortsamtes Wilhelmsburg, öffnete die Tür zu seiner Wohnung in der Grotestraße 31. Sie lag im 11. Stock eines der neuen Wahrzeichen des Stadtteils – der modernen Hochhäuser nahe der Harburger Reichsstraße*, die nach den jüngsten stadtplanerischen Erkenntnissen gebaut worden waren. Zuerst hatten die Westphals gezögert, aus ihrer hübschen Altbauwohnung in Harburg »in den Himmel einzuziehen«, wie seine Frau Lotti scherzhaft bemerkt hatte, aber dann hatten die vielen praktischen Vorteile letztendlich den Ausschlag für den Umzug gegeben: vier großzügig geschnittene Zimmer, eine moderne Einbauküche, eine hervorragende Isolierung und damit auch recht geringe Heiz- und Betriebskosten. Und was das Wichtigste war: Sie hatten nach seiner Berufung zum Ortsamtsleiter möglichst schnell eine Wohnung benötigt, und zwar *in* Wilhelmsburg,

---

* Heute die Wilhelmsburger Reichsstraße

denn er nahm seine neue Aufgabe sehr ernst: Er wollte bei *seinen* Leuten sein.

Hier oben in 30 Metern Höhe kriegte man vom stürmischen Wetter kaum etwas mit. Kein Klappern, kein Pfeifen und Heulen; nicht einmal die Regentropfen *prasselten* gegen die doppelt isolierten Fensterscheiben, sondern rannen lautlos an ihnen herab. Und doch fühlte Hermann Westphal sich nicht besonders wohl: Aus einem unguten Gefühl heraus – er konnte sich selbst nicht so recht erklären, warum – hatte er sich in den vergangenen Tagen intensiv mit dem Hochwasserschutz beschäftigt, den er aufgrund der exponierten Lage des Stadtteils für ungeheuer wichtig hielt. Denn Wilhelmsburg war eigentlich eine Insel, bloß wussten das nur die wenigsten Hamburger, und nicht einmal allen Wilhelmsburgern war dies bekannt. Dabei lag der Stadtteil wie ein dünner Pfannkuchen mit hochgebogenem Rand mitten im Strom. Natürliche Erhebungen gab es keine, nur die Deiche ringsum boten Schutz vor Hochwasser. Aber Westphal hatte festgestellt, dass es da noch Wälle gab, die in den Akten überhaupt nicht mehr als Deiche existierten. Auf einigen dieser künstlich aufgeschütteten Dämme hatte man inzwischen sogar Eisenbahnschienen verlegt, für den Güterverkehr in den südlichen Hafenbecken. Wenn diese »Deiche« überflutet wurden oder brechen sollten, dann würde Wilhelmsburg untergehen.

Nachdem er alle Zahlen, Statistiken und Fakten gelesen hatte, war ihm klar geworden, dass *sein* Stadtteil extrem hochwassergefährdet war. Eine *schwere* Sturmflut, und die Leben von zehntausenden wären bedroht. Am meisten sorgte er sich um diejenigen Bewohner der *Insel*, die auch 17 Jahre nach Kriegsende aufgrund einer Sondergenehmigung des Senats noch immer als »Dauersesshafte« in einer der zahlreichen

Schrebergartenkolonien lebten, wo sie in einem der beliebten »Ley-Häuser«*, in windschiefen Lauben oder in Nissenhütten hausten. Viele dieser Behelfsheime waren nach dem Hamburger Feuersturm im Jahre 1943** am südlichen Ufer der Elbe für die Ausgebombten errichtet worden. Die Lauben besaßen häufig nicht einmal ein Fundament, sondern standen auf Ziegelsteinen oder Holzbohlen, zumeist ausgedienten Eisenbahnschwellen. Mittlerweile lebten in den Kleingärten aber auch viele ältere Menschen sowie Spätheimkehrer und deutschstämmige Aussiedler aus den ehemaligen Ostgebieten. Kaum einer von ihnen besaß ein gut gefülltes Portemonnaie, und daher waren diese Leute dankbar für die niedrige Pacht, die sie an die Stadt jährlich zu zahlen hatten. Und kaum einer – oder besser gesagt: niemand – war sich der ungeheuren Gefahr bewusst, in der er lebte. Denn wer den fürchterlichen Bombenkrieg, die Vertreibungen aus den ehemaligen deutschen Ostgebieten oder zehn Jahre Sibirien überstanden hatte, den konnte so leicht nichts mehr schrecken, Wasser schon gar nicht. Dabei hatte Westphal noch mehr Ungereimtheiten beim Hochwasserschutz entdeckt: Die Abmessungen der Deiche*** einschließlich ihrer Höhen waren durch »Deichord-

---

* Es handelte sich um normierte Notunterkünfte in Fertigbauweise, nach dem »Reichskommissar für den Sozialen Wohnungsbau« Robert Ley (1940–1945).
** Zwischen dem 24. Juli und 3. August 1943 flogen die Alliierten insgesamt vier Großangriffe mit jeweils über 800 Bombern auf Hamburg (»Operation Gomorrha«). Beim Angriff in der Nacht vom 27. auf den 28. Juli setzte die Royal Air Force vor allem Brandbomben ein. Der dicht besiedelte Stadtteil Hammerbrook wurde dem Erdboden gleichgemacht, über 45 000 Menschen starben in der Feuerhölle.
*** Für die Außenböschung war damals allgemein als Mindest-Neigung das Verhältnis 1 : 2 und für die Binnenböschung 1 : 1,5 vorgeschrieben. Die tatsächlich vorhandenen Böschungen der Hamburger Deiche entsprachen durchweg diesen Maßen.

nungen« vorgeschrieben. Die für die Marschlande (und Hamburg-Bergedorf) bestehende Regelung vom 3. März 1889 forderte eine Mindesthöhe von 5,65 Meter über Normalnull. Diese Höhe galt auch für die Hochwasserschutzbauten im Hamburger Hafengebiet.

In den ehemals preußisch verwalteten Gebieten Finkenwerder, Altenwerder und Wilhelmsburg hingegen war jedoch die Lüneburger Deich- und Sielordnung vom 15. April 1862 maßgebend: Hier sollten die Deiche »mit ihrer Kappe zwei Fuß über dem höchsten eisfreien Außenwasserstand liegen«. Ausgehend vom höchsten Wasserstand der Februarsturmflut aus dem Jahr 1825 ergab sich daraus eine Deichhöhe von 5,20 Metern über Normalnull zuzüglich rund 60 Zentimetern »als Sicherheit für den Wellenauflauf«. In der »III. Meile«, nach Westen heraus ins Alte Land, wo wiederum die Bremische Deich- und Sielordnung greifen sollte, betrug die Sollhöhe ebenfalls 5,80 Meter über Normalnull.

Doch häufig existierten diese Maße bloß noch auf dem Papier: Mitte der fünfziger Jahre hatte man nach der niederländischen *Mandrenke* durch eilige Nachmessungen festgestellt, dass die meisten der alten Deiche um bis zu einem halben Meter abgesackt waren. Andere waren durch den ständigen Hafen- und Verkehrsausbau überhaupt nicht mehr vorhanden; sie waren lediglich durch »ähnlich hohe Dämme und Aufspülungen« ersetzt worden. Darüber hinaus gab es auch keine klare Verwaltungskompetenz.

In Wilhelmsburg kam dies alles zusammen: Zwischen dem Spreehafen und der Harburger Reichsstraße existierte kein Deich, sondern lediglich das erhöhte Berliner Ufer (5,40 Meter über Normalnull), dessen Außenböschung von der Baubehörde, Abteilung Strom- und Hafenbau, unterhalten wurde.

Das anschließende, ungefähr 30 Meter breite Gelände, das als Deichkappe angesehen wurde, unterstand wiederum der Liegenschaftsverwaltung, die es teilweise an Schrebergärtner verpachtet hatte. Um die Binnenböschung (5,26 Meter über Normalnull, dort war inzwischen eine Gasleitung verlegt worden) sollte sich wiederum das Bezirksamt Harburg kümmern. Es bestand weder eine »Deichunterhaltungspflicht« noch eine »Deichaufsicht«. Überdies wurde das erhöhte Berliner Ufer durch eine Straßenkreuzung und Schienen der Hafenbahn unterbrochen. Wirksamer Hochwasserschutz, dachte Westphal, sieht anders aus. Hier handelte es sich ganz klar um einen eklatanten Fall von Behördenschlamperei.

Nach der Holland-Sturmflut hatte man in den Jahren von 1955 bis 1961 etwa 30 weitere Hamburger Deichkilometer auf das Niveau von 5,70 Meter über Normalnull gebracht; teilweise hatte man die Deiche auch in der Breite verstärkt. Doch erst in 14 Monaten sollte das angekündigte Mehrjahresprogramm »Hochwasserschutz« mit einem Kostenvolumen von insgesamt 15 Millionen Mark starten: viel zu spät, wie der Ortsamtsleiter inzwischen glaubte.

Mit dieser Meinung stand Westphal nicht allein da: In den sieben Hamburger Deichverbänden saßen ja nicht nur selbstgefällige Funktionäre, die ihre alljährliche Deichbeschau mit einem feuchtfröhlichen Zug durch die Gemeinde verwechselten (obwohl ein Klarer immer dazugehörte, so war halt die Tradition). Schon seit vielen Jahren waren entlang der sturmflutgefährdeten Gebiete immer wieder hitzige Diskussionen entflammt, die nur ein Thema kannten: den leichtfertigen Umgang des Staates mit dem Hochwasserschutz. Die Optimisten hatten allerdings nach wie vor Oberwasser: Denn die letzte (wirklich) hohe Sturmflut (5,11 Meter über NN), die 1855 rund 100 Quadratkilometer des Hamburger Gebiets überschwemmt hatte, lag schon 107 Jahre zurück. Seitdem hatte man in der Hansestadt Ruhe vorm Hochwasser gehabt – von welcher *Gefahr* redeten denn bloß immer die Leute?

Hermann Westphal hatte sich bei seinem Amtsantritt vorgenommen, so rasch wie möglich politischen Druck auf den Hamburger Senat (und wenn nötig auch auf den Bund) auszuüben, natürlich nur, soweit seine Position ihm dies gestattete. Er scheute keine Auseinandersetzung, er war kein Angsthase – dafür hatte der eingefleischte Sozialdemokrat und gelernte Buchdrucker in seinem Leben schon zu viel durchmachen müssen: Westphal und seine Frau Lotti – sie waren gerade mal 16 und 15 Jahre alt gewesen und noch Schüler, als sie sich kennen gelernt hatten – hatten seit 1935 im aktiven Widerstand gegen die Nationalsozialisten gekämpft. Ihn hatte jedoch die Gestapo 1937 bei einer illegalen Flugblattaktion gefangen genommen und zwei Jahre lang in »Schutzhaft« gesteckt, zu den »Moorsoldaten« ins Konzentrationslager Börgermoor im Emsland. Den Krieg hatte Westphal dann als einfacher Gefreiter in einer »Sondereinheit« überlebt; einer der berüchtigten Strafkompanien, die immer dort eingesetzt wurden, wo die Chancen auf einen raschen Heldentod für Führer, Volk und Vaterland am größten gewesen waren.

Als er aus der amerikanischen Kriegsgefangenschaft nach Hause, ins zerbombte Hamburg, zurückgekehrt war, hatte er alles dafür tun wollen, damit es in Deutschland nie wieder zu einer Diktatur käme. Und nie wieder zu einem Krieg. Am besten konnte ihm dies seiner Ansicht nach in der Verwaltung gelingen – und in der Politik natürlich. So hatte er sich für eine weitere Ausbildung zum Verwaltungsfachmann entschieden und war letztendlich Beamter geworden.

»Na, wie geht's dir heute?«, fragte er seine Frau, die im schummerigen Licht einer kleinen Tischlampe ausgestreckt auf dem neuen Sofa lag und die Augen geschlossen hielt. Sie schüttelte nur den Kopf. »Immer noch so schlimm?« Er setzte sich an den Rand des Sofas und streichelte seiner Frau zärtlich über die Wange. *Das* war etwas, vor dem Hermann Westphal wirklich Angst hatte und worüber er sich vielleicht noch größere Sorgen machte als um die Höhe der Deiche: diese unerklärliche Krankheit, diese rätselhaften Leibschmerzen, die seine Frau schon seit Wochen plagten; ihre Mattigkeit, häufig verbunden mit kurzen Fieberschüben. »Was hat denn der Arzt gesagt?«

Lotti Westphal wischte die Frage mit einer ärgerlichen Handbewegung beiseite. »Nichts«, meinte sie. »Er sagt, er könne nichts finden. Er tippt auf Eisenmangel. Wahrscheinlich bilde ich mir diese Schmerzen nur ein!«

»Bestimmt nicht, Liebling. Es wird höchste Zeit, dass wir einen Spezialisten konsultieren – im UKE!«*

»Einen Spezialisten? Ja, für was denn?« Hermann Westphal zuckte die Schultern. »Ach nee, Hermann, wo will denn dieser Spezialist anfangen zu suchen?« Lotti Westphal öffnete die Augen und richtete sich auf. »Du weißt doch, mein Schatz: Ich bin ein zähes Luder! Das wird schon wieder ...«

»Du hast aber schon wieder abgenommen!«

»Genau, zwei Kilo, und darum essen wir jetzt auch zu Abend – komm!«

Lotti Westphal stemmte sich vom Sofa hoch und ging an ihm vorbei in die Küche. Sie versuchte zwar, resolut wie immer zu wirken, aber er merkte ihr sofort an, dass sie sich zusammenreißen musste. Sie hatte ihm noch nie etwas vormachen können.

---

* Universitätskrankenhaus Eppendorf

Hermann Westphal blieb noch einen Moment auf der Sofakante sitzen. Er kratzte sich am Kinn und dachte nach. Warum brachte seine Frau es bloß nicht fertig, der Wahrheit ins Auge zu sehen? Warum wehrte sie sich so vehement dagegen, die Gründe für ihre Schmerzen zu erfahren? Vor einer Woche hatte Westphal zum ersten Mal gedacht, dass sie vielleicht an Krebs leiden könnte. Er hatte versucht, mit ihr darüber zu reden. Aber bisher hatte sie das schreckliche Wort nicht über die Lippen gebracht.

»Bärbel will nachher noch mal vorbeikommen«, rief Lotti Westphal aus der Küche.

»Schön!«, antwortete er und schlug das »Abendblatt« auf. Bärbel, so hieß ihre 20-jährige Tochter; Peter war ihr 25-jähriger Sohn. Beide Kinder studierten.

»Weißt du eigentlich, dass mich dieser Parteimüller aus der ersten Etage inzwischen wahnsinnig macht?« Lotti Westphal stand mit einer kalten Platte in der Wohnzimmertür.

»Warum das denn?«, fragte ihr Mann und schaute von der Zeitung auf. »Was hat die Nervensäge denn nun schon wieder angestellt?«

»Weil er seine dicke Nase in alles reinsteckt. Der kommandiert hier im Haus alle rum, die Kinder draußen, wenn sie mal 'n büschen lauter sind, sogar uns Mieter! Der führt sich doch tatsächlich auf wie ein … wie ein …«

»… Blockwart?« Hermann Westphal lächelte.

»Das hast du jetzt aber gesagt!«, lachte Lotti Westphal, aber plötzlich verzog sie wieder den Mund. Wahrscheinlich hat sie Schmerzen, dachte Hermann Westphal, aber sie gibt sich alle Mühe, damit ich mir keine Sorgen um sie mache. Doch schon im nächsten Augenblick wirkte seine Frau wieder fröhlich: »Nun komm und setz dich!«, rief sie und nahm an dem gedeckten Esstisch Platz.

Westphal erhob sich und sah sie mit ernster Miene an. »Nur unter einer Bedingung«, sagte er, »nur wenn du mir versprichst, gleich morgen einen Termin im UKE zu machen. Sonst schleif ich dich höchstpersönlich dahin!«

Lotti Westphal schlug schuldbewusst die Augen nieder. »Gut«, sagte sie dann, »gleich am Montag gehe ich ins Krankenhaus. Versprochen, Hermann!«

*Hamburg-Waltershof, 15. Februar 1962, 19.45 Uhr*

Reinhard Pflug schwitzte unter der Last des Kühlschranks. »Los, Kurt!«, rief er, »bloß noch ein kleines Stück!« Sein Nachbar und Kegelbruder aus dem Maakenwerdergrund war gelernter Metallschleifer und hatte dementsprechend kräftige Oberarme. Die brauchte er jetzt auch, denn es war gar nicht so einfach, in halb gebückter Stellung den schönen neuen Kühlschrank aufs gezimmerte Sperrholzpodest zu heben und ihn in die vorgesehene Lücke zwischen den Unterschränken zu schieben. »Zugleich!«, rief Pflug, dann gab es plötzlich einen kleinen Ruck, und der Kühlschrank glitt wie von Zauberhand in die Lücke unter der Arbeitsplatte. »Passt, wackelt und hat Luft«, sagte Reinhard Pflug. Er erhob sich schwer atmend, um den letzten Baustein seiner selbst gebauten Küche ausgiebig zu bewundern.

»Wie Arsch auf Eimer!«, fügte Kurt Schwedler grinsend hinzu und wischte sich den Schweiß von der Stirn. »Ist auch 'n verdammt schweres Ding …«

»Aber solide«, warf Ingrid Pflug ein, »und gar nicht mal so teuer.«

»Hab vorhin den Lieferwagen vor eurem Haus gesehen«, lächelte Kurt Schwedler. »Von Neckermann, stimmt's? Und Krögers* waren mal wieder schön neidisch, oder etwa nicht?« Reinhard Pflug verdrehte die Augen und verschloss die Lippen mit dem Zeigefinger. Denn die Krögers von nebenan waren eigentlich immer neidisch, obwohl er das überhaupt nicht verstehen konnte. Die Nachbarn besaßen schließlich nicht nur ein Auto, sondern hatten auch ihr ehemaliges Behelfsheim inzwischen in einen Prachtbau verwandelt: Mit dem aufgesetzten, ausgebauten Spitzdach ragte es deutlich aus der Siedlung heraus. Pflug hatte sich schon häufig gefragt, woher die Krögers es wohl so dicke hatten. Leider herrschte zwischen ihnen ein recht angespanntes nachbarschaftliches Verhältnis – besonders wenn die Kinder der Pflugs es wagten, zwischen 12 und 15 Uhr im Garten herumzutoben. Die Mittagsruhe war den Krögers heilig.

Kurt Schwedler grinste wissend. Sein Spitzname in der Kolonie lautete nicht umsonst »Kugelblitz«. Er war stets überall und nirgends zu finden und wusste immer genau Bescheid, was in der Nachbarschaft vor sich ging – und wer was über wen dachte oder sagte. Aber er packte gern mit an, wenn es was zum Anpacken gab.

»Also, Ingrid und ich hatten ja lange debattiert«, sagte Reinhard Pflug, um das Thema zu wechseln, »entweder leisten wir uns einen Fernseher – oder einen Kühlschrank *und* eine Musiktruhe …! Aber wie isses: Willste nich ein Bier, Kurt?«

»Nee, lass man, Reinhard«, winkte Schwedler ab, »Else ist schon den ganzen Tag mit dem Kleinen allein … Ich glaub, sie braucht jetzt 'n büschen Unterstützung!«

---

* Name auf Wunsch der Betroffenen geändert

»Übrigens: Wenn ihr mal anbauen wollt, dann sagst du mir natürlich Bescheid!« Reinhard Pflug galt als geschickter Handwerker, und Nachbarschaftshilfe war Ehrensache für die Menschen, die »Im Grund« lebten.

»Aber sicher«, lächelte der Metallschleifer, »obwohl: Holger ist nicht mal sechs Monate … Sein eigenes Zimmer braucht der Kleine frühestens im Sommer …« Mit diesen Worten verließ Kurt Schwedler die gemütliche Laube, die Reinhard Pflug im Laufe der Jahre immer wieder vergrößert hatte. Eine Windbö ließ die Eingangstür laut ins Schloss fallen.

»Mensch«, sagte Pflug, »wie das stürmt draußen! Das hört ja gar nicht mehr auf. Auf der Fähre ist mir heute sogar richtig schwummerig geworden, weißt du das eigentlich, Ingrid?« Aber seine Frau hatte jetzt nur Augen für den neuen Kühlschrank. So viele Monate hatten sie auf die Musiktruhe und das weiße Monstrum gespart, um bar bezahlen zu können. Denn Schulden zu machen, das kam für die Pflugs nicht in Frage.

1952, kurz nachdem der Lederkaufmann die flotte junge Frau im beliebten Vergnügungslokal *Zillertal* auf St. Pauli kennen gelernt hatte (und Ingrid dann auch sehr schnell schwanger geworden war), hatte sich das junge Glück in Waltershof, direkt an der Elbe, im »Kleingartenverein Köhlbrandt« eine Parzelle sichern können. Ingrids Mutter, die schon seit dem Jahre 1944 gleich nebenan in einem »Ley-Haus« wohnte (Ingrid Pflugs Elternhaus im Krayenkamp, im malerischen Gängeviertel unter der St. Michaeliskirche, war in jenem Jahr durch einen Bombentreffer zerstört worden), hatte durch ihren guten Kontakt zum Vorstand des Kleingartenvereins dafür gesorgt, dass sie die lange Warteliste »wie durch ein Wunder« überspringen konnten. Ingrid hatte sofort als Verkäuferin im »Edeka«-Markt in Waltershof Arbeit gefunden, während ihr Mann nun jeden Mor-

gen mit der Fähre und dem Fahrrad nach Altona fahren musste, wo er das Lager des Lederhäute-Importeurs »Butt« leitete. Sie
gingen gerne tanzen, regelmäßig auch ins »Kino im Kuhstall«
im benachbarten Altenwerder – und häufig wurde auch in ihrer
Laube kräftig gefeiert. Gut, dass die Oma nebenan wohnte und
auf die beiden Kinder, die zehnjährige Karin und den sieben-
jährigen Reinhard junior, aufpassen konnte.

Inzwischen lebten die Pflugs bereits im zehnten Jahr am
Elbufer hinterm Deich, am oberen Rand des »Maakenwerdergrunds«. Sie waren zwar »nicht besonders reich, aber ziemlich
zufrieden«. Das sagte Reinhard Pflug häufig, der die einstige
Notbehausung mit ihren lächerlichen zwölf Quadratmetern
Grundfläche fast schon zu einem kleinen, schmucken Einfami-
lienhäuschen ausgebaut hatte. Alle zwei Jahre war ein weiterer
Anbau hinzugekommen, die Familienmitglieder besaßen inzwischen ihre eigenen – wenn auch winzigen – Schlafzimmer, aber
der unbestrittene Mittelpunkt war die schicke Einbauküche, an
der er monatelang nach Feierabend gewerkelt hatte.

Für die Kinder war dieses Fleckchen Erde am Elbufer ein kleines Paradies, ein einziger Abenteuerspielplatz. Gleich hinter der
Laubenkolonie fing die unberührte Natur an. Karin und Reinhard wuchsen sozusagen am Wasser auf. Dabei galten die Priele*
am Elbstrand, verborgen hinter hohem Schilfgras, als ziemlich
gefährlich. Aber die größeren Kinder aus der Kolonie passten
beim Spielen immer gut auf, und bislang war noch niemand ertrunken; jedenfalls konnten sich Karin und der kleine Reinhard
nicht daran erinnern, dass jemals etwas Schreckliches geschehen
war. Im Sommer badeten sie auch in der Elbe, und im Winter
konnte man dort prima Schlittschuh laufen.

---

\* siehe Glossar

Die meisten ihrer Freundinnen und Freunde wohnten unten im »Maakenwerdergrund«, der einen Steinwurf entfernt von ihrer Parzelle begann. Bloß die sechs Kinder der Familie Bennewitz wurden geschnitten, die mochte niemand so richtig, denn sie galten als »komisch«. Gerade hatten sie noch ein Baby bekommen – das siebte Kind! Die Großfamilie lebte trotzdem in einem winzigen Behelfsheim, angeblich schliefen alle in einem Raum. Man wusste wenig über sie; eigentlich nur, dass der Vater, Erwin, Schlosser war. Sie hatten ziemlich wenig Kontakt zu den Nachbarn. Es hieß, sie seien »arme Leute«, aber ihre Kinder sahen stets aus wie aus dem Ei gepellt, und sie sagten auch immer wohlerzogen »guten Tag« und »auf Wiedersehen«.

Wer dort unten »Im Grund« auf einer Parzelle hockte, der lebte auf Marschland, fast schon unterhalb des Wasserspiegels der Elbe, vielleicht gerade mal auf gleichem Niveau. Der Weg zu den insgesamt 62 Grundstücken führte über eine Böschung hinab, die gleichzeitig als Schutzdeich diente. »Wenn da das Wasser rüberkommt«, hatte Reinhard Pflug senior einmal beim Kegeln orakelt, »rinnt das bei uns nur durch, aber du sitzt dann in der größten Badeanstalt von Hamburg.« Daraufhin hatte ihn Kurt Schwedler angesehen und grinsend gemeint, dass man auf diese Weise wenigstens Badewasser sparen könnte. Und dann hatten die »Pudelkönige«* herzlich gelacht.

»Karin!«, rief Ingrid Pflug, während sie mit Schwung die Lebensmittel in den neuen Kühlschrank einräumte, »denk dran: Du musst noch die Kaninchen füttern!«

---

* Ein »Pudel« beim Kegeln ist so ungefähr das Schlimmste, was dem Aktiven bei dieser Sportart passieren kann: Dann nämlich landet die Kugel entweder im linken oder rechten Seitenaus – ist also ein totaler Fehlwurf.

Aus dem Zimmer ihrer Tochter kam ein Geräusch, das sich nicht gerade nach einem begeisterten »Ja!« anhörte. Und dann rief sie: »Mein Bruder ist dran!«

»Nee, Karin, du!«, krähte Reinhard Pflug junior aus seinem Verschlag.

»Och, Ingrid«, schaltete sich da Ingrids Mann ein, »nu' lass mal die Kinder! Bei diesem Wetter mach ich das lieber selbst.« Er schlüpfte in seinen Anorak und verschwand durch die Hintertür nach draußen, um seine preisgekrönten Angorakaninchen zu versorgen.

Er wusste, dass er seinen beiden Kindern damit einen großen Gefallen tat: Denn neben den Angorakaninchen mästete er nebenher immer auch ein paar »Deutsche Riesen«. Die allerdings wanderten am Ende ihres zumeist kurzen Lebens in den großen blauen Schmortopf – und damit wollten Karin und ihr Bruder Reinhard nichts, aber auch rein gar nichts zu tun haben.

*Nordsee, 15. Februar 1962, 20.00 Uhr*

Die *Meerkatze* steuerte genau auf das Zentrum des Orkans zu. Peter Emmerich musste sich krampfhaft an seinem Kartentisch festhalten. Der Rumpf des Schiffes zitterte und ächzte, wenn es einen der Wellenberge erklomm und dann wieder steil vornüber ins Tal stürzte. Kühn und Emmerich hatten in der Funkerkabine alles, was herumfliegen konnte, festgebunden oder in einem der vielen Schapps verstaut. Denn während eines Sturmes kann unter Deck selbst eine harmlose Teetasse zu einem gefährlichen Geschoss werden.

»In Böen haben wir garantiert schon Windstärke 12«, fluchte Willy Kühn und gab Emmerich einen Packen mit den neuesten Wettermeldungen.

Der Meteorologe widersprach nicht, sondern überflog sie rasch. »Was ist eigentlich mit Notrufmeldungen?«, fragte er dann, obwohl ihn das eigentlich gar nicht interessieren musste.

»Bis jetzt nur eine: Auf der *Eger* ist das Ruder gebrochen. Aber ein norwegischer Trawler hat sie an den Haken genommen und schleppt sie gerade nach Stavanger ein.«

»An der *Eger* sind wir doch gerade erst vorbei!«

»Jo«, entgegnete Kühn, »vor nicht mal einer Stunde. Verdammtes Pech für die Crew – oder Glück, ganz gleich, wie man's sehen will. Aber allen unseren Fischern geht's den Umständen entsprechend. Bisher sind wohl nur 'n paar Netze zerrissen oder futsch …«

»Was ich hier vor allem sehe, ist stark abfallender Druck«, sagte Peter Emmerich und versuchte, die aktuellen Isobaren in die Wetterkarte einzuzeichnen, was wegen der Schaukelei ein beinahe hoffnungsloses Unterfangen war. »Und das macht mir, ehrlich gesagt, Sorgen.«

»Da bist du nicht der Einzige«, brummte Willy Kühn, »kannst mir ruhig glauben! Ich hoffe, mien Deern bringt schon mal die Möbel in den ersten Stock … Weißt du, Peter, ich bin ziemlich sicher, die Leutchen in der Heimat sind schon ordentlich nervös: Denn das gibt Sturmflut, wirst sehen!«

Der Meteorologe blickte erstaunt zum Funker der *Meerkatze* hinüber. Wenn sich selbst dieser alte Haudegen zu einer solchen Aussage hinreißen lässt, dachte er, dann ist zu Hause wohl wirklich Gefahr im Anzug.

*Hamburg-St. Pauli, 15. Februar 1962, 20.10 Uhr*

Heidi Bunse* kannte das Dilemma, in dem *ihre* Herren Meteorologen in dieser Situation steckten, nur zu genau. Schon häufig hatte die Schreibkraft bis zum allerletzten Augenblick warten müssen, bis sich der Diensthabende endlich dazu durchgerungen hatte, eine Sturmwarnung herauszugeben. Oder eben auch nicht. Sie konnte sich allerdings nicht daran erinnern, dass Dr. Hans-Otto Mertins schon mal vor dieser Entscheidung gestanden hätte. Dafür war er noch nicht lange genug im Innendienst eingesetzt, und auf irgendeine seltsame Weise hatten sich ihre Dienstpläne fast noch nie gekreuzt.

Ja, sie wusste über die Herren genau Bescheid. Dr. Müller-Annen beispielsweise – aus der Gruppe der »Theoretiker« – genoss im Seewetteramt den Ruf, dass er eine offizielle *Sturmwarnung* erst dann herausgeben würde, wenn die Turmkuppel des »Hamburger Michel« an seinem Bürofenster vorüberflöge. Andere Kollegen – die »intuitiven Pragmatiker« – waren dagegen schon öfter etwas zu voreilig gewesen und hatten daraufhin Spott und Häme geerntet. Sie war gespannt, zu welchem Kandidatenkreis Mertins gehörte – zu den *Draufgängern* oder zu den *Zurückhaltenden*.

Mertins hatte sich erst vor wenigen Minuten, nach langem Überlegen, für die Herausgabe einer offiziellen Sturmwarnung entschieden, mit der er große Teile des Hamburger Behördenapparates in Alarmbereitschaft versetzen würde. Und wenn das DHI auch noch eine Sturmflutwarnung obendrauf pflanzen würde … Vor einer halben Stunde hatte Mertins alle Wetterkarten der vergangenen drei Tage chronologisch geordnet und

---

* Name auf Wunsch der Betroffenen geändert

sich die gesamte Entwicklung sowie die vorausberechnete Bahn des herannahenden Sturmtiefs noch einmal ganz genau angesehen. Seither hatte er keine Zweifel mehr: »Vincinette« würde in spätestens zehn bis 12 Stunden die Deutsche Bucht erreichen, und das mit all ihrer zerstörerischen Kraft. Am liebsten wäre Mertins sogar noch einen Schritt weiter gegangen und hätte aus der Sturm- eine Orkanwarnung formuliert – rein *intuitiv*. Aber das traute er sich nicht, das wäre sicherlich *zu gewagt* gewesen.

»Ach, Entschuldigung, Frau Bunse … Ich lasse Sie da einfach so herumstehen: Setzen Sie sich doch bitte«, sagte er und wies der guten Seele des Hamburger Seewetteramtes mit einer galanten Handbewegung seinen Stuhl zu. »Und dann können wir auch gleich loslegen …?« Heidi Bunse nahm ein wenig verdattert am Schreibtisch ihres Chefs Platz und zückte den harten Bleistift. »Kann's losgehen?«, fragte Mertins. Die Sekretärin nickte. »Gut, dann schreiben Sie bitte, Frau Bunse: Für die Gewässer der nördlichen und mittleren Nordsee sowie die Deutsche Bucht besteht Sturmwarnung. Windstärke 9, zunehmend, in Böen 10 bis 11, aus Nordwest bis West …«

*Neßsand, 15. Februar 1962, 20.30 Uhr*

Jeden Morgen – außer in den Schulferien, oder wenn seine Tochter Jutta krank war – machte Gerhard Japp mit seiner winzigen Barkasse am Anleger des feinen Hamburger Vororts Blankenese fest, ließ die Achtjährige aussteigen und holte sie dann mittags nach der Schule wieder ab. Hinter vorgehaltener Hand nannte man den Vogelwart auch »den Einsiedler« oder den »Robinson vom Neßsand«.

Er galt als komischer Kauz. Obwohl Japp schon seit gut 15 Jahren auf der lang gestreckten Elbinsel vor dem Falkensteiner Ufer lebte, wusste man nur wenig über ihn und seine Familie. Nicht einmal sein genaues Alter war bekannt, er wurde allgemein auf Mitte 40 geschätzt. Man beobachtete jedoch neugierig, dass er mit seiner Frau Wilma und seinen drei kleinen Kindern Ingo, Karin und Jutta* in einer Nissenhütte auf dem Eiland wohnte. Nur selten traf man die Japps beim Einkaufen. Dann wirkten sie wie ein normales Ehepaar, doch man fragte sich, was die beiden wohl geritten haben könnte, sich und ihren Kindern ein solches Eremitenleben zuzumuten.

Vielleicht waren es ja die Ruhe und der Frieden, die über dem Neßsand lagen: Die Elbinsel, die vom Hauptfahrwasser und der Hahnöfer Nebenelbe umspült wird, bildet den westlichen Abschluss des großen Flachwasserbeckens im Elbstrom, des »Mühlenberger Lochs«. Sie hat mit dem »Schweinesand« im Osten und dem »Hans-Kalb-Sand« im Westen zwei weitere Teile und beherbergt drei Bundesländer. Hamburg, Schleswig-Holstein und Niedersachsen teilen sich dabei im Grenzverlauf die Länderhoheit, doch die Verwaltung dieses einmaligen Naturschutzgebiets obliegt allein der Hansestadt Hamburg: Rund 60, zum Teil sehr seltene Vogelarten brüten auf Neßsand, das darüber hinaus eine einzigartige Vegetation aufweist. So ist dies auch der einzig bekannte Ort auf der Welt, wo die vom Aussterben bedrohten Süßwasserwattpflanzen wie die »Wiebelsschmiele« oder der »Schierlings-Wasserfenchel« gedeihen. Auf dem Sandboden über der natürlichen Flutgrenze wächst ein unberührter Auwald aus Pappeln, Silberweiden,

---

* Wilma Japp war 39 Jahre alt. Ingo, der Jüngste, zählte drei, Karin sechs und Jutta acht Jahre.

Schwarzerlen und Eschen. Das Betreten des Neßsands ist generell verboten, einen öffentlichen Boots- oder Fährverkehr gibt es nicht. Wer die Insel über einen der drei ausgewiesenen Anlegepunkte besuchen will, benötigt eine Sondererlaubnis – und die bekommen in der Regel nur Biologen und Ornithologen …

Das Haus – die Hütte – der Japps war, ebenfalls über der Flutgrenze, leicht erhöht auf einem steinernen Fundament errichtet worden. Ein Dieselgenerator lieferte Strom. Sie führten ein seltsames Leben, aber sie wollten es so. Und wenn ihnen oder den Kindern die Einsamkeit doch mal zu viel wurde, setzten sich die Japps in einen Kahn, der auf dem steil abfallenden Sandufer lag, mussten dann ungefähr 100 Meter durch Flachwasser bis zu ihrer Motorbarkasse rudern, die an der ausgewiesenen Anlandestelle an einem Pfahl festgemacht war, und konnten nach Blankenese hinübertuckern – oder sonstwohin. Gerhard Japps Schwiegereltern wohnten in Hamburg-Lokstedt, nicht weit entfernt vom Tierpark Hagenbeck. Sie wollte er am nächsten Tag mit seiner Tochter Jutta besuchen, denn die Haalks hatten ein nachträgliches Geburtstagsgeschenk für ihre Enkelin.

»Ich weiß nicht, ob es klug ist, dich mit Ingo und Karin hier auf der Insel allein zu lassen«, sagte der Vogelschützer besorgt zu seiner Frau. Die Kinder schliefen bereits in ihren Etagenbetten. »Es wäre vielleicht besser, wir würden alle fahren.« Er horchte nach draußen, wo der Sturm die Bäume des Auwaldes durchschüttelte.

»Gerhard, das ist doch bloß ein Sturm wie jeder andere …«, erwiderte Wilma Japp. Sie hatte schon den ganzen Tag schlechte Laune gehabt, und auch jetzt hatte sie offensichtlich keine Lust auf den Ausflug aufs Festland, wenngleich ihr Mann nicht so recht wusste, warum. Vielleicht hatte sie sich bei ihrem letzten Besuch wieder einmal mit ihren Eltern gestritten; davon hatte er zwar nichts mitbekommen, aber er ahnte, dass der Haussegen bei den Haalks wohl mal wieder schief hing. Seine Frau konnte manchmal sehr starrsinnig sein. »Nee, fahr du man ruhig mit Jutta – wir kommen hier schon zurecht. Sie freut sich doch schon so auf Opa und Oma«, fügte sie hinzu. »Außerdem: Ich bin ja wohl die letzten Jahre hier immer prima zurechtgekommen … allein.« Hatte da etwa ein leiser Hauch von Anklage in ihrer Stimme mitgeklungen? Gerhard Japp blickte seine Frau durchdringend an, aber sie schaute demonstrativ zur Seite.

»Na ja …«, sagte er etwas hilflos, »wenn du meinst. Dann nehm ich also morgen Nachmittag die Barkasse …«

»Warum übernachtest du mit Jutta nicht an Land? Dann müsstet ihr euch auch nicht so hetzen …«

Gerhard Japp wusste längst, wann ein Widerspruch zwecklos war. Wenn seine Frau diese Gefühlsschwankungen hatte, war es besser, ihr aus dem Weg zu gehen. So versuchte er, die Sorgen, die er sich machte, zu unterdrücken. Was sollte schon passieren, redete er sich im Stillen ein: Der Neßsand war zwar schon häufig überflutet worden, aber bisher hatte das Wasser noch nie die Haustüre erreicht.

*Norddeich, 15. Februar 1962, 21.00 Uhr*

»Für die Gewässer der nördlichen und mittleren Nordsee sowie die Deutsche Bucht besteht Sturmwarnung. Windstärke 9, zunehmend, in Böen bis 11, aus nordwestlichen bis westlichen Richtungen …«

Die Sturmwarnung, für die allein Dr. Hans-Otto Mertins die Verantwortung trug, ging auf die Sekunde pünktlich über die Sendetürme von Norddeich-Radio an der ostfriesischen Küste.

315 Menschen in den südlichen Hamburger Stadtteilen hatten jetzt nur noch rund 27 Stunden zu leben.

# Sturmflut über Hamburg

*Großer Vogelsand, 16. Februar 1962, 5.30 Uhr*

Die *Ondo* war ein äußerst stabiles Schiff. Seit mehr als 70 Tagen
steckte der englische Frachter nun schon im Mahlsand fest – seit
dem Nikolaustag des vergangenen Jahres, als er im schweren
Sturm auf dieser berüchtigten Untiefe gestrandet war. Aber bisher hatte die Nordsee dem Schiff kaum etwas anhaben können.

Am 20. Januar 1962 hatte die *Ondo* Gesellschaft bekommen: Die *Fides*, ein 148 Meter langer, 7400 BRT-Frachter der
»Liberty-Klasse«, 1944 in den USA gebaut, war ebenfalls auf
dem Großen Vogelsand gestrandet. Allerdings war der italienische Frachter mit 9000 Tonnen Aluminiumerde in Säcken an
Bord bereits nach neun Stunden in zwei Teile auseinander gebrochen. An eine Bergung der Ladung war nicht zu denken
gewesen. Kapitän Speranza hatte das Schiff, die Ausrüstung
und fast die gesamte wertvolle Ladung verloren geben müssen.
Immerhin war es der Besatzung des Cuxhavener Seenotrettungskreuzers *Ruhrstahl* gelungen, trotz aufgewühlter See und
Windstärken um 8 Beaufort alle 30 Crewmitglieder – darunter zwei Schwerverletzte – von Bord der sinkenden *Fides* zu evakuieren. Das war der einzige, wenn auch schöne Trost gewesen.

Während die übrige Mannschaft der *Fides* bereits am nächsten Sonntagmittag nach dem Gottesdienst in Cuxhaven in die

Heimat zurückgereist war, waren der Kapitän und sein Erster Offizier vor Ort geblieben und hatten mit den Cuxhavener Fischern über die Löschung der restlichen 1500 Tonnen brauchbarer Ladung verhandelt, die im noch einzigen trockenen Laderaum Nr. 5 gestapelt waren. Die Fischer und die Italiener waren sich rasch handelseinig geworden: Geld konnte man immer gebrauchen, und bis zur Krabbensaison waren es noch ein paar Wochen hin. Zwei Tage später, als der Sturm ein wenig abgeflaut war, hatte sich daher eine kleine Flotte von Kuttern auf den Weg zum Wrack auf dem Großen Vogelsand begeben. Der abgebrochene Bug des Schiffes wurde bereits fast vollständig vom Wasser überspült, aber das Mittelschiff sowie das Heck befanden sich noch immer ein gutes Stück über der Wasseroberfläche.

Als das Bergungskomitee das Deck der *Fides* betrat, mussten die Männer jedoch feststellen, dass vor ihnen bereits ein paar wagemutige Wrackräuber an Bord gegangen waren. Trotz des tobenden Sturms hatten diese es gewagt, wertvolle Ausrüstungsgegenstände zu plündern. Wiederum zwei Tage später wurden drei Cuxhavener Kutterführer mit der Radaranlage, dem Kompass sowie anderen wertvollen nautischen Geräten erwischt, die eindeutig von der *Fides* stammten ...

Anfang Februar waren in den Cuxhavener Fischhallen die geretteten Ausrüstungsgegenstände des italienischen Frachters versteigert worden. Neben den 1500 Tonnen Aluminiumbauxit war so gut wie alles, was nicht niet- und nagelfest gewesen war, zum Aufruf gekommen; unter anderem feinster Chianti, kiloweise Marmelade, mehrere Dutzend Paletten Bier in Dosen, Seekarten, Signalflaggen sowie die Schiffstafel und die Schiffsglocke der *Fides*. Das alles hatte den herben finanziellen Verlust für die Reederei und die Versicherung zumindest um ein paar Promille schmälern können, aber die eigentlichen Nutznießer waren wieder mal die Fischer gewesen, die mit angepackt hatten: Dreißig Prozent des Erlöses waren in ihre ausgebeulten Taschen gewandert …

Auch auf der *Ondo* herrschte wieder Leben. Die Hamburger »Bugsier- und Bergungs AG« hatte wenige Tage nach der voreiligen Aufgabe des Schiffes Mitte Dezember 1961 doch noch einen Bergungsauftrag für die restlichen 1200 Tonnen Kakao erhalten, und die wechselnden Löschmannschaften, die sich seitdem – mit kurzen Unterbrechungen – auf dem Wrack befanden, hatten es sich an Bord des Havaristen sogar halbwegs gemütlich gemacht: In den Quartieren unter Deck verbreiteten zwei Ölöfen kuschelige Wärme, ein Notstromaggregat sorgte für elektrisches Licht.

Die Leitung dieser Unternehmung hatte der Cuxhavener Bergungsinspektor Richard Kräft übernommen. Sein Plan sah vor, die überfluteten Ladeluken zu lenzen* und dann mithilfe eines Greiferkrans die letzten 20 000 Kakaosäcke aus dem Bauch des Schiffes zu bergen. Außerdem sollte alles von Bord geschafft werden, was noch irgendwie verwertbar sein könnte.

Seit dem Nachmittag des 3. Februar war die *Ondo* sogar rund um die Uhr besetzt. Das war der Tag, an dem man die Offizierskabinen des Schiffes aufgebrochen vorgefunden hatte. Die Beute der dreisten Wrackräuber hatte diesmal aus Heizöfen, Ledersesseln, mehreren Badewannen und Waschbecken, aber auch aus den deponierten Utensilien der Bergungsmannschaften bestanden: So waren die Gummistiefel, alle Wolldecken, der gesamte Proviant- und Zigarettenvorrat sowie eine schwere Lederjacke des Bergungsinspektors verschwunden. Diesen persönlichen Verlust hatte zum Glück ebenfalls die Versicherung

---

* siehe Glossar

übernommen, aber Kräft war dennoch einen ganzen Tag lang sehr verärgert an Deck herumgelaufen …

Allerdings gab es wichtigere Dinge als eine gestohlene Jacke, und auf die hatte er sich dann auch rasch wieder konzentriert. Auf einer seiner häufigen Inspektionsfahrten heraus zum Havaristen hatte der Bergungsfachmann plötzlich eine Idee entwickelt: Obwohl sich in der Zwischenzeit ein paar weitere Leckagen im Rumpf sowie Risse in den Niedergängen gebildet hatten, war er doch sehr erstaunt über den hervorragenden Zustand des Schiffes, das nun schon fast zwei Monate lang den Winterstürmen und der rauen See getrotzt hatte. Kräft war inzwischen überzeugt davon, dass es gelingen könnte, das stabile Schiff vollständig leer zu pumpen, zu entkernen, abzudichten und dann freizuschleppen. Und was die knapp fünf Meter hohen Sandwälle betraf, die sich die *Ondo* selbst gegraben hatte: da hatte der Bergungsinspektor längst das Wort »Dynamit« in sein Notizheft geschrieben, hatte das Wort eingekreist und mit einem Fragezeichen versehen.

Auch an diesem ungemütlichen Freitagmorgen gingen die Lösch- und Bergungsarbeiten auf der *Ondo* weiter wie gehabt, jedoch ohne Richard Kräft, der sich erst für den nächsten Tag angekündigt hatte. Die Bergungsmannschaft, die sich in aller Herrgottsfrühe aus den klammen Kojen schälte, bestand aus fünf Männern. Othmar Sierks, ein erfahrener Hochseeschlepperkapitän, war der Boss. Der 50-Jährige hatte ein wettergegerbtes Gesicht, ein kehliges Lachen und Hände, so rau wie die Haut eines Hais. Während der 34 Jahre, die er nun zur See fuhr, war er dem Klabautermann schon mehrmals nur ganz knapp entkommen. Aber das gehörte zu dem gefährlichen Beruf eines Bergungsfachmanns eben dazu. Außer sich selbst vertraute Sierks nur noch der Nummer zwei im Team, und zwar blind: Dieser

Mann hieß Paul Nodolny, war ausgebildeter Taucher und knapp zwei Jahre jünger als Sierks. Nodolny hatte schütteres Haar und sprach nur, wenn es sich absolut nicht vermeiden ließ. Er hatte schon nach allem getaucht, was auf dem Grund von Flüssen, Seen und dem Meer herumlag: nach Schiffswracks, abgestürzten Flugzeugen und Minen, nach Blindgängern und auch nach Toten. Über seine linke Wange lief eine lange, wulstige Narbe, an die sein Gegenüber sich erst einmal gewöhnen musste. Woher die rührte, wusste jedoch keiner so genau, auch Sierks nicht – denn Nodolny hatte selbstverständlich noch nie über den gewaltigen Schmiss gesprochen.

Für diesen Freitag hatten sich die Männer den Maschinenraum vorgenommen. Sie wollten versuchen, den Wasserspiegel um mindestens einen Meter zu senken. Nach einem kargen Frühstück begannen sie gegen 7 Uhr mit der anstrengenden Arbeit: Zunächst installierten sie im Schein von kräftigen Arbeitslampen die Lenzpumpen. Dann schlossen sie die Schläuche an und führten die schweren Leinenwürste vorsichtig an den vielen scharfen Metallkanten vorbei nach oben auf Deck und hängten die losen Enden über die Reling.

Die Sonne war inzwischen aufgegangen, aber sie versteckte sich hinter einer dichten Wolkendecke. Othmar Sierks hielt seine markante Nase misstrauisch in den Wind. Für ihn roch es bedenklich nach Orkan, und dass inzwischen keine einzige Möwe mehr über dem Großen Vogelsand kreiste, bestärkte ihn nur in dieser Annahme. Vom Orkantief »Vincinette«, das auf die Deutsche Bucht zustürmte, hatte er freilich noch nichts gehört. Doch wenn Sierks geahnt hätte, was ihm und seinen Männer im Verlauf der nächsten 48 Stunden bevorstehen würde, hätte er bestimmt noch in dieser Minute das Zeichen zum sofortigen Aufbruch gegeben. Dann hätten die Männer eines der intakten Rettungsboote der *Ondo* zu Wasser gelassen und wären die knapp zweiundzwanzig Meilen zur rettenden Küste geschippert – oder hinüber zur Insel Neuwerk und ihrem Leuchtturm. In diesem Moment fiel Sierks jedoch siedend heiß ein, dass sie für den äußersten Notfall ja noch ein Walkie-Talkie besaßen, mit dem sie Hilfe herbeiholen konnten.

### Nordsee, 16. Februar 1962, 5.40 Uhr

Die *Meerkatze* befand sich jetzt genau im Zentrum des Sturms. Etwa auf der Höhe von Aberdeen hatte das Schiff den Bug in den Wind gedreht und wartete auf die acht bis zehn Meter hohen Brecher, die einer nach dem anderen auf das Schiff zurollten. Ununterbrochen ging es steil bergauf und wieder bergab. Eine Achterbahnfahrt war nichts dagegen. An Deck kämpfte sich Peter Emmerich Schritt für Schritt zum Wettermast vor, gesichert mit einer Schot, die er sich um den Leib gebunden hatte. Er bezweifelte jedoch stark, dass ihm diese Leine irgendetwas nützen würde, wenn er über Bord ginge. Ihm kam es vor, als liefe er gegen eine unsichtbare Wand. Er bekam kaum noch Luft. Ein Gemisch aus Regen und Gischt peitschte ihm schmerzhaft ins Gesicht, so als stünde er direkt vor einem Sandstrahlgebläse.

Als er über die Reling auf das tosende Meer schaute, fühlte er sich plötzlich klein, schutzlos und verlassen, obwohl er sich doch auf einem 55 Meter langen, äußerst seetüchtigen Schiff befand, das von sturmerprobten Seeleuten geführt wurde. Aber für Peter Emmerich war die *Meerkatze* in diesem Augenblick nur ein Spielball der Elemente, die sich zu einem Inferno vereinigt hatten.

Endlich erreichte er den Wettermast. Mit klammen Fingern, den Rücken zum Sturm gewandt, öffnete er die Instrumentenabdeckung, wie er es im Verlauf dieser Reise nun schon dutzende Male getan hatte. Er sah sofort, was passiert war: Der Windmesser hatte den Geist aufgegeben! Eine Orkanbö mit der Stärke 14 hatte ihm den Garaus gemacht; exakt bei diesem Wert hatte die Nadel des Windschreibers ausgesetzt und war nach unten gefallen. Ärgerlich riss Emmerich den Papierstreifen ab und stopfte ihn in die Tasche seines Ölzeugs. Dann schloss er sorgfältig die Instrumentenabdeckung und blickte am Wettermast hoch. Er konnte nicht genau erkennen, ob das Rädchen sich kontrolliert drehte, aber wahrscheinlich war die Welle gebrochen.

Nun musste er sich beeilen. Die Kollegen in Hamburg erwarteten pünktlich um sechs Uhr seinen Funkspruch. Außerdem ging es um Menschenleben! Böen der Stärke 14 bedeuteten umgerechnet eine Windgeschwindigkeit von mehr als 42 Metern in der Sekunde! Für Emmerich war »Vincinette« spätestens jetzt der Jahrhundertsturm, von dem einige seiner Kollegen schon seit Monaten gesprochen hatten. Und seine innere Stimme flüsterte ihm, dass dieser Orkan keineswegs beabsichtigte, sich über dem offenen Meer auszutoben und dann aufzulösen – dazu war er einfach zu mächtig.

*Hamburg, 16. Februar 1962, 6.50 Uhr*

Dr. Hans-Otto Mertins steckten sechs Nachtschichten in Folge in den Knochen. Er freute sich auf die vier freien Tage hintereinander, und vor allem freute er sich aufs Ausschlafen. Wenn da bloß nicht diese verfluchte Führerscheinprüfung wäre, dachte er. Immerhin bestand die Aussicht, dass er sich zum Gespött im Kollegenkreis machte, wenn er durchrasselte.

Auf der einen Seite war er jetzt, Minuten vor seiner Ablösung, so müde, dass es ihn fröstelte; andererseits hatte ihn der letzte Funkspruch der *Meerkatze*, der vor einer knappen Stunde eingegangen war, geradezu elektrisiert. Emmerichs Daten hatten sich mit den zahlreichen anderen Wettermeldungen gedeckt, die während der vergangenen Nacht aus dem nördlichen Atlantik eingetrudelt waren – und zwar hundertprozentig. Nordeuropa hatte eine neue Feindin, ein Orkantief namens »Vincinette«. Mertins' Gefühl und seine Erfahrung hatten ihn einmal mehr nicht im Stich gelassen. Seine Vorhersagen waren bisher auf den Punkt genau richtig gewesen. Er neigte wahrhaftig nicht zu Übertreibungen, aber für »Vincinette« gab es in seinem Sprachschatz nur ein einziges Wort: *Katastrophentief.* Und dass die Ozeanografen vom Deutschen Hydrographischen Institut nebenan für diesen Freitag eine Sturmflutwarnung nachlegen würden, war ebenfalls bloß noch eine Frage der Zeit. Die entsprechenden Wettermeldungen aus der Nacht hatte er ihnen bereits zukommen lassen: Der Wind würde das Meerwasser konstant aus west- bis nordwestlichen Richtungen in die Deutsche Bucht pressen und von dort weiter in die Elbe.

Ungeduldig blickte er auf seine Armbanduhr, dann auf die Dienstuhr und wieder zum Fenster hinaus, wo der Hamburger Hafen langsam erwachte. Warum verrannen die letzten Minuten einer Schicht bloß immer so schrecklich langsam? Auf der Elbe herrschte bereits der morgendliche Barkassen- und Fährverkehr. Die Positionslampen der Schiffchen hüpften im dunkelgrauen Morgenlicht wie lustige Glühwürmchen über den Strom. So ausgelassen, wie sie tanzen, muss wohl ein ganz hübscher Wellengang herrschen, dachte Mertins. Sein Blick fiel auf einen eleganten weißen Bananenfrachter, der von zwei Schleppern in Richtung O'Swaldkai gezogen wurde, zum brandneuen Fruchtschuppen 42. Doch bevor er wieder einmal von der Seefahrt träumen konnte, hörte er draußen auf dem Gang die festen Schritte und das dröhnende »Morgen!« seiner Ablösung, das den Assistenten im angrenzenden Technikraum garantiert aus dem Halbschlaf geweckt hätte (wobei Mertins wusste, dass dieser Assistent keineswegs faul herumdöste, sondern bereits seit Stunden alle gesammelten Wetterdaten akribisch auf eine Wandkarte übertrug). Doch so fröhlich und ausgeschlafen polterte um diese frühe Stunde nur einer im Seewetteramt – der »Theoretiker« Dr. Hans Müller-Annen. Mertins straffte sich. Er war gespannt, wie die Übergabe ablaufen würde. Mit diesem Kollegen war er schon ein paar Mal leicht aneinander geraten.

Die Tür zum Büro wurde aufgerissen. »Kompliment, Dr. Mertins«, sagte Müller-Annen zur Begrüßung, »mit Ihrer gestrigen Sturmwarnung haben Sie ja voll ins Schwarze getroffen! – Nun ja: Guten Morgen erst mal! Wo haben Sie die letzten Daten, bitte?«

»Guten Morgen, Dr. Müller-Annen«, erwiderte Mertins etwas hölzern den Gruß, deutete dann auf den Kartentisch und dachte: Irgendwie hat er auch was von einem Sturm. Einem Sturm im Wasserglas. »In spätestens zwei Stunden könnten wir vielleicht noch eine Schippe drauflegen«, bemerkte er dann und trat neben den Kollegen an die Wetterkarte. »Das Mädel hält Kurs. Und sie kommt schneller voran, als wir es vorausberechnet haben.«

Müller-Annen hatte bisher noch nicht einmal seine Aktentasche abgestellt, geschweige denn den Mantel ausgezogen. Er blickte stur auf die Karte, allerdings nur für Sekunden. Dann stand sein Urteil fest.

»Das sehe ich leider nicht so wie Sie, Herr Kollege. ›Vincinette‹ wird über der mittleren Nordsee in kürzester Zeit die Puste ausgehen – und zwar noch bevor sie die Deutsche Bucht erreicht. *Ihre* Neun dürfte genügen …« Mertins, der es jedoch besser *wusste*, hob zum Einwand die Hand, aber sein Kollege schnitt ihm mit schneidender Stimme das Wort ab. »Ich sehe dieser Dame jedenfalls ziemlich gelassen entgegen.«

Sollte er den Kollegen mit seiner *Intuition* konfrontieren – und mit den neuesten Daten der Wetterbeobachtungsschiffe draußen im Nordatlantik? Oder sollte er es ihm einfach überlassen, eigene Schlüsse aus den vorliegenden, unübersehbaren Fakten zu ziehen, und sich still und klammheimlich davonstehlen? Mertins räusperte sich. »Wenn es nicht gegen meine Prinzipien verstieße, Herr Dr. Müller-Annen, dann würde ich Ihnen jetzt am liebsten eine Wette anbieten«, sagte er, um Freundlichkeit bemüht. »Ich will Sie ja keinesfalls belehren, aber die gesamte Entwicklung ›Vincinettes‹ deutet auf einen Jahrhundertsturm hin – auf einen Orkan und auf nichts anderes sonst!«

»Wahrscheinlich oder sicher?« Dr. Müller-Annen sah ihn zweifelnd an. Er war bereits 59 Jahre alt und hatte 13 Dienstjahre mehr auf dem Buckel als Mertins, den er hinter vorgehaltener Hand den »verträumten Seefahrer« nannte. In seiner langen Dienstzeit hatte er schon viele Zyklone sterben sehen. Auch die mächtige »Vincinette« *könnte* sich immer noch als ein Sturmtief entpuppen, das sie im Seewetteramt »Halbstarke« nannten; Zyklone, die sich zwar mächtig mit Kaltluft aufgepumpt hatten, dann aber viel zu rasant auf der »Rennstrecke« unterwegs waren.

Müller-Annen eilte der Ruf voraus, ebenso furchtlos zu sein wie risikofreudig, aber geirrt hatte er sich in der Tat bei seinen genau berechneten Vorhersagen außerordentlich selten. Eigentlich noch nie. Mertins, dem dies ebenfalls alles bekannt war, blickte ihm unerschrocken ins Gesicht. Müller-Annen hüstelte und beugte sich wieder über die Karte. Fakten waren Fakten, gewiss, aber man musste diese Fakten auch richtig interpretieren können.

»Wissen Sie was«, sagte er unvermittelt, »ich glaube, Sie sollten jetzt lieber nach Hause gehen und sich mal wieder richtig ausschlafen.«

Bestimmt hatte er diese Worte diplomatisch gemeint, um einem Disput am frühen Morgen aus dem Wege zu gehen, aber Höflichkeit und Respekt hörten sich anders an. Mertins ließ es sich jedoch nicht anmerken, dass ihn Müller-Annens Bemerkung getroffen hatte. Er war schlichtweg zu müde, um jetzt ein ausgiebiges Fachgespräch zu führen – eine Diskussion, die leicht in einen Streit ausarten konnte. Außerdem wusste er ja, dass Müller-Annen *seine* Stürme stets als übertrieben erachtete. Und außerdem fuhr sein Eilbus nach Nienstedten in sieben Minuten von der Hafenstraße ab, da musste er sich sputen. »Sie werden hoffentlich Recht behalten«, antwortete er bedächtig, während er den Mantel aus dem Kleiderschrank nahm. »Es waren wirklich anstrengende Nächte. Aber ich bleibe dabei: Vincinette ist ein echtes Katastrophentief.«

»Wissen Sie, ich habe zum Glück einen guten Draht nach oben«, lächelte Müller-Annen und deutete mit dem rechten Daumen an die Zimmerdecke.

Das Lächeln soll vielleicht entwaffnend wirken, aber in Wahrheit ist es feindselig, dachte Mertins. Er zuckte die Schultern. »Irgendwann liegt jeder von uns mal daneben. Früher oder später!« Er wollte jetzt nur noch raus – raus aus dem Büro. Das war jetzt nicht mehr sein Orkan.

»Sicher. Natürlich«, entgegnete Müller-Annen spitz und wandte ihm demonstrativ den Rücken zu. In diesem Moment flog die Tür auf, und der Assistent aus dem Funkempfangsraum betrat aufgeregt das Büro. Hektisch wedelte er mit den neuesten Wetterdaten, die aufgrund der dramatischen Entwicklung über der mittleren Nordsee im Fünf-Minuten-Takt im Amt eintrafen. Mertins verwies den fleißigen Studenten der Geophysik, der sich mit den Nachtschichten im Seewetteramt sein Studium finanzierte, mit einem Kopfnicken an seinen Kollegen weiter. Er selbst blieb noch für einen Moment in der Tür stehen. Das Schauspiel wollte er sich nicht entgehen lassen, auch wenn er dadurch wahrscheinlich seinen Bus verpassen würde.

Müller-Annen nahm die Meldungen entgegen und überflog sie rasch mit dem geschulten Auge eines erfahrenen Meteorologen. Sein Gesicht wurde lang und länger, dann wurde es blass. Er warf Mertins einen zerknirschten Seitenblick zu, bevor er sich erneut an den Studenten wandte. »Bringen Sie die Durchschläge rasch mal rüber zu den Kollegen vom DHI, und zwar in die Abteilung Fünf, Sturmflutwarnung ... Grüßen Sie Herrn Horn von mir! Aber beeilen Sie sich!« Der Student nickte und stürzte im Laufschritt an Mertins vorbei auf den Gang. Das DHI lag auf demselben Flur; hinter einer zweiflügeligen Tür aus Stahl fing das Nebengebäude an, ein mächtiger, lang gestreckter Ziegelbau.

»Ruhigen Dienst, Herr Kollege!«, sagte Mertins süffisant und tippte dabei den Zeigefinger an die Hutkrempe. Aber Müller-Annen erwiderte den Gruß nicht, sondern überhörte die kleine Spitze. Außerdem hatte er genug damit zu tun, die Last der

Verantwortung von Mertins zu übernehmen: denn die neuesten Wetterdaten lasen sich dramatisch. Er ärgerte sich, dass sein Vorgänger sich nicht leidenschaftlicher für eine Orkanwarnung eingesetzt hatte – jetzt hatte er den Schwarzen Peter.

Etwa eineinhalb Stunden später erreichten die ersten Ausläufer des »Katastrophentiefs« Norddeutschland. Zu diesem Zeitpunkt lag Dr. Hans-Otto Mertins daheim in seinem Bett und versuchte einzuschlafen. Auch er glaubte inzwischen, einen Fehler begangen zu haben oder zumindest ein Versäumnis. Denn er hätte diese verfluchte Orkanwarnung auch selbst herausgeben können, anstatt sie an Dr. Müller-Annen weiterzureichen. Auf einmal hatte er ein schlechtes Gewissen.

*Und das geschah zu diesem Zeitpunkt außerdem in Hamburg: Im Hamburger Hauptbahnhof stiegen sechs Männer aus dem Nachtzug aus Paris. Vier von ihnen waren Kriminalbeamte, die beiden anderen trugen Handschellen. Es handelte sich um die berüchtigten »Villen-Schrecks«, ein Einbrecher-Duo, auf dessen Konto rund 70 Einbrüche an der Côte d'Azur gingen. Der 28-jährige Hamburger Gelegenheitsarbeiter Otto Jonat und sein 24-jähriger Komplize Johann Kruse aus Bamberg waren vor mehreren Wochen Beamten der französischen Gendarmerie Nationale auf dem Hauptbahnhof in Bordeaux aufgefallen, weil sie drei zentnerschwere Koffer mit sich herumgeschleppt hatten. Darin hatte sich Beutegut im Wert von rund 16 000 Mark befunden. Das Auslieferungsverfahren war inzwischen beendet – was der Hamburger Kripo jetzt noch fehlte, war ein umfassendes Geständnis.*

Die *Vladivostok* trug die Baunummer 1168. Wenige Tage zuvor war das sowjetische Walfang- und Fabrikschiff auf der Kieler Howaldtswerft vom Stapel gelaufen. Die *Vladivostok* war ein knapp 17 000 BRT großer Pott, 170 Meter lang, 24 Meter breit und 17 Meter hoch. Sie dümpelte am Ausrüstungskai, wo der Endausbau erfolgen sollte, termingerecht selbstverständlich, denn die Staatliche Moskauer Reederei »Sudoimport« war ein guter Kunde der traditionsreichen Kieler Schiffbauer.

Mehr als 400 Werftarbeiter aus allen möglichen Gewerken arbeiteten unter Hochdruck auf dem Riesen, der fast vollständig eingerüstet worden war. Auf den Arbeitsbühnen wurde gehämmert, gekörnt, geschweißt, geflext, genietet, geschraubt und gesägt. Einem Zehn-Kilo-Hammer konnte doch »so 'n büschen Wind« nichts anhaben. Später würden diejenigen, die sich zur Zeit des Unglücks an Bord der *Vladivostok* befunden hatten, berichten, dass die Orkanböen »wie aus dem Nichts« gekommen seien.

Der Schiffsrohbau bot »Vincinette« seine gesamte Breitseite als Angriffsfläche dar. Es war wie eine Einladung zur Zerstörung, eine Aufforderung zum Blattschuss: Die erste Bö drückte die *Vladivostok* über ihren Kiel nach Backbord. Der krängende Schiffsrumpf schwang ruckartig zurück und donnerte gegen die Kaimauer. Dann kam auch schon die zweite Bö, stärker noch als die erste. Wieder legte sich das Schiff auf die linke Seite. Durch die geöffneten Luken im Schiffsrumpf drang Ostseewasser in einem gewaltigen Schwall in den Maschinenraum ein und überflutete binnen Sekunden die Kesselanlage – genau an der Stelle, wo der 56-jährige Maschinenschlosser Ernst Hansen zu diesem Zeitpunkt mit Schweißarbeiten beschäftigt war. Mit einem Schlag fiel der Strom aus, die gleißenden Arbeitslampen erloschen, im Bauch des Schiffes herrschte plötzlich finsterste Nacht. Die meisten der Arbeiter, die hier unten tief unter der Wasserlinie arbeiteten, verloren den Halt und fielen schreiend durcheinander.

Die *Vladivostok* ächzte in ihren Schweißnähten. Drinnen merkte man im ersten Augenblick nichts davon, dass das Schiff voll lief, aber die Werftarbeiter draußen auf dem Kai konnten zusehen, wie es plötzlich immer tiefer sank, Zentimeter um Zentimeter.

Die benommenen Männer im Bauch des Schiffes hörten die Schreie von draußen wie durch Watte: »Raus, ihr müsst raus – der Kahn säuft ab!« Irgendwie konnten sie sich berappeln, trotz ihrer Verletzungen einen klaren Gedanken fassen und den Überlebenswillen entfachen.

»Wassereinbruch!«, schrie eine Stimme in Todesangst. »Los, Männer, wir hauen ab!«

In größter Eile stürzten sie zu den rettenden Niedergängen, kletterten einer nach dem anderen hinauf, immer nach oben, ja nicht stehen bleiben, bloß schnell, schnell! In ihrer Panik bemerkten manche von ihnen gar nicht, dass sie verletzt waren, zum Teil sogar schwer. Erst als sie atemlos auf dem Ausrüstungskai standen, die Martinshörner der heranrasenden Krankenwagen hörten, als sie von ihren Kollegen aufgefangen und vorsichtig auf den Boden gelegt wurden und endlich realisierten, was geschehen war, brachen einige dieser Männer zusammen.

Den Maschinenschlosser Ernst Hansen hatte in diesen Augenblicken niemand auf der Rechnung.

Wenige Minuten später setzte die *Vladivostok* auf dem Grund des Hafenbeckens auf. Ernst Hansen bekam von alledem nichts mehr mit. Er hatte beim Sturz seinen Schutzhelm verloren, war mit dem Hinterkopf gegen eine Verstrebung geknallt und mit einer tiefen Platzwunde bewusstlos auf dem Bauch liegen geblieben, das Gesicht im ansteigenden Wasser. Als die Männer vom Werksschutz ihn ungefähr vier Stunden nach dem Unglück im überfluteten Maschinenraum fanden, schwamm ihnen sein Leichnam im Licht der starken Taschenlampen auf der öligen Wasseroberfläche entgegen. Ernst Hansen war ertrunken.

Auch oben an Deck hatte es Verletzte gegeben. Vor allem Quetschungen und Knochenbrüche waren zu beklagen, als die Gerüste mit einem Mal unter den ahnungslosen Werftarbeitern zusammengebrochen waren und ein Hagel von Werkzeugen auf die Männer heruntergeregnet war. Ein 48-jähriger Schlosser, sein Name war Werner Horn, stürzte in Höhe der vorderen Brückenaufbauten rund drei Meter tief aufs Deck und wurde zwischen einem tonnenschweren Montageteil und der Reling eingeklemmt. Ein Rettungstrupp benötigte über 40 Minuten, um ihn mit Schneidbrennern zu befreien. Das Schicksal meinte es nicht gnädig mit dem Verunglückten. Horn war trotz einer Morphiumspritze die ganze Zeit über bei vollem Bewusstsein und schrie ununterbrochen vor Schmerz, obwohl er seine Beine eigentlich gar nicht mehr fühlen konnte. Drei Stunden später starb er trotz einer Notoperation im Krankenhaus an seinen inneren Verletzungen.

Beide Männer hinterließen ihre Frau, Horn darüber hinaus noch zwei Kinder.

»Vincinettes« erste Attacke hatte mehr als 40 Verletzte gefordert. Aber dies war erst der Anfang – zwei wuchtige Böen, ein donnernder Auftakt zu einer noch nie da gewesenen Katastrophe, die in etwa 14 Stunden knapp 110 Kilometer weiter südlich über Hamburg hereinbrechen sollte.

*Hamburg-St. Pauli, 16. Februar 1962, 8.50 Uhr*

Nicht einmal zwei Stunden nach seinem Dienstbeginn griff Dr. Hans Müller-Annen zum Telefon, um die erste *Orkanwarnung* seines Lebens an die Hauptnachrichtenstelle der Hamburger Feuerwehr zu geben.

»Notieren Sie«, bellte er den Telefonisten in der Hauptfeuerwache am Berliner Tor im Westphalensweg an, der die Nachrichten entgegennahm, »West 8 bis 10, nachts aus Nordwest in Böen bis 12. Haben Sie's?«

Aus dem Hörer ertönte ein zackiges »Jawoll!«.

»Danke vielmals, weitermachen!«, sagte Müller-Annen und legte auf. Plötzlich merkte er, dass er schwitzte.

Die Mitarbeiter der Abteilung V – Sturmflutwarnung – im Deutschen Hydrographischen Institut nebenan nahmen zur gleichen Zeit weitere Berechnungen über die voraussichtliche Höhe des Nachmittagshochwassers am Pegel St. Pauli vor. Der Scheitelpunkt der Flut wurde gegen 16.10 Uhr erwartet, das Nachthochwasser sollte dann gegen 3.46 Uhr am Morgen des 17. Februar auflaufen.

Regierungsdirektor Walter Horn, Leiter der Abteilung V, hatte in weiser Voraussicht bereits alle verfügbaren Leute zusammengetrommelt. Er schien geahnt zu haben, dass dem DHI ein weiterer aufregender Tag und eine noch viel aufregendere Nacht bevorstünden. Er machte seine Arbeit schließlich nicht erst seit gestern.

Für ihre Berechnungen dienten den Ozeanografen im DHI mehrere unterschiedliche Informationsquellen als Grundlage:

• die astronomischen Daten wie Zeit und Tidehub,
• die Wettervorhersagen des Seewetteramtes,

- die Messungen und Vergleiche der Pegelstände an der Küste sowie der Niederelbe sowie
- der Wasserstand an der englischen Ostküste.

Dem Pegel der Wasser- und Schifffahrtsdirektion in Cuxhaven kam dabei eine besondere Bedeutung zu, da er die Warnungen durch tatsächlich erreichte Werte an der Elbmündung untermauern oder abschwächen konnte*.

Damit besaß Hamburg im Fall einer Sturmflut den anderen See- und Küstenstädten gegenüber zwei entscheidende Vorteile: Zum einen beherbergte die Hansestadt alle maßgeblichen Stellen – das Seewetteramt, das Deutsche Hydrographische Institut, die Wasser- und Schifffahrtsdirektion sowie die Behörde Strom- und Hafenbau –, in denen jeweils Dutzende von Fachleuten arbeiteten, die nicht nur in der Lage waren, die Wetterlage zu beurteilen, sondern die auch die Tücken der Elbe ganz genau kannten – und das Zusammenspiel von Wasser und Wind. Zum anderen waren es von der Stadt aus über 100 Kilometer bis zur Mündung des Stroms in die Nordsee. Das bedeutete rein rechnerisch fast neun Stunden Vorsprung, um eine Sturmflut beurteilen und gegebenenfalls Abwehrmaßnahmen rechtzeitig veranlassen zu können. Und wenn der Scheitelpunkt des Hochwassers Cuxhaven passiert hatte, blieben ebenfalls immer noch mindestens drei bis vier Stunden wertvoller Zeit, um die Bevölkerung in den tiefer liegenden Stadtgebieten zu warnen und womöglich sogar zu evakuieren.

---

* Die Tidewelle benötigt durchschnittlich vier Stunden, um von der Elbmündung bis nach Hamburg aufzulaufen. In Cranz im Alten Land trifft sie in der Regel nach drei Stunden und 46 Minuten ein, am Pegel St. Pauli nach vier Stunden und 15 Minuten.

Andererseits aber kann jede noch so sorgfältige Berechnung immer nur ungefähre Wasserstände und grobe Zeitangaben liefern. Eine wirklich zuverlässige Regel, nach der sich in Hamburg der genaue Hochwasserstand auf Grund der Werte des Pegels in Cuxhaven vorhersagen lässt, existiert nicht. Flutwellen haben nämlich eine unangenehme Eigenschaft: Sie sind relativ unberechenbar. Denn sie können auf ihrem langen Weg die Elbe hinauf abflachen, sie können diese Strecke in etwa gleicher Höhe durchlaufen, sie können aber natürlich auch höher werden. Letztendlich gibt immer die Summe aus Wasser und Wind den Ausschlag, und alle Voraussagen beruhen auf Berechnungen *und* wissenschaftlich untermauerten Vermutungen. Und meistens sind dabei die letzten Dezimeter entscheidend ...

Bereits um 7.45 Uhr an diesem Freitag hatte das DHI eine erste vorsorgliche Sturmflutwarnung herausgegeben: »Das Nachmittagshochwasser in Hamburg um 15.20 Uhr wird voraussichtlich bis zu 2,0 Meter höher als das Mittlere Hochwasser eintreffen.« Fünf Minuten nach der Orkanwarnung durch das Seewetteramt war dann um 8.15 Uhr die zweite erfolgt, bereits mit nach oben korrigierten Werten: »Erstmalige Sturmflutwarnung für die Nacht mit voraussichtlichem Wasserstand um 2 Meter über dem Mittleren Hochwasser an der gesamten Nordseeküste sowie in Emden, Bremen und Hamburg.«

Derartige Meldungen wurden stets über die Sender des Norddeutschen Rundfunks und natürlich auch die Küstenfunkstationen ausgestrahlt. Außerdem konnten sie von jedem Telefonteilnehmer in Hamburg über eine Dimaphonanlage* abgehört werden, die von der Deutschen Bundespost in der Schlüterstraße in Hamburg-Rotherbaum betrieben wurde.

---

\* Tonaufzeichnung mittels Magnetbandtechnik

Bei außergewöhnlich hohen Wasserständen wurde darüber hinaus eine zusätzliche Warnung herausgegeben, die auftragsgemäß durch Telefonistinnen der Bundespost verbreitet wurde. Auf diesem Verteiler – den das DHI festlegte – befanden sich unter anderem

- die Baubehörde mit den Unterabteilungen Tiefbauamt, Wasserbau und Wasserwirtschaft, Strom- und Hafenbau,
- die Hafenverwaltung,
- die Rathausverwaltung,
- die Polizei und Wasserschutzpolizei,
- die Feuerwehr,
- das Technische Hilfswerk,
- die Stadtentwässerung,
- das Deutsche Rote Kreuz,
- die insgesamt sieben Hamburger Deich- und Schleusenverbände,
- die Hamburger Hafen- und Lagerhaus AG sowie
- die Gas- und Elektrizitätswerke.

Die Abonnenten erhielten die Sturmflutwarnungen nach durchschnittlich 20 bis 30 Minuten nach einem bestimmten Schlüssel, der vom DHI jeweils individuell festgelegt werden konnte.

Um kurz vor 11.00 Uhr entschloss man sich zu einer dritten Sturmflutwarnung. Horn, ein studierter Mathematiker, hatte höchstpersönlich noch einmal sämtliche Berechnungen seiner Leute überprüft, bevor er den Text freigab: »Heute Nacht eine schwere Sturmflut*, Wasserstand bis 2,5 Meter über dem

---

* Das DHI hatte drei Alarmstufen festgelegt: 1,95 bis 2,50 Meter, 2,50 bis 3,00 Meter und mehr als 3,00 Meter Wasserstandshöhe über dem Mittleren Hochwasser.

Mittleren Hochwasser.«* Bevor jedoch diese Warnung das DHI auf den üblichen Kanälen verlassen hatte, hatte es innerhalb der Abteilung eine hitzige Diskussion gegeben. Denn Dr. Georg Koopmann, der 37-jährige Leitende Angestellte im Sturmflutwarndienst, hatte einen Höchstwasserstand von *mehr als* drei Metern über dem Mittleren Hochwasser errechnet. Er vermutete eine *External Wave*, die zusammen mit »Vincinette« aus dem Atlantik in die Deutsche Bucht einlaufen könnte. Aber diese *External Wave*, deren Existenz Koopmann aufgrund der Wasserstände an der Englischen Nordseeküste erkannt zu haben glaubte, war vor allem ein Phänomen, das wissenschaftlich noch nicht eindeutig bewiesen worden war. Man hatte sich darauf geeinigt, dass es eine solche Fernwelle mit *hoher Wahrscheinlichkeit geben würde*, doch ging man davon aus, dass dadurch der Wasserstand bei einer Sturmflut um höchstens ein bis zwei Dezimeter zusätzlich erhöht werden würde. Koopmann dagegen hatte schon immer vehement die Meinung vertreten, dass solche *External Waves* aus dem Atlantik für Pegelstände sorgten, die dann bis zu einem Meter höher als das eigentliche Hochwasser ausfielen – sozusagen ein großer Schuss Sahne in einer bereits randvollen Tasse Kaffee.

Der Ozeanograf war so etwas wie der Paradiesvogel der Abteilung V. Unter den Mitarbeitern und Mitarbeiterinnen des DHI war das Konkurrenzdenken zwischen Angestellten und Beamten mindestens genauso ausgeprägt wie bei den Kollegen und Kolleginnen im Seewetteramt nebenan. Innerhalb des DHI wurde Koopmann daher der Gruppe der »Pragmatiker« zugerechnet – mit Mertins zum Beispiel verstand er sich blind. Für

---

* Diese Warnung wurde um 12.00, 13.00 und 19.00 Uhr über die Mittelwellen- und Kurzwellensender des NDR verbreitet.

Meteorologie und Meereskunde hatte er sich schon in seiner Jugend interessiert und war als Schüler in den naturwissenschaftlichen Fächern immer ein Ass gewesen. So hatte er als Gymnasiast das schmale Familieneinkommen aufgebessert – sein Vater war viel zu früh gestorben –, indem er in der alten Hamburger Seewetterwarte* am Stintfang als Assistent gearbeitet hatte. Diese Arbeit hatte sein Interesse an diesem schwierigen Beruf noch einmal erhöht. Aber dann hatte man ihn eingezogen, und das so genannte Notabitur war das Papier nicht wert gewesen, auf das es geschrieben worden war.

Als Koopmann im Jahre 1946 halb verhungert und gesundheitlich schwer angeschlagen aus der amerikanischen Kriegsgefangenschaft in Bayern nach Hamburg zurückgekehrt war, hatte er nach einem längeren Genesungsprozess das Abitur nachmachen müssen. Danach hatte er endlich Geophysik, Mathematik und Physik studieren können und war nach dem erfolgreichen Abschluss dieses Mammutprogramms mit seiner Frau Renate (die ihm als Fremdsprachenkorrespondentin das Studium finanziert hatte) für ein paar Jahre in Europa herumgezogen. Unter anderem hatte er für Unternehmen in Schweden und Belgien nach Steinkohle- und Erdölvorkommen gesucht. Irgendwann aber hatte seine Frau dieses Vagabundenleben satt gehabt und stattdessen eine Familie gründen wollen. Deshalb hatte er schließlich 1957 beim DHI als Ozeanograf angefangen, zunächst in der Abteilung IV – Meereskunde. Dort hatte man seine Fähigkeiten recht schnell erkannt. Er hätte die Abteilung übernehmen sollen, aber dann war der Pos-

---

* Die alte Seewetterwarte am Stintfang über den Landungsbrücken nannte man im Volksmund auch »Kommode«, denn es war ein Rotklinker-Flachbau mit vier Türmchen an jeder Ecke. Die »Kommode« wurde im Krieg vollkommen zerstört – auf dem Stintfang steht heute Hamburgs größte Jugendherberge.

ten im letzten Moment aus »internen Gründen« mit einem Be-
rufsbeamten besetzt worden. Auf diese Weise war Koopmann,
ziemlich verstimmt, in der Abteilung V bei den Sturmflut-
warnern gelandet.

»Wollen Sie wirklich mit drei Metern raus an die Öffentlichkeit gehen, Herr Dr. Koopmann?«, fragte Walter Horn zweifelnd. Koopmann nickte. »Ja, haben Sie denn gar keine Angst
vor der Panik? Denken Sie mal an die *Mandrenke* in Holland!«

»Natürlich … sicher, das Beispiel führen wir ja immer wieder an«, wandte Koopmann ein. Die Augen all seiner Kollegen
ruhten jetzt auf ihm. »Aber …«, hob er an.

»Ab wann müssen die Posten raus auf die Deiche?«, unterbrach Horn, indem er ihm ganz bewusst diese rhetorische Frage stellte. »Ab welchem Wasserstand greifen die Alarmpläne?«
Und gleich noch eine zweite hinterher …

»Ab 2,50 Meter«, antwortete Koopmann bedächtig. Seine
Kollegen nickten.

»Deshalb geben wir ja auch diese 2,50 Meter raus – und
alle sind zufrieden!«, sagte Horn lächelnd. »Da bleibt nämlich
genug Luft nach unten *und* nach oben, den Besuch von der
Baubehörde* kriegen wir auch – und Sie, Herr Dr. Koopmann,
gehen jetzt mal schön nach Hause und schlafen sich richtig
aus.« Ein solcher Hinweis auf das ständige Schlafdefizit war in
beiden Häusern – dem Seewetteramt und dem Deutschen
Hydrographischen Institut – ein probates Mittel, um Ausei-
nandersetzungen von *oben* nach *unten* zu beenden, ohne dass
eine der beiden Parteien ihr Gesicht dabei verlor. Denn wer zu

---

* Das DHI unterstand dem Amt für Wasserwirtschaft, das wiederum unter dem
Dach der Baubehörde angesiedelt war; diese hatte für solche Krisensituationen
einen Einsatzstab gebildet, der dann im DHI zusammentraf.

wenig Schlaf bekam, durfte sich irren, durfte danebenliegen –
im Beruf, im Verhalten, im Ton. Jedenfalls wurden solche Dinge auf diese Weise gern entschuldigt.

Koopmann insistierte nicht. Eigentlich hatte sein Chef ja
sogar Recht: 2,50 Meter, die »sehr schwere Sturmflut«, würde nun beim »Hochwasser-Abonnentenkreis« in den nächsten
Stunden mehrere innerbetriebliche Alarmpläne gleichzeitig in
Kraft setzen: Die erforderlichen Durchsagen und Weisungen
würden an die zuständigen Sachbearbeiter in den Behörden,
Verbänden und Einrichtungen weitergeleitet, die dann jeweils
in *eigener Zuständigkeit* handelten. So waren für die »allgemeine Gefahrenabwehr« weder das Tiefbauamt (unter dem Dach
der Baubehörde) noch die »Hauptabteilung Wasserbau und
Wasserwirtschaft« (die ebenfalls unter dem Dach der Baubehörde angesiedelt war) zuständig. Die »allgemeine Gefahrenabwehr« wurde vielmehr gleichmäßig auf den Schultern der Tief-
bauabteilungen der Bauämter der verschiedenen Bezirksämter
verteilt – und parallel dazu auch den sieben Hamburger Deich-
und Schleusenverbänden überlassen. Wenn es sich jedoch um
den Fall einer »besonderen Gefahrenabwehr im Hafengebiet«
handelte, würde die Behörde für Wirtschaft und Verkehr auf
den Plan treten, genauer gesagt ihre Unterabteilung »Strom- und
Hafenbau«. Zuallererst würde jedoch die Frage geklärt werden
müssen, ob es sich bei der jeweiligen Sturmflut um eine »allgemeine« oder um eine »besondere« Gefahr handeln könnte.

Von diesem Wirrwarr aus Kompetenzen und nicht vorhanden Kompetenzen* hatten die meisten Hamburger keine

---

* In seiner Ausgabe vom 28. Februar 1962, S. 17, monierte das Hamburger Nach-
richtenmagazin »Spiegel« knapp zwei Wochen später, »dass eine moderne Großstadt
sich gegen ein hundert Kilometer entferntes Randmeer des Ozeans so anfällig zeigte wie ein Pfahldorf der Primitiven«.

Ahnung. Wozu auch – es gab ja schließlich Deiche. Ein Bewusstsein für die Ausmaße und die Gefahren einer schweren Sturmflut war, wenn überhaupt, seitens der Bevölkerung kaum vorhanden.

Allerdings gab es in der Hansestadt einen Mann, der ein paar Wochen zuvor – nach dem Rücktritt des Ersten Bürgermeisters Max Brauer (SPD) – ein Angebot des SPD-Senats unter dem neuen Ersten Bürgermeister Paul Nevermann angenommen hatte, das neu zu schaffende Innenressort zu übernehmen. Dieser Mann hieß Helmut Schmidt. Sein offizieller Titel lautete (noch) »Polizeisenator«, sein Spitzname »Schmidt Schnauze«. Zu den vordringlichsten Aufgaben, die er sich für sein Amt vorgenommen hatte, gehörte unter anderem die rasche Ausarbeitung eines Katastrophenschutzplans für die Millionen-Metropole. Der eine Teil lag fertig in seiner Hamburger Schreibtischschublade, den Rest hatte er bereits im Kopf.

Dass Hamburg im Gegensatz zu den anderen deutschen Großstädten keinen Katastrophenschutzplan besaß, war die Spätfolge einer Anordnung der britischen Militärverwaltung aus den Zeiten der Besatzung: In den dreißiger Jahren, unter den Nazis, hatte es bereits einen zentralen Sturmflut-Warndienst bei der Hamburger Innenbehörde gegeben, der jedoch nicht nur alle Deich- und Schleusenverbände untergeordnet waren, sondern – in erster Linie selbstverständlich – auch die Polizei und die Gestapo.

Bei einer Sturmflutwarnung (und großen Sturmfluten wie im Jahre 1936) hatte es damals regelrechte Massenaufmärsche auf den Deichen Norddeutschlands gegeben. Die sinnvolle Einrichtung eines solchen zentralen Warndienstes hatten die Nationalsozialisten immer wieder für illegale »Wehrübungen« missbraucht. Aus diesem Grund hatten die britischen Besatzer nach dem Krieg die Zerschlagung der Hamburger Innenbehörde angeordnet – und damit auch die Dezentralisierung des Sturmflutwarndienstes. Dies wollte Helmut Schmidt ändern – und zwar so schnell wie möglich.

*Und das geschah zu diesem Zeitpunkt außerdem in Hamburg: Pünktlich um elf waren die Vertreter der Reedereiverbände und der Gewerkschaft ÖTV im Hotel* Ambassador *zur wahrscheinlich entscheidenden Tarifrunde zusammengekommen. Schon seit sechs Wochen wurde zäh um eine höhere Heuer für die rund 50 000 deutschen Seeleute gerungen. Die Gewerkschaft forderte acht Prozent mehr Heuer, der Reedereiverband wollte höchstens drei Prozent mehr geben.*

*Berlin-Schöneberg, 16. Februar 1962, 11.00 Uhr*

Mit schöner Regelmäßigkeit zog es die deutschen Politiker immer wieder nach West-Berlin. Offiziell regiert wurde zwar in der provisorischen Bundeshauptstadt Bonn (und natürlich in den Hauptstädten der zehn übrigen Bundesländer), aber man nutzte jede Gelegenheit, den rund 2,3 Millionen Westberlinern zu demonstrieren, dass sie sich trotz der Umklammerung durch den sowjetischen Bären weiterhin als Bundesbürger fühlen durften. Meist geschah dies, indem man wichtige Konferenzen in die ehemalige »Reichshauptstadt« verlegte – so wie die Innenministerkonferenz im Schöneberger Rathaus an diesem stürmischen Vormittag. Auf der Tagesordnung stand eine Debatte über das geplante »Gesetz über den unmittelbaren Zwang« und die damit verbundene »verfassungsrechtliche Bedeutung des Verhältnismäßigkeitgrundsatzes im Falle des Handelns durch die Polizei«: Wie weit und in welcher Situation sollte die Polizei die verfassungsmäßigen Bürgerrechte in Zukunft aushebeln oder übergehen dürfen – wenn überhaupt?

Helmut Schmidt saß sicherlich etwas unruhig am Konferenztisch im Schöneberger Rathaus. Die Ausläufer des neuen Sturmtiefs hatten für die Streichung seines Lufthansa-Fluges von Hamburg-Fuhlsbüttel nach Berlin-Tempelhof gesorgt. So hatte er auf der Bundesstraße 5 quer durch die *Zone* mit dem Auto anreisen müssen und wäre fast zu spät gekommen. Zudem lasen sich die spärlichen Nachrichten aus der Hansestadt, die jetzt ab und an hereingereicht wurden, alle eher entmutigend. Denn »Vincinette« beschränkte sich in ihrer Zerstörungswut nicht nur auf den Norden Deutschlands. Auch aus den übrigen Landesteilen gingen bedrohlich klingende Meldungen ein: Auf dem Brocken im Harz wurden inzwischen konstante Windgeschwindigkeiten von 140 Stundenkilometern gemessen, auf der Zugspitze sollten es gar 200 Stundenkilometer sein. In Niedersachsen und Hessen hatte der Orkan bereits mehrere Hektar Wald zerstört, an der Kieler Förde sollte es einen schlimmen Unfall auf der Howaldtswerft gegeben haben, und an der Nordseeküste waren längst sämtliche Deich- und Schleusenverbände in Alarmbereitschaft gesetzt worden. Schließlich erfuhr Schmidt auch, dass man in der kommenden Nacht zum Sonnabend in Hamburg allgemein mit einer »sehr schweren Sturmflut« rechnete.

Diese Gemengelage eignete sich hervorragend dazu, sich während einer Konferenz über komplexe verfassungsrechtliche Fragen die schlimmsten Dinge auszumalen und die Vision einer Katastrophe zu entwickeln, in deren Mittelpunkt unzweifelhaft auch Hamburg stehen könnte – die zweitgrößte Stadt Deutschlands, die sich Schmidts Meinung nach immer »ein wenig zu selbstgefällig sonnte« und »den heutigen Tag genoss, wobei sie den morgigen für selbstverständlich zu halten schien …«*

Schmidts politischer Stern war während der leidenschaftlichen Bundestagsdebatten über die Atombewaffnung der Bundeswehr Ende der 50er Jahre** aufgegangen. Die SPD-Bundestagsfraktion sah in dem durchsetzungsfähigen Reserveoffizier (Jahrgang 1918), der seit dem Jahre 1953 für die Partei im Bundestag saß (und eigentlich als Wirtschafts- und Verkehrsexperte angetreten war), einen ihrer Hoffnungsträger. Sehr schnell hatte er sich in Bonn jedoch als Wehrexperte profilieren können. Schmidt war Mitglied im Verteidigungsausschuss und ein gefürchteter Debattenredner.

Aber dann hatten die Sozialdemokraten die Bundestagswahl 1957 erneut mit Pauken und Trompeten gegen den »Alten aus

---

* Am 28. Juli 1962 schrieb Helmut Schmidt als »Anonymus« in der Tageszeitung »Die Welt« einen Essay über Hamburg, der sich einerseits wie eine Liebeserklärung an die Hansestadt las, andererseits aber auch schonungslos die politischen Versäumnisse anprangerte. Erst 1965 bekannte sich Schmidt dazu, den Artikel, der äußerst kontrovers diskutiert worden war, verfasst zu haben.

** Seit dem Jahre 1957 hatten Bundeskanzler Konrad Adenauer und die CDU/CSU dank ihres Wahlergebnisses von 50,2 Prozent allein regieren können. Die bedingungslose Anbindung Deutschlands an den Westen (die USA) sowie die traumatische Furcht vor der Sowjetunion hatten bereits zwei Jahre zuvor die Wiederbewaffnung (Bundeswehr) begünstigt, was unter anderem zu Lasten der angestrebten Wiedervereinigung ging. 1958 beschloss dann die Bundesregierung, die Truppe mit taktischen Atomwaffen auszustatten, die unter amerikanischer Verfügungsgewalt stehen sollten. Parlamentarisch war diese Entscheidung zwar nicht zu verhindern, doch die polemischen Redeschlachten zwischen dem amtierenden Verteidigungsminister Franz Josef Strauß und dem Wehrexperten der SPD, Helmut Schmidt, gingen in die Parlamentsgeschichte ein.

Rhöndorf«, verloren, und die Oppositionsarbeit gegen Bundeskanzler Konrad Adenauer und dessen Kabinett, die Schmidt inzwischen bereits acht Jahre betrieb, hatte den kühlen Taktiker und scharfzüngigen Redner ein wenig zermürbt. Einige Jahre später (1965) würde Helmut Schmidt öffentlich zugeben, dass »er es damals einfach nicht mehr ausgehalten hätte«, weil viele seiner Altersgenossen bereits auf Ministersesseln und in Chefetagen Platz genommen hatten, während er »noch immer« als einfacher Abgeordneter im Parlament Kärrnerarbeit verrichten musste.

Nur zu gern hatte der Kettenraucher und hervorragende Klavierspieler deshalb zugegriffen, als ihm Paul Nevermann den Senatorenposten angeboten hatte. Überdies musste er jetzt auch nicht mehr zwischen Elbe und Rhein hin- und herpendeln, denn seine Frau Loki arbeitete als Lehrerin im Westen Hamburgs, in Othmarschen, und so hatte sich das Ehepaar ein Reihenhaus in Hamburg-Langenhorn gekauft. Schmidt hoffte, sich mit dem neu geschaffenen Amt des Innensenators rasch das notwendige Profil zuzulegen, das ihn baldmöglichst für höhere politische Aufgaben empfehlen würde – spätestens dann, wenn die SPD die Unionsparteien von der Regierung ablösen würde.

Er konnte zu diesem Zeitpunkt nicht ahnen, dass ausgerechnet ein Orkantief namens »Vincinette« ihm diesen Gefallen tun würde – jedoch weitaus schneller, als es ihm wahrscheinlich lieb war.

Den ahnungslosen Hamburgern blieben jetzt noch rund 14 Stunden bis zum Eintritt der Katastrophe.

*Hamburg-St. Georg, 16. Februar 1962, 11.33 Uhr*

Die telefonische Sturmwarnung durch das Seewetteramt war plangemäß von der Hauptnachrichtenstelle der Hamburger Feuerwehr an alle Feuerwachen weitergeleitet worden. Kurz danach war die Zahl der Hilferufe sprunghaft angestiegen. Es hatte sich jedoch ausschließlich um gewöhnliche Sturmschäden gehandelt – die wurden allerdings in einer bemerkenswert hohen Zahl verzeichnet: abgeknickte Bäume, lose Dachpfannen, heruntergerissene Antennen, einsturzgefährdete Baugerüste, abgerissene Stromleitungen und pendelnde Straßenlaternen. Deshalb hatte die Feuerwehrführung in der Hauptfeuerwache im Westphalensweg am Berliner Tor unter Vorsitz des Oberbrandrats Dipl.-Ing. Hans Brunswig sowie des Oberbranddirektors Hertel nicht gezögert, eine Einsatzreserve von jeweils einem Löschzug pro Gebiet zu bilden.

Was zu diesem Zeitpunkt nicht vorhersehbar war: Dieser Beschluss würde sich im Lauf der nächsten 24 Stunden als eine der klügsten Entscheidungen herausstellen, die eine offizielle Stelle an diesem Tag hatte treffen können. Genau in dieser Minute fiel in der Hauptnachrichtenzentrale auch zum ersten Mal das Wort »Ausnahmezustand«.

Sieben Minuten später, um 11.40 Uhr, fegte die erste Orkanbö mit Windstärke 13 über die Stadt. Nach zwei weiteren Minuten waren alle 13 Amtsleitungen, die fünf Notrufleitungen und sogar die fünf Anschlüsse des internen Behördennetzes besetzt. Ab jetzt wurde jegliche Hilfe nur noch strikt nach der »Dringlichkeitsverordnung« geleistet. Die Reihenfolge lautete Menschenleben – Verkehrswege – Versorgungsleitungen. Erst danach würden alle übrigen Hilfeersuchen beantwortet oder erfüllt werden.

Die Feuerwehr hätte nun auch keinen weiteren Anruf des Wetterdienstes mehr benötigt, um festzustellen, dass die Stärke des Sturms rapide zunahm. Allein in der nächsten Stunde wurden mehr als 160 Sturmeinsätze gefahren.

Obwohl das DHI inzwischen eine »sehr schwere Sturmflut« vorhergesagt hatte und das Seewetteramt einen der stärksten Orkane seit Jahren, ging das Leben in den Straßen der Stadt erstaunlicherweise weiter wie gehabt. Nicht einmal im Hamburger Rathaus sah man einen Anlass zur Sorge. Es war ja auch niemand da, der – vorausschauend? – das Zepter in die Hand hätte nehmen können (oder wollen): Der Erste Bürgermeister Paul Nevermann weilte fernab im österreichischen Bad Hofgastein zur Kur. Der Zweite Bürgermeister Edgar Engelhard von der FDP war angeblich mit dem Aufarbeiten irgendwelcher wichtiger Akten beschäftigt (allerdings hätten ihm wohl nicht einmal seine politischen Freunde zugetraut, den Posten eines Krisenmanagers zu übernehmen, denn Engelhard galt im Allgemeinen als wenig durchsetzungsstark). Bausenator Büch kurierte daheim eine Erkältung aus, und der »Polizeisenator« nahm 285 Kilometer von Hamburg entfernt an einer Konferenz in Berlin teil. Bloß freute er sich nicht, wie 1,8 Millionen Hamburger, aufs Wochenende, sondern machte sich Sorgen.


*Hamburg-Wilhelmsburg, 16. Februar 1962, 11.45 Uhr*

»Hast du dir im Krankenhaus einen Termin geben lassen?«, fragte Hermann Westphal am Telefon. Auch er machte sich Sorgen, aber nicht nur wegen der »schweren Sturmflutwarnung«, die vor ihm auf dem Schreibtisch lag, sondern vor allem wegen

105

des Gesundheitszustands seiner Frau Lotti. Am Morgen war sie vor Schmerzen kaum aus dem Bett gekommen.

»Ja, Hermann, hab ich. Am nächsten Dienstag ist ein Termin frei, aber bei einem Gynäkologen«, antwortete sie.

»Wieso denn das?«

»Ich hab dem Internisten die Symptome ganz genau geschildert, und da hat er plötzlich nichts mehr gesagt ...«

Hermann Westphal lauschte in den Hörer hinein. Er glaubte, ein leises Keuchen zu vernehmen. »Nun rede schon, Lotti!«, forderte er sie auf.

»Hermann«, kam es zurück, »Hermann, der hat so komisch geschwiegen. Ich glaube, der denkt, ich hätte vielleicht Krebs oder so was.«

Der Ortsamtsleiter von Hamburg-Wilhelmsburg seufzte auf. Endlich war es heraus, dieses schlimme Wort.

»Hermann ... das macht mir jetzt richtig Angst.«

»Soll ich lieber nach Hause kommen?«

»Nee, lass man – ich leg die Füße hoch. Du hast doch sicher viel zu tun, oder?«

»Seit heute Morgen stehen die Telefone nicht mehr still. Im Radio haben sie eine Sturmflutwarnung durchgegeben.«

»Ich weiß. Ich habe es auch gehört«, sagte Lotti Westphal, jetzt mit festerer Stimme.

»Dann kannst du dir ja vorstellen, was hier los ist. Aber ich beeile mich trotzdem.«

»Nee, nee, nee – du musst schön auf dein Wilhelmsburg aufpassen, Hermann! Du weißt ja: Ich bin ein zähes Luder.« Mit diesen Worten legte Lotti Westphal überraschend auf.

Von diesem Moment an saß der Ortsamtsleiter von Wilhelmsburg zwischen zwei Stühlen. Aber da er wusste, dass es ihm seine Frau niemals verzeihen würde, wenn er wegen ihres

»lächerlichen Wehwehchens« seine eigentlichen Aufgaben vernachlässigte, entschied er sich, auf dem Stuhl sitzen zu bleiben, auf dem er gerade saß.


## Hamburg-Moorfleet, 16. Februar 1962, 11.45 Uhr

Die Hamburger Feuerwehr war in drei Brandschutzgebiete (West, Ost und Süd) eingeteilt. Sie unterhielt 17 Berufsfeuerwachen und 63 Freiwillige Feuerwehren mit einer Gesamtstärke von etwa 2600 Mann. Neben der Hauptnachrichtenstelle gab es 16 weitere Nachrichten-Nebenstellen, die alle durch Fernschreiber, Telefon und eine zusätzliche Rundspruchanlage miteinander verkoppelt waren. Darüber hinaus waren an eine von der Hauptnachrichtenstelle gesteuerte UKW-Funkanlage (»Florian Hamburg«) rund 60 »bewegliche Funkstationen« in Löschfahrzeugen, Unfallwagen und Löschbooten angeschlossen.

Einer der 2600 Männer, die stolz eine Feuerwehruniform trugen, hieß Rolf Stubbe und war im Hauptberuf Gemüsebauer. Er war 34 Jahre alt, seit fünf Jahren verheiratet und wohnte mit seiner Frau Lisa am Nordufer der Elbe, in Hamburg-Moorfleet. Ihr Anwesen lag direkt hinterm Moorfleeter Hauptdeich – eigentlich war es zum Teil in die schräg abfallende Rückseite des Deiches hineingebaut worden. Das Haupthaus, das während des Krieges durch eine englische Phosphorbombe bis auf die Grundmauern abgebrannt war, hatte die Familie eigenhändig wieder aufgebaut. Es stand nun zusätzlich auf einer Warft. Damals, im Jahre 1943, hatte sich Rolf Stubbe angesichts des lichterloh brennenden Elternhauses dazu entschlossen, zur Feuerwehr zu gehen. Das Ehepaar bewirtschaftete knapp acht Hektar Land in dieser ländlichen Region, die dennoch zum Hamburger Stadtgebiet gehörte.

Rolf Stubbe, ein drahtiger Mann, war inzwischen zum Zugführer der Freiwilligen Feuerwehr Moorfleet aufgestiegen. Mit den anderen Feuerwehrmännern – zumeist waren es Nachbarn – verkehrte er selbstverständlich auch privat. Denn hier auf dem Land bestimmte das Feuerwehrdasein auch einen großen Teil des gesellschaftlichen Lebens.

Es war jedoch beileibe nicht so, dass in der Gruppe immer bloß der große Männerdurst gelöscht wurde. Immerhin reichte der (theoretische) Einsatzbereich (offiziell: Einsatzbereich 2) der Freiwilligen Feuerwehr Moorfleet vom Berliner Tor über das Gebiet »Neuland« und das Industriegebiet »Halskestraße« bis an die Stadtgrenze des Hamburger Vororts Bergedorf, der etwa 20 Kilometer östlich von der Hamburger Innenstadt entfernt war. Für die Einsatzfahrten stand ein ziemlich neuer Magirus-Deutz TLF 16 A zu Verfügung, den man vom Zivilen Bevölkerungsschutz gechartert hatte. Dieser »Rundhauber« war ein »Schlauch- und Rohrwagen«, hatte 145 PS und fasste 2600 Liter Löschwasser.

»Los, Lisa, komm mal raus und fass mit an«, sagte Rolf Stubbe außer Atem, als er die Küche betrat, wo seine Frau gerade die Kartoffeln fürs Mittagessen schälte. Auf dem Herd schmorten Rouladen. Vor einer Minute hatte das Telefon geklingelt, aber ihr Mann war rangegangen, hatte kurz mit jemandem gesprochen und dann sofort wieder aufgelegt.

»Ist was passiert? Warum bist du so aufgeregt?«

»Hab gerade Bescheid gekriegt. Soll eine Sturmflut geben, vielleicht schon heute Nachmittag, aber in der Nacht bestimmt … Mach mal das Radio an!«

»Ach herrje!«

»Genau«, entgegnete Stubbe entschlossen, »deshalb will ich ja auch sofort alle Geräte vom Hof haben – oben in der Tenne.« Selbst wenn der Deich vorm Haus überspült würde – was noch nie geschehen war –, würde das Wasser um das Haus herum ablaufen. Doch alles, was unten auf dem Marschland stand, würde dann erst mal unter Wasser sein. Einen besseren Schutz gegen Hochwasser als diese Warft gab es eigentlich nicht, doch Vorsicht war nun mal besser als Nachsicht – und dieses Sprichwort war für Rolf Stubbe so etwas wie das elfte Gebot.

Seine Frau ließ das Schälmesser in die Spüle fallen, drehte dann das Gas auf die kleinstmögliche Flamme hinunter und wischte sich die Hände an der Kittelschürze ab. »Als Erstes musst du aber unser Auto reinfahren, Rolf«, sagte sie mit Nachdruck. »Ganz nach oben!«

»Was denkst du denn?«, grinste ihr Mann. Sie hatten den blauen »Opel Rekord« erst im Herbst des vergangenen Jahres angeschafft. Die elegante Limousine mit den Heckflossen war ihr ganzer Stolz. Dafür hatten die Stubbes den eigentlich geplanten Kauf des Fernsehers aufs nächste Jahr verschoben.

*Und das geschah zu diesem Zeitpunkt außerdem in Hamburg:*
*Ein Spaziergänger, der seinen Hund ausführte, entdeckte in der Saarlandstraße auf einem Parkplatz eine Frau, die leblos hinter dem Steuer ihres Wagens saß. Eine Stunde später bereits stand für die Kriminaltechniker fest, dass die Frau mit einem tödlichen Giftcocktail aus Liebeskummer Selbstmord begangen hatte. Im Thalia Theater begann die Generalprobe zu einer frechen Pariser Salonkomödie: »Also gut, wir lassen uns scheiden!« von Sardou mit Ina Peters und Peter Schütte in den Hauptrollen.*

*Hinnerk* hieß der Fischkutter, aber es befanden sich keine Netze an Bord. Hinnerk war auch der Name seines Sohnes, aber der war im Krieg geblieben, irgendwo an der Ostfront verschollen, und seitdem hatte sein Vater wohl »diesen Knacks wech«. Das jedenfalls behaupteten die Leute am Hafen, wenn das Gespräch auf »das Unikum« Gerhard Gramkau kam.

Tatsächlich schipperte der gelernte Fischer seit dem Jahr 1945 mit seinem Kahn ausschließlich Passagiere vom Blexener Ufer bei Nordenham über die Weser auf die andere Seite nach Bremerhaven, in den Hafen Geestemünde, und wieder zurück. Er hatte angeblich nun schon seit fast 17 Jahren immer wieder vorgehabt, mit der *Hinnerk* hinaus aufs Meer zu fahren, aber irgendwas hatte ihm dazu immer gefehlt. Meistens war es das Geld gewesen. Inzwischen ging der Fischer stramm auf die Achtzig zu, und im kleinen Hafen von Blexen amüsierte man sich schon lange über den Alten, der mit seiner Frau in einer windschiefen Kate hauste, wo sie praktisch von der Hand in den Mund lebten. Vor allem aber galt er als starrköpfig: denn anstatt die *Hinnerk* zu verkaufen und sich von dem Erlös einen etwas bequemeren Lebensabend zu finanzieren, steckte er nach wie vor jeden Pfennig in den Kahn und träumte weiter seinen Traum.

Was das Leben in annähernd acht Jahrzehnten nicht geschafft hatte, das schaffte »Vincinette« mit zwei Orkanböen. Sie vernichtete den alten Mann völlig. Die erste Bö fällte den Mast, der nur Zentimeter neben Gramkau ins Ruderhaus einschlug und die Steueranlage zertrümmerte. Die zweite Bö drückte die *Hinnerk* an einen Rammpfahl, der die Planken auf Steuerbordseite des Kutters eindrückte. Der alte Fischer jedoch stand aufrecht und unverletzt im Führerstand und ging nicht von Bord. Die *Hinnerk* versank langsam bis zum Dollbord* im Wasser, dann stoppte das flache Blexener Hafenbecken ihren Untergang. Ein paar Männer eilten zum Unglücksort und bargen den Alten. Er hatte wie durch ein Wunder bloß nasse Füße bekommen, wirkte aber vollkommen apathisch. Dann schüttelte er die hilfreichen Hände unversehens von seinen Schultern ab und trottete nach Hause. Gerhard Gramkau würde nie wieder in den Hafen von Blexen zurückkehren.

Der alte Kutter *Hinnerk* sollte nicht das einzige Schiff bleiben, das der Orkan an diesem Tag zerstörte: Bei Radio Norddeich hatten im Verlauf des Tages die *Mayday-Mayday*-Rufe zugenommen. Aber auf allen Schiffen, die an diesem Tag durch »Vincinette« in Seenot gerieten, gab es auf wundersame Weise weder Verletzte noch Menschenleben zu beklagen. Und die meisten würden auch nicht untergehen.

Schon am Morgen war gegen neun Uhr die Stationsankerkette des Feuerschiffs *Elbe 1* gerissen. Die 500 PS starke Maschine erwies sich als zu schwach, um aus eigener Kraft nach Cuxhaven einlaufen zu können. Es gelang der Besatzung, das Schiff in den Wind zu drehen und die hohen Wellen abzureiten, bis nach 90 bangen Minuten die Schlepper *Eisfuchs* und *Neuwerk* herangerauscht kamen und das berühmte Signalschiff** an den Haken nahmen.

Das gleiche Schicksal sollte am Mittag auch das Feuerschiff *P 8* auf seiner Position 53°52' Nord und 7°57' Ost ereilen, ungefähr 25 Seemeilen nordwestlich vom Leuchtturm von Hel-

---

* siehe Glossar
** In ihren 40 Dienstjahren von 1948 bis 1988 stellte die 58 Meter lange *Elbe 1* einen zweifelhaften Rekord in der Seefahrtgeschichte auf: Sie wurde insgesamt 50 mal von anderen Schiffen gerammt, ging aber niemals unter.

goland. Aber auch hier gelang es der 14-köpfigen Besatzung, ihren 36 Meter langen Dreimaster so lange im Wind gegen die Wellen zu halten, bis ihr Schiff schließlich ohne fremde Hilfe den Heimathafen Wilhelmshaven ansteuern konnte.

In den kleinen Häfen entlang der Küste, wie etwa in Otterndorf an der Elbe oder Spiekaerneuendeich und Dorumer Neufeld, die beide südlich von Cuxhaven an der Nordsee lagen, machte »Vincinette« dagegen aus mehreren Schiffen Kleinholz. Sie zerstörte ganze Kutterflotten und die Hafenanlagen gleich mit dazu.

Besonders spektakulär sollte das Ende des Motorschiffs *Falke* verlaufen, das bis kurz vor 16 Uhr noch fest vertäut an der Dagebüller Mole in Nordfriesland lag. Dann aber rissen die Haltetaue, und die meterhohen Brecher katapultierten das 35 Meter lange Schiff wie ein Spielzeug auf den Seedeich …

*Kreis Land Hadeln, 16. Februar 1962, 13.00 Uhr*

So wie Blumenthal hatten auch weite Gebiete des Landstrichs, der sich zwischen Cuxhaven und dem Westufer der Oste am südlichen Elbufer entlangschlängelt, schon bei der ersten kleineren Sturmflut am 12. Februar ordentlich Wasser abbekommen. Die Kreisleitung hatte zum Teil schwere Flurschäden zu verzeichnen: Noch immer waren einige Straßen nicht von umgestürzten Bäumen geräumt worden, waren Straßenfundamente unterspült worden. In der Niederung rund um Laumühlen-Nindorf waren etwa 800 Hektar Acker- und Weideland überschwemmt, und im Ostedeich klafften an der Nindorfer Anlegestelle sowie in der Nähe des wichtigen

Schöpfwerks* Nindorf große Löcher. Ein paar Männer des Deich- und Schleusenverbandes versuchten, die großen Aushöhlungen mit Sandsäcken notdürftig zu reparieren. Das Schöpfwerk selbst war ausgefallen – aber die richtige Sturmflut sollte ja erst kommen.

Angesichts der aktuellen Wetter- und Wasserstandsvorhersagen waren sich die fünf Herren, die sich vor Ort zur Begutachtung der Schäden versammelt hatten, darüber im Klaren, dass dieser ramponierte Ostedeich eine weitere – und vermutlich stärkere – Sturmflut mit an Sicherheit grenzender Wahrscheinlichkeit nicht aushalten und brechen würde, so wie es schon einmal, im Jahre 1936, geschehen war. Seit mehr als 130 Jahren galt der Ostedeich in diesem Abschnitt als extrem gefährdet.

»Der Wasserspiegel ist in den vergangenen Tagen sogar bei Niedrigwasser nicht mehr als um wenige Dezimeter gesunken«, beschrieb Heinrich Heitsch vom Wasserwirtschaftsamt in Otterndorf die prekäre Lage. Er musste die möglichen Folgen einer Sturmflut nicht weiter ausführen, die konnten sich die Anwesenden aufgrund ihrer Lebenserfahrung lebhaft vorstellen. Die Deichgrafen Buck und Tiedemann, der Oberkreisdirektor Büning und der ehemalige Regierungsbaumeister Ernst Hahn, jetzt ein selbstständiger Bauunternehmer, traten nervös von einem Fuß auf den anderen. Unter den dicken Sohlen ihrer Gummistiefel suppte der durchfeuchtete Boden. Sie alle konnten sich noch gut an das Jahr 1954 erinnern: Damals, einen Tag vor Heiligabend, hatten sie auch hier gestanden, einen zerlöcherten Deich hinter sich und ein angekündigtes Sturmtief vor Augen. Damals aber hatte der Orkan sich noch einmal gnädig

---

* siehe Glossar

gezeigt, und der Wind hatte praktisch in letzter Minute auf Süd gedreht …

»Also jetzt erst mal das Wichtigste«, sagte der Oberkreisdirektor und warf einen Blick auf die schuftenden Deicharbeiter, »hier müssen noch mindestens fünfhundert Sandsäcke her!«

»Besser tausend!«, warf Ernst Hahn ein. »Ich habe auch noch fünfhundert in meinem Lager.«

»Besser tausend«, bestätigte der Oberkreisdirektor wohlwollend. »Wann genau wird das nächste Hochwasser erwartet?«

»Das nächste Niedrigwasser um 18.21 Uhr, gegen Mitternacht das nächste Hochwasser …«

»Vielleicht dreht ja der Schietwind noch …«, murmelte der Deichgraf Buck.

»Darauf wollen wir uns man gar nicht erst verlassen«, sagte Büning mit erhobenem Zeigefinger. »Ich habe zwar wie ihr auch das dumme Gefühl, dass wir absaufen könnten, aber wenn es schon sein muss, dann bitte mit Anstand. Ich möchte also, dass jeder Mann im Kreis weiß, wo heute Nacht sein Platz ist. Jedenfalls nicht im Bett neben der *Olsch*.«

Eine halbe Stunde später saßen die Männer in Bünings Büro in der Kreisstadt Altenbruch und setzten den bewährten Katastrophenschutzplan in die Tat um: Zuerst wurden die Bürgermeister aller Gemeinden telefonisch angewiesen, sich sofort mit den Feuerwehren und den jeweils zuständigen Deichgrafen und Verbandsvorstehern in Verbindung zu setzen. Alle verfügbaren Männer sollten zusammengetrommelt werden. Dann wurden verschiedene Sandsackhändler und Lager telefonisch abgeklappert, um die eigenen Bestände zu erhöhen. Gleichzeitig wurden die für einen Notfall vorgesehenen Beamten und Angestellten der Kreisverwaltung für die kommende Nacht in Alarmbereitschaft versetzt. Hier, von Altenbruch aus, würden dann im Fall einer schweren Sturmflut alle Einsätze koordiniert werden; darüber hinaus wurde eine zweite zentrale Anlaufstelle – nur für die Feuerwehren des Kreises – eingerichtet. Man tat alles Erdenkliche, um den angekündigten Wassermassen nicht unvorbereitet zu begegnen, man handelte entschlossen und selbstverantwortlich, so wie es seit Generationen üblich war: »*Wer nicht will deichen, muss weichen!*«

Doch nicht nur im Kreis Land Hadeln bereiteten sich zu dieser Stunde die Menschen an der Nordseeküste und entlang der Elbe auf eine mögliche Katastrophe vor. Von Ostfriesland bis hinauf nach Sylt, von Otterndorf bis Stade, von Brunsbüttel bis Glückstadt, von Wischhafen bis Neu-Wulmstorf und natürlich auch an der ostfriesischen Küste bis hinunter nach Bremen bezogen ehrenamtliche Deichwachen ihre Posten, überprüften Feuerwehren und Züge des Technischen Hilfswerks ihre Gerätschaften, wurden Sandsäcke organisiert, wurde schon mal prophylaktisch Sand gekarrt und in Säcke geschippt – und wenn zu wenig Sand vorhanden war, bediente man sich ohne Bedenken am reichlich vorhandenen Winter-Streugut für die Straßen.

Aber wie würde Hamburg sich auf die angekündigte Sturmflut vorbereiten?

*Hamburg-St. Georg, 16. Februar 1962, 13.17 Uhr*

In der Hauptnachrichtenstelle der Hamburger Feuerwehr ging in dieser Minute eine weitere Sturmflutwarnung des Deutschen Hydrographischen Instituts von 12.48 Uhr ein. »Das Mittlere Hochwasser am Pegel St. Pauli wird voraussichtlich gegen

15.20 Uhr mit einer Höhe von 2,50 bis 3,00 Metern eintreffen.«

Die Gesichter des Krisenstabes entspannten sich. Das hieß den Richtlinien nach zwar immer noch, dass mit einer »sehr schwere Sturmflut« gerechnet werden musste, aber *bis* zu einem Pegel von drei Metern über dem Mittleren Tidehochwasser (MTHW) bestand *im Prinzip* kein Anlass zur Sorge, auch wenn »Vincinette« sich jetzt über Norddeutschland ausgesprochen wild gebärdete. Die Hamburger Deiche schienen jedoch nicht gefährdet, sie galten mit 5,70 Meter ja auch als hoch genug. Vielleicht würden in der Altstadt wieder ein paar Keller überschwemmt werden, aber das Auspumpen von Kellern und Kasematten war für die Feuerwehr ein Klacks. Auch alle anderen Vorsichtsmaßnahmen waren Routine ...

»Also, meine Herren«, meinte der Oberbranddirektor Hans Brunswig, »dann sollten wir mal ganz schnell die notwendigen Schritte einleiten: Die tiefer gelegenen Hafengebiete – im Besonderen der Fischmarkt – werden geräumt. Wir werden auch die Straßen Vorsetzen und Johannisbollwerk gegenüber der Speicherstadt vorsichtshalber für den Verkehr sperren ... Das erledigen dann die Kollegen von der Polizei. Irgendwelche Fragen, Einwände, Vorschläge?« Brunswig blickte in lauter zufriedene Gesichter. »Vorsichtshalber werden wir die Einsatzreserve beibehalten. Es besteht ja immer noch so was wie ein Restrisiko«, fuhr er fort. Die Mitglieder der Einsatzleitung murmelten zustimmend. Man konnte schließlich nie vorsichtig genug sein ...

Bis zu diesem Zeitpunkt hatte die Feuerwehr etwa 300 Sturmeinsätze gefahren. Doch die Schäden, die »Vincinette« bisher im Stadtgebiet angerichtet hatte, waren überschaubar gewesen, fast immer nur Kleinigkeiten. An der Küste dagegen würde es bestimmt viel übler aussehen. Da würden die Leute bestimmt nasse Füße kriegen in der Nacht. Die armen Schweine! Wie gut, dass die Nordsee so weit weg war!

Auch die Deich- und Schleusenverbände, das Technische Hilfswerk sowie das Deutsche Rote Kreuz würden jetzt die »Alarmbereitschaft« aufrechterhalten, während sich in den Fabriken, Geschäften und Büros der Hansestadt die Menschen auf den wohlverdienten Feierabend und das Wochenende freuten. So wie es aussah, würde es zwar mit einem Sonntagsspaziergang nichts werden, aber »zu Hause war's doch sowieso am schönsten« – wenn der Fernseher lief oder das Radio dudelte und das Bier im Kühlschrank kalt gestellt war.

Von jetzt an würde es noch ungefähr zwölf Stunden bis zum ersten Stromausfall dauern.

### Kranenburg, 16. Februar 1962, 13.50 Uhr

Putzig sahen sie aus, die zehn jungen, hilflosen Ferkel, die Hermann Bucks Sau am Vormittag geworfen hatte, während er in der Schule gewesen war. Er hatte die ganze Zeit wie auf Kohlen gesessen, vor allem in der letzten Stunde, in der sie Religionsunterricht hatten, was ihn schon immer gelangweilt hatte. So schnell wie er nur konnte war er nach Hause geeilt, in den Stall gerannt. Der 12-jährige Junge war nun mächtig stolz auf *seine* Sau – und natürlich auch auf sich selbst. Kein einziges Ferkel war tot zur Welt gekommen oder war von der Mutter erdrückt worden. Jetzt säugten sie gierig an den Zitzen.

In diesem Moment hörte Hermann, dass sich draußen auf der Dorfstraße irgendetwas tat. Anscheinend tuckerten gleich mehrere Trecker heran, er hörte das Muhen aufgeregter Kühe; Schafe blökten, und zwischendrin vernahm er die aufgeregten Stimmen seines Vaters und der Nachbarn. Neugierig lief Hermann aus dem Stall und blieb dann verblüfft auf der Dorfstraße stehen: Die Nachbarn hatten damit begonnen, ihr Vieh aus den Ställen die Dorfstraße hoch zu treiben, auf die Geest. Wer Hände frei hatte, packte mit an. Lämmer wurden auf einen Anhänger gehoben, wild grunzende Schweine wurden über Laufplanken in Hänger verladen. Gegenüber bei den Baarcks, dem frisch verheirateten Jungbauernpaar, wurden Möbel in den ersten Stock gewuchtet. Nur die blonde Helga Baarck konnte nicht mit anfassen, jedenfalls nicht so richtig, denn die 21-Jährige war im neunten Monat schwanger. Dieser 16. Februar war eigentlich der Stichtag für ihre Niederkunft.

Ein Trupp Männer aus dem Dorf hatte sich mit Schaufeln bewaffnet. Auch sie kletterten in einen Anhänger, setzten sich auf mehrere Paletten mit leeren Sandsäcken und fuhren dann mit einem Traktor Richtung »Specken«.

»Wat is denn los, Papa?«, fragte Hermann seinen Vater, der mithalf, die letzten fünf Schweine der Baarcks auf einen Hänger zu treiben.

»Villicht kümmt dat Water … Dat Sietfeld is all afsapen, dat steiht an de Specker bit an'n … Ick mutt dor furts hen!«

»Dörf ick mit, Papa?«

»Nee, mien Jung, du faats Mudder mit an bi de Meubeln!«

»Vadder, nu loot mi doch!«

»Nix da, du mookst wat ick segg …«

Hermann blieb trotzig stehen. Hochwasser, das war etwas, von dem er bisher immer nur gehört hatte. Zu gern hätte er einmal mit angesehen, wenn ein Deich brach.

»Hermann!«, rief seine Mutter, die den Kopf aus der Küchentür herausgestreckt hatte. »Wo bliffst du denn?«

»Ick kumm all, Mudder!« Die kleinen Ferkel hatte Hermann plötzlich vollkommen vergessen.

### Rübke, 16. Februar 1962, 14.30 Uhr

»Noch so eine Nacht halt ich nicht aus«, flüsterte Anne Seemann ihrem Mann Jonni zu. »Da muss jetzt aber fix mal was passieren.«

Jonni Seemann setzte die Kaffeetasse ab und bedachte seine Schwiegermutter, die neben ihm in der Sofaecke mehr lag als saß und mit offenem Mund vor sich hin schnarchte. »Deine Mutter kriegst du aber nie zum Irrenarzt!«, sagte er bedächtig.

»So weit muss es ja nicht gleich kommen, Jonni«, entrüstete sich die 35-jährige Obstbäuerin halblaut. »Vielleicht hilft ihr ja schon 'n stärkeres Schlafmittel.«

»Haben wir doch schon alles ausprobiert, Anne! Nee, das ist der Tick von deine Mudder und das bleibt auch der Tick von deine Mudder ... Und alles nur wegen dem verdammten Krieg.«

Sturm- und Gewitternächte im Hause Seemann waren immer etwas Besonderes. Jetzt, nach der vierten Nachtwache hintereinander, fühlten sich die Seemanns wie gerädert und dachten bloß noch ans Ausschlafen in ihrem schönen bequemen Doppelbett, das sie von Anne Seemanns Vater zur Hochzeit geschenkt bekommen hatten; eine meisterhafte Tischlerarbeit aus feinstem Kirschholz. »Da knarrt nix und da quietscht nix«, hatte der alte Behr gesagt, »und ein Bett von der Stange kommt euch nicht unter *Mors!*«

Doch wenn es draußen stürmte, blitzte oder donnerte, drehte Anne Seemanns Mutter Margaretha durch und wurde hysterisch. Nicht einmal ihr Mann Gustav – der trotz seiner erst 62 Jahre schon ein wenig tatterig war – konnte sie dann beruhigen. Und deswegen musste sich die Familie im Schlafzimmer der Mutter im ersten Stock des kleinen Bauernhauses versammeln und um ihr Bett herumsitzen. Margaretha Behr bestand darauf; andernfalls hätte sie die ganze Nacht geschrien. Seit 17 Jahren lebte sie nun schon mit diesem Trauma. Seit jenem Tag im März 1945, als ganz dicht neben ihr auf freiem Feld mehrere Bomben explodiert waren, weil englische »Mosquito«-Jagdbomber einen Tieffliegerangriff auf die großen Flak-Stellungen geflogen hatten, die man ausgerechnet hier, zwischen den ausgedehnten Obstplantagen dieses Dorfes im Alten Land, unweit von Hamburg-Harburg, eingegraben hatte. Militärtaktisch gesehen war das natürlich eine kluge Entscheidung des OKW* gewesen, denn Rübke lag nun einmal direkt in der Ausflugschneise der alliierten Bombergeschwader. Aber für Margaretha Behr und ihre Angehörigen bedeutete es auch 17 Jahre nach Kriegsende immer noch die Hölle.

»Ach, was soll's«, lächelte der 36-jährige Obstbauer. »Anne, gib mir mal noch 'ne Tasse Kaffee, bevor ich wieder rüber in die zugige Scheune muss, Kisten zimmern!« Dort, gegenüber vom Haupthaus, befand sich auch das Plumpsklo. An die Kanalisation waren die Seemanns noch nicht angeschlossen. Überhaupt würde das wahrscheinlich noch ein paar Jahre dauern, denn sie lebten am äußersten westlichen Rand von Rübke. Danach kamen nur noch Wiesen und lange Reihen von Obstbäumen. Und dann kam die Este. Neun Hektar die-

---

* Oberkommando der Wehrmacht

ses Landes zwischen Rübke und dem Elbe-Nebenfluss gehörten ihnen.

Außerdem hatten die Seemanns vier Kühe im Stall neben dem Haus stehen und zwei Dutzend Hühner. Ihr Leben war hart, zum Teil auch entbehrungsreich, aber im Großen und Ganzen waren sie zufrieden. Der Hof konnte sie gut ernähren, wenn sie weiterhin sparsam lebten. So wurden selbstverständlich nur die Küche und die »gute Stube« geheizt. Alle anderen Zimmer blieben kalt, auch im Winter. Aber so hielten das eigentlich alle Bauern in Rübke, und auf diese Weise könnten die Seemanns ihren beiden Kindern Annegret und Dieter später vielleicht einmal eine vernünftige Ausbildung finanzieren. Noch blieb ihnen genug Zeit, um etwas auf die hohe Kante zu legen: Annegret war zehn und Dieter gerade mal acht Jahre alt.

Jonni Seemann erhob sich und knöpfelte mit seinen schwieligen Händen die dicke blaue Kitteljacke zu. »Dann werd ich wieder«, sagte er. »Und weck bloß mal deine Mutter auf, sonst kann sie heute Nacht gar nicht mehr schlafen.«

Anne Seemann seufzte. Ihr Jonni hatte ja so Recht.

Bis zur Apfelernte im Sommer wollte er Ordnung in die vielen Obstkisten bringen, die sich in der Scheune bis unters Dach stapelten. Und da er fest daran glaubte, dass die Ernte in diesem Jahr gut ausfallen würde, wollte er weitere 500 solcher Kisten zusammennageln.

Als er die Küche durch den angrenzenden Wirtschaftsraum verließ und hinaus auf den Hof in den Sturm trat, kam gerade sein Nachbar Johann Behrens angeradelt. Behrens, ein etwas wunderlicher Mensch, wohnte ein paar Häuser weiter den Moorender Weg herauf. Die Männer begrüßten sich mit Handschlag.

»Na, wie isses?«, fragte Behrens, »morgen ist Schlachttag – ihr kommt doch rüber?«

»Hätte ich beinahe vergessen«, entgegnete Jonni Seemann und tippte sich an die Stirn. »Aber wollt ihr denn wirklich … ich meine, bei diesem Wetter?«

»Ich würd sagen, dem Schwein ist das wohl schietegol, nich? Außerdem ist der Metzger bestellt. Wenn ich jetzt sag: nee – dann kost' das was für nix!«

»Hast auch wieder Recht, Johann«, lächelte Jonni Seemann, »aber im Radio haben sie sogar was von Flut gesagt, hat auch Anne erzählt.«

»Wat denn, unser Hinterdeich hält, Jonni. Der hat schon immer gehalten. Die Tide wird an uns vorüberrauschen wie in all den anderen Jahren auch.«

Jonni Seemann warf einen ungeduldigen Blick auf die Scheune, in der noch eine Menge Arbeit auf ihn wartete. Im Gegensatz zu seinem Nachbarn »schnackte« er nicht so wahnsinnig gern. Er mochte Behrens zwar, aber gleichzeitig wunderte er sich auch manchmal über ihn. Zum Beispiel, dass er jetzt schon seine Kühe tagsüber auf die Wiese trieb. Aber im Dorf galt Behrens als Querkopf, der sich selten reinreden ließ.

»Dann will ich mal wieder. Wann geht's morgen bei euch los?«, fragte er.

»Um acht.« Johann Behrens merkte nun auch, dass Jonni Seemann es offensichtlich eilig hatte, und schwang sich deshalb wieder auf sein Fahrrad. »Tschüs, denn!«

»Tschüs, Johann! Bis morgen!«, rief Seemann seinem Nachbarn hinterher und ging in die Scheune. Dass er der letzte Mensch sein würde, der mit Johann Behrens gesprochen hatte, wäre ihm in diesem Augenblick wahrscheinlich niemals in den Sinn gekommen. Auch nicht, dass die Gläser mit schlachtfrischer Blut- und Leberwurst, auf die er sich freute, ins Wasser fallen würden. Und das im wahrsten Sinne des Wortes …

Jonni Seemann machte die Scheunentür fest hinter sich zu. Der Wind pfiff durch alle Ritzen. Die Dachsparren knarrten, die Schindeln klapperten. Was war das bloß für ein Sturm!

❖

*Und das geschah zu diesem Zeitpunkt außerdem in Hamburg: Bei der Hamburger Hochbahn Aktiengesellschaft knallten auf der Jungfernfahrt der dritten Alsterlinie die Sektkorken. Die Strecke führte vom Anleger Mundsburg über die Rabenstraße in Harvestehude bis zum Jungfernstieg. Leider hielt sie nicht am Anleger des Hotels* Atlantic. *Darüber waren vor allem die Geschäftsleute des »kleinen Kiez« St. Georg böse. In der zweitbesten Herberge der Hansestadt fand zu diesem Zeitpunkt im Großen Festsaal die Generalpobe für eine »Charleston-Show« statt: 40 junge Damen und Herren – allesamt Kinder namhafter Hamburger Rechtsanwälte – übten in Originalkostümen der 20er Jahre für die lustige Tanzeinlage, die sie ihren Eltern am Abend während des »Juristen-Balls« vorführen wollten.*

❖

*Hamburg-Altona, 16. Februar 1962, 14.30 Uhr*

Dem 35-jährigen Karl Thielsch, der üblicherweise von allen, die ihn kannten oder zu kennen glaubten, »Kuddl« gerufen wurde, steckte der Krieg ebenfalls noch in den Knochen. Margaretha Behr kannte er zwar nicht, aber an das Dörfchen Rübke erinnerte er sich noch ganz genau. Denn dort hatte er als blutjunger Kerl beim »Reichsarbeitsdienst« unter anderem lernen müssen, »dass die Zwei-Zentimeter-Flak 38 eine vollautomatische Waffe zur Bekämpfung von Luft- und Erdzielen ist, das Kaliber 20 Millimeter beträgt und die theoretische Schussfolge 420 bis 480 Schuss pro Minute«.

Der Krieg war trotzdem verloren gegangen. Das Ende hatte »Kuddl« Thielsch, ein waschechter Altonaer, jedoch nicht als Flak-Kanonier, sondern als Angehöriger der »Armee Wenck« am 7. Mai 1945 in Tangermünde an der Elbe erlebt. Am letzten Tag vor der bedingungslosen Kapitulation, dem Tag, an dem ausgerechnet sein bester Freund Egon direkt neben ihm gefallen war. Auch er selbst hätte noch verheizt werden können, aber der liebe Gott hatte seinen Daumen dazwischen gehalten. Die Amerikaner waren ziemlich nett zu ihm gewesen, als er sich ihnen widerstandslos ergeben hatte. Er war ja auch nur ein Junge gewesen, im Grunde bloß ein Milchbubi. Die Kriegsgefangenschaft hatte nicht lange gedauert.

Dann, auf der tagelangen Rückreise nach Hamburg in völlig überfüllten Zügen, inmitten der vielen armseligen Kreaturen, die häufig bis aufs eigene Leben alles verloren und nicht mehr gewusst hatten, wo sie eigentlich hingehörten, hatte er auf irgendeinem namenlosen Bahnhof beobachtet, wie sich mehrere Rot-Kreuz-Schwestern liebevoll um die vielen anderen ausgemergelten und verlausten Kriegsheimkehrer gekümmert hatten. Thielsch war in jenem Moment eingefallen, dass seine Schwester sich vor dem Krieg ebenfalls für »diesen Verein« engagiert hatte, zu Hause in Hamburg-Altona. Daraufhin hatte er spontan für sich beschlossen, seinem Leben einen Sinn zu geben. Er wollte zukünftig etwas Gutes tun, aus Dankbarkeit und vielleicht auch aus dem schlechtem Gewissen heraus, weil er hatte weiterleben dürfen und sein bester Freund nicht.

Nach seiner ziemlich verpfuschten Jugend hatte Thielsch eine Lehre begonnen, im Schanzenviertel, als Lebensmittelkaufmann. Er war seinem Lehrbetrieb treu geblieben, und inzwischen bildete er als »erste Kraft« selbst Lehrlinge aus. Er hatte geheiratet, sein Sohn war zur Welt gekommen (er würde sein einziges Kind bleiben), und er wohnte noch immer in der Mietwohnung am Alsenplatz, in der er geboren worden war. Auch seinen Plan, dem Deutschen Roten Kreuz beizutreten, hatte er nicht fallen gelassen. In den acht Hamburger Kreisverbänden war er wohl bekannt: »Kuddl« Thielsch hatte sich durch seine Umsicht bei einigen größeren Einsätzen ausgezeichnet und verbrachte darüber hinaus jede Woche viele Stunden als ehrenamtlicher Mitarbeiter im Landesverband Hamburg am Behrmannplatz, wo erst vor kurzem die moderne Hauptgeschäftsstelle eingeweiht worden war.

Im Verlauf der Jahre bei *seinem Verein* hatte Thielsch zwei Männer kennen gelernt, die ungefähr das gleiche Schicksal im Krieg erlebt hatten wie er: Auch der 42-jährige Carl-Heinz Mannel und der 37-jährige Werner Felsberg waren erst in den allerletzten Kriegstagen in Gefangenschaft geraten; allerdings waren sie von den Russen und den Polen einkassiert worden, und es hatte fünfeinhalb beziehungsweise zwei Jahre gedauert, bis sie wieder in die Heimat hatten zurückkehren dürfen. Diese gemeinsamen Erfahrungen und Erlebnisse hatten die Männer zunächst einander näher gebracht. Durch ihr Engagement beim Deutschen Roten Kreuz hatten sie dann schnell über die Kameradschaft hinaus zur Freundschaft gefunden.

»Telefon für Sie, Herr Thielsch«, rief seine Chefin quer durchs Geschäft, »das Dee-Err-Kaa ist dran, ein Herr Felsberg!«

Thielsch lächelte. Wenn ihn Werner auf der Arbeit anrief, dann war meistens irgendwas im Busch. Und das schmeckte seiner Chefin gar nicht, während ihr Mann es dagegen prima fand, dass seine »erste Kraft« nach Feierabend einer solch sinnvollen Beschäftigung nachging. Aber das hätte er niemals in Gegenwart seiner dominanten Frau laut ausgesprochen.

»Ja, Werner, hier ist Kuddl«, sagte Thielsch in den Hörer.

»Hör mal, Kuddl, wir haben Alarmbereitschaft. Eben kam noch eine Sturmflutwarnung durch ... Carl-Heinz ist schon unterwegs! Um 15.00 Uhr ist Treffpunkt für alle Einsatzleiter beim Landesverband.«

Carl-Heinz Mannel, der Dritte im Bunde, der als Lagerleiter bei einer Kaffee-Großrösterei in der Speicherstadt arbeitete, war der engste Vertraute und gleichzeitig auch der Fahrer von Werner Felsberg, der sich dazu entschlossen hatte, hauptberuflich beim DRK anzufangen.

Inzwischen war Felsberg, der allerdings keinen Führerschein besaß, zur Nummer drei im Hamburger Landesverband aufgerückt – als »Koordinator für die männlichen Einsatzkräfte in Katastrophenfällen«.

»Bin schon unterwegs, aber ich brauche wahrscheinlich zehn Minuten länger«, entgegnete Karl Thielsch und hängte nach einem »Alles klar!« am anderen Ende der Leitung den Hörer in den Wandapparat ein.

»Wie, jetzt schon unterwegs?«, fragte seine Chefin in einer Mischung aus Neugier und Empörung und blickte demonstrativ auf ihre goldene Armbanduhr, die tief ins schlaffe Fleisch ihres Unterarms schnitt.

»Entschuldigen Sie, Frau Kremer*, aber seit wenigen Minuten haben wir erhöhte Alarmbereitschaft. Heute Nacht kriegen wir 'ne Sturmflut!«

---

* Name auf Wunsch der Betroffenen geändert

»Ach was«, sagte Frau Kremer und schaute ihn ungläubig an. »Und wann meinen Sie, dass Sie dann wiederkommen, Herr Thielsch … von Ihrer … Alarmbereitschaft?«

»Das wird sicher alles halb so schlimm. Draußen stürmt es zwar noch, aber morgen früh steh ich ganz bestimmt wieder im Laden …«

»Sie wissen ja selbst: Am Sonnabend ist es immer voll bei uns!«, sagte seine Chefin. Ihre Stimme hatte einen mahnenden Unterton.

Als ob er das nicht wüsste! Wie lange arbeitete er denn schon bei den Kremers? Einen Tag? Eine Woche? Nein, es waren inzwischen 15 Jahre! »Natürlich, ich versteh Sie ja nur zu gut, Frau Kremer. Aber nun ruft die Pflicht – Wiedersehen!«

Er nickte ihr noch einmal mit einem falschen Ausdruck echten Bedauerns zu, ging dann rasch hinaus und schwang sich auf sein Fahrrad, um nach Hause zu fahren und sich die graue DRK-Uniform anzuziehen.

»Kuddl« Thielsch war ein wenig aufgeregt. Sturmflut! Dieses Wort hörte sich in seinen Ohren nicht nur bedrohlich an, sondern, wenn er ehrlich zu sich selbst war, auch nach Spannung und Abenteuer.

*Und das geschah zu diesem Zeitpunkt außerdem in Hamburg: Die beiden mutmaßlichen Villenschrecks von der Côte d'Azur, Jonat und Kruse, wurden weiter von den Kripobeamten des Einbruchsdezernats getrennt vernommen. Die Diebe hatten bis dahin wenig geredet und noch viel weniger gesagt. Dabei war die Beweislage erdrückend. Die Kripobeamten wurden allmählich immer gereizter, denn unabhängig voneinander starrten Jonat und Kruse teilnahmslos aus den Fenstern und gaben lediglich dummdreis-*

*te Kommentare zum Wetter ab: Der Himmel über Hamburg hatte sich plötzlich verdunkelt. Blitz und Donner rollten über die Stadt, dann ging ein mächtiger Hagelschauer nieder.*

### Großer Vogelsand, 16. Februar 1962, 15.00 Uhr

»Vincinette« war schon fast da. Der Himmel am nordwestlichen Horizont hatte sich merklich verdunkelt. Eine schwere Orkanbö nach der anderen fegte nun über das Deck der *Ondo*. Die Bergungsmannschaft hatte sich bis auf Othmar Sierks in den Bauch des Havaristen zurückgezogen, nach unten, ins Trockene. Sierks, der oben freiwillig Wache schob, schwante Böses, als er jetzt zusehen musste, wie sich innerhalb von wenigen Minuten meterhohe Wellen aufbauten und auf das gestrandete Schiff zurollten. Dann klatschten die ersten dieser Grundseen dröhnend gegen die Bordwand und ließen die Stahlhaut der *Ondo* erzittern. Aber noch liefen die Lenzpumpen einwandfrei. Und noch hatte er die vage Hoffnung, dass dies nur ein boshafter Scherz des Wettergottes war. Aber in ungefähr zweieinhalb Stunden würde die Flut einsetzen ...

Wenig später war den fünf Männern klar, dass sie »ganz tief in der Scheiße saßen«, wie Sierks es drastisch, aber sicherlich durchaus zutreffend formuliert hatte. Heftige Regen- und Hagelschauer prasselten aufs Deck, Blitze erhellten die Wolkenfetzen, die in atemberaubendem Tempo übers Firmament zogen, und mit der einsetzenden Flut rollten wie vorhergesehen immer höhere Brecher heran, die sich als mörderische Sturzseen über das Deck des Havaristen ergossen. Für eine Flucht war es nun endgültig zu spät. In der aufgewühlten See, in einem Rettungsboot ohne Motor, wäre ihre Überlebenschance gleich Null gewesen. Dabei hatte der Orkan, so erschien es Sierks, eben erst angefangen. Er benötigte keinen Windmesser, um festzustellen, dass die Windstärke mit beängstigender Geschwindigkeit sogar noch zunahm. Das konnte er fühlen.

Über zwei Monate war die *Ondo* nun schon eine Gefangene des Mahlsandes, doch die fünf Bergungsleute der Hamburger »Bugsier- und Bergungs AG« waren es in diesem Moment auch. Sie waren vollkommen auf sich allein gestellt. Sie konnten sich ausmalen, was nun alles passieren mochte: Vielleicht würde dieser mächtige Orkan die *Ondo* aus dem Mahlsand schieben und ins tiefe Fahrwasser schubsen. Womöglich würde das leckgeschlagene Schiff dann aber sinken. Natürlich bestand auch die Möglichkeit, dass ihre *Ondo* auseinander bräche, so wie die *Fides*, die in knapp 800 Metern Entfernung lag und der die Wellen jetzt wahrscheinlich den letzten Rest gaben. Vielleicht aber würden die Laderäume der *Ondo* voll schlagen, und dann würde sie sich auf die Seite legen … Nicht einmal um Hilfe rufen konnten sie mehr, denn das Walkie-Talkie hatte den Geist aufgegeben. Entweder waren die Batterien leer, oder es hatte Feuchtigkeit abbekommen. Sierks, der ewige Pessimist, vermutete (richtig), dass wohl beides zugleich der Fall sei.

Unter Deck herrschte nun ein solch infernalischer Lärm, dass sich die Männer nur durch Schreien verständigen konnten. Sie waren hellwach. Und sie versuchten jeder für sich, ihre Angst zu unterdrücken und sich innerlich auf den möglichen Katastrophenfall vorzubereiten. Allerdings hätten sie nur zu gern gewusst, welches Schicksal dieser Orkan für sie vorgesehen hatte. Und *wann* es eintreffen würde. Sierks griff unter sein Ölzeug und holte ein zerknautschtes Päckchen »Eckstein No. 5« hervor. Solange sie noch was zu Rauchen hatten, solange sie sich an einem armseligen Glimmstängel festhalten konnten, würde jede Situation wenigstens einigermaßen erträglich sein. Solange lebte man nämlich noch.

»Sieht böse aus, Paul«, rief Sierks und atmete mit der Nase tief den Zigarettenrauch ein, den er langsam aus dem Mund entweichen ließ – einen »Seemannszug« nannte man das.

»Joh, Boss«, entgegnete der Taucher und nickte mit zusammengepressten Lippen.

Seine Kameraden hielten es nicht gerade für ein ermutigendes Zeichen, dass er gesprochen hatte, auch wenn es nur zwei Wörter gewesen waren.

*Und das geschah zu diesem Zeitpunkt außerdem in Hamburg: Die beiden Tarifparteien, der Deutsche Reedereiverband und die Gewerkschaft ÖTV, hatten sich inzwischen aufeinander zubewegt. Eine Einigung über den Tarifvertrag für deutsche Seeleute schien in greifbare Nähe zu rücken.*

*Hamburg-Harvestehude, 16. Februar 1962, 16.00 Uhr*

In der Zentrale der größten deutschen Presseagentur, der »dpa«*, die seit dem Jahr 1949 am Mittelweg Nr. 38 residierte, rechneten die Dienst habenden Text- und Fotoredakteure mit einem

---

* Diese Adresse hat sich bis heute nicht geändert.

hektischen Abend, vor allem mit einer ebensolchen Nacht. Bereits seit den Vormittagsstunden liefen hier aus dem gesamten Bundesgebiet ununterbrochen Meldungen über die ersten fatalen Auswirkungen des »Jahrhundertorkans Vincinette« ein, der sich über dem Land austobte – und der bis zu diesem Zeitpunkt bereits 13 Menschen das Leben gekostet hatte.

In Kiel, auf der Howaldtswerft, hatte »Vincinette« am frühen Morgen das erste Mal tödlich zugeschlagen – und das gleich zwei Mal. Zurzeit liefen noch die Ermittlungen, schrieb der Landeskorrespondent aus der schleswig-holsteinischen Landeshauptstadt. Gegen 13 Uhr war die Leiche des achtjährigen Pit Wahl in einem Kanal bei Exloermund am Dollart gefunden worden. Der Junge war offenbar mitsamt seinem neuen Fahrrad vom Deich hinunter ins Wasser geweht worden. Etwa zur selben Zeit, rund 650 Kilometer weiter südlich, hatte ein junger Fernsehtechniker auf der Bundesstraße 11 bei Grüneck zwischen Freising und München die Kontrolle über seinen Kombi verloren, als eine Bö den Wagen aus einer Kurve getragen und in eine Baumgruppe geschleudert hatte. Der 19-Jährige war auf der Stelle tot gewesen. Auf ähnlich tragische Weise waren auch vier weitere Kraftfahrer, August Bahrmann aus Stade, das Ehepaar Karl und Anna Kirchner aus Schmiedberg bei Halle an der Saale und ein Melker aus Schwerin tödlich verunglückt. Gegen 14.00 Uhr waren in Einfeld bei Neumünster der 14-jährige Schüler Burkhard Schroff und die Gemeindeschwester Maria Schleuss vor den Augen Dutzender entsetzter Kinder vom tonnenschweren Eternit-Dach einer Turnhalle erschlagen worden, das von einer Bö abgedeckt und mehrere hundert Meter durch die Luft auf den Schulhof einer Grund- und Realschule gewirbelt worden war. Der 29-jährige Michael Wiltsch aus Fürstenfeldbruck wiederum hatte mittags nur schnell den Eingang zum Mietshaus, in dem er wohnte, von heruntergefallenen Ästen säubern wollen, als ihn ein entwurzelter Baum erschlug. In einem Wald im bayerischen Velden war eine Frau beim Reisigsammeln ebenfalls von einem umstürzenden Baum begraben worden. Und schließlich hatte der Rosenheimer Gastwirt Johann Huber den Versuch, ein Scheunentor zu schließen, mit dem Leben bezahlt: Das schwere, eisenbeschlagene Tor war aus den Angeln gebrochen und hatte ihm den Schädel zerschmettert.

Darüber hinaus hatte »Vincinette« bis zu diesem Zeitpunkt materielle Schäden in Millionenhöhe verursacht: Hunderte von Dächern waren abgedeckt worden, ganze Wälder entwurzelt, Schornsteine, Antennen, Reklametafeln und Baugerüste heruntergerissen, Strom- und Lichtmasten umgeknickt. Die Böen hatten sogar die Kraft gehabt, in den Küstenhäfen ein paar tonnenschwere Ladekräne umzuwerfen, als wären sie aus Pappmaché; in einer Braunkohlenzeche bei Helmstedt an der innerdeutschen Grenze war angeblich sogar ein 250-Tonnen-Bagger vom Wind über die Kante der Abraumhalde geschoben worden und 60 Meter in die Tiefe gestürzt. Im Vergleich dazu hatte es dem Sturm natürlich überhaupt keine Mühe gemacht, den goldenen Schwan von der Turmspitze der Martin-Luther-Kirche in Emden zu fegen. Dabei war zum Glück jedoch niemand zu Schaden gekommen, nur ein paar Passanten hatten sich furchtbar erschreckt, als die 100 Kilogramm schwere Skulptur wenige Meter neben ihnen auf dem Boden aufgeschlagen war.

## Kranenburg, 16. Februar 1962, 17.30 Uhr

Aus dem gebrochenen Ostedeich bei Blumenthal floss auch jetzt noch immer mehr Wasser in den künstlichen See, der bis vor kurzem noch ein Siedfeld gewesen war. Das Wasser schwappte bereits bis oben an die Krone »der Specken« heran – höchstens noch 20 Zentimeter, und der Damm würde überflutet werden. Dabei stand den Kranenburgern das Abendhochwasser noch bevor. Es gab zwar einen weiteren Schutzdeich vor dem westlichen Ende des Dorfes, aber was würde geschehen, wenn »die Specken« bräche? Könnte der wesentlich schmalere Schutzdeich die ungeheuren Wassermassen, die sich auf dem kilometerlangen Landweg bis an die Dorfgrenze vorgearbeitet hätten, wirklich aufhalten?

Die Dorfgemeinschaft beschloss, nicht länger abzuwarten und »ihre Specken« zu verstärken. Ein altes Scheunentor als provisorische Spundwand, und zwar genau an der neuralgischen Stelle des Damms, schien ihnen dabei eine hervorragende Lösung zu sein.

## Kreis Land Hadeln, 16. Februar 1962, 17.30 Uhr

Wenige Kilometer entfernt, auf der anderen Seite der Oste, spitzte sich die Lage ebenfalls zu. Das Wetter wollte es so, und die Gezeiten wohl auch. Die zentrale Einsatzleitung beschloss daher ebenfalls, nicht mehr länger zu zögern und die einsatzbereiten Feuerwehren und Deichschutzgruppen kreisweit an die kritischen Deichabschnitte zu beordern. Im Büro des Oberkreisdirektors saß der versammelte Krisenstab um ein »Telefunken«-Kofferradio herum. Es wurde viel geraucht und wenig geredet. Man wartete nervös auf die neuesten Wetter- und Sturmflutvorhersagen. Das Warten war für die Männer das Schlimmste.

### *Rübke, 16. Februar 1962, 17.30 Uhr*

Endlich hatte Jonni Seemann Feierabend, jedenfalls schon fast. Vierzig neue Obstkisten waren seiner Ansicht nach genug fürs Erste, und morgen war schließlich auch noch ein Tag. Vom krummen Sitzen tat ihm der Rücken weh. Jetzt musste er noch schnell hinüber in den Kuhstall und melken. Sein Magen knurrte. Er freute sich mächtig aufs Abendessen.

Als er die Scheunentür öffnete, riss der Sturm sie ihm aus der Hand. Jonni fing sich dabei ein paar Kiene in den Fingerkuppen ein. Die Tür knallte mit voller Wucht an die Scheunenwand und schlug dann zurück. Jonni Seemann packte zu. Mein Gott, dachte er ärgerlich, das hört ja wohl gar nicht mehr auf. Drüben im Stall muhten seine vier Schwarzbunten. »Ja, ja, Mädels, nur nich' aufregen, ich komm ja gleich!«, rief er missmutig und ließ den Riegel in der Scheunentür einrasten. Da entdeckte er zu seinen Füßen ein Stück Draht. »Sicher ist sicher!«, sagte er zu sich selbst, hob den Draht auf und flocht ihn mehrmals um den eisernen Riegel und den Schließkloben herum, bis der Verschluss unverrückbar fest saß. Irgendwie bekam er plötzlich das mulmige Gefühl, dass es eine ziemlich unruhige Nacht geben könnte – von seiner Schwiegermutter einmal ganz abgesehen. Denn dieser Sturm war ja beim besten Willen nicht mehr normal …

## Berlin-Schöneberg, 16. Februar 1962, 17.30

Der Hamburger Polizeisenator Helmut Schmidt öffnete sein drittes Päckchen Zigaretten an diesem Tag, der sich wie Kaugummi dahinzog. Diese Konferenz der Länder-Innenminister war wichtig, natürlich, denn es ging um entscheidende demokratische Grundlagen: die verfassungsmäßigen Rechte der Polizei im Umgang mit den Bürgern oder vielmehr umgekehrt. Auf der anderen Seite konnte man so ein Thema auch herrlich zerreden und vertagen und sich dann irgendwann erneut wiedertreffen. Politik war manchmal ein mühseliges Geschäft. Für ihn sah es ganz danach aus, als ob diese Konferenz ohne ein nennenswertes Ergebnis zu Ende gehen würde. Bestimmt müssten die Fachleute noch mal ran, die Juristen.

Viel lieber hätte sich Schmidt in diesen Tagen mit der Rolle Hamburgs innerhalb der Bundesrepublik beschäftigt, die seiner Meinung nach zu unbedeutend war: Hamburg – dank seines Hafens vielleicht tatsächlich so etwas wie ein Tor zur Welt – nutzte seine vorhandenen Ressourcen viel zu wenig. Die Stadt dämmerte im bürgerlich-liberalen Halbschlaf vor sich hin und überließ dem piefigen »Klüngel von Rhein und Ruhr« kampflos das Feld. Bonn, die provisorische Hauptstadt, hielt Schmidt schlichtweg für einen traurigen Witz.

Wer ihn näher kannte, wusste, dass er ehrgeizig und ziemlich eitel war. Er besaß jedoch die Fähigkeit, diese – für seine angestrebte Karriere unbedingt notwendigen – Charaktereigenschaften zu überspielen, indem er so tat, als wäre er von sich mehr als hundertprozentig überzeugt. Sein erklärtes Ziel war es, zu einem der führenden Sozialdemokraten zu werden, so etwas wie ein »politisch führender Geist« – dies jedoch nicht zur Befriedigung seiner Eitelkeit, sondern in erster Linie zum

Wohl des Volkes. Dazu musste er jedoch unbedingt an die Parteispitze gelangen. Was ihm hierfür fehlte, war eine Art öffentliche Bewährungsprobe, die seine 1,74 Meter große Gestalt ins Licht der Scheinwerfer brachte.

Je länger er nachsann, desto schärfer zeichnete sich vor seinem geistigen Auge das Bild einer ertrinkenden Stadt ab. Aus Hamburg waren nun schon seit einigen Stunden keine Nachrichten mehr gekommen, während sich das übrige Deutschland mit dem schwersten Sturm seit Jahrzehnten konfrontiert sah. Irgendetwas stimmte dort nicht, daheim an der Elbe, glaubte er. Diese merkwürdige Nachrichtenflaute kam ihm vor wie die Ruhe vor dem Sturm. Eigentlich hätte er heute in Berlin übernachten sollen, aber nun überlegte er ernsthaft, in der Nacht vorzeitig zurückzureisen. Außerdem würde sich darüber auch seine Frau freuen.

*Hamburg-Moorfleet, 16. Februar 1962, 17.30 Uhr*

Rolf Stubbe und seine vier Kameraden von der Freiwilligen Feuerwehr Moorfleet hatten bisher über das UKW-Funksystem »Florian Hamburg« mitbekommen, dass viele Wehren im Einsatz waren. Aber sie waren der Einsatzreserve zugeteilt worden und bisher arbeitslos geblieben. Ihre Aufgabe hieß »Beobachten«, und auf die Dauer war das ziemlich ermüdend. Sie fühlten sich im wahrsten Sinn des Wortes »am Rande«. Da standen sie nun mit ihrem Magirus-Deutz TLF 16 A oben auf dem Deich und guckten stier auf die kabbelige Elbe hinunter. Dabei hätte jeder von ihnen weitaus wichtigere Dinge zu erledigen gehabt. Zu Hause wartete jede Menge Arbeit auf sie.

*Und das geschah zu diesem Zeitpunkt außerdem in Hamburg:*
*Als das Weltuntergangsgewitter endlich über Hamburg hinwegge-*
*zogen war, wurde dem Jüngeren der beiden Villen-Schrecks sein*
*Schweigen offenbar zu langweilig. Überraschend winkte Johann*
*Kruse ab und sagte: »Okay – ich war's.« Die Beamten des Ein-*
*bruchsdezernats atmeten auf. Zwanzig Minuten später fing auch*
*Otto Jonat an zu »singen«.*

*Im Hotel* Ambassador *gingen die Tarifverhandlungen zwischen*
*den deutschen Reedern und der Gewerkschaft ÖTV in die ent-*
*scheidende Phase. Es sah so aus, als könnten die Seeleute vom*
*1. April 1962 an mit mindestens fünf Prozent mehr Lohn rech-*
*nen.*

❖

### Hamburg-Lokstedt, 16. Februar 1962, 17.30 Uhr

Gerhard Japp, der »Robinson vom Neßsand«, saß regelrecht
zappelig im Wohnzimmer seiner Schwiegereltern auf dem Sofa.
Der Kaffee wollte ihm nicht so recht schmecken und der selbst
gebackene Butterkuchen auch nicht. Seine Tochter Jutta spielte nebenan mit ihrem neuen Puppenhaus, das die Großeltern
ihr geschenkt hatten. Japp war der Meinung, der Orkan hätte
wieder um einiges zugelegt. Er machte sich inzwischen die bit-
tersten Vorwürfe, dass er seine Frau und die Kinder allein auf
Neßsand zurückgelassen hatte – Streit hin, Streit her. Seine
Schwiegereltern versuchten jedoch erstaunlicherweise, ihn zu
beruhigen.

»Wie viele Sturmfluten habt ihr dort draußen schon überstanden?«, fragte Edith Haalk. »Euer Haus steht doch hoch

oben auf dem Strand auf einem stabilen Fundament … Noch nie habt ihr Wasser gehabt – das hast du doch selbst gesagt … Na ja, und du kennst doch Wilma! Lass sie man, die beruhigt sich schon wieder!« Natürlich *kannte* Gerhard Japp seine Wilma. Aber wenn er sich jetzt nicht sofort auf den Weg machte, dann könnte der Weg für ihn zurück nach Neßsand durch die hohen Wellen unmöglich werden. Seine winzige Barkasse war nicht besonders seetüchtig; eigentlich handelte es sich ja bloß um ein offenes Motorboot. »Ich mach euch hier im Wohnzimmer ein Bett zurecht, und morgen früh fährst du ganz gemütlich rüber und bringst ihr 'n paar frische Brötchen mit.« Seine Schwiegermutter sah ihn mit großen Augen an und wandte sich dann an ihren Mann. »Nun sag doch auch mal was, Vati!«

Fritz Haalk hob die Achseln. »Muss doch jeder selber wissen, was er tut«, brummte er.

Genauso gleichgültig hätte wahrscheinlich auch Wilma reagiert, schoss es Gerhard Japp durch den Kopf. Der Apfel fiel eben nicht weit vom Stamm.

Ohne es wirklich zu wollen, willigte er schließlich in den Vorschlag ein, in der Wohnung seiner Schwiegereltern zu übernachten. Denn es gab noch ein zweites und überaus ernsthaftes Problem: Seine Tochter Jutta mochte nicht woanders schlafen, nicht einmal bei ihren Großeltern. Und selbst wenn er es riskieren würde, sich mit seiner winzigen Barkasse nach Neßsand durchzukämpfen: das Risiko, damit das Leben seiner ältesten Tochter zu gefährden, war ihm einfach zu groß.

Im Landesverband am Behrmannplatz warteten ungefähr 50 Helfer des DRK weiterhin auf den Eintritt der angekündigten Katastrophe. Doch den Männern fiel es zunehmend schwer, untätig herumsitzen zu müssen. Sie fühlten sich wie Soldaten in einem Schützengraben in Erwartung der Offensive eines übermächtigen Gegners. Und dieses Warten zermürbte sie. Am schlimmsten war die quälende Ungewissheit, wie sich die angekündigte »sehr schwere Sturmflut« im Lauf der Nacht tatsächlich entwickeln würde – wenn überhaupt: Könnten die Naturgewalten es sich vielleicht doch noch einmal anders überlegen und ihre Stadt verschonen? Sicherlich wäre dies das Beste gewesen, aber nicht wenige der Männer dachten: Mensch, wenn es doch endlich losginge! Eine gewisse Schläfrigkeit hatte sich über den großen Lagerraum gelegt. Die einen spielten Karten, andere lasen ein Buch oder blätterten in einer Illustrierten. Sie alle konnten jedoch in einer Minute einsatzbereit sein: Die cremefarbenen Bullys, zum Teil mit Handfunkgeräten ausgestattet, standen fertig gepackt auf dem Hof. Unten in der Küche schmierten Rotkreuzhelferinnen Brötchen und kochten Unmengen von Kaffee und Tee.

Werner Felsberg, Carl-Heinz Mannel und Karl Thielsch dösten in der Funkzentrale vor sich hin. Felsberg hätte nun im Falle eines Falles das Kommando gehabt: Der Landesbereitschaftsführer war aus unerfindlichen Gründen zu Hause geblieben; dass der Landesgeschäftsführer ebenfalls nicht anwesend war, wurde allgemein als Erleichterung empfunden. Dieser ausgewiesene Verwaltungsfachmann genoss unter den aktiven DRK-Helfern den zweifelhaften Ruf eines »Schreibtischtäters« und »Paragraphenreiters«. In solchen Dingen unterschied sich eine Hilfsorganisation wie das Deutsche Rote Kreuz in keinster Weise von einem größeren Unternehmen.

»Wenn das so weitergeht, wird es wirklich eine sehr lange Nacht«, orakelte Carl-Heinz Mannel und gähnte herzhaft.

»Und eine langweilige dazu«, warf »Kuddl« Thielsch ein.

»Schade«, sagte Werner Felsberg leise. »Ich wäre ja zu gern heute Abend in die Musikhalle gegangen.« Seine beiden Kameraden sahen ihn fragend an. »Um 20 Uhr fängt das Konzert an«, erklärte er, »Haydn, ›Die Schöpfung‹. Ist sogar eine Rundfunkübertragung.« Er presste die Lippen zusammen. Mannel und Thielsch wussten, dass es außer dem Roten Kreuz und seiner Ehefrau im Leben des Werner Felsberg nur noch zwei große Leidenschaften gab: zum einen seinen Hund, zum anderen die klassische Musik. Er war aktiver Chorsänger im Hamburger Opernchor, und am liebsten wäre er wahrscheinlich Bariton geworden.

»Dann schaltest du eben nachher auch das Radio an«, sagte Karl Thielsch, »schon allein der Nachrichten wegen …«

»Da wäre ich jetzt nicht draufgekommen, Kuddl«, antwortete der Einsatzleiter grinsend.

»Herr Felsberg?«, sagte plötzlich eine Stimme. Die drei Männer wandten sich um. Ein junger, kräftiger Mann stand in der Tür. Er hatte strubbeliges Haar und ein offenes, freundliches Gesicht. Aber der 18-jährige Jürgen Wald war nicht gerade als der hellste Kopf verschrien; er galt als ein verschrobener, ungestümer Kerl voller Tatendrang, der eigentlich nur Unsinn im Kopf hatte – und der sich außerdem nicht entscheiden konnte oder wollte, ob er sich lieber dem Deutschen Roten Kreuz oder den Männern vom Technischen Hilfswerk anschließen sollte. Walds Spitzname lautete »Klette«, denn man wurde ihn einfach nicht los. Der Junge hatte irgendwie den Dreh raus, immer rechtzeitig zu einem Einsatz aufzutauchen und sich dann vor Ort »unentbehrlich« zu machen. Karl Thielsch dagegen, der ihn schon ein paar Mal auf eine Einsatzfahrt ins Volksparkstadion mitgenommen hatte, hielt ihn für einen »Sandsack« – für jemanden, der dauernd im Weg stand und auf den man ständig aufpassen musste wie auf ein kleines, ungezogenes Kind. Niemand kannte seine Eltern. Man vermutete auch, dass Jürgen Wald wenig Freunde hatte – wahrscheinlich gar keine – und daher einigermaßen verzweifelt Anschluss suchte.

»Ach nee, der Herr Wald!«, sagte Werner Felsberg. »Na, ist dir mal wieder langweilig, mein Junge?«

Jürgen Wald grinste über beide Ohren. »Es passiert ja auch nichts«, meinte er dann.

»Freu dich doch lieber!«, entgegnete Karl Thielsch. »Ist jedenfalls besser, als wenn was passieren würde.«

»Aber ich hab echt keine Lust, hier die ganze Zeit blöd rumzusitzen.«

»Und, hast du vielleicht einen Gegenvorschlag?«

»Ja«, antwortete Jürgen Wald zögernd, »also, ich wollte Sie fragen … ich hab' mir gedacht … Ich geh jetzt zum THW! Da ist mehr los … Bestimmt!« Er sah die drei Männer strahlend an.

»Ja, die werden sich sicher freuen«, sagte Mannel.

»Glauben Sie wirklich?«

»Klar«, nickte Thielsch, »gute Männer können die immer gebrauchen!« Er sagte dies ganz ernsthaft, meinte es aber selbstverständlich nicht so.

»Aber wenn du jetzt abhaust, dann lässt du deine Uniformjacke hier, Jürgen!«, mahnte Werner Felsberg. »Du solltest dich endgültig entscheiden, zu welchem Verein du gehören willst!«

»Hab mich schon entschieden!«, sagte Jürgen Wald. »Tschüs denn!«

Wenige Augenblicke, nachdem der Junge aus der Tür verschwunden war, mussten die drei Männer leise auflachen. Schließlich sagte Werner Felsberg: »Armer Kerl …«

»Aber vielleicht sind wir ihn jetzt auch für immer los«, warf »Kuddl« Thielsch erleichtert ein. Er konnte sich noch gut daran erinnern, wie Wald bei einem Brandeinsatz am Schulterblatt versucht hatte, den Helden zu spielen – und von der Feuerwehr in letzter Sekunde vor dem Feuertod gerettet werden musste …

*Und das geschah zu diesem Zeitpunkt außerdem in Hamburg: Nach schweren Verkehrsunfällen schwebten zwei alte Menschen in Lebensgefahr: Auf dem Curslacker Deich wurde ein 83-jähriger Rentner von einem Auto angefahren; in der Martinistraße in Hamburg-Eppendorf lief eine 73-Jährige gegen einen Straßenbahnzug der Linie 15. In beiden Fällen hatten die Rettungsdienste trotz des Orkans sehr schnell die Unfallstellen erreicht. Der Schauspieler Rudolf Platte benötigte ebenfalls ärztliche Hilfe, weil er während der Proben zu den Dreharbeiten zur Tragikomödie »Der rote Hahn« plötzlich stöhnend zusammengesackt war. Regisseur John Olden und der Maskenbildner brachten den Schauspieler ins Hotel Vier Jahreszeiten, wo die Proben nach einer kurzen Erholung und einer schmerzstillenden Spritze in Plattes Hotelzimmer fortgesetzt wurden. Der beliebte Schauspieler hatte einen Hexenschuss erlitten.*

*Hamburg, Kaiser-Wilhelm-Hafen, 16. Februar 1962,*
*17.30 Uhr*

Wenn Carl Osthoff das Deck eines Schiffes betrat, freute sich normalerweise jeder Mann an Bord. Denn der Reedereikaufmann, der in den Diensten der HAPAG-Reederei* stand, war der ominöse Mann mit dem Koffer: Er brachte die Heuer – die man gerade auf St. Pauli prima durchbringen konnte, sogar in einer halben Nacht …

Bei der HAPAG bekleidete der 35-Jährige eine Vertrauensstellung. Osthoff besaß einen der wenigen Schlüssel zum Tresorraum, der sich im Keller der Reederei befand. Es kam mitunter vor, dass er mehrmals am Tag hinunter in den Hafen musste, um den Mannschaften die Heuer auszuzahlen. Bisher hatte er seine Arbeit untadelig verrichtet und sich immer an die strengen Sicherheitsvorschriften gehalten.

Am heutigen Tag war er jedoch zum ersten Mal von der Gewohnheit abgewichen und hatte den Tresorschlüssel eingesteckt. Er sollte am nächsten Morgen sehr früh ein weiteres Schiff auszahlen, und da wollte er sich den Gang nach oben in sein Büro sparen und lieber gleich hinunter in den Tresorraum gehen.

Osthoffs Frau hieß Ursula. Sie war ein Jahr jünger als er. Bisher war ihre Ehe kinderlos geblieben. Aber Carl Osthoff hatte auch ohne lärmenden Nachwuchs enorm viel um die Ohren – manchmal zum Leidwesen seiner Frau –, denn der begeisterte Schwimmer der ehemaligen »SG Poseidon Ham-

---

* »Hamburg-Americanische-Packetfahrt-Actien-Gesellschaft«, ab 1893 auch »Hamburg-Amerika-Linie«. Diese 1848 gegründete Reederei erlebte in der Zeit der großen Auswanderungsströme nach Amerika ab 1880 ihren großen Durchbruch. Ihr legendärer Generaldirektor Albert Ballin »erfand« die preisgünstigen Zwischendecks, durch die sich dann so mancher amerikanische Traum erfüllte.

burg« war seit dem Jahre 1953 ordentliches Mitglied in der DLRG\*, die ihr Hauptquartier gleich bei Teufelsbrück an der Elbchaussee Nr. 331 bezogen hatte, gar nicht einmal so weit von seiner Wohnung in Othmarschen entfernt. Bei den Lebensrettern hatte er sich mittlerweile zum Ausbilder und Bootsführer nach oben gedient.

Die Sturm- und Sturmflutwarnungen der letzten Stunden waren an Osthoff nicht spurlos vorbeigegangen, schließlich hörte er Radio. Das half über die manchmal elend langen Zahlenkolonnen prima hinweg. Und als er nach getaner Arbeit gegen 18.30 Uhr von Bord der MS *Stuttgart* ging, einem Handelsschiff der »Kassel-Klasse«, verspürte er auf einmal das dringende Bedürfnis, bei den Kameraden in der DLRG-Zentrale vorbeizuschauen. Vielleicht wusste man dort ja Näheres über die angekündigte Sturmflut.

Während links und rechts der Reeperbahn allmählich die bunten Lichter angeknipst wurden, die Koberer vor den Vergnügungsetablissements ihre heiseren Stimmen ölten und die Vergnügungsdamen der Nachtschicht in der Herbertstraße den letzten Lidstrich auflegten, machte Osthoff sich mit dem Eilbus auf den Weg.

Am Anleger Teufelsbrück ging es plötzlich nicht mehr weiter: Mehrere Bäume, die der Orkan gefällt hatte, lagen quer über der Elbchaussee, die an dieser Stelle nur wenig höher als der Wasserspiegel der Elbe verlief und daher trotz Niedrigwassers hoffnungslos überflutet war. Ein Zug des »Technischen Hilfswerks« stand tatenlos in der Gegend herum, die Helfer hielten Motorsägen in den Händen, bestaunten den Schaden und warteten auf schweres Räumungsgerät. Sie kamen nicht

---

\* Deutsche Lebens-Rettungs-Gesellschaft

richtig an die dicken Stämme ran, und unter Wasser funktionierten die Sägen natürlich nicht.

Der Verkehr musste um das Hindernis herumgeleitet werden. Carl Osthoff stieg mit etwa einer halben Stunde Verspätung nicht weit entfernt von seiner Wohnung in der Ebertallee aus, schwankte einen Moment lang – und machte sich dann doch zu Fuß auf den Weg zurück nach Teufelsbrück, die Elbchaussee entlang. Mit etwa einer Dreiviertelstunde Verspätung betrat er gegen 20.00 Uhr die Hamburger DLRG-Zentrale. Er war ziemlich nass geworden, und sein guter Anzug war leicht ramponiert, aber das zählte jetzt nicht mehr, denn alle anderen Kameraden waren schon da. Genauso hatte er sich das vorgestellt.

Hans Schmidt, der technische Leiter, hatte bereits vor einer halben Stunde die DLRG-eigenen Schlauchboote klarmachen lassen. Das waren runde, wulstige Dinger aus Bundeswehrbeständen, ausgestattet mit einem 25-PS-»Johnson«-AußenbordMotor, vorgesehen für zwei bis drei Mann, höchstens jedoch für acht. Schmidt war ein Mann, der den rauen Ton eines Feldwebels bevorzugte. Ganz gleich, wo er sich befand: Im Prinzip stand er immer auf einem Kasernenhof und erteilte knappe, klare Befehle, die von jedermann verstanden wurden. Manchmal ließ er freilich auch den Kumpel raushängen. So musterte er Carl Osthoff von oben bis unten, blickte dann auf den schäumenden Elbstrom hinaus und meinte lapidar: »Das ist ja schön, dass du auch mal an Land kommst. Einen besseren Zeitpunkt für eine Übung gibt's nämlich nicht – in der Umkleide findest du sicher noch einen Trainingsanzug in deiner Größe! Also: hopp, hopp, raus mit dir und umziehen!«

*Hamburg-St. Georg, 16. Februar 1962, 17.30 Uhr*

Die Zahl der Sturmeinsätze hatte die 400er Marke überschritten. Der Leiter des Katastrophendienstes, Hertel, stöhnte kurz auf: »Das ist ja noch nie da gewesen!«

Aber seit dem späteren Nachmittag, ungefähr seit 16 Uhr, war die Zahl der Hilfeersuchen dann doch drastisch zurückgegangen. In der Hauptnachrichtenstelle wirkten jetzt alle Dienst habenden Berufsfeuerwehrleute wesentlich entspannter als noch wenige Stunden zuvor. Es war zwar ein ungewöhnlich hektischer Tag gewesen, aber die große Katastrophe war bisher doch ausgeblieben, zum Glück. Und als das angekündigte Mittaghochwasser mit 2,31 Meter am Pegel St. Pauli sogar etwas geringer ausgefallen war als vorhergesagt, hatte es einen kleinen Applaus gegeben. Dennoch hatte die Einsatzleitung noch immer nicht den Befehl der »Einsatzreserve« aufgehoben.

Oberbrandrat Hans Brunswig hoffte inständig, dass ihnen solches Glück auch beim Nachthochwasser beschieden sein würde. Er hatte trotzdem schon mal vorsichtshalber seine Frau angerufen und angekündigt, dass es eine lange Nacht werden könnte.


*Hamburg-Mitte, 16. Februar 1962, 17.30 Uhr*

Auch in der hochmodernen Funkleitzentrale der Hamburger Polizei am Karl-Muck-Platz ging es nicht mehr so aufgeregt zu wie noch am frühen Nachmittag. Bisher hatte man rund 800 Sturmeinsätze zu verzeichnen gehabt, und der Sturmflutalarm war noch nicht aufgehoben. Die dreiköpfige Einsatzleitung – Polizeipräsident Buhl, Polizeioberst Leddin und Hauptkommissar Kordts – hatte sich vor einer großen Generalstabskarte versammelt und betrachtete stumm die überschwemmungsgefährdeten Gebiete der Stadt, von denen die meisten auf dem anderen, südlichen Elbufer lagen. Die tiefer liegenden Straßen am Hafen waren inzwischen ordnungsgemäß für den Verkehr gesperrt worden, man hatte sie auf der Karte mit bunten Fähnchen gekennzeichnet. Etwa 80 Streifenbeamte waren in Funkstreifenwagen »zur Beobachtung« abgestellt worden, aber bisher war alles ganz normal geblieben – abgesehen von der harmlosen Überflutung der Elbchaussee am Anleger Teufelsbrück. Darüber hinaus hatte man Verbindungsbeamte in die verschiedenen Wasserwirtschaftsbehörden entsandt, die bei Bedarf für eine schnellere Übermittlung der Nachrichten sorgen sollten. Jetzt konnte man nur noch dasitzen und abwarten, wie sich der Orkan weiter entwickeln würde.

*Hamburg-Wilhelmsburg, 16. Februar 1962, 17.30 Uhr*

In der Kleingartenkolonie »Unsere Scholle« gingen immer mehr Lichter an. Die Menschen kehrten langsam von der Arbeit nach Hause zurück, vom Sturm zumeist ordentlich durchgepustet. Abendbrottische wurden gedeckt, hier und da wurde ein Fernseher eingeschaltet, da und dort plärrte ein Radio, und trotz des Orkans roch die Luft nach dem fettigen Ruß der Koksöfen.

Hermann Westphal aber traute dem Frieden nicht. Er hatte seinen Fahrer Peters gebeten, vom Ortsamt noch ein paar Umwege bis zur Grotestraße zu fahren, der Straße, in der er wohnte. Einmal die Georg-Wilhelm-Straße entlang, einmal durch den Vogelhüttendeich, und dann hatte Westphal noch rasch der Wilhelmsburger Polizeiwache 70 seine Aufwartung gemacht.

»Keine besonderen Vorkommnisse!«, hatte es dort geheißen, aber das hatte den Ortsamtsleiter auch nicht wirklich beruhigt.

»Und, haben Sie jetzt auch Feierabend, Peters?«, fragte er, als sie mit dem VW-Käfer in die Grotestraße einbogen und vor der Hausnummer 31 hielten.

Der Fahrer schüttelte den Kopf. »Für heute Abend wurde eine Jugendkontrolle angesetzt. Ich bin ab 21.30 Uhr mit Inspektor Wilhelm auf Streife.«

»Stimmt«, lächelte Hermann Westphal, »heute ist ja Freitag! Mensch, das tut mir Leid für Sie!«

»Pflicht ist Pflicht, und Schnaps ist Schnaps«, erwiderte Peters und zuckte die Schultern.

»Na, vielleicht ist ja bei diesem Wetter nicht so viel los wie sonst«, sagte der Ortsamtsleiter mit einem Augenzwinkern, als er ausstieg. In diesem Moment bemerkte er, dass an einem Fenster im ersten Stock sich jemand die Nase platt drückte. Das musste der neugierige Parteimüller sein – diese Nervensäge, der … Blockwart! Fast hätte Hermann Westphal gegrinst, aber das hätte Peters ja nicht verstanden, und auf Erklärungen gleich welcher Art hatte er jetzt keine Lust. Lieber riss er sich zusammen. Er wollte rasch nach oben, zu seiner kranken Frau. Lotti brauchte ihn bestimmt dringend, dessen war er sich sicher.

»Tschüs, Herr Peters – bis Montag dann!«, sagte er und stieg aus.

»Wiedersehen, Herr Westphal!«, entgegnete der Fahrer. Westphal schloss die Beifahrertür, klopfte einmal kurz aufs Dach und eilte dann durch den Regen zum Hauseingang. Bloß rasch hinein ins Trockene!

»Mit dem Kino wird's heute Abend nichts«, sagte Karin Pflug zu ihrem Vater, »das soll ich dir von Oma ausrichten!«

Reinhard Pflug schälte sich aus seinem nassen Mantel. Er hatte ausnahmsweise früher Schluss machen können, weil Freitag war – und weil es so stürmte. Die Überfahrt mit der letzten Fähre von den Landungsbrücken zum Köhlbrand war wieder eine ziemlich schaukelnde Angelegenheit gewesen, ein paar Fahrgäste waren auf der kurzen Strecke sogar seekrank geworden und hatten sich übergeben müssen.

»Und wieso nicht?«, fragte er verwundert.

»Weil Oma heute Abend zu ihrem Herrn Stragula gehen will. Sie hat gesagt, sie kann heute nicht auf uns aufpassen.«

»Na ja, dann eben nicht«, schmunzelte Reinhard Pflug, streifte die schmutzverkrusteten Straßenschuhe ab und schlüpfte in seine gemütlichen Pantoffeln. Seine Tochter wusste also auch schon Bescheid über ihre fidele Oma und den Herrn Stragula. Dann schlurfte er in die Küche, betrachtete voller Stolz den schönen neuen Kühlschrank und holte sich eine Flasche Bier heraus. Tat das gut! Der erste Schluck war immer der beste. Und mit dem kühlen »Holsten-Edel« spülte er auch die kurze Enttäuschung über seine Schwiegermutter die Kehle hinunter. Aber warum soll sie nicht auch noch ein bisschen Freude haben im Alter, sagte er sich dann. Sollte sie etwa für immer und ewig die trauernde Witwe spielen, bloß weil ihr Mann fürs Vaterland gefallen war? Außerdem: Bei diesem Wetter hätte er sich ungern noch mal aufs Fahrrad gesetzt, um nach Altenwerder zu strampeln. Vielleicht war es ja auch ganz gut so, dass sie an diesem Freitagabend zu Hause blieben.

»Ihr könnt schon mal den Tisch decken«, rief er seinen beiden Kindern zu und sah auf die Uhr, »Mami kommt bestimmt gleich nach Hause … Und heute Abend spielen wir dann alle gemeinsam was … Domino oder Mensch ärgere dich nicht!«

»Können wir denn auch Radio hören?«, fragte sein Sohn und schielte begehrlich auf die neue Musiktruhe.

»Klar können wir das. Willst du mal anschalten und 'nen ordentlichen Sender suchen?«

Das ließ sich Reinhard junior nicht zweimal sagen.

*Und das geschah zu diesem Zeitpunkt außerdem in Hamburg:* *Der neue Tarifvertrag für die 50 000 deutschen Seeleute war endlich unter Dach und Fach. Im Hotel* Ambassador *vereinbarten die Tarifparteien eine Anhebung der Heuer um sechs Prozent sowie drei Tage mehr Urlaub. In einer Turnhalle in Krupunder im Norden der Stadt tanzten erstmals 50 Zigeuner über den glatten Boden: Während draußen der Sturm tobte, gab es drinnen einen Wirbelwind aus feurigen Reigen und halsbrecherischer Artistik. Die Premiere war für den 1. März 1962 in der Hamburger Musikhalle vorgesehen.*

### Cuxhaven, 16. Februar 1962, 17.30 Uhr

Als das zivile Leben im zerstörten Nachkriegsdeutschland wieder in die Hände der Deutschen gelegt wurde und immer mehr fähige – vor allem aber politisch unbelastete – Staatsdiener benötigt wurden, hatte man den Verwaltungsfachmann Günter Michel Ende des Jahres 1947 ins Cuxhavener Ordnungsamt versetzt. Der gebürtige Berliner, ein bekennender Großstadtmensch, war damals 32 Jahre alt gewesen. Er hatte anfangs nicht so recht gewusst, was er hier oben an der rauen Küste eigentlich sollte. Ob er sich zum Beispiel jemals heimisch fühlen würde in der Provinz.

Michel trug sein Beamtenschicksal, *dienen* zu müssen und auf Anordnung versetzt werden zu können, mit Fassung und preußischem Pflichtgefühl. Dann erkannte er aber schon bald, dass die Hafenstadt nicht nur gesunde Seeluft, sondern auf ihrer Verwaltungsebene eine ziemlich flache Hierarchie zu bieten hatte: Die Aufstiegschancen für einen tüchtigen Beamten standen jedenfalls nicht schlecht. Und Michel *war* ein tüchtiger Beamter: Bereits nach wenigen Jahren wurde er zum Leiter des Ordnungsamtes ernannt. Darüber hinaus unterstand ihm der Zivilschutz.

Es war in erster Linie seinem Engagement zu verdanken, dass die Stadt bereits Ende der fünfziger Jahre einen Katastrophenschutzplan besaß. Michel war nun eine wichtige und angesehene Persönlichkeit in der Hafenstadt, sicherlich auch ein wenig gefördert vom umtriebigen Oberstadtdirektor Dr. Heinz Wachtendorf. Aber niemand sollte es jemals erleben, dass es der hoch gewachsene Mann auf Ehrungen, Titel oder Verdienstmedaillen angelegt hätte: Davon hatte Michel, der dekorierte Russlandkämpfer, reichlich – und die Nase deshalb auch gestrichen voll. Vor allem auf das Verwundetenabzeichen hätte er liebend gern verzichtet. Zwar hatte ihm der »Heimatschuss« in den Bauch die russische Kriegsgefangenschaft erspart, denn er war noch im letzten Augenblick von der Luftwaffe aus dem Kessel Stalingrad ausgeflogen worden, doch seitdem litt er an chronischen Magenbeschwerden, und auch sein Herz machte ihm manchmal zu schaffen.

Seine Tätigkeit als Leiter des Ordnungsamtes hatte ihn im Verlauf der Jahre regelmäßig ins *Café Opper* in der Neuen Reihe 1 geführt. Das war eine beliebte Cuxhavener Konditorei mit Blick auf den Ritzebütteler Schleusenpriel und den Alten Fischereihafen. Den regelmäßigen Kontrollen zum Trotz (bei den Oppers hatte es nie etwas zu beanstanden gegeben), hatte Michel sich mit den Inhabern angefreundet. Seit Mitte der fünfziger Jahre war er dann eigentlich nur noch der hübschen Ingeborg wegen ins *Café Opper* gekommen, der Tochter des Hauses. Anfangs hatten sich einige sittenstrenge Cuxhavener zwar die Mäuler über diese Liaison zerrissen, denn Ingeborg Opper war gerade mal 23 und damit 17 Jahre jünger als der Beamte. Aber mit den jungen Burschen hatte sie noch nie so richtig etwas anfangen können. Günter Michel dagegen war ein gestandener Mann, nein, er war mehr als das, nämlich ein *Herr* – mit einer hohen Stirn zwar, aber dafür mit einem großen Herzen, reichlich Verstand und einer guten Portion Charme. Er konnte sich durchsetzen, er konnte überzeugen, und er wusste genau, was er wollte. Was Ingeborg Opper besonders an ihm schätzte, war sein Humor. Und abgesehen von den romantischen Gefühlen, die sie für den werbenden Amtmann hegte, versprach das Leben an der Seite eines Staatsdieners natürlich auch materielle Sicherheit. So hatten sich die beiden im Mai 1956 die ewige Treue gelobt, und weil Ingeborg Oppers Elternhaus groß genug für zwei Familien war, waren die beiden der Einfachheit halber dort eingezogen.

Dass ihr Mann knapp sechs Jahre später als »Retter von Cuxhaven« in die (ungeschriebene) Geschichte der Stadt eingehen würde, hätte Ingeborg Opper jedoch nie gedacht. Auch an diesem Tag nicht.

Der Krieg hatte Günter Michel gelehrt, seinen Gefühlen zu trauen. Er glaubte sich in der Lage, ungewöhnliche Situationen frühzeitig zu wittern – vor allem, wenn irgendetwas faul war. Auch jetzt war es eine düstere Ahnung, die ihn an diesem frühen Freitagabend immer wieder nervös ans Wohnzimmerfenster trieb. Von hier oben, der zweiten Etage aus, hatte er freien Blick aufs Hafenbecken. Das, was er dort unten sah, bestärkte ihn nur in seiner Skepsis.

»Was hast du bloß, Günter?«, fragte Ingeborg Opper, »nun bleib doch endlich mal sitzen und iss. Das Essen wird ja ganz kalt!«

»Aber ich verstehe das einfach nicht«, murmelte er. »Diese Sturmwarnung! Heute Morgen ging eine offizielle Warnung raus, aber seitdem hört man gar nichts mehr aus der Wetterwarte!«

»Es weht doch schon seit vier Tagen, Schatz«, erwiderte seine Frau. »Der Sturm flaut ab, du wirst sehen. Das Schlimmste ist vorüber*.« Die gebürtige Cuxhavenerin meinte noch immer, mit den Wasser- und Wetterverhältnissen besser vertraut zu sein als ihr Mann, obwohl der auch schon 15 Jahre an der Küste wohnte.

»Ich sag dir, da flaut nix ab, Liebling, absolut gar nix!« Günter Michel schüttelte den Kopf. »Guck dir doch bloß die Schiffe an: Die schwimmen schon fast auf der Straße! Und

---

* In der Sturmflutnacht vom 12. Februar wurden in Cuxhaven durchschnittliche Windgeschwindigkeiten von 10 bis 12 Beaufort gemessen. Das Abendhochwasser war auf 3,50 Meter über Normalnull gestiegen. Es hatte das Deichvorland, den Kutterhafen, das Bollwerk der »Alten Liebe« sowie die Deichstraße überflutet. Am nächsten Tag, dem 13. Februar 1962, schrieben die »Cuxhavener Nachrichten«, dass es sich um den schlimmsten Sturm seit 13 Jahren gehandelt habe: Der materielle Schaden durch die Überschwemmungen würde in die Millionen gehen …

das Wasser läuft bereits über die Kaimauern.« Es klang wie ein Vorwurf.

Seine Frau blickte auf die Armbanduhr. »Aber es ist Niedrigwasser, Günter«, sagte sie, »wie soll denn das gehen? Ich glaub, du brauchst langsam mal 'ne Brille!«

»Bitte, sieh es dir selbst an.« Günter Michel blieb beharrlich. »Ich mag zwar schon ein alter Mann sein, aber eine Brille hab ich noch lange nicht nötig!«

Das Kokettieren mit dem Altersunterschied war ein fester Bestandteil ihrer Liebe. Ingeborg Michel erhob sich lächelnd vom Abendbrottisch, trat neben ihren Mann ans Fenster – und erschrak. Der lockere Hackbraten mit Risi-Bisi war binnen eines Augenblicks vergessen. Denn da gab es zwar nur den spärlichen Lichtschein der Straßenlaternen und die Positionslichter der ankernden Schiffe, aber dies genügte vollkommen, um auf den Straßen rund um die Hafenbecken das verräterische Glitzern des Wassers erkennen zu können. Es floss bereits in breiten Bächen in die Rinnsteine, ein Teil verschwand schäumend in den Gullydeckeln, aber es war erkennbar zu viel Wasser vorhanden, denn überall hatten sich bereits große Pfützen gebildet. Draußen auf den Straßen war kein Mensch zu sehen, geschweige denn ein Polizei- oder Feuerwehrauto. Ingeborg Michel erschien es plötzlich, als hätten die Cuxhavener einträchtig beschlossen, vor diesem wievielten Sturm auch immer in vier Tagen alle Fenster und Türen zu verrammeln, die Öfen kräftig anzuheizen und das Unwetter im Trockenen auszusitzen. »Das gibt's doch nicht!«, rief sie, »da müsste doch längst Alarm gegeben worden sein!«

»Wovon red ich denn die ganze Zeit«, entgegnete ihr Mann in gereiztem Ton. »Oder haben wir vielleicht das Telefon überhört?«

»Nein, Schatz«, antwortete seine Frau, »auf keinen Fall.«

»Dann werde ich jetzt die Wetterwarte anrufen«, sagte Michel, »denn da stimmt was nicht. Der Wind kommt schon den ganzen Tag aus Nordwest, und jetzt fließt nicht mal die Ebbe mehr ab! Windstau* nennt man das, oder?«

Ingeborg Michel zuckte die Schultern. »Wenn du das sagst, Liebling …«

»Sag ich. Und ich frage dich: Was wird dann wohl erst passieren, wenn das Nachthochwasser kommt?«

»Vorhergesagt ist es für kurz vor Mitternacht!« Ingeborg Michel musterte ihren Mann skeptisch. Offensichtlich war ihr Günter doch keine Landratte mehr.

Als der Amtmann die Nummer der Cuxhavener Seewetterwarte wählte, drang aus dem Hörer jedoch schon nach den ersten drei Zahlen ein merkwürdiges langes Tuten an sein Ohr. Günter Michel versuchte eine Viertelstunde lang, zur Wetterwarte durchzukommen. Dann gab er entnervt auf. Er konnte nicht wissen, dass die einzige Telefonleitung zur Wetterstation vollkommen überlastet war: Seit dem frühen Nachmittag gingen dort pausenlos die Anrufe von besorgten Cuxhavenern ein, die alle nur eins wissen wollten: ob mit einer Sturmflut zu rechnen sei. Und ob das Wasser diesmal höher steigen würde als noch vor vier Tagen.

Günter Michel vermutete einen Leitungsschaden. Vielleicht hatte das Hochwasser einen Kabelschacht überschwemmt, oder nasses Erdreich war in sich zusammengesackt und hatte die Telefonleitung zerrissen.

Kurz entschlossen rief er bei der Feuerwehr an. Der Einsatzführer teilte ihm mit, die Männer seien zwar in Bereitschaft, aber bisher habe es keine besonderen Vorkommnisse gegeben. Von der Polizeiwache erhielt Michel dieselbe Auskunft.

---

* siehe Glossar

Nach diesen wenig erschöpfenden Gesprächen versuchte er, seinen direkten Vorgesetzten zu erreichen, den Oberstadtdirektor. Ihr Mann sei jedoch – so ließ sich dessen Frau Gisela vernehmen – auf der turnusmäßigen Sitzung der Rotarier. Danach wolle er nach Stade fahren, um dort das alljährliche Betriebsfest der Bezirksregierung zu besuchen.

Günter Michel seufzte. Er war schließlich verantwortlich für den örtlichen Zivilschutz, und wenn er eins und eins zusammenzählte, dann braute sich gerade ein gewaltiges Unheil über der Stadt zusammen. Aber die sturmerprobten Cuxhavener vertrauten offensichtlich mal wieder auf Gott und die Höhe ihrer Seedeiche. Wenn es also einen Verantwortlichen gab, der von sich aus handeln musste und durfte, dann war er es. Vor allem, weil sich das mulmige Gefühl, das in ihm nagte, nicht länger unterdrücken ließ. »Ich gehe jetzt zur Wetterwarte rüber und werde danach bei der Polizei vorbeischauen«, meinte er entschlossen, eilte in den Flur hinaus und streifte sich einen dicken »Klepper«-Mantel über. »Bei Alarmstufe I für die Stadt verfrachtest du deine Eltern in den Wagen, und dann fahrt ihr hoch nach Altenwalde!«, sagte Günter Michel und gab seiner Frau rasch noch einen flüchtigen Kuss. Schon war er aus der Wohnung heraus und polterte die Treppe hinunter.

»Pass schön auf dich auf«, rief Ingeborg Michel ihrem Mann durchs Treppenhaus hinterher, »und willst du dir nicht lieber deine Gummistiefel anziehen …?«

Aber das hörte er schon nicht mehr.

Als der Amtmann hinaus auf den Bürgersteig trat, bekam er sofort nasse Füße. Jetzt fielen auch ihm die Gummistiefel ein, die oben in der Wohnung in der Abstellkammer standen. Doch als er die menschenleere, zentimeterhoch überschwemmte Straße hinunter blickte, dachte er instinktiv, dass er keine Zeit mehr verlieren durfte. Nasse Socken hin, nasse Socken her: Michel beschloss, sich den Weg zur Wetterwarte zu sparen und sich lieber sofort zur Polizeiwache in der Friedrich-Peter-Straße zu begeben, die im Falle einer Katastrophe als Einsatzzentrale vorgesehen war. Die Wache befand sich nur wenige Hundert Meter weiter, gerade einmal um die Ecke. Er konnte sich einfach nicht erklären, warum bisher niemand Alarm gegeben hatte und wieso er zu diesem Zeitpunkt der einzige Mensch zu sein schien, der sich dafür interessierte, dass die Hafenbecken überliefen.

*Elbmündung, 16. Februar 1962, 17.55 Uhr*

Kapitän Sven Nilsson schickte ein kurzes, stilles Gebet in den Himmel, als sein schwedischer 2300 BRT-Frachter *Silona* nach überstandener Sturmfahrt durch die Untiefen der Außenelbe die Cuxhavener Kugelbake passierte. Wenige Minuten später tauchten an Steuerbord die Lichter der 44 000 Einwohner zählenden, niedersächsischen Hafenstadt auf. Jetzt kann eigentlich nicht mehr viel passieren, dachte er, nachdem er und die vierundzwanzigköpfige Besatzung der *Silona* dem Klabautermann so glücklich entronnen waren. Die beiden gestrandeten Frachter auf dem Großen Vogelsand waren ein erschreckender Anblick gewesen. Gut, dass er ein paar Tonnen Wasser mehr als üblich hatte bunkern lassen – als Ballast, damit die unbeladene *Silona* in der rauen See ruhiger lag.

Auf der Brücke des Schiffes, einer betagten Veteranin des Meeres, die schon im Jahr 1919 auf Kiel gelegt worden war, konnte man jetzt die Erleichterung beinahe mit den Händen greifen. Aber Nilssons Freude legte sich schnell: Selbst hier, dicht unter Land, herrschte ein Seegang, wie er ihn im vermeintlich sichereren Fahrwasser der Elbe noch nie zuvor erlebt hatte.

### *Cuxhaven, 16. Februar 1962, 18.00 Uhr*

Am Morgen um 8.10 Uhr hatte Dr. Heinrich Müller, Leiter der Cuxhavener Seewetterwarte, bereits eine erste offizielle Sturmwarnung herausgegeben: »In den nächsten 18 bis 24 Stunden anhaltender voller Sturm aus West, später Nordwest. Erste Flut um 11.07 mindestens 1,80 Meter, zweite Flut 23.33 mehr als 2 Meter über Normal erhöht.« Der Regierungsrat hatte sich dazu entschlossen, seiner offiziellen Sturmwarnung noch eine handschriftliche Notiz hinzuzufügen: »Nach meiner privaten Auffassung steht eine Besorgnis erregende Situation bevor. Ich rechne mit gefährlicheren Ausmaßen als bei der Flut vom 12. Februar.« Es war nicht allein die zunehmende Stärke der Windböen, die den Meteorologen beunruhigte. Es war vor allem die konstante Windrichtung: Denn dieses Orkantief namens »Vincinette« drückte das Nordseewasser voll gegen die Küste und damit in die Elbmündung hinein. Müller nahm bereits zu dieser frühen Stunde an, dass die Tide deshalb auch bei Niedrigwasser nur um wenige Zentimeter fallen würde. Doch mit dieser Meinung stand er offensichtlich allein da. An eine »schwere Sturmflut« wollte niemand glauben. So fiel Müllers »private Auffassung« bei allen offiziellen Stellen unter den Tisch. Dabei war am selben Morgen sogar die Ankerkette des Feuerschiffs *Elbe 1* gebrochen. Und jetzt war er selbst der Angeschmierte: Der Orkan und die Wellen hielten ihn in seiner Beobachtungsstation gefangen.

Die *Silona* hatte tags zuvor im holländischen Zaandam abgelegt. Das Ziel der Reise hieß Gdingen in Polen, wo eine Ladung
Stückgut auf den Frachter wartete. Doch angesichts des Wetters und der Wellen sehnten sich die Seeleute an Bord nun erst
einmal nach der Einfahrt in den sicheren Nord-Ostsee-Kanal
und, sofern es sich um Deckleute handelte, nach trockenen
Kleidern.

Nilsson, der 50-jährige Kapitän, hatte in Cuxhaven seinen
zweiten Wohnsitz. Die Elbe hatte er schon häufiger befahren.
Und obwohl ihm das Fahrwasser eigentlich recht gut vertraut
war, forderte er jetzt über Funk Lotsenhilfe an, denn das Wetter wurde immer schlechter. Die schwere See ließ den Rumpf
der *Silona* erbeben. Graupel- und Hagelschauer peitschten über
den Strom, dazu kamen die schmutzig graue Gischt und die
Dunkelheit. Auf der Brücke wurde die Notbeleuchtung eingeschaltet, um die Blendwirkung so gering wie möglich zu halten. Trotz alledem blieb die Sicht miserabel. Dabei herrschte
wegen des Orkans im Tiefenfahrwasser weitaus mehr Schiffsverkehr als selbst in Spitzenzeiten – bei günstigerem Wetter –
üblich. Die Devise hieß: »Rette sich, wer kann!«

Nilssons Wangen zuckten. Soweit er es erkennen konnte,
waren der Hafen und die Außenreeden bereits mit ankernden
Schiffen überfüllt, die vor den entfesselten Naturgewalten
Schutz gesucht hatten.

Etwa eine halbe Stunde später, um 18.35 Uhr, rückte die
Cuxhavener Feuerwehr zu ihrem ersten Sturmeinsatz aus: In der
Kirchenpauerstraße war eine Dachreling mit großen Teilen des
Fundaments vom Dach eines Mehrfamilienhauses gefegt wor-
den und hatte eine Stromleitung zerrissen. Exakt zum selben

Zeitpunkt ging ein Boot der Cuxhavener Lotsenbrüderschaft an Backbord der *Silona* längsseits. Erich Mehlert, dem 44-jährigen Kapitän zur See, glückte einmal mehr der waghalsige Sprung vom Dollbord herüber aufs Fallreep. Behände kletterte er die Bordwand der *Silona* hoch. Den tödlichen Unfall seines Kollegen Ulrich Engbruch ein paar Wochen zuvor beim Übersetzen auf die *Ondo* hatte er, wie alle anderen Lotsenbrüder auch, längst nicht verdaut. Doch noch immer trugen die wenigsten Lotsen eine Schwimmweste. Auch Mehlert verzichtete nach wie vor auf das klobige, unpraktische Rettungsgerät.

Die Begrüßung an Bord verlief herzlich. »Jetzt noch zwei Stunden, und wir sind im Kanal«, sagte Kapitän Nilsson und ließ den Stewart heißen Kaffee auf der Brücke servieren.

Erich Mehlert blickte ihn skeptisch an. »Ich fürchte, nein, Herr Nilsson«, entgegnete er dann bedächtig. »Ich hab nämlich gehört, dass ab 19 Uhr in Brunsbüttel wegen des Hochwassers nicht mehr geschleust werden soll. Wahrscheinlich müssen Sie die Nacht ebenfalls auf Reede verbringen. Im Übrigen haben wir eine Sturmflutwarnung …«

»Sturmflut?«, fragte der Kapitän.

»Die Warnung soll spätestens um 19 Uhr übers Radio kommen«, nickte Mehlert und nippte an seinem Kaffee. »Hab ich jedenfalls gehört. Und dass die Nordostreede vor Brunsbüttel schon übervoll ist und die Reede Neufelde-Ost ebenfalls … Haben Sie eigentlich schon UKW-Funk an Bord?«

»Leider nein«, meinte Nilsson achselzuckend. Über diese neuen Funkgeräte verfügten nur die modernsten Schiffe.

»Wir haben extremen Schiebewind«, bemerkte der Lotse und empfahl dem Rudergänger, ein paar Grad abzufallen. An den schwerfälligen Reaktionen des Schiffes war zu spüren, dass der Sturm erneut an Stärke zugenommen hatte: Die *Silona* gehorchte ihrem Ruder nur widerwillig. Kapitän Nilsson befahl halbe Kraft, aber die Geschwindigkeit des Frachters blieb nahezu unverändert. Mehlert schätzte die Höhe der Wellen auf gut drei Meter. Solch einen Seegang hatte er in den elf Jahren, in denen er auf der Außenelbe nun schon Dienst schob, noch nicht erlebt. Der enorme Druck des Windes hielt sogar die ablaufende Tide zurück! Mehlert kratzte sich nachdenklich am Kinn: Bald würde das Abendhochwasser wieder auflaufen …

In Gedanken ging der Lotse schon einmal das Ankermanöver auf der Neufelder Reede durch. Da kann es noch mal eng werden, befürchtete er im Stillen. Denn die schwachbrüstige Maschine der *Silona* hatte einem Orkan wie diesem hier nur wenig entgegenzusetzen – so gut wie gar nichts. Außerdem lag das unbeladene Schiff hoch im Wasser. Mehlert begann sich Sorgen um den alten Kahn zu machen: Was, wenn sie in eine gefährliche Situation gerieten, in der schnelles Handeln und vor allem exaktes Manövrieren gefragt sein würden?

*Elmshorn, 16. Februar 1962, 18.00 Uhr*

Elmshorn in Schleswig-Holstein, nordwestlich von Hamburg am Elb-Nebenflüsschen Krückau gelegen, ist etwa 40 Kilometer von der Hansestadt und ungefähr 15 Kilometer vom Elbstrom entfernt und befindet sich damit eigentlich abseits der Hochwasser-Gefahrenzone. Doch an diesem Tag war der Elmshorner Binnenhafen im Süden der Stadt bereits um die Nachmittagsstunde voll gelaufen. Das Wasser stand bis knapp unter dem Rand der Kaianlagen. Da es entlang der Krückau jedoch fast in jedem Jahr zu mehr oder weniger harmlosen Überschwemmungen kam, wurde dieses Phänomen von den Elmshornern nicht so richtig ernst genommen. Das letzte große Hochwasser, das im Jahr 1916 die Stadt unter Wasser gesetzt hatte, war längst vergessen.

Magda und Kurt Krim hatten ausgerechnet diesen stürmischen Freitagnachmittag gewählt, um bei »Teppich-Kibek« Auslegeware und Linoleum für ihr hübsches neues Haus auszusuchen, das sie gerade im nördlichen Hamburger Vorort Großhansdorf gebaut hatten. Aber was hieß gewählt: Das Ehepaar, das in Hamburg-Altona und Winterhude zwei große »Fiat«-Vertretungen führte, hatte sich diesen Nachmittag regelrecht freischaufeln müssen, denn Kurt Krim, den alle nur den »dicken Peter« nannten, war ein Arbeitstier, der den Begriff des »Unternehmers« persönlich und sehr genau nahm: Die Pläne für zwei weitere »Fiat«-Vertretungen lagen fix und fertig in der Schublade. Er wollte das große Rad drehen, wohl auch, um dem erfolgreichen Vater zu beweisen, dass der Sohn ebenfalls ein tüchtiger Automobilkaufmann war.

Nach der Definition der Nürnberger Rassegesetze war Kurt Krim ein so genannter »Halbjude« gewesen. Der gesamte Firmen- und Privatbesitz der jüdischen Familie war von den Nazis Stück für Stück enteignet worden, darunter zwei Autohäuser in bester Lage, am Ballindamm sowie am Gänsemarkt*. Der alte Krim und sein Sohn hatten mit viel Glück, »Chuzpe« und »persönlichen Verbindungen« zu hochrangigen Hamburger Nazis – vor allem aber dank der Zivilcourage ihrer »arischen« Frauen, die sich einer »Zwangsscheidung« mutig widersetzt hatten und mit ihren Ehemännern ins Hamburger Getto gegan-

---

* In den ehemaligen Verkaufsräumen befindet sich heute ein »McDonald's«-Restaurant.

gen waren – den Krieg überlebt. Kurt Krim hatte sogar noch im Jahr 1942, als Torwart der Hamburger Eishockey-Auswahlmannschaft, im Berliner Sportpalast gegen den Berliner SC gespielt (und 2:7 verloren). Nach dem Krieg hatte die Familie dann ihr kleines Autoimperium praktisch aus dem Nichts heraus wieder aufgebaut.

Kurz nach Ladenschluss verließ das Ehepaar das Teppichkaufhaus und kämpfte sich auf dem Parkplatz gegen den Sturm zu dem funkelnagelneuen »Fiat 1500L« durch, mit dem der Autohändler in das von der Marke Mercedes dominierte Hamburger Taxigewerbe »einbrechen« wollte.

Der Sturm hatte in den vergangenen zwei Stunden mächtig aufgebrist. Der Himmel hing voller schwarzer Gewitterwolken, Donner grollte, und Blitze zuckten gespenstisch über die schleswig-holsteinische Stadt. Irgendwo tutete ein Martinshorn der Feuerwehr.

»Das ist ein Weltuntergang«, sagte Magda Krim knapp, als sie glücklich wieder im Trockenen saßen. Sie klappte die Sonnenblende überm Beifahrersitz herunter, warf einen Blick in den Spiegel und seufzte. »Meine Frisur ist jedenfalls hinüber«, meinte sie dann. Ihr Mann grinste verstohlen. Außerdem knurrte sein Magen. Er wurde schließlich nicht umsonst der »dicke Peter« genannt.

»Vielleicht sollten wir in der Stadt was essen gehen und warten, bis der Sturm sich wieder gelegt hat«, schlug er vor, startete den Motor und schaltete die Scheibenwischer an. Das Wetter wurde von Minute zu Minute gruseliger: Jetzt ging ein dichter Graupelschauer nieder. Die Sichtweite betrug nicht mal 20 Meter.

Ungefähr eine Viertelstunde später betrat das Ehepaar die Gaststätte *Eitel Spohr* an der Königstraße, direkt am Ufer der

Krückau gelegen. Ihren Wagen hatten die Krims vor einem Reisebüro in der Holstenstraße geparkt, einer der Haupteinkaufsstraßen der Stadt, die zu dieser Zeit gerade aufwändig saniert wurde: Die Häuser sollten endlich ans Kanalisationsnetz angeschlossen werden, neue Versorgungsleitungen wurden gelegt, und darüber hinaus würden auch die Bürgersteige frisch gepflastert werden.

Die Gaststätte war gut besucht. *Eitel Spohr* war schließlich eine Elmshorner Institution und berühmt für die mächtigen Schinkenbrote, die man hier meist mit einem gepflegten Pils servierte. Während die Krims aufs Essen warteten, konnten sie die Gespräche der Einheimischen belauschen, die nur ein Thema hatten: den Orkan – und die Frage, ob Elmshorn »Land unter« bevorstehen würde.

Immer wenn ein neuer Gast die Gaststätte betrat, gab es neue Meldungen von draußen. Die Nachrichten verhießen nicht Gutes: »Am alten Markt sind gerade ein paar Dachziegeln runtergekommen«, hieß es unter anderem, oder: »In der Schützenstraße hat der Wind auf zehn Meter die Schaufenster eingedrückt.« Auch von umgestürzten Bäumen und unpassierbaren Straßen und Schienen war die Rede – und von Böen der Windstärke 14! Magda Krim sah ihren Ehemann ratlos an. Dieser von langer Hand geplante Teppichkauf hatte sich offenbar zu einer ungewollten Abenteuerreise entwickelt. Auch das Hamburger Ehepaar hatte die Meldungen der vergangenen Tage verfolgt. Fünf Tote hatte es allein auf den Straßen gegeben, und es stand zu befürchten, dass sie selbst in ihrer schweren Limousine vor solch heftigen Orkanböen nicht sicher sein konnten …

Aber die Schinkenbrote sahen prächtig aus. »Nun sitzen wir erst mal hier im Warmen«, sagte Kurt Krim, schnitt in aller Seelenruhe ein Stück ab und fuhr mit vollem Mund fort: »Was soll uns schon passieren?« Er blickte auf seine Armbanduhr. Es war inzwischen 19.15 Uhr.

»Irgendwie ist es ja auch ganz lustig«, meinte seine Frau lächelnd, »auf diese Weise gehen wir beide mal wieder richtig schön aus.« Das war etwas, was beide nur selten taten. Zum einen lag dies an der vielen Arbeit, zum anderen an ihren drei Kindern Cornelia, Thomas und Sabine, die mit ihren zehn, acht und drei Jahren noch zu klein waren, um allein zu Hause zu bleiben. »Aber ich werde besser mal die ›U‹ anrufen«, sagte Magda Krim, »vielleicht dauert es ja doch noch etwas, bis der Sturm nachlässt.« Die »U«, das war Karin Uhlenberg, ihre junge Kinderfrau aus dem Nachbardorf Siek, die wahrscheinlich schon ungeduldig auf die Rückkehr der Eltern wartete.

»Und was machen wir dann so lange?«, fragte Kurt Krim.

»Was hältst du denn von Kino?«

»Kino?« Kurt Krim war schon monatelang nicht mehr im Kino gewesen.

»Ja«, nickte seine Frau, »vorhin beim Reinkommen hab ich gesehen, dass hier gleich nebenan das ›Apollo-Kino‹ ist ...«

»Was läuft denn für ein Film?« In Kurt Krims Stimme schwang leises Misstrauen mit, fast schon Unbehagen.

»Eine Frau ist eine Frau‹«, entgegnete Magda Krim vorsichtig, »mit Jean-Paul Belmondo in der Hauptrolle. Eine französische Komödie ... Von diesem Godard. Soll aber ganz prima sein! In den Film wollte ich schon in Hamburg mit dir gehen.«

Kurt Krim räusperte sich. Er mochte nicht so gern ins Kino gehen, und eine »alberne« französische Filmkomödie wollte er sich schon gar nicht anschauen müssen. Ein Jazzkonzert:

das wäre es gewesen! Aber was tat man nicht alles für die geliebte Frau. Also nickte er schließlich, wobei er sich fragte, seit wann Jean-Paul Belmondo eine Frauenrolle spielte.

### Cuxhaven, 16. Februar 1962, 18.05 Uhr

Als Günter Michel die Tür zum überheizten Polizeirevier in der Friedrich-Peter-Straße öffnete, glaubte er zunächst, er hätte sich verlaufen. Denn die Spätschicht der Cuxhavener Ordnungshüter veranstaltete ein internes Skatturnier. Die Beamten sahen nur kurz zu ihm auf, als er sich den nassen Mantel von den Schultern streifte, achtlos an einen Kartenständer hängte und dann ungefragt den hinteren Bereich der Wache durch die Tresenklappe betrat. Sie gaben sich nicht einmal die Mühe, die Spielkarten verschwinden zu lassen. Das Wasser quoll aus Michels Halbschuhen.

»Moin*, meine Herren«, sagte der Amtmann und schaute erwartungsvoll in die Runde. Sein Berliner Dialekt ließ sich nicht verleugnen.

»Moin«, erwiderten die Beamten murmelnd. Sie wussten natürlich, wer er war, und einer der Kiebitze fragte leicht verunsichert: »Was treibt Sie denn bei diesem Schietwetter zu uns, Herr Michel?« Es war der Beamte, mit dem er vor wenigen Minuten telefoniert hatte. Die Litzen auf den Schulterstücken seiner Uniformjacke wiesen ihn als Polizeimeister aus.

---

* Der norddeutsche Gruß »Moin« eignet sich für jede Tages- und Nachtzeit. Es ist übrigens eine irrige Annahme, dass diese kumpelhafte, herzliche Begrüßung nach 12 Uhr mittags »Moin, Moin« lautet.

Michel machte das Spielchen mit. »Wissen Sie, ich dachte, ich sollte Sie vielleicht darüber in Kenntnis setzen, dass die Straßen rund um den Ritzebütteler Priel und den Alten Fischereihafen gerade überflutet werden.«

»Wie soll das denn gehen?«, fragte der Kiebitz erneut und schaute den Störenfried scheel von der Seite an. »Is' doch Niedrigwasser, Herr Amtmann!«

»Ach, ich komm gerade von dort«, entgegnete Michel ruhig und deutete auf seine Schuhe. »Ich darf Ihnen deshalb versichern: Das Hafenwasser läuft bereits fröhlich in die Straßen. Die Kiele der Schiffe schwimmen auf gleicher Höhe mit der Kante der Kaimauer. Das alles sah mir doch nach einer ernsteren Angelegenheit aus … Tja, und da dachte ich mir: Wir sollten vielleicht langsam mal Vorkehrungen treffen – gegen die Sturmflut!«

Der Polizeimeister – offenbar war er auch der Dienst habende – legte sein mürrisches Gesicht in noch mehr Falten. Er blieb stur: »Vonner Sturmflutwarnung is' uns aber nix bekannt!«

»Mir aber. Ich erinnere mich jedenfalls dunkel an eine offizielle Sturmwarnung … So gegen neun Uhr, heute Morgen vielleicht?«, erwiderte Michel.

»Ja, heute Morgen vielleicht!«

»Ach so. Haben Sie denn nicht zufällig mal Radio gehört?« Michels eisiger Blick ließ den Polizeimeister plötzlich verstummen. Auch die Spieler legten nun die Karten auf den Tisch. Einer ließ einen herzhaften Fluch los: Er hatte gerade einen todsicheren Grand auf der Hand gehabt, mit drei Buben und einer sagenhaften Pik-Flöte. In diesem Moment fegte eine gewaltige Orkanbö über die Stadt. Von draußen war ein lautes, dumpfes Knistern zu hören. Die Fensterscheiben der Wache knackten, und Sekunden später flackerte das Licht.

»O Mann!«, rief einer der Polizisten erschrocken. »Was war das denn?!«

Was Michel jetzt in den Gesichtern lesen konnte, waren die sprichwörtlich guten Mienen zum bösen Spiel. Die Beamten waren auf einmal ziemlich verlegen, dass sie ausgerechnet vom Leiter des Ordnungsamtes beim Kartenkloppen erwischt worden waren. Jetzt kam Bewegung in die eben noch so fröhliche Freizeittruppe: Der Pfennigskat war vergessen, die Beamten verzogen sich eilig an ihre Schreibtische und taten sehr geschäftig. Michel bat um den Katastrophenschutzplan. Ein junger Beamter sprang eilfertig von seinem Stuhl auf und hastete an einen feuersicheren Blechschrank. In diesem Augenblick begannen die Sirenen zu heulen: Genau im *richtigen* Augenblick, dachte der Amtmann, das ist ja wie eine perfekte Inszenierung. Innerlich musste er jedoch grinsen, denn spätestens jetzt sollte diesen Dorfpolizisten klar sein, dass ihre Schicht alles andere als angenehm werden würde.

Das Telefon schrillte. Michel, der dem zentralen Dienstapparat am nächsten stand, nahm ganz selbstverständlich ab. Dabei deutete er mit dem Zeigefinger auf den Polizeimeister: »Sie könnten zur Abwechslung mal bei der Feuerwehr anläuten und die Kollegen fragen, was los ist!« Dann wandte er sich an den Anrufer. »Einsatzstab für den Katastrophenschutz, Michel«, sagte er in geschäftsmäßigem Tonfall.

»Ach, sind Sie das etwa, Herr Michel?« Die Telefonleitung knackte und rauschte. »Hier Müller, von der Seewetterwarte ...«

»Dr. Müller! Ich habe mehrmals versucht, Sie zu erreichen. Was ist denn da draußen los bei Ihnen ... mit Ihrem Telefon, meine ich? Es war dauernd besetzt ...«

»Es ist praktisch kein Durchkommen mehr, Herr Michel. Und zu Fuß komm ich auch nicht mehr raus ... Ihre Frau sagte mir jedenfalls, wo Sie sind«, entgegnete der Meteorologe. »Da ist überall schon das Wasser. Wir sind abgeschnitten, und die Telefonleitung ist total überlastet … Deshalb will ich es kurz machen: Es besteht meiner Meinung nach akute Sturmflutgefahr. Der Pegel Cuxhaven hat gerade einen Wasserstand von 90 Zentimeter über dem Mittleren Hochwasser gemeldet, Tendenz stark steigend … Die Meldung soll spätestens um 19 Uhr per Fernschreiber an alle Dienststellen rausgehen.«

»Mit wie viel Metern über Normalnull rechnen Sie?« Kurze, klare Fragen erzeugten präzise Antworten. Auch wenn es sich um eine höchst prophetische Antwort handeln würde – aber Regierungsrat Müller war ein erfahrener Meteorologe, der es nicht nötig hatte zu übertreiben.

»So einen Windstau hab ich in meiner Dienstzeit noch nie erlebt. Ich bin zwar nur ein Wetterfrosch, aber ich schätze mal, so drei bis dreieinhalb Meter über Normalnull könnten es werden, jedenfalls wenn es so weiterstürmt und die Tide ihren Höhepunkt erreicht … Vielleicht sogar vier … Die Leute vom Pegel sehen das übrigens ähnlich. Bestimmt wird die Tide noch höher als am 12. ausfallen. Sie wissen, was das heißt?«

»Ja«, entgegnete Günter Michel ruhig, »das heißt, dass die Deiche überspült werden können. Was würden Sie mir empfehlen?«

»Geben Sie bloß Voralarm, Stufe I. Ich sag Ihnen: Der Deichschutz und die Bundeswehr können sich schon mal gedanklich auf eine ungemütliche Nacht einstellen. Nebenbei: Ich habe durch einen Anrufer erfahren, dass in Nindorf und Laumühlen die Deichschutzgruppen schon seit 14 Uhr angetreten sind … Und auch der Oberkreisdirektor Büning hat von Otterndorf aus gegen 16 Uhr sämtliche Bürgermeister, Deichgrafen und Brandmeister im Kreis Land Hadeln warnen lassen …«

Damit hatte der Regierungsrat einen wesentlichen Schwachpunkt bei der Deichverteidigung entlang der Küste und am Elbufer angesprochen: Cuxhaven und die benachbarten Kreise und Gemeinden kochten jeweils ihre eigenen Süppchen. Es gab keine zentrale Koordinierungsstelle – der Kreis Land Hadeln war ihnen jetzt schon meilenweit voraus, was den Deichschutz anging. Günter Michel beschloss, später einmal diesen wichtigen Punkt auf der Verwaltungsebene zur Sprache zu bringen.

»Danke für Ihre Einschätzung, Dr. Müller!«, meinte er dann. »Ich werde mich jetzt noch mal mit dem Pegel in Verbindung setzen und die weiteren Schritte veranlassen. Alarmstufe I also. Soll ich Ihnen jemanden vorbeischicken, der Sie da rausholt?« Aber die Leitung war bereits zusammengebrochen. Wahrscheinlich hatte Müller die letzten Sätze nicht mehr verstanden. In so einem Fall, dachte Michel, hilft nur ein Lastwagen der Bundeswehr …

Aber der Leiter der Cuxhavener Seewetterwarte dachte in diesem Augenblick gar nicht daran, dass er vom Wasser bereits eingeschlossen war. Endlich hatte er jemanden erreicht, der seine Befürchtungen, die er ja schon am Morgen handschriftlich geäußert hatte, ernst nahm. Einer, der zu wissen schien, was zu tun war. Hoffentlich, dachte Müller, kommt das nicht alles viel zu spät. Denn soweit er die Situation einschätzte, deutete alles auf eine der schwersten Sturmfluten seit Menschengedenken hin …

Günter Michel wandte sich an den Polizeimeister. »Und, was Neues von der Feuerwehr?«, fragte er freundlich.

»Jawoll, Herr Amtmann«, kam es zackig zurück. Der Beamte wollte sich erheben, um Meldung zu machen. Wollte er vielleicht auch noch die Hacken zusammenschlagen?

»Bleiben Sie man sitzen. Wir sind schließlich nicht beim Kommiss«, sagte Michel. Aber so ganz stimmte das auch nicht. Denn er fühlte sich in dieser Lage unwillkürlich an die Front in Russland zurückversetzt, wo er als Kompaniechef täglich Dutzende von Katastrophenmeldungen entgegengenommen hatte; Nachrichten von zusammenbrechenden Frontabschnitten, die von ihm als Offizier stets blitzschnelle Entscheidungen und rasches Handeln erforderten. So gesehen war der beschissene Krieg wenigstens für eine Sache gut gewesen: Er hatte gelernt, wie man einem unorganisierten Haufen die Schläfrigkeit austrieb und ihn blitzschnell zum Funktionieren brachte. Er wusste auch, dass Menschen in Krisensituationen häufig nach einem Leithammel schreien, der ihnen die Marschrichtung vorgibt und Verantwortung abnimmt. »Also?«, fragte er scharf, jetzt doch im Befehlston eines übel gelaunten Feldwebels.

Der Polizeimeister fuhr zusammen. »Die Feuerwehr ist vor zwei Minuten mit zwei Zügen in die Kirchenpauerstraße ausgerückt«, antwortete er. »Ein Dachgeländer ist auf eine Stromleitung gefallen ... Ein Kurzschluss, daher wohl auch das kurze Flackern des Lichts vorhin ...«

»Danke!« Michels Ton blieb bestimmend. Er drehte sich zu dem jungen Beamten um, der sich noch immer am Blechschrank zu schaffen machte. »Kann ich jetzt vielleicht *endlich* mal den Katastrophenschutzplan haben?« Seine Ungeduld war nicht zu überhören. Aber sie gehörte zu dieser kleinen Theatervorstellung dazu.

Erleichtert zog der Polizist eine dicke Pappmappe aus dem Schrank, überprüfte kurz, ob es auch ja die richtige war, und legte sie Michel dann auf den Tresen. »Nur für den Dienstgebrauch«, stand darauf. Ein anderer Polizist eilte mit einem Stadtplan herbei und breitete ihn daneben auf dem Tresen aus.

»Sehr gut! Danke, meine Herren!« Michel überflog die Alarm- und Einsatzlisten, hob den Kopf und blickte in acht aufmerksame Gesichter. »Ich schlage vor, meine Herren, dass Sie sofort mit drei Streifenwagen ausrücken und folgende Gebiete kontrollieren: den Fährhafen, die Alte Liebe und den Döser Seedeich, im Osten den Fischereihafen, und natürlich muss auch einer ganz dringend raus nach Duhnen ... Ich werde inzwischen versuchen, den Einsatzstab für den Katastrophenplan zusammenzutrommeln. Außerdem wird Alarmstufe I für den Deichschutz ausgelöst. Ich erwarte von Ihnen in spätestens einer Viertelstunde Meldung über die jeweilige Lage und ob die Deichwärter auf dem Posten sind. Noch Fragen?«

Dies war natürlich kein Vorschlag gewesen, sondern eine Anweisung. Sechs Beamte schlüpften in ihre schweren Ledermäntel, verließen eiligen Schrittes die Wache und stiegen draußen in ihre Einsatzwagen. Im nächsten Augenblick blitzten die blauen Alarmlichter durch die Fensterscheiben. Währenddessen verteilte Michel die übrigen Aufgaben: Der wachhabende Polizeimeister sollte nun alle ankommenden Anrufe entgegennehmen und ein möglichst lückenloses Protokoll führen. Sein jüngerer Kollege sollte den Funkverkehr abhören, aufrechterhalten und darüber hinaus für einen anständigen Kaffee sorgen. Dann griff Günter Michel zum Telefon, um den angekündigten Rundruf zu starten und streng nach Plan eine Dienststelle nach der anderen abzutelefonieren: die Feuerwehr, das Deutsche Rote Kreuz, das Technische Hilfswerk, den Deichschutzverband sowie die Standortverwaltung der Bundeswehr in der Hinrich-Kopf-Kaserne, draußen in Altenwalde, wo sich – im Fall einer Überschwemmung – auch die vorgesehenen Sammelpunkte für die Zivilbevölkerung befanden. Die Altenwalder Höhen lagen rund 27 Meter über dem

Meeresspiegel auf Geestboden – unerreichbar für jedes Hochwasser also.

Als Erstes hatte Michel jedoch noch einmal versucht, seinen direkten Vorgesetzten (und eigentlichen Leiter des Cuxhavener Katastrophenschutzes) zu erreichen: Aber Oberstadtdirektor Wachtendorf tagte offenbar noch immer mit den Rotariern. Seine Frau versprach, ihren Mann sofort über die Lage in Kenntnis zu setzen und ihn zur Polizeiwache zu schicken – sollte er vor seiner angekündigten Fahrt nach Stade doch noch einmal nach Hause kommen … Schließlich rief Michel bei der Stader Bezirksregierung an – wo keiner abnahm – und zum Schluss bei seiner Frau: »Du kannst schon mal die wichtigsten Papiere einpacken, Ingeborg«, sagte er, »und sag bitte auch den Eltern Bescheid: Ick gloobe nämlich, det gibt heute noch ein ganz schönet Malheur …« Plötzlich berlinerte Michel vor Aufregung.

Ungefähr zwanzig Minuten später hatte er sich einen ersten genaueren Überblick über die Lage verschaffen können: Der Orkan hatte erneut an Stärke zugelegt. Der Pegel in Cuxhaven meldete kontinuierlich steigendes Wasser. Bei der Feuerwehr gingen inzwischen pausenlos Notrufe ein, denn in den Hafenrandgebieten liefen bereits die Keller voll, von den Dächern hagelte es Dachpfannen, mehrere Antennen waren bereits umgeknickt und wohl auch einige Bäume. Die – zumeist ehrenamtlichen – Deichwarte hatten ihre Stellungen bezogen und beobachteten nun, dick vermummt in Trojer und Ölzeug, die mächtige Brandung, die unaufhörlich an der Küste nagte. Das Technische Hilfswerk und das Deutsche Rote Kreuz waren in Alarmbereitschaft versetzt worden; ebenso 400 Panzergrenadiere aus der Kaserne in Altenwalde, 280 Marinesoldaten des 3. Minenräumkommandos sowie die Heeresflieger vom Fliegerhorst Nordholz, etwa 20 Kilometer südlich von Cuxhaven. Günter Michel hatte alles getan, was ihm möglich war. Er hatte eine ganze Maschinerie in Bewegung gesetzt und ungefähr 2000 Leuten den gemütlichen Freitagabend verdorben. Hatte er vielleicht zu viel getan – und das auch noch eigenmächtig, im Alleingang? Vielleicht würde ihn dieser 16. Februar zur Lachnummer werden lassen. Einen Moment lang überkam ihn das quälende Gefühl von Unsicherheit. Aber er ließ sich nichts anmerken, sondern bedankte sich lieber kurz und knapp für die Tasse heißen Kaffee, die ihm der junge Beamte in diesem Augenblick an den Tresen servierte.

*Brunsbüttel, 16. Februar 1962, 19.15 Uhr*

Erich Mehlert kniff verärgert die Lippen zusammen: Die Schleusentore des Nord-Ostsee-Kanals waren mit der Sturmflutwarnung um 19 Uhr tatsächlich geschlossen worden. Der Weg in die Ostsee blieb nun allen Schiffen versperrt. Dutzende ankerten dicht an dicht auf den Reeden der Unterelbe, den Bug oder das Heck in den Wind gedreht, um dem Orkan so wenig Angriffsfläche wie möglich zu bieten. Denn »Vincinette« besaß tatsächlich die Frechheit, immer stärker aufzudrehen: Einzelne Böen erreichten Windgeschwindigkeiten um die 14 Beaufort.

Als die *Silona* etwa eine weitere halbe Stunde später den Medemgrund hinter sich gelassen und Kapitän Nilsson – nach Absprache mit seinem Lotsen – einen Liegeplatz auf der westlichen Neufelder Reede, etwa in der Höhe von Otterndorf am Südufer des Stroms, ins Auge gefasst hatte, folgte das entscheidende

Manöver, das noch einmal volle Konzentration von allen Beteiligten erforderte: Der Anker musste ausgebracht werden. Nach kurzer Diskussion entschieden sich Nilsson und Mehlert fürs Ausbringen des Steuerbordankers. Die Matrosen auf dem Vordeck hatten sich mit Leinen gesichert. Sie konnten sich im Sturm kaum aufrecht halten und krochen mehr übers Deck, als dass sie liefen.

»Anker fallen lassen!«, bellte Nilsson durch das Befehlsrohr. Eine Sekunde später rasselten zwei Tonnen Eisen ins Wasser. Gleich würde sich der Anker in den Grund der Elbe bohren, dann müsste sich nur noch die Kette spannen … Ein kurzer Ruck ging durch das Schiff. Der Anker hatte gegriffen. Kapitän Nilsson und der Lotse tauschten einen zufriedenen Blick. Doch im nächsten Moment traf eine schwere Orkanbö das Schiff und ließ es auf die Backbordseite krängen.

Die *Silona* ächzte in allen Nieten und Schweißnähten. Es gab ein kurzes dröhnendes Poltern. Metall schrammte auf Metall. Ein erneuter Ruck ließ das Schiff erzittern. Die Männer auf der Brücke verloren das Gleichgewicht und mussten sich festhalten, um nicht umzufallen. Und sie spürten es sofort: Die *Silona* schwamm wieder frei. Schon kam ihr Heck herum.

»Ankerkette gebrochen«, tönte es aus dem Befehlsrohr.

Nilsson ließ einen kräftigen schwedischen Fluch los und schrie in das Befehlsrohr hinein: »Sofort Backbordanker klarmachen!«

Im selben Moment wurde das Schiff erneut von einer Bö erfasst. Mit seiner Breitseite bot es dem Wind ein Vielfaches mehr an Angriffsfläche. Die *Silona* nahm rasch an Fahrt auf – und trieb steuerlos ab!

»Ruder hart Steuerbord!«, riefen Nilsson und Mehlert fast gleichzeitig, »Maschine volle Kraft zurück.« Die beiden erfahrenen Seeleute taten das einzig Richtige: Sie wollten die *Silona* auf der Stelle in den Wind drehen, um etwas Zeit fürs Ausbringen des Backbordankers zu gewinnen.

Aber das Schiff gehorchte nicht mehr. Es reagierte weder auf das Ruder noch auf die Kraft der Schraube. Die *Silona* war zum Spielball des Orkans geworden. Unaufhaltsam trieb sie auf die ankernden Schiffe zu. Wenn es der Besatzung nicht sofort gelingen würde, die *Silona* an einer Tonne festzumachen – besser noch, den zweiten Anker auszuwerfen –, dann drohte eine Kettenhavarie. Niemand an Bord wollte sich ausmalen, was alles passieren könnte, wenn sie mit voller Wucht in den ankernden Schiffsverband hineinkrachten …

»Backbordanker klarmachen! Was ist denn da draußen los, verdammt noch mal?«, schrie Nilsson ins Befehlsrohr. Seine Stimme überschlug sich.

Mehlert äugte angestrengt aufs Vordeck hinaus. Er erkannte schemenhaft, wie die Deckleute verzweifelt versuchten, den zweiten Anker der *Silona* auszubringen, doch wenige Augenblicke später kam durchs Befehlsrohr die Nachricht, dass sich die Kette im Ankerkasten verheddert hatte.

Die Männer dort draußen am Bug konnten sich kaum miteinander verständigen. Der Orkan verschluckte jedes auch noch so laut gebrüllte Wort. Trotz des dicken Ölzeugs waren sie nass bis auf die Haut. Ihre Lippen waren vom schmutzigen Salzwasser verkrustet, und so mancher blutete im Gesicht, weil ihm ein dickes Graupelkorn die Wange aufgerissen hatte. Wenn eine Steilsee über das Vordeck hereinbrach, kam es den Decksleuten vor, als prassele eine Steinlawine auf sie nieder. Aber keiner von ihnen verspürte Schmerzen, niemand fror. Dafür hatten sie jetzt zu viel Adrenalin im Blut. Denn sie *mussten* den zweiten Anker ausbringen, koste es, was es wolle.

Die Maschine der *Silona* lief zwar auf Hochtouren, doch das widerspenstige Schiff lag nach wie vor beängstigend quer zum Wind und trieb steuerlos ab. Mehlert fühlte seine düsteren Ahnungen bestätigt: Der Antrieb und die Ruderanlage waren einfach zu schwach, um den betagten Dampfer zu einer Richtungsänderung zu *zwingen*. Hier gab allein Vincinette den Kurs vor – einen unheilvollen Kurs.

Auf den Decks der anderen Schiffe erkannte man nun die schier ausweglose Lage der *Silona*. Plötzlich ertönten von allen Seiten die Schiffshörner. Aber die Grenzen der Physik waren längst überschritten: Erich Mehlert kam sich auf der Brücke vor wie in einem Auto, das bei Glatteis ins Schleudern gerät und sich trotz Gegenlenkens nicht mehr zurück in die Spur zwingen lässt. Immer näher kamen die ankernden Schiffe, immer höher türmten sich die Stahlwände und Aufbauten vor der *Silona* auf. Und die Lücken zwischen den Pötten waren viel zu schmal. Eine Kollision war unvermeidbar.

»Rettungsboote klarmachen, Schwimmwesten anlegen!«, rief Nilsson dem Ersten Offizier zu, der sofort die Brücke verließ, um die Evakuierung der Mannschaft von Bord vorzubereiten – für den schlimmsten Fall der Fälle. Erich Mehlert nickte. So wie es aussah, würde er sich jetzt wohl auch eine der Westen überstreifen müssen, die über dem Kartentisch an der rückwärtigen Brückenwand hingen. »Gott steh uns bei!«, flüsterte der schwedische Kapitän in seiner Muttersprache und trat neben den Cuxhavener Lotsen, der in diesen bangen Minuten so unglücklich war wie noch nie in seinem Leben. In Mehlerts Leib rumorte es. Dabei hatten sie doch alles richtig gemacht. Aber dieser Orkan war einfach zu gewaltig für das alte Schiff.

Bisher hatte der Lotse das Gefühl von Angst immer verdrängen können. Auf einmal schoss ihm ein alberner Gedanke durch den Kopf: Was, wenn er einfach darauf verzichten würde, die Schwimmweste anzulegen? Vielleicht verstand der Alte oben im Himmel diesen Wink mit dem Zaunpfahl und würde noch einmal Gnade walten lassen. Aus den Augenwinkeln heraus beobachtete er, dass auch Nilsson keineswegs vorhatte, vorzeitig zu kapitulieren und dies durch das Anlegen einer Schwimmweste zu demonstrieren. Der Schwede hegte wohl noch immer Hoffnung auf ein Wunder. Na, dann würde er halt ebenfalls den tapferen Mann markieren: Erich Mehlert packte den Handlauf mit beiden Händen und wartete auf den Zusammenstoß. Noch 200 Meter, noch 100, noch 50 …

### Hamburg-St. Pauli, 16. Februar 1962, 19.30 Uhr

Während die Sturmflutwarner der Abteilung V fieberhaft rechneten, um eine noch genauere Vorhersage des Nachthochwassers in Hamburg zu erstellen, hatte die Delegation der Baubehörde das DHI bereits seit geraumer Zeit verlassen. Das zähe Warten auf die »sehr schwere Sturmflut« – die angesichts des niedrigen Nachmittagshochwassers offensichtlich nicht eintreten wollte – hatte die Herren hungrig und durstig gemacht.

»So haben wir wenigstens Ruhe«, sagte Walter Horn und lächelte seiner Kollegin Elke Fuhlmann* quer über den Tisch zu. Elke Fuhlmann war eigentlich eine studierte Geografin und – wenn man dem Flurfunk Glauben schenken durfte – in der Abteilung V im Grunde nicht ganz richtig aufgehoben.

---

* Name auf Wunsch der Betroffenen verändert

Aber die attraktive junge Frau hatte in Walter Horn einen wohlwollenden Mentor gefunden, der ihr bei der Betrachtung und der Analyse der komplexen und zuweilen höchst komplizierten Materie der Hydrografie gerne behilflich war, vor allem beim Rechnen, auch über die Dienstzeit hinaus, nach Feierabend. Die meisten Kollegen wussten von dem heimlichen Techtelmechtel, aber sie waren verschwiegen.

Doch an diesem Abend waren Walter Horn und Elke Fuhlmann von einer Romanze so weit entfernt wie die Erde von der Sonne. Dazu war die Lage zu ernst. Denn so sehr Horn jetzt die Zahlen und Werte auch hin- und herschob: Das Ergebnis blieb stets das gleiche. Nach den vorliegenden Berechnungen würde das Nachthochwasser drei Meter über dem Mittleren Hochwasser eintreffen, wahrscheinlich sogar noch höher.

»Verflucht«, sagte er in die plötzliche Stille hinein, die im Dienstzimmer eingetreten war, »das heißt Alarmstufe III. Der Koopmann hatte Recht mit seiner Vermutung …« Und dann dachten alle: Wenn man vom Teufel spricht …

Denn in diesem Moment betrat besagter Dr. Georg Koopmann das Dienstzimmer. Den kurzen Streit mit dem Abteilungsleiter vom Vormittag hatte er inzwischen vergessen. Er hatte ein paar Stunden geschlafen und war bereit für einen weiteren – unfreiwilligen – Nachtdienst.

»Ich weiß ja nicht, ob ich Sie beglückwünschen soll«, empfing ihn Walter Horn. »Aber das Wasser wird steigen – auf über drei Meter. Wollen Sie vielleicht noch mal draufgucken?«

»Wenn Sie möchten?«

»Ich bestehe sogar darauf, Herr Dr. Koopmann. Und wenn ich von Ihnen nichts Gegenteiliges höre, dann geben Sie sofort Alarmstufe III und eine Rundfunkwarnung heraus!«

*Und das geschah zu diesem Zeitpunkt außerdem in Hamburg:*
*Die im neobarocken Stil erbaute Musikhalle, ein prunkvolles und imposantes Bauwerk aus dem Jahre 1908, gilt als eines der schönsten Konzerthäuser im deutschen Raum. Sie war am Karl-Muck-Platz\* errichtet worden, jetzt nur einen Steinwurf entfernt von der Funkleitzentrale der Hamburger Polizei. Der kleine Saal bot rund 640 Zuhörern Platz, der große Saal mit seiner mächtigen Beckerath-Orgel verfügte über fast 2000 Sitzplätze. Hamburg hatte die Musikhalle dem Reeder Carl Heinrich Laeisz und seiner Gattin zu verdanken, die den Bau dieses Konzerthauses testamentarisch verfügt hatten.*

*An diesem Abend war der große Saal bis auf den letzten Platz besetzt. Auf dem Programm stand ein Radiokonzert mit dem Sinfonieorchester des Norddeutschen Rundfunks. Es war natürlich nur ein Zufall, dass an diesem stürmischen Freitag ausgerechnet »Die Schöpfung« von Joseph Haydn aufgeführt wurde.*

*»Und Gott machte das Firmament«, heißt es da im zweiten Rezitativ. Der Inhalt des Textes wird dann musikalisch interpretiert: Durch die Musikhalle fegten nun entfesselte Gewitterstürme; es blitzten die Streicher, es donnerten die Blechbläser und Schlagzeuger, und die Klänge prasselten wie gewaltige Regen- und Hagelschauer auf die Zuhörer herab, die sich kaum vorstellen konnten, dass sich Schöpfungsgeschichte und Weltuntergangsstimmung in Wahrheit kaum voneinander unterschieden – jedenfalls nicht draußen vor den barocken Türen der Musikhalle oder am Haupteingang des Hotels Atlantic, wo der tobende Orkan nicht wenige der kunstvollen Bienenkorbfrisuren der Anwaltsgattinnen zerstörte,*

---

\* Heute: Johannes-Brahms-Platz. Auch das Hamburger Polizeipräsidium befindet sich – nachdem man über 40 Jahre im Polizeihochhaus am Berliner Tor residiert hatte – inzwischen woanders, nämlich im Hamburger Stadtteil Alsterdorf.

die mit ihren Ehemännern in einer langen Taxischlange vorfuh-
ren, um sich auf dem traditionsreichen Juristenball zu vergnügen.

### Berlin, 16. Februar 1962, 20.15 Uhr

»Wir fahren sofort zurück nach Hamburg!«, sagte Helmut
Schmidt zu seinem Chauffeur und stieg in den schwarzen
Dienst-Mercedes 220 S ein. Nachdem er in der Hotellobby die
Tagesschau und den Wetterbericht gesehen hatte, war ihm klar
geworden, dass er einfach keine Sekunde länger in Berlin ver-
weilen durfte. Sein Gefühl sprach dagegen, und dem traute er
mindestens ebenso wie seinem analytischen Verstand. Hamburg
brauchte ihn. Wahrscheinlich würde er sowieso zu spät kommen, wahrscheinlich würde die Katastrophe da schon eingetreten sein – aber herbeireden wollte er ein Unglück natürlich
auch nicht. Rasch hatte er noch versucht, im Hamburger Rathaus jemanden zu erreichen, aber niemand war ans Telefon
gegangen. Hoffentlich dauert es an der Grenze diesmal nicht
so lange, dachte er, während der Wagen über die Heerstraße
am Olympiastadion von 1936 vorbeifuhr. Überhaupt war die
Strecke über die Bundesstraße 5 durch die DDR für ihn ein
Horror. Warum passieren solche Dinge eigentlich immer am
Wochenende oder an Feiertagen, dachte er, wenn sie denn passieren? »Versuchen Sie doch bitte mal, irgendwie den NDR ins
Radio zu kriegen!«, sagte er nach vorn zu seinem Fahrer und
zündete sich eine weitere Zigarette an. Wenn er die geraucht
hatte, würde er vielleicht versuchen, ein wenig zu schlafen.

*Hamburg-St. Pauli, 16. Februar 1962, 20.15 Uhr*

Regina Grünwald und Dr. Georg Koopmann – die »Nachrichtenaufnahme« des Norddeutschen Rundfunks im Landesfunkhaus an der Rothenbaumchaussee und der leitende Sturmflutwarner aus der Abteilung V des DHI – waren sich zwar noch nie persönlich begegnet, aber sie hatten schon häufiger miteinander telefoniert und erkannten sich daher sofort an den Stimmen. Aber so aufgeregt hatte Regina Grünwald den Ozeanografen noch nie reden hören. Sie hätte nicht gedacht, dass ein Wissenschaftler so leidenschaftlich sein konnte.

»Frau Grünwald, guten Abend«, sagte Koopmann, »hören Sie: Sie müssen sofort das laufende Programm unterbrechen … und zwar das Radio- *und* auch das Fernsehprogramm … Wir rechnen für heute Nacht mit einer äußerst schweren Sturmflut!«

»Das kommt aber ziemlich überraschend. Der NDR hat doch schon den ganzen Tag …«

»Bitte, Frau Grünwald, wir haben nur wenig Zeit: Ich gebe Ihnen jetzt den Text durch … Hören Sie?« Koopmann schnippte ungeduldig mit den Fingern.

»Schießen Sie los, Herr Dr. Koopmann!«

»Hier ist der Text: Für die gesamte deutsche Nordseeküste, Emden, Bremen und Hamburg besteht die Gefahr einer sehr schweren Sturmflut. Das Nachthochwasser wird etwa drei Meter höher als das Mittlere Hochwasser eintreten. Das folgende Mittagshochwasser wird nicht mehr so hoch eintreten … Haben Sie das notiert, Frau Grünwald?«

»Ja … nicht mehr so hoch eintreten.«

»Aber darauf kommt es nicht so an! Sie werden jetzt sofort die Sendungen unterbrechen, ja?!« Ihm rutschte schon fast der Telefonhörer aus der Hand.

»Ich werde es natürlich versuchen …«

»Nein, nicht versuchen, Frau Grünwald: Sie müssen es tun!« Koopmann schrie beinahe ins Telefon hinein.

»Beruhigen Sie sich, Dr. Koopmann! Glauben Sie mir, ich werde den Text sofort weitergeben – mit höchster Dringlichkeit. Aber ich kann natürlich nicht entscheiden …«

»Wer kann denn was entscheiden?!«

»Der Redakteur vom Dienst!«

»Dann stellen Sie mich zu ihm durch … sofort … bitte!«

»Einen Augenblick«, entgegnete Regina Grünwald kühl. Dann knackte es in der Leitung, und sie war weg.

Koopmann wandte sich zu seinen Kollegen um, die dem Telefonat gefolgt waren. Er machte ein hilfloses Gesicht.

»Ruhiger!«, sagte Walter Horn versöhnlich. »Soll ich vielleicht …?« Das Gesicht des Abteilungsleiters war ernst. Plötzlich – nach einer halben Ewigkeit – nahm im NDR wieder jemand ab.

»Hallo?«, rief Dr. Koopmann ins Telefon. »Wer spricht da?«

»Der Redakteur vom Dienst. Wir sind auf Sendung. Ich habe wenig Zeit …«

»Das trifft sich gut: Ich nämlich auch nicht! – Hier ist Koopmann, Deutsches Hydrographisches Institut. Hören Sie, bitte: Ich habe Ihrer Kollegin Frau Grünwald gerade den Text …«

»Das ist mir bekannt!«

»Sie müssen das Programm sofort unterbrechen und die Sturmflutwarnung senden.«

»Was ich muss, das haben Sie schon mir zu überlassen«, kam es frech zurück. »Ich kann hier doch nicht einfach das Programm nach Belieben unterbrechen … Vor allem dann nicht, wenn es aus einem anderen Funkhaus kommt!«

Der Ozeanograf beschloss, sich nicht weiter auf dieses Spiel einzulassen, und senkte die Stimme. »Gut, ich verstehe Sie ja. Aber bitte hören Sie mir noch einmal zu: Wir erwarten heute Nacht ... das ist in nicht mal mehr vier Stunden ... eine äußerst – ich wiederhole – *äußerst* schwere Sturmflut. Der Text liegt Frau Grünberg bereits vor. Es geht jetzt um Leben und Tod, verstehen Sie das?«

»Aber das kann ich nicht allein entscheiden ...«

»Und Sie *müssen* diese Sturmflutwarnung auch im Fernsehen bringen! Unterbrechen Sie auf jeden Fall das Fernsehprogramm mit der Durchsage ...«

»Das habe ich schon gar nicht zu entscheiden. Das kann nur der Intendant«, lachte der Redakteur vom Dienst. »Mit mir können Sie nur übers Radio debattieren ...«

»Dann geben Sie mir verdammt noch mal den Intendanten!«

Erst endlose acht Minuten später erhielt Koopmann die Zusage des Norddeutschen Rundfunks, dass die Sturmwarnung noch vor 20.45 ins laufende Radioprogramm eingeblendet werden würde. Und er bekam auch die Privatnummer des Intendanten Gerhard Schröder.

»Geben Sie mir mal die Nummer, Dr. Koopmann«, sagte Walter Horn, »ich glaube, das Gespräch mit Herrn Schröder übernehme lieber ich.« Er klopfte ihm auf die Schulter und zog sich in sein Büro zurück, um in Ruhe zu telefonieren. Dr. Georg Koopmann war das nur recht. Bevor der Abteilungsleiter das Dienstzimmer verließ, sagte Horn: »Wir sollten vielleicht auch die Herren von der Baubehörde wieder hierher zurückbeordern!«

»Irgendwie sind die doch flüssiger als Wasser«, sagte jemand halblaut, und niemand widersprach. Walter Horn räusperte sich. Wobei er nicht genau wusste, wer damit gemeint war: die hochnäsigen Rundfunkleute oder tatsächlich seine obersten Dienstherren von der Baubehörde …

»Vielleicht sollten wir mal das Radio anschalten«, sagte Elke Fuhlmann.

»Weiß denn jemand, *wo* die Herren essen gegangen sind?«, fragte Koopmann in die Runde.

Niemand wusste es. Aus dem Nebenzimmer hörte man, wie Walter Horn mit dem Intendanten des Norddeutschen Rundfunks telefonierte. In diesem Moment schallte »Die Schöpfung« von Joseph Haydn durch den Raum: »*Rollend in schäumenden Wellen bewegt sich ungestüm das Meer …*«

»Das passt ja wirklich prima!«, meinte Elke Fuhlmann, als auf einmal der Ton ausgeblendet wurde und stattdessen eine sonore Stimme ankündigte, dass die Übertragung des Sinfoniekonzerts aus der Hamburger Musikhalle wegen einer akuten Sturmflutwarnung unterbrochen werde. Koopmann sah auf seine Armbanduhr. Es war genau 20.33 Uhr. Alle Anwesenden schwiegen jetzt. »Für die gesamte deutsche Nordseeküste besteht die Gefahr einer sehr schweren Sturmflut. Das Nachthochwasser wird etwa drei Meter höher als das Mittlere Hochwasser eintreten. Das folgende Mittagshochwasser wird nicht mehr so hoch eintreten«, las der Sprecher artig vor. Artig, dachte Koopmann, das ist genau das richtige Wort. Als ob drei Meter über dem Mittleren Hochwasser eine Kleinigkeit wären, die man mal eben mit Feudel und Eimer aufwischen konnte. Dabei war dieser Wert dramatisch hoch. Drei Meter waren zum letzten Mal im Jahre 1945 prognostiziert worden. Und dieser wunderbare Sprecher hatte die Warnung zwar schön verständlich, aber vollkommen emotionslos vorgelesen. Und im nächsten Augenblick war auch schon wieder die Musik übertragen worden. Kein Wort über die großen Städte an der Küste war gefallen, kein Wort über Hamburg. Sondern nur: Nordseeküste.

Nicht nur Dr. Georg Koopmann bezweifelte in diesem Augenblick, dass diese Sturmflutwarnung von vielen Menschen ernst genommen werden würde. Doch Radio und Fernsehen waren nun mal die einzige Möglichkeit, um die Bevölkerung flächendeckend zu erreichen – sowie die Wachen der Deich- und Schleusenverbände, die für gewöhnlich niemals ohne ein kleines Transistorradio ihre Posten bezogen.

Walter Horn betrat wieder das Dienstzimmer und blies etwas übertrieben den Atem aus. »Das Fernsehprogramm wird unterbrochen«, sagte er und verdrehte dabei die Augen. »Allerdings erst um 22.15 Uhr, nach der Tagesschau … Mehr konnte ich leider nicht erreichen.«

»Das ist ja immerhin etwas«, sagte Elke Fuhlmann und strahlte ihn ein wenig zu auffällig an. Die übrigen Anwesenden verzogen keine Miene.

»'tschuldigung, Herr Horn«, sagte Koopmann, »wissen Sie wirklich nicht, wo Teetsch und die anderen zum Essen hingegangen sein könnten?«

Der Abteilungsleiter schüttelte den Kopf. »Das hatten Sie mich vorhin doch schon mal gefragt!« Beide Männer sahen sich an, Horn breitete die Hände aus.

»Moment mal«, meinte Elke Fuhlmann, »mir fällt gerade etwas ein: Wohnt der Teetsch nicht mit seiner Mutter zusammen … weil die schwer krank ist, oder so? Vielleicht weiß die ja, wo er gerade speist!«

## Cuxhaven, 16. Februar 1962, 20.20 Uhr

»Stellen Sie mir bitte noch einmal rasch eine Verbindung nach Stade her, zum Regierungspräsidenten!«, rief Günter Michel seinem Telefonisten zu. Eben waren die neuesten Daten vom Pegel in Cuxhaven sowie von der Wetterwarte eingetroffen. Der Wasserstand am Pegel betrug jetzt schon 2,40 Meter über dem Mittleren Hochwasser. Mit jedem neuen Wert verflog die Unsicherheit über sein eigenmächtiges Handeln ein Stückchen mehr.

»Ich kriege keine Verbindung«, sagte der Polizeimeister Sekunden später. Aus dem Hörer kam wieder der lange Besetztton; ein untrügliches Zeichen dafür, dass das Netz überlastet war und dass einige Leitungen bereits ausgefallen waren. Ein sehr schlechtes Zeichen.

In diesem Augenblick stürmte Oberstadtdirektor Dr. Heinz Wachtendorf ins Polizeirevier. Der Amtmann straffte die Schultern und reichte ihm über den Tresen zur Begrüßung die Hand, die Wachtendorf sofort nahm und kurz und kräftig schüttelte.

»Verzeihen Sie mein spätes Eintreffen, Herr Michel«, sagte der Oberstadtdirektor zur Begrüßung, »die Sitzung der Rotarier hat etwas länger gedauert. Ich habe gar nichts mitgekriegt ... Meine, äh, Frau hat mich eben darüber informiert, dass Sie versucht hatten, mich zu erreichen ... Ja, wir sollten dringend den Krisenstab zusammenrufen, Herr Michel!« Wachtendorf war ein wenig außer Atem, und seine Worte klangen nach Rechtfertigung. »Ich wollte eigentlich nach Stade, zum Betriebsfest der Bezirksregierung, bin dann aber gleich zu Ihnen«, fuhr er fort. »Vorher bin ich allerdings noch schnell am Hafen vorbeigefahren, um mir selbst einen Überblick über die Lage zu verschaffen … Die Hafenmeisterei versucht gerade verzweifelt, die Hochwasserschutztore am Slippen* von Hand zu schließen, aber die scheinen vor vier Tagen schon ordentlich was abgekriegt zu haben … Na ja, und mit der Wartung steht's wohl auch nicht zum Besten. Wir benötigen jedenfalls schnellstens schweres Gerät da unten …«

Günter Michel nickte und sagte leise. »Tut mir Leid, dass ich hier so eigenmächtig das Heft des Handelns …«

Aber Wachtendorf unterbrach ihn sofort: »Papperlapapp, Herr Michel: Was meinen Sie, wie froh ich bin, dass ich mich auf Sie verlassen kann – wie immer! Ich weiß, Sie haben das hier alles gut im Griff … Nein, nein, widersprechen Sie nicht: Sie sind jetzt genau der richtige Mann am richtigen Ort!«

Dem umtriebigen Oberstadtdirektor, einem Volljuristen und ehemaligen Marinerichter, Jahrgang 1908, der landauf, landab in zahlreichen Verbänden und Vorständen mitmischte, eilte der Ruf voraus, dass er knifflige Situationen nur höchst ungern vom Schreibtisch aus verwaltete. Lieber begab er sich an die jeweiligen Brennpunkte; ganz gleich, ob es sich dabei um Missionen an gefährdete Deiche, in Überschwemmungsgebiete oder aufs Parkett der besseren Gesellschaft handelte. Wachtendorf war ein Mann der Tat und ein Meister der Diplomatie am Kalten Büfett. Und er hatte etwas von einem Dampfplauderer. Auch ließ er es sich kaum jemals nehmen, bei Großereignissen möglichst in der ersten Reihe zu erscheinen, um vor Ort dann die notwendigen – allerdings zumeist auch richtigen – Ent-

---

* »Am Slippen« nennen die Cuxhavener den Uferabschnitt zwischen dem Alten Hafen und dem Ritzebütteler Schleusenpriel, der extrem hochwassergefährdet ist und daher mit Schleusen bzw. Fluttoren geschützt wird. Gegenüber auf der anderen Straßenseite wohnte das Ehepaar Michel.

scheidungen zum Wohle Cuxhavens zu fällen, geschickt zu delegieren oder, was er ganz besonders gut beherrschte, Optimismus zu verbreiten sowie Trost zu spenden. Darüber hinaus hatte er es immer verstanden, auch die ortsansässige Presse mit einzubinden. Auf diese Weise hatte er nicht nur viel für die eigene Popularität getan, sondern auch etliches für »seine« Stadt erreicht.

Günter Michel wusste wie kein Zweiter, dass sein direkter Vorgesetzter in diesem Augenblick mehr als nur erleichtert war, die Koordinierung der Cuxhavener Einsatzkräfte in den Händen seines Stellvertreters zu belassen. »Wo Sie gerade Stade erwähnten, Dr. Wachtendorf«, sagte er, »wir konnten die Bezirksregierung bisher nicht erreichen: Die Telefonleitungen brechen alle paar Augenblicke zusammen … Und meines Erachtens benötigen wir dringend Sandsäcke.«

»Dann werde ich meinen Fahrer mit den entsprechenden Instruktionen hinschicken«, antwortete der Oberstadtdirektor. »Wie viele Säcke werden denn benötigt?«

»Zwanzigtausend. Nein, besser dreißigtausend«, entgegnete Michel.

Wachtendorf stieß hörbar den Atem aus. »So schlimm, Herr Michel?«

»So schlimm, Herr Wachtendorf!« Michel nickte mit ernster Miene. »Ich bin mir da ganz sicher, wie auch Dr. Müller von der Seewarte: Alle Anzeichen deuten auf die schwerste Sturmflut seit Jahrhunderten hin. Und unsere Bestände sind knapp bemessen …« Er hob die Schultern. »Wir werden sicherlich in Kürze Alarmstufe II und dann wohl auch III auslösen müssen …«

»Sie haben den Überblick«, stellte der Oberstadtdirektor fest. »Tun Sie also das, was Sie für nötig halten, Herr Michel. Ich gebe Ihnen hiermit vollkommen freie Hand ... Denn ich werde jetzt schleunigst runter zum Slippen laufen und sehen, wo ich Rammen auftreiben kann. Irgendwie müssen wir doch diese Schleusentore schließen können ... Und dann schicken Sie doch bitte einen Zug der Feuerwehr raus, zur Lagerhalle nach Döse ... Zum Befüllen unserer Bestände!«

»Ist bereits geschehen, Herr Wachtendorf!«, sagte Michel bescheiden.

»Sehr gut. Machen Sie weiter so, Herr Michel. Ich sehe dann später wieder hier vorbei.« Mit diesen Worten verließ Wachtendorf die Polizeiwache. Im Hinausgehen knöpfte er sich den Regenmantel zu.

»Viel Glück!«, rief ihm Michel hinterher. Aber das hatte Wachtendorf schon nicht mehr gehört. Der Interims-Chef des Cuxhavener Krisenstabes räusperte sich, blickte auf die Uhr und wandte sich an den Polizeimeister. »Sie haben es ja mitbekommen: Geben Sie den zuständigen Stellen Alarmstufe II durch. Und dann trommeln Sie mir jetzt bitte den Krisenstab zusammen. Sollte das telefonisch nicht klappen, fahren Sie zu den Privatadressen und holen die Herren persönlich ab ...«

*Kranenburg, 16. Februar 1962, 20.45 Uhr*

»Die Specken« drohte aufzuweichen. Am späten Nachmittag waren die ersten Erdstücke aus dem Damm herausgebrochen. Diese Stelle hatten die Kranenburger daraufhin mit großer Mühe durch ein altes Scheunentor stabilisiert, das wie eine provisorische Spundwand vor der Aushöhlung lag. »Noch een Stünn, denn kümmt dat Water över'n Diek«, sagte Hermann Baarck, der seine hochschwangere Frau Helga daheim allein gelassen hatte, um seinen direkten Nachbarn aus dem unteren Teil des Dorfes bei der Befestigung ihres wichtigsten Schutzwalls zu helfen. Sie werde schon zurechtkommen, hatte Helga Baarck gemeint. »Un of de Diek denn höllt … Dat weet ick nich!«, fuhr der werdende Vater grübelnd fort.

Wer konnte schon mit Sicherheit sagen, ob »die Specken« halten würde – ob sie einer neuerlichen Sturmflut widerstehen könnte? Die Männer merkten nur, dass sie mit ihren Gummistiefeln plötzlich im Wasser standen – oben auf dem Damm! Der Pegel war also schon wieder gestiegen. »Von wegen een Stünn, Hermann!«, lachte Deichgraf Heinrich Schulze, »dat geiht all richtig los!«

Aber das Lachen blieb ihnen ziemlich schnell im Halse stecken. Schulze entschied sofort, dass jetzt nur noch eine kleinere Deichwache, bestehend aus sechs Mann, auf »der Specken« ausharren sollte. Die anderen Männer sollten sich hinunter zu ihren Höfen begeben, um die letzten Vorbereitungen für eine möglichst schnelle Evakuierung zu treffen. Bis auf zwei Autos wurde sämtliches Gerät von dem breiten Schutzwall abgezogen, die beiden Wagen wurden ungefähr 50 Meter von der möglichen Deichbruchstelle weg in Richtung Dorf geparkt.

Jetzt konnte die Flut kommen: Die Maschinen und das Vieh aus dem unteren Teil des Dorfes – über 100 Kühe, die gleiche Anzahl Schweine und acht Pferde – befanden sich mittlerweile in den Ställen und Scheunen oben, auf der sicheren Geest. Das Mobiliar hatte man gemeinsam in die oberen Stockwerke der gefährdeten Häuser geschleppt. Nachbarschaftshilfe wurde groß geschrieben in Kranenburg, die Dorfbewohner waren eine verschworene Gemeinschaft. Doch was auf See galt (»Stürme zerschlagen viele Freundschaften. Aber sie bilden auch neue ...«), besaß auch auf dem Land Gültigkeit. Eins nämlich hätten die Kranenburger nie erwartet: Dass es einen in ihrer Mitte gab, der für einen Bruch »der Specken« sofort Geld auf den Tisch legen würde. Denn der Hof von Friedrich Lütt war trotz der Wurt, auf der er errichtet worden war, inzwischen kurz vor dem Absaufen ...

## Cuxhaven, 16. Februar 1962, 21.05 Uhr

Das Polizeirevier war innerhalb kürzester Zeit vom bläulichen Rauch nervös gequalmter Zigaretten und Zigarren eingenebelt. Es hatte knapp 20 Minuten gedauert, bis sich der Cuxhavener Krisenstab, der sich aus Vertretern der Stadtverwaltung zusammensetzte, komplett im Polizeirevier versammelt hatte. An der Spitze stand der Oberbürgermeister der Stadt, Karl Olfers. Tatsächlich aber hatte zu diesem Zeitpunkt Amtmann Günter Michel das Sagen. Er hatte die Stadtoberen über den letzten Stand der Dinge informiert; unbestritten war er der Mann der Stunde, derjenige mit dem größten Überblick, der genau wusste, wo sich die Brennpunkte befanden und wo in den nächsten Stunden wahrscheinlich noch welche entstehen würden. Die gesamte Koordinierung des Cuxhavener Katastrophenschutzplans lief ausschließlich über Michels Diensttelefon.

Er hatte bereits eigenmächtig die Alarmstufe II ausgelöst, was eine »erhöhte Alarmbereitschaft« für alle – auch für die Bundeswehr – bedeutete. Er hatte dafür gesorgt, dass sich inzwischen alle Polizeibeamten – insgesamt 53 Mann – im Einsatz befanden. Was ihn sehr zufrieden stimmte, war, dass die Truppe hervorragend zusammenarbeitete. Und je mehr sich die Situation zuspitzte (je näher der Scheitelpunkt der auflaufenden Flut rückte), desto reibungsloser funktionierten auch der Informationsfluss und die Befehlsketten zwischen den verschiedenen Hilfsorganisationen. Nur die Einwohner Cuxhavens selbst waren noch nicht von offizieller Seite aus gewarnt worden. Denn über die Notwendigkeit eines flächendeckenden Sturmflut-Alarms war man sich innerhalb des Krisenstabes uneins.

Für Günter Michel war dies ganz und gar unverständlich. Alle Fakten sprachen schließlich dafür, dass Cuxhaven im Verlauf der Nacht untergehen könnte: Der Wasserstand am Pegel war allein in den letzten 30 Minuten um mehr als 80 Zentimeter gestiegen, und diese Entwicklung schien sich mit unverminderter Geschwindigkeit nach oben fortzusetzen. Die Windstärke betrug zehn Beaufort, in Böen 12 bis 13, zunehmend. Das DRK, das THW und die Feuerwehr befanden sich längst im Dauereinsatz; die Helfer schippten in den städtischen Depots am Döser Seedeich Sand, füllten ihn in Säcke, warfen diese auf die Pritschenwagen, die von Cuxhavener Bauunternehmen, Handwerksbetrieben und Geschäftsleuten zur Verfügung gestellt worden waren, und schickten das Material – je nach Anweisung durch die Einsatzzentrale – an die neuralgischen Punkte. Ein Polizeibeamter, der als Melder eingesetzt worden war, hatte dem Krisenstab eben noch atemlos berichtet, dass der Döser Seedeich auf einer Länge von mehreren hundert Metern von Maulwürfen, Feldmäusen und Ratten geradezu unterminiert worden sei und wohl nur noch von der Grasnarbe zusammengehalten werde …

In den Gesichtern der Stadtoberen hatte sich daraufhin fassungsloses Erstaunen ausgebreitet. Der Amtmann hatte sich dagegen eine Notiz gemacht: »Zukünftige Deichbeschauen genauer und halbjährlich durchführen!« Am liebsten hätte er jedoch statt »genauer« die beiden Wörter »ohne Akquavit« geschrieben …

Dort, wo die Nordsee jetzt frontal auf ganzer Breite angriff, draußen in Duhnen, dem Cuxhavener Kur- und Baderevier sowie am offenbar porösen Döser Seedeich, stand das Wasser zu diesem Zeitpunkt knapp unter der Deichkrone. Der Pegelstand betrug 3,80 Meter über Normalnull, die ersten Wellen leckten bereits über den Deich. Noch 70 Zentimeter, dann würde er von den Brechern überspült werden. Die Deichwachen konnten sich kaum mehr gegen den Orkan stemmen, der die Luft förmlich erzittern ließ.

Bevor die Mitglieder des Krisenstabs eingetrudelt waren, hatte Michel noch schnell seine Frau angerufen: »Ingrid, pack die Sachen, setz dich mit den Eltern sofort in unser Auto und dann fahrt ihr hoch nach Altenwalde zum Treffpunkt – wie abgesprochen.« Die Telefonleitung hatte geknackt und gerauscht. Es war für ihn nur noch eine Frage der Zeit, wann der Fernsprechverkehr vollständig zusammenbrechen würde – wann die Kabelschächte der Post voll laufen würden.

»Geht es dir gut, Liebling?«, hatte sie zurückgefragt, und ihre Stimme hatte besorgt geklungen.

»Den Umständen entsprechend«, hatte er fröhlich geantwortet, obwohl er es nicht war.

»Du weißt, dass du dich nicht aufregen sollst. Dein Herz verträgt das nicht … Bitte, Günter, pass gut auf dich auf und übertreib es nicht!«

»Ich reg mich ja gar nicht auf, ich bin ganz ruhig – und wenn du jetzt tust, um was ich dich gebeten habe, dann macht mein Herz höchstens einen Sprung – aber vor Freude und Erleichterung!« So ganz stimmte das jedoch nicht. Sein letztes EKG war nicht besonders gut ausgefallen, und der Blutdruck war entschieden zu hoch. In den vergangenen Monaten war es in gewissen Stresssituationen immer mal wieder vorgekommen, dass er Beklemmungen verspürt hatte und sein Brustkorb regelrecht zugeschnürt gewesen war. »Die Stadt muss unter allen Umständen gehalten werden«, murmelte Günter Michel vor sich hin, »bis zum letzten Sandsack!«

Er schmunzelte in sich hinein. Wie oft hatte er sich diesen Satz durchs Feldtelefon anhören müssen, damals, an der russischen Front. Nur dass es da »Stellung« geheißen hatte und »Mann« statt Sandsack. Aber irgendwie führen wir jetzt ja auch so eine Art Krieg, dachte er, bloß dass der Gegner noch übermächtiger ist als der Russe ...

»Wie meinen?«, fragte der Oberbürgermeister verwundert.

»Ach, Entschuldigung, ich hatte gerade ein Déjà-vu«, druckste der Amtmann verlegen herum, »nichts von Bedeutung ...« Doch stand Cuxhaven nicht kurz vor dem Untergang? Er fühlte sich bemüßigt zu handeln. Warum immer nur aufs Unvermeidliche warten? Der Polizeimeister reichte ihm einen Zettel mit den aktuellen Pegeldaten. Michel las ihn und atmete tief durch. »Wir sollten sofort Alarmstufe III auslösen! Und wir müssen jetzt die Einwohner warnen«, sagte er entschlossen. »Ich möchte Alarmstufe I für Cuxhaven auslösen ...«

»Jetzt schon? Wie wollen Sie das denn anstellen?«

»Am besten mit Lautsprechern – mit den Polizeiautos!«, entgegnete der Amtmann und fuhr dann nach einer kurzen Pause fort: »Aber verzeihen Sie bitte: wieso *schon*?«

Der Cuxhavener Oberbürgermeister Karl Olfers wiegte den Kopf bedächtig hin und her. Alarmstufe III hieß gleichzeitig den »Einsatzbefehl« für die Soldaten der Bundeswehr zu geben. Korvetten-Kapitän Hebestreit, der amtierende Standortkommandant, würde dann binnen weniger Minuten die insgesamt

700 Soldaten, die sich in der Hinrich-Kopf-Kaserne in Altenwalde gesammelt hatten, ausrücken lassen und hinunter an die gefährdeten Küstenabschnitte schicken, damit sie das Technische Hilfswerk, die Feuerwehr und die freiwilligen Helfer bei der Deichverteidigung unterstützten. Mit einer offiziellen Sturmflutwarnung für die Bevölkerung jedoch tat man sich – wie überall – auch in Cuxhaven schwer. Das Argument war stets das Gleiche: »Denken Sie bitte an Holland, vor neun Jahren«, sagte Olfers, »außerdem sollten wir eine Panik unbedingt vermeiden.«

Michel ließ nicht locker. »Niemand will eine Panik. Aber ich denke, wir müssen jetzt zusätzlich auch Alarmstufe I für *unsere* Stadt geben!«, sagte er in scharfem Ton, der fast schon anmaßend klang. »Die Anwohner der besonders gefährdeten Stadtteile sollten wenigstens die Möglichkeit erhalten, das Notwendigste zusammenzupacken … Wenn sie es nicht vorsorglich schon längst getan haben. Meine Frau ist übrigens auf dem Weg hoch nach Altenwalde …« Wahrscheinlich ist sie das, dachte er.

»So schlimm wird's schon nicht werden«, murmelte eine Stimme im Hintergrund. Auch die anderen Mitglieder der Einsatzleitung schienen dieser Ansicht zu sein, sie nickten unisono.

»Das sehe ich anders.«

»Holland, Herr Michel, Holland!«, mahnte der Oberbürgermeister erneut und entfachte seine Zigarre, die erkaltet zwischen seinen Lippen hing.

»Es tut mir ja wirklich Leid«, entgegnete der Amtmann ruhig und griff nach dem Zettel, den ihm soeben der Polizeimeister auf den Tisch gelegt hatte. »Der Pegel teilte mit, das Wasser sei auf 2,40 Meter über MTHW gestiegen … Das sind fast vier Meter über Normalnull.«

Die Köpfe des Krisenstabes reckten sich vor. »Das ist allerdings schon allerhand«, sagte erneut die Stimme aus dem Hintergrund. Michel vermutete, dass es der Stadtkämmerer von Eitzen war, der erneut gesprochen hatte, ohne sich zu erkennen zu geben.

Karl Olfers atmete schwer. »2,40 Meter sagen Sie? – Na gut«, stieß er dann hervor, »aber erst möchte *ich* noch einmal den neuesten Pegelstand erfahren, bevor *wir* anfangen, die Bevölkerung verrückt zu machen!«

Sofort griff Günter Michel zum Telefon. Er hatte dabei das gute Gefühl, richtig zu handeln, indem er den Bedenkenträgern die Stirn bot.

»Gibt's inzwischen eigentlich was Neues von unserem Doktor?«, fragte der Stadtkämmerer und trat jetzt zwei Schritte vor.

»Ja, wir sollten vielleicht doch lieber noch auf Dr. Wachtendorf warten und ihn noch einmal zu Rate ziehen. Ich meine, als Vorsitzender des Deich- und Schleusenverbandes ist er schließlich Fachmann …«, warf der Oberbürgermeister ein.

»Wozu?« Günter Michel, den Hörer am Ohr, konnte diese Hin- und Herschieberei von Verantwortung einfach nicht begreifen. Am Pegel hob niemand ab. Er ließ es jedoch weiterklingeln. »Ich möchte noch einmal zusammenfassen: Dr. Wachtendorf bat mich vorhin ausdrücklich, die Einsatzleitung zu übernehmen«, sagte er, fast schon mühsam beherrscht, weil es ihm widerstrebte, diesen erwachsenen Männern immer wieder das Gleiche erklären zu müssen. »Wir haben unten am Slippen erhebliche Probleme mit den Schleusen- und Fluttoren. Die Dinger sind eingerostet oder verzogen oder vielleicht auch nur mangelhaft gewartet worden … Was weiß ich! Dr. Wachtendorf befindet sich jedenfalls vor Ort, um diese entscheidende Lücke zu schließen. Sein Fahrer ist – nebenbei bemerkt – inzwischen auf dem Weg nach Stade, wo er im Auftrage Dr. Wachtendorfs versuchen wird, bei der Bezirksregierung zwanzig- bis dreißigtausend Sandsäcke aufzutreiben. Die Stadtinspektoren Grundtner und Storbeck halten sich derweil mit einem Lastwagen zum Transport bereit. Die Polizei hat einen Wagen abgestellt, um sie gegebenenfalls zu eskortieren. Überhaupt haben alle Männer ihre entsprechenden Anweisungen erhalten … Jeder weiß, was zu tun ist – aber wenn Sie darauf bestehen, Herr Olfers, dann bitte ich Sie jetzt formell um meine Ablösung als Einsatzleiter.« Am Pegel ging noch immer niemand ran. Michel senkte den Blick. »Vorher würde ich allerdings noch den Norddeutschen Rundfunk in Hamburg kontaktieren. Meines Erachtens sollte die Bekanntgabe der Alarmstufe I für die Bewohner Cuxhavens und die umliegenden Kreise auch übers Radio erfolgen …«

»Nun lassen Sie doch diesen Quatsch, Herr Michel«, knurrte Karl Olfers und beugte sich über die Generalkarte, die aufgeschlagen auf dem Tresen lag. Ein paar Sekunden lang schwebten Engel durch den Raum. Dann sah Olfers dem Amtmann geradewegs in die Augen. »Ich verstehe Sie ja. Wir alle verstehen Sie. Aber wir müssen ruhig und überlegt handeln. Warten wir also noch einmal ab, was der Pegel sagt, und dann tun Sie, was Sie für richtig halten, Herr Michel! Sie haben ja den Überblick, nicht wahr?« Der Oberbürgermeister zog heftig an seiner Sumatra. *Tun Sie, was Sie für richtig halten!* Das war eindeutig ein zweischneidiges Schwert. Es hieß: Wasch mir den Pelz, aber mach mich nicht nass. Wenn es schief geht, dann pinkeln sie dir in die Schuhe – und machen dich zum Affen!

»Gut«, entgegnete der Amtmann, »so machen wir es.«

»Und alle sind zufrieden«, lächelte Olfers.

In diesem Moment ging in der Pegelstation endlich jemand ans Telefon. Michel verstand allerdings kaum, was der Mann am anderen Ende der Leitung sagte, denn im Hintergrund herrschte ein infernalischer Lärm – das Heulen des Orkans. »Hier ist noch mal der Krisenstab«, rief er laut in die Sprechmuschel hinein, »Michel am Apparat. Hören Sie, ich brauche dringend den neuesten Stand … dringend, bitte!«

»Das können Sie vergessen«, schrie die unbekannte Stimme. »Wir müssen jetzt erst mal mit der Latte raus … Der Pegel ist seit 21.05 Uhr ausgefallen!«

»Ach du großer Gott!«

»Der hilft uns auch nicht weiter! Gehen Sie aber ruhig von drei Metern über MTHW aus«, schrie die Stimme, »nein, eher 3,50!« Dann war die Leitung plötzlich tot – und in dieser Nacht würde sie auch nicht wieder funktionieren.

»Was ist los?«, fragte der Stadtkämmerer besorgt. »Sie sind ja auf einmal so blass?«

»Der Pegel ist ausgefallen«, antwortete Michel, »beim Stand von ungefähr 3,50 Meter überm MTHW ist der Pegel ausgefallen … Sie wollen jetzt per Hand messen!«

»Da hol mich doch …«, fluchte Karl Olfers und ballte die rechte Hand zur Faust.

»Alarmstufe III?«, fragte Michel.

»Wieso haben Sie eigentlich so ein Interesse daran, die Bevölkerung in Aufruhr zu versetzen?«, blaffte der Oberbürgermeister zurück, plötzlich ganz Chef. »Sind es denn nun drei Meter oder dreieinhalb?«

»Dreieinhalb Meter sind eine Schätzung. Und der Alarm für die Bevölkerung?« Michel blieb beharrlich, obwohl er innerlich kochte. Er merkte, wie sich sein Brustkorb zusammenzog. »Wir müssen eine Entscheidung treffen, meine Herren!«

»Wir warten noch ab!«

Der Amtmann hob die Schultern. »Herr Oberbürgermeister: Sie sind der Chef«, sagte er zerknirscht.

Wenige Minuten später sollten sich die Ereignisse überschlagen.

*Elmshorn, 16. Februar 1962, 21.05 Uhr*

Jean-Luc Godards Filmkomödie erzählt eine freche Geschichte: Angela ist eine erstklassige Striptease-Tänzerin in einem zweitklassigen Pariser Lokal. Sie lebt mit dem Buchhändler Emile zusammen. Als sie ein Kind von ihm will, wird ihr Glück getrübt, denn Emile graust es davor, Vater zu werden. Da möchte sie es mit dem erstbesten Kerl versuchen – aber der taugt nichts. Daraufhin wendet sie sich an den gemeinsamen Freund Alfred, der sich erst ziert, sich dann aber Hals über Kopf in Angela verliebt …

Kurt Krim langweilte sich entsetzlich. Obwohl die Kritiker den Streifen laut seiner Frau ziemlich gelobt hatten – seit »Außer Atem« war der junge Schweizer Regisseur Godard ein Star am europäischen Filmhimmel –, war das Elmshorner »Apollo-Kino« keineswegs ausverkauft. Höchstens fünfzig Zuschauer saßen verteilt im großen Saal. Kurt Krim wusste, warum: Am miesen Wetter konnte das nicht liegen …

Um 21.35 Uhr wurde er von seinen Qualen erlöst: Plötzlich erlosch der Filmprojektor. Die Leinwand wurde dunkel. Seine Frau räusperte sich ungehalten, denn es war die entscheidende Szene, der Wendepunkt der Komödie (an dem Emile nicht mehr länger dabei zugucken kann, dass seine geliebte Angela ihre Suche nach einem potenziellen Vater für ihr Wunschkind partout nicht aufgeben will). »Was soll denn das jetzt?«, fragte Magda Krim. Im Kinosaal kam empörtes Gemurmel auf.

Kurt Krim sagte halblaut: »Hör mal, Magda, irgendwie kommt es mir so vor, als ob der Boden feucht ist. Von den Tränen der Rührung kann das aber nicht kommen …« Sie saßen ziemlich weit vorn, dort, wo der Fußboden nicht mehr abschüssig war.

In diesem Moment hörte er einen gedämpften Knall. Er kam von draußen. Eine Stimme im Saal sagte laut und vernehmlich in reinstem Plattdeutsch: »So 'n Schiet – nu kummd ok noch dat Water!« Das Hamburger Ehepaar schaute sich irritiert um, denn sofort sprangen einige Zuschauer in den vorderen Reihen auf und eilten aus dem Saal. Und dann merkte es auch Magda Krim: Der Teppich unter ihren Füßen war inzwischen nicht mehr nur feucht, sondern tropfnass. Mit ihren hochhackigen Schuhen stand sie mitten in einer Wasserlache. Endlich ging das Licht an. Jetzt konnte man das Malheur deutlich sehen: Aus dem Boden vor der Bühne quoll braunes Wasser. Auf einmal stank es penetrant nach Gülle* …

Die Türen zum Kinosaal wurden aufgerissen. »Ich möchte Sie alle bitten, das Kino sofort zu verlassen«, rief der aufgeregte Platzanweiser, »die Vorstellung wird abgebrochen … Eben wurde die Flutkanone abgefeuert!« Das war also der gedämpfte Knall gewesen, den die Kinobesucher vernommen hatten: Seit jeher wurden die Einwohner Elmshorns mit Böllerschüssen aus der Sturmflutkanone am Hafen vor Hochwasser gewarnt. Spätestens jetzt wurde es für alle Bewohner der tiefer ge-

---

* Später stellte man fest, dass die Sickergruben des Häuserblocks übergelaufen waren.

legenen Stadtteile entlang der Krückau höchste Zeit, ihr Hab und Gut in Sicherheit zu bringen. Und nicht zuletzt auch das eigene Leben …

Der Sturm hatte überhaupt nicht daran gedacht abzuflauen, im Gegenteil: Als das Hamburger Ehepaar mit den anderen Kinobesuchern hinaus auf die Königstraße eilte, war die liebliche Krückau zu einem reißenden Fluss angeschwollen, der bereits über das Ufer getreten war. Man konnte praktisch zusehen, wie der Wasserstand von Minute zu Minute stieg. So etwas hatten die Krims noch nicht erlebt.

Auf der Straße herrschte ein ziemliches Durcheinander. Aufgeregte Menschen liefen scheinbar ziel- und planlos umher, Motorroller und Fahrräder wurden von der bereits überfluteten Königstraße geholt und fluchend und schwitzend in die höheren Etagen der Häuser geschleppt. Andere brachten von irgendwoher Schalbretter und Sandsäcke herbei, um noch rasch die Eingänge ihrer Häuser sichern, während das Wasser bereits über die ersten Stufen in die Hausflure hineinschwappte.

»Zum Auto!«, rief Kurt Krim und stopfte seinen Hut achtlos in die Manteltasche, »und zwar schleunigst! Nasse Füße kriegen wir so oder so.« Dann wateten sie, so schnell sie konnten, Hand in Hand den kurzen Weg zurück in die Holstenstraße, wo der nagelneue Wagen parkte. Das Wasser steigt ja wahnsinnig schnell, dachte Kurt Krim. Es stand ihm bereits bis zur halben Wade. Das Ehepaar versuchte, schneller voranzukommen. Im Vorbeiwaten blickten sie in hell erleuchtete Wohnstuben und Geschäfte, wo man hektisch versuchte, Möbel und Waren vor dem Hochwasser in Sicherheit zu bringen.

Als sie ihren Wagen erreichten, stand der »Fiat« über die Türschweller hinweg im Wasser. Kurt Krim sah mit einem Blick, dass sie dieses Auto nicht mehr flottkriegen würden, selbst wenn er noch anspringen sollte: Das Hochwasser hatte mehrere mächtige Holzbohlen und Stützbalken der Straßenbaustelle mitgeschwemmt, die sich unter dem »Fiat« ineinander verkeilt hatten. »Was machen wir jetzt?«, rief Magda Krim und schaute sich um.

In knapp 200 Metern Entfernung, am anderen Ufer der Krückau, sahen sie einen Einsatzzug der Feuerwehr, der im Licht starker Scheinwerfer damit beschäftigt war, zwei umgeknickte Bäume durchzusägen, die sich quer über die Straße gelegt hatten. »Wir laufen dorthin, wo uns das Wasser nicht folgen kann«, entgegnete ihr Mann gelassen. »Also am besten bergauf: Komm, mein Schatz – lass uns in die Kirche gehen …« Er glaubte sich daran zu erinnern, dass sie vorhin, am Alten Markt, an einer Kirche vorbeigefahren waren. Seinen Humor hatte er noch nicht verloren. Er nahm seine Frau erneut an die Hand, und so flüchteten sie geduckt um die Ecke in die Schulstraße und von dort in Richtung Alter Markt. Doch inzwischen liefen auch hier die Straßen voll, und die Lichter der Straßenlaternen begannen zu flackern. Während sie dem Alten Markt* zustrebten, überlegte der Kaufmann, ob die Versicherung wohl für den Schaden am Auto – wahrscheinlich sogar für den Totalverlust – aufkommen würde. Seine Frau dachte indes daran, dass sie sich mit Sicherheit eine dicke Erkältung einfangen würde. Ihre Füße fühlten sich wie Eisklumpen an, und ihre schicken Pumps waren bestimmt völlig ruiniert. Merkwürdigerweise aber verspürte sie keine Angst, obwohl sie nun mutterseelenallein auf der Straße waren.

Über ihren Köpfen öffnete sich in diesem Augenblick ein Fenster. »He, Sie da!«, schrie eine kräftige Männerstimme, der es kaum gelang, den Sturm zu übertönen, »was machen Sie

---

* Kurt Krim hatte sich nicht geirrt: Der Alte Markt von Elmshorn – heute eine Fußgängerzone – wird von der Kirche St. Nikolai überragt.

denn da draußen, bei diesem Schietwetter? Wollen Sie nicht lieber reinkommen?« Das Ehepaar wandte sich um und blickte an der Fassade hoch, wo sie einen kahlköpfigen Mann am Fenster erblickten. Johann Schmitt, der bis zu seiner Pensionierung vor zwei Jahren in den »Kölln«-Getreidewerken gearbeitet hatte, zeigte gestikulierend nach unten. Die Eingangstüre des Mehrparteienhauses war mit einer doppelten Lage Bretter verschalt, dazwischen waren ein paar Sandsäcke gestopft worden. »Ich komm runter und mach Ihnen das Fenster auf!«, schrie er. »Und dann rinn in die gute Stube!«

Die Krims zögerten keine Sekunde. Noch nie hatten sie sich über eine spontane Einladung so sehr gefreut – auch wenn es Magda Krim dann doch ein wenig schwer fiel, in ihrem engen Rock durch ein Fenster zu klettern. Ein paar Minuten später, nachdem sie sich durch ein mit Möbeln und Fahrrädern voll gestelltes Treppenhaus nach oben gekämpft hatten, saßen sie gemeinsam mit den Bewohnern aus dem Erdgeschoss in der guten Stube der Schmitts und rubbelten sich mit zwei geliehenen Handtüchern die Füße trocken. Ihr Retter legte ein Brikett in den Kachelofen nach. Dann ging er ans Fenster und sah mit sorgenvoller Miene hinaus. »Dat givt von Nacht noch een grotet Malheur!«, murmelte er und nickte in die Runde. Keiner mochte widersprechen.

»Was mich am meisten ärgert«, sagte Magda Krim in diesem Moment flüsternd zu ihrem Mann, »ist, dass ich jetzt nicht mal weiß, wie der Film ausgeht*!«

---

* Es ist der eifersüchtige Emile, der im großen Finale für einen »zufälligen« Stromausfall in der Wohnung sorgt und mit seiner Angela im Stockdunkeln schläft, um ihr den sehnlichen Kinderwunsch zu erfüllen. So hat sich letztendlich die Frau gegen den Mann durchgesetzt. Am Ende des Films gibt es ein hübsches Wortspiel: Emile sagt ihr: »Tu es *infame.*« Angela erwidert: »Non, je suis *une femme.*«

*Cuxhaven, 16. Februar 1962, 21.20 Uhr*

Im Polizeirevier liefen die Notrufe über Funk und Telefon im Minutentakt ein: »Im Gasthaus *Zur Fähre* sind zwei Frauen vom Wasser eingeschlossen«, rief der Polizeimeister.

»Schicken Sie die Feuerwehr mit einem Schlauchboot hin!«, sagte Michel und nahm bereits den nächsten Anruf entgegen: »Zwei Kinder in Not, auf einem Wohnboot im Schleusenpriel!« – »Vier Männer in Lebensgefahr am Seepavillon ... Können sich nur noch mit Mühe halten!« – »Aus der Fischhalle neun werden Hilferufe eines Mannes vernommen! Wasser steigt!«

Die Notrufe wurden per Funk an die Retter vor Ort weitergeleitet. In der Karte steckten bunte Fähnchen, die darüber Aufschluss gaben, wo sich welche Einheiten von Polizei, Feuerwehr, DRK und THW befanden. Das Umstecken der Fähnchen übernahm der Stadtkämmerer, der offensichtlich Gefallen daran fand, sich nützlich zu machen.

Die vom Wasser überraschten Menschen konnten in letzter Sekunde von der Feuerwehr in Sicherheit gebracht werden. Die vier Männer vom »Seepavillon« wurden mit Unterkühlungen ins Krankenhaus eingeliefert. Sie hatten über 20 Minuten bis zum Hals im reißenden Flutstrom gehangen und sich mit letzter Kraft an einen Maschendrahtzaun geklammert. Die Hilferufe aus der Fischhalle neun hatten sich dagegen als übler Scherz eines Spaßvogels herausgestellt: Über eine Viertelstunde lang hatte ein kompletter Zug Feuerwehrleute vergeblich nach dem »eingeschlossenen Mann« gesucht. Karl Olfers war außer sich vor Wut über »diesen Clown«, der »unverantwortlichen Schabernack getrieben hatte«. Als er sich wieder beruhigt hatte, konnte der Krisenstab weiter darüber beraten, ob es nun nicht doch allmählich sinnvoll wäre, auch für die Bevölkerung der Stadt eine Sturmflutwarnung zu geben. Schließlich rang man sich dazu durch, die Sirenen in der Stadt heulen zu lassen. Der Oberbürgermeister ordnete fünf Minuten Dauerton an – doch das kam eigentlich viel zu spät, dachte der Amtmann, aber er verkniff sich lieber diese Bemerkung.

In Duhnen hatten die Brecher die vorgelagerten Dünen inzwischen auf breiter Front überspült. Die Brandung hatte freie Bahn. Rücksichtslos nagten die Wellen am Stolz der Cuxhavener Kurverwaltung: Es war jetzt nur noch eine Frage von Minuten, bis das Wasser die ersten Gehwegplatten aus der neuen Strandpromenade herausbrechen würde.

Wenige Kilometer weiter nordöstlich, in der Nähe der Kugelbake, begann das anbrandende Hochwasser die Krone des Döser Seedeichs zu überspülen. An der Rückseite des Schutzwalls lief es hinab. Das sah zunächst gar nicht einmal so dramatisch aus, doch mit jeder weiteren Welle lösten sich größere Placken Erdreich aus der *Rückseite* des Walls heraus und rutschten die Böschung hinunter. Die Gefahr eines Deichbruchs* wuchs auch hier von Minute zu Minute.

»Herr Olfers«, sagte Michel eindringlich, »wir dürfen nicht länger zögern … Die Bundeswehr muss an die Deiche – und zwar sofort. Wir brauchen da draußen gleich jeden verfügbaren Mann. Dafür werde ich selbstverständlich die volle Verantwortung übernehmen … meine Herren?«

Vielleicht war es der Ton seiner kurzen Rede, vielleicht lag es aber auch an der Entschlossenheit seines Gesichtsausdrucks, dass der Cuxhavener Krisenstab jetzt endlich grünes Licht für den Großeinsatz gab: Zwei Minuten später rollte vom Kasernenhof der Hinrich-Kopf-Kaserne ein Konvoi aus rund 30 Last-

---

* siehe Glossar

wagen hinunter in die von den Fluten bedrohte Stadt. Die Soldaten hatten nun schon fast 90 Minuten tatenlos auf den ungeheizten Lastwagen gesessen …

Michel gab seinem Telefonisten, dem Polizeimeister, die Anweisung, augenblicklich auch die Pritschenwagen mit den Sandsäcken, Holzpflöcken und Weidenzweigen (die man dann vor Ort zu Faschinen* flechten würde) aus den Lagern am Hafen zu den Seedeichen zu entsenden. Die Deichwarte würden sie dort in Empfang nehmen und mit ihren Taschenlampen einweisen. Danach griff er selbst noch einmal zum Hörer, meldete bei der Vermittlung ein »Blitzgespräch« an und ließ sich zum Norddeutschen Rundfunk in Hamburg durchstellen.

Der Sirenenalarm hatte indes seine Wirkung nicht verfehlt: Die Cuxhavener, die bis dahin von der drohenden Gefahr fern gehalten worden waren, reagierten prompt, die Stadt erwachte im Nu. Die zuckenden Blaulichter von Polizei- und Feuerwehrwagen sowie das Dröhnen der schweren Bundeswehr-Lkw sorgten für zusätzliche Aufregung und Aufmerksamkeit. Es dauerte nicht lange, bis auf einmal hunderte von Freiwilligen mit Schaufeln und Spaten aus ihren Häusern und Wohnungen an die Küste eilten, um bei der Deichverteidigung zu helfen. Sie bekamen nicht einmal mehr Zeit, untätig in der Gegend herumzustehen und auf Anweisungen zu warten: Da war bereits der Sand, da lagen die Säcke; jetzt wurde weiter geschaufelt. Ohne Rücksicht auf Dienstgrade und Zugehörigkeit wurden Menschenketten gebildet, alle packten mit an. An den durchfeuchteten Stellen, wo das Erdreich nachzugeben drohte, wurde Sack um Sack aufgeschichtet, um dem Deich mehr Stabilität zu verleihen, während von der Seeseite her immer mehr Wasser über die Deichkrone schwappte.

---

* siehe Glossar

Das Schicksal Cuxhavens lag jetzt in den Händen dieser vielen hundert Männer, die auf dem glitschigen Boden kaum mehr Halt fanden, deren Hände rissig wurden und häufig auch bluteten, doch sie fühlten keinen Schmerz. »Die Deiche sind ganz schwarz von Menschen«, funkte »Peterwagen 03« in die Einsatzzentrale. Michel nickte zufrieden: Endlich hatte ganz Cuxhaven den Ernst der Lage erkannt – und der Krisenstab offensichtlich auch.

»Hervorragende Arbeit, Herr Michel!«, sagte der Oberbürgermeister wohlwollend. »Sehen Sie mal: keinen Augenblick zu früh und auch keinen zu spät … So packen *wir* das!«

»Ganz bestimmt, Herr Olfers«, entgegnete der Amtmann, jedoch ohne einen Anflug von Ironie in der Stimme. Denn er war froh, dass sie jetzt endlich alle an einem Strang zogen.

Aber es gab auch eine Menge unvernünftiger Leute: Je mehr Einsatzfahrzeuge mit Blaulicht und Martinshorn durch die stürmische Nacht rasten, desto mehr Schaulustige versammelten sich in den Straßen am Hafen und draußen an den Deichen, um das Naturereignis ausgiebig zu bestaunen. Viele waren wegen des Orkans sogar mit dem Auto gekommen. Mit ihrer Unvernunft behinderten sie nicht nur die Anwohner in den gefährdetsten Anrainerstraßen, die gerade das Nötigste in ihren Wagen verstauten; sie standen vor allem auch den Helfern im Weg. In der sonst so verschlafenen Hafenstadt herrschte schon bald ein Verkehrschaos auf den Hauptstraßen, das den Vergleich mit der abendlichen Rushhour einer Großstadt nicht zu scheuen brauchte. Vor allem auf der wichtigsten Ein- und Ausfallstraße, der Altenwalder Chaussee – an der auch die Kiesgrube lag, aus der ständig Nachschub geholt werden musste –, standen die Autos kreuz und quer und kamen weder vor noch zurück. Für die breiten, schwerfälligen Lastwagen wurde das Manövrieren immer schwieriger.

Michel beorderte sofort Polizeibeamte an diesen Verkehrs-knotenpunkt.

»Und wenn die Fahrer die Straße nicht freiwillig räumen, können Sie getrost Anweisung geben, dass die Lkw meine ausdrückliche Erlaubnis haben, etwaige Hindernisse einfach wegzuschieben ...«, gab Oberbürgermeister Olfers, der nun auch vom Fieber gepackt worden war, über den Polizeifunk durch. Michel aber dachte nur: Hoffentlich steht unser Auto mit Ingrid und ihren Eltern da nicht mitten drin!

Damit war natürlich genau das eingetreten, vor dem sich der Krisenstab gefürchtet hatte: das Chaos, das man doch eigentlich hatte vermeiden wollen; ein Chaos freilich, das Michels Ansicht nach zum einen durch das künstliche Hinauszögern des Alarms hervorgerufen worden war, zum anderen durch den Verzicht auf Anweisungen per Lautsprecher. Jetzt war es dafür zu spät. Allerdings ließen sich Pannen niemals hundertprozentig vermeiden, und auch Schaulustige würde es immer wieder geben. Aber eine Diskussion über den gesamten Ablauf des Abends würde man später hinter geschlossenen Türen im Rathaus führen müssen. Dann, wenn alles vorbei war. Auch an einem perfekten Katastrophenschutzplan ließen sich bestimmt immer irgendwelche Dinge verbessern ...

Der Hansestadt blieben jetzt noch ungefähr drei Stunden bis zum Hereinbrechen der Katastrophe.

*Und das geschah zu diesem Zeitpunkt außerdem in Hamburg: 2000 Menschen strömten aus der Hamburger Musikhalle ins Freie und erlebten »Die Schöpfung« zum zweiten Mal – jetzt allerdings ohne musikalische Begleitung, sondern ganz real. »Vincinette« blies*

*lauter als noch eben alle Trompeten und Posaunen zusammen. Als*
*besonders ärgerlich empfanden es manche Konzertgäste, vor allem*
*die Frauen, dass der Taxistand am Karl-Muck-Platz verwaist war.*

❖

### Cuxhaven, 16. Februar 1962, 22.15 Uhr

In der Deichstraße am Hafen, unten beim »Slippen«, kämpfte
Oberstadtdirektor Wachtendorf an mehreren Fronten gleichzeitig: Hier war der Anblick der heranrollenden Brecher, die
meterhoch an der Flutmauer hochspritzten, besonders spektakulär. Viele der Schaulustigen, die erwartungsvoll aus der ganzen Stadt herbeigeeilt waren, hatten Fotoapparate mitgebracht.
Einige versuchten, für einen besonders gelungenen Schnapp-
schuss noch näher an die Naturgewalten heranzukommen.
Wachtendorf sah sich gezwungen, immer mehr Helfer von Feuerwehr und THW abzustellen, um diese Verrückten vor sich
selbst zu schützen. Zwei Männer, die sich in Wathosen unbemerkt bis dicht an die Schleusentore herangeschlichen hatten,
wurden von einem Brecher umgerissen. Es gelang ihnen gerade noch, sich an zwei Pollern festzuklammern – doch sie
hätten von einem der nächsten Brecher jederzeit durchs offe-
ne Tor ins aufgepeitschte Hafenbecken gespült werden können.
Zwei Feuerwehrmänner, die sich mit Rettungsleinen zu ihnen
vorkämpften, konnten sie im letzten Augenblick aus dieser
lebensgefährlichen Lage herausholen.

»Dieser Mist muss jetzt endlich aufhören!«, schimpfte der
Oberstadtdirektor, der selbst durchs kniehohe Wasser watete,

und befahl mehreren Männern vom THW, den Slippen »sofort von diesen Subjekten zu räumen, zur Not auch mit Gewalt ...«

Einer sagte: »Aber wir sind doch keine Polizisten!«

Wachtendorf antwortete: »Na und? Uniform ist Uniform – und außerdem seht ihr doch kräftig aus!« Schließlich brauchte er jetzt auch Platz, denn endlich kamen die beiden Bulldozer auf Tiefladern angefahren, die er ungefähr eine Stunde zuvor mithilfe seiner unbestrittenen Autorität und Überredungskunst bei einem Cuxhavener Tiefbauunternehmen regelrecht »konfisziert« hatte. Das Problem war: Die Schleusentore ließen sich weder durch die Elektromotoren noch von Hand mehr bewegen. Sie saßen felsenfest. Wachtendorf setzte nun alles auf die Zugkraft der beiden schweren Baumaschinen. Das war die letzte Möglichkeit, um mit den widerspenstigen Toren fertig zu werden. Und die *mussten* jetzt einfach geschlossen werden, denn mit jedem neuen Brecher ergossen sich mehrere Kubikmeter Seewasser auf die Freifläche und flossen in die angrenzenden Straßen. Wachtendorf mochte sich nicht ausmalen, was passieren würde, wenn die Flut in knapp 60 Minuten ihren höchsten Stand erreichen würde. Wenn sein Plan nicht aufging, müssten sie in spätestens einer Viertelstunde hier alles zusammenpacken und sich selbst in Sicherheit bringen. Denn dann würde das gesamte umliegende Gebiet bis zu einer Höhe von zwei Metern überflutet werden ...

Zur gleichen Zeit brach ganz in der Nähe, in der Neuen Reihe, plötzlich ein schwerer Kabelbrand aus. Ein Löschzug der Freiwilligen Feuerwehr musste sofort von den Fluttoren abgezogen werden. Wachtendorf gingen allmählich die Helfer aus. Da geschah jedoch etwas, das er später als »Wunder« bezeichnen sollte: Plötzlich kamen aus den Reihen der Schaulustigen mehrere Männer herbeigeeilt, die offensichtlich den Ernst der

Lage begriffen hatten. Wenige Minuten später waren die Abschlepphaken der Bulldozer bereits mit den Schleusentoren durch armdicke Stahlketten miteinander verbunden. Das Wasser reichte den Baumaschinen bereits ans Chassis heran.

»Worauf wartet ihr denn noch?«, schrie Wachtendorf, nun bis zu den Hüften im Wasser. »Gebt Gas, los, los, los!« Die Dieselmotoren brüllten auf, die senkrechten Auspuffrohre stießen schwarze Rußwolken aus, die 55 Millimeter starken Kettenglieder spannten sich zum Zerreißen. Nach ein paar bangen Augenblicken begannen die Schleusentore tatsächlich, sich zu bewegen. Zentimeter um Zentimeter, fast unendlich langsam, schoben sie sich zusammen.

Als die Mechanik auf diese Weise in Gang gekommen war, funktionierten auch wieder die Handräder, wenn auch nur sehr schwer. »Jetzt die Rammen«, schrie der Oberstadtdirektor, als sich die Tore geschlossen hatten. »Platz da, ich fasse mit an!« Die freiwilligen Helfer nickten ihm aufmunternd zu. So kannten die Cuxhavener ihren Dr. Wachtendorf. Und so mochten sie ihn. Ohne Zweifel würde diese aufregende Nacht einiges zu seiner Legendenbildung beitragen.

Mit schweren Rammen auf den Schultern watete ein gutes Dutzend durchs Wasser. Hinter den Schleusentoren, auf der Seeseite, stand das Wasser höchstens noch 30 Zentimeter unter der Kante. Alle paar Sekunden knallte ein Brecher dröhnend gegen die Stahlwände, jede Welle bedeutete gleichzeitig auch eine unangenehme Dusche für die Männer. Doch exakt um 22.32 Uhr war es geschafft: Die Fluttore waren dicht, die Rammen verliehen ihnen größtmögliche Stabilität. Hier würde die Sturmflut ganz sicher nicht durchkommen. Höchstens drüber. Und trotzdem waren bis zu diesem Zeitpunkt schon mehr als 300 Keller in den umliegenden Straßen voll gelaufen …

Genau in dieser Minute unterbrach auch der Norddeutsche Rundfunk sein Programm auf der Kurz- und Mittelwelle mit einer Durchsage: »Für Cuxhaven besteht Deichbruchgefahr. Die Bevölkerung wird dringend gebeten, die höheren Stockwerke aufzusuchen oder sich sonst in Sicherheit zu bringen. Sagen Sie Ihren Nachbarn Bescheid!«

Günter Michel hatte zuvor gerade mal zwei Minuten benötigt, um einen mittlerweile entnervten Redakteur vom Dienst beim NDR in Hamburg davon zu überzeugen, wie außerordentlich wichtig es wäre, diese Durchsage zu bringen. »Sie sind heute Abend aber nicht der Erste, der anruft«, hatte der Journalist gesagt.

Überraschenderweise hatte sich dann – zehn Minuten *vor* der Durchsage – die Einsatzleitzentrale der Hamburger Polizei bei ihm gemeldet. Der Lagebeamte hatte wissen wollen, ob »diese Deichbruchwarnung aus Cuxhaven ernst gemeint« sei.

»Wieso sollte sie nicht ernst gemeint sein?«, hatte Michel verblüfft zurückgefragt.

»Na ja – bei uns will man die Sache nicht recht glauben – das Nachmittagshochwasser ist niedriger als erwartet ausgefallen … zum Glück, wissen Sie?«

»Das Nachthochwasser wird Ihnen diesen Gefallen garantiert nicht tun. Allerdings ist hier in Cuxhaven zurzeit der Pegel ausgefallen, aber eben noch waren es 3,50 Meter über dem Mittleren Hochwasser …« Wenn man diesen Wert über den Daumen peilte, dann konnte man getrost davon ausgehen, dass die auflaufende Flut in Hamburg, wo die Elbe viel schmaler war, auf einen Pegel von mindestens vier Meter über dem Mittleren Hochwasser steigen würde.

»Dann werde ich das mal so an die zuständigen Stellen

weitergeben«, hatte der Lagebeamte gemeint. »Noch haben wir ja etwas Zeit.«

»Ja, das sollten Sie *unbedingt* tun!«

Michel war verwirrt. Zum einen wunderte er sich darüber, auf welchen verschlungenen Kanälen wohl sein Ersuchen um eine Rundfunkdurchsage bereits *vor* der eigentlichen Warnung in der Einsatzzentrale der Hamburger Polizei gelandet war. Zum anderen begriff er nicht, dass in der Hansestadt nicht schon längst alle Alarmlampen angegangen waren – und dass man die Cuxhavener offensichtlich für dämlich hielt.

»Sie sollten wissen«, hatte er abschließend ganz und gar nicht formvollendet gemeint, »dass hier bei uns die Sau los ist. Auch das können Sie ruhig so weitergeben – genau so, wie ich es gesagt habe.«

Das war sogar noch untertrieben: Wenige Minuten, nachdem die Rundfunkwarnung ausgestrahlt worden war, mussten die vielen hundert Helfer draußen in Duhnen erkennen, dass ihr heldenhafter Einsatz nicht belohnt werden würde. Doch bevor der Seedeich auf einer Länge von ungefähr 60 Metern brach, konnten sie sich mit den Lastwagen bis auf den letzten Mann in Sicherheit bringen. Vielen standen die Tränen in den Augen – aber nicht nur aus Erschöpfung: Sie waren zutiefst enttäuscht, dass sie die Schlacht gegen die Nordsee und »Vincinette« verloren hatten; dass jetzt weite Gebiete überflutet werden würden und die Kurzone aussehen würde wie nach einem Bombenangriff.

Der Pegelstand des Hochwassers betrug zu diesem Zeitpunkt schätzungsweise mehr als fünf Meter über Normalnull. Alle Telefonleitungen von und nach Cuxhaven waren ausgefallen. Auch der Döser Seedeich in der Nähe der Kugelbake war um diese Zeit bereits schwer angeschlagen. Aber noch hielt er, ob-

wohl er vom Wasser längst überspült wurde. Etwa 10 000 Sandsäcke waren verbaut worden, doch noch immer schleppten die
Helfer neue Sandsäcke heran. Sie wussten, dass sie vielleicht nur
noch eine knappe halbe Stunde durchhalten mussten – dass der
Deich durchhalten musste. Der errechnete Scheitelpunkt der
Tide würde um 23.14 Uhr eintreten – und hoffentlich würde
der Wasserstand dann wieder sinken!

### *Kreis Land Hadeln, 16. Februar 1962, 22.15 Uhr*

Schon seit 21.20 Uhr waren die Telefonleitungen von und zur
Katastrophen-Einsatzleitung, die sich in der Kreisverwaltung
in Altenbruch versammelt hatte, zusammengebrochen. Dem
Krisenstab um Oberkreisdirektor Büning blieb jetzt nur noch
der Polizeifunk, um die Kommunikation mit den zahlreichen
Hilfskräften vor Ort aufrechtzuerhalten. Mittlerweile war ihnen allen klar, dass dieser Orkan ihrem Kreis nicht den Gefallen tun würde, im letzten Augenblick seinen Kurs zu ändern
und abzudrehen – so wie am 23. Dezember 1954: Nein, dieser Sturm tobte mit kaum mehr messbarer Stärke, das Wasser
in der Elbe und Oste stieg und stieg und floss bereits 30 Zentimeter hoch durch die Straßen Altenbruchs: Der Landes-
schutzdeich bis hin nach Otterndorf war an mehr als zwei Dutzend Stellen überflutet worden.

Aus allen nördlichen Ecken und Winkeln des Kreises (und
auch aus den Nachbarkreisen) trudelten neue Schreckensmeldungen ein. Alles deutete auf eine Überschwemmungs-
katastrophe von größtem Ausmaß hin: In Sahlenburg war die
brandneue Uferstraße auf einer Länge von 400 Metern völlig

weggespült worden. Dutzende Campingwagen trieben vom Strand ins Hinterland hinein, manche würden von den Fluten bis zu einem Kilometer fortgetragen werden, andere verfingen sich im Geäst von Bäumen.

Die angebotene Nachbarschaftshilfe des Cadenberger Bürgermeisters Schrodt kostete einen Busfahrer beinahe das Leben: Er war mit einem Bus nach Neuhaus geschickt worden, um von dort die Bewohner, die man aus ihren Häusern am bruchgefährdeten Ostedeich evakuiert hatte, abzuholen und in Notunterkünfte zu bringen. Kaum hatte der Bus das Ortsschild des Dörfchens im Schritttempo passiert, sackte die unterspülte Straße ab. Der erschrockene Fahrer stieg aus und kletterte auf allen vieren auf die Deichkrone, um sich über die Lage zu informieren. In dem Moment kam genau an dieser Stelle das Wasser durch. Eine Schlammlawine riss ihn von den Beinen und spülte ihn den Deich hinunter. Wenn der Bus nicht gewesen wäre, dann wäre er fortgeschwemmt worden. Sekunden später sah sich der Fahrer vom enormen Wasserdruck an die Karosserie des Busses gepresst. Aus eigener Kraft, das war ihm klar, würde er sich aus seiner misslichen Lage nicht befreien können. Noch ragte sein Kopf über Wasser. Die Frage lautete jedoch: wie lange? Erst eine Viertelstunde später wurde er von Feuerwehrmännern der Gemeinde Neuhaus aus dieser lebensbedrohlichen Lage befreit. Der Bus selbst wurde sofort als künstliche Wassersperre verwendet und mithilfe von hochachsigen Treckern so tief wie möglich in die Deichbruchstelle hineingeschoben …

In Oberndorf gerieten Dutzende von freiwilligen Helfern in Lebensgefahr, als im Deichabschnitt bei Bentwisch ebenfalls ein 15 Meter breites Stück der Deichkappe abbrach. Die Männer konnten jedoch in letzter Sekunde zur Seite springen. Das Wasser schoss in hohem Bogen auf die dahinter liegende Straße und schnitt sich dann innerhalb von wenigen Minuten durch den ganzen Deichkörper bis hinunter zu seiner Sohle. Jetzt sah es aus, als werde das Wasser aus einem überdimensionalen Feuerwehrschlauch meterweit über die Straße gespritzt. Und genau dort, auf der gegenüberliegenden Seite, stand das Haus der Bäuerin Grete Mügge. Nach nicht einmal 30 Sekunden begann es in seinen Grundfesten zu wanken, nach knapp einer Minute war das ungleiche Kräftemessen auch schon entschieden: Es stürzte in den Fluten zusammen, und in der Häuserreihe klaffte eine Lücke*.

Arensch, Berensch, Osten, Basbeck, Hechthausen. Freiburg, Krautsand, Blumenthal, Neuhaus. Bützfleth, Drochtersen und Assel: Tausende Hektar wertvolles Acker- und Weideland entlang des niedersächsischen Elbufers standen ab Mitternacht zum Teil meterhoch unter Wasser. Hunderte von Gebäuden waren zerstört oder schwer beschädigt worden. In den Schulen, Kirchen und Gemeindehäusern der höher gelegenen Orte auf der Geest drängten sich die evakuierten Menschen, versorgt von den unermüdlichen Helferinnen und Helfern des Deutschen Roten Kreuzes und anderer Hilfsorganisationen. Manche hatten das Glück, bei Verwandten oder Freunden unterschlüpfen zu können. Pausenlos rasten neue Bundeswehr-Lkw heran und brachten weitere Bewohner aus den überschwemmten Gebieten heraus. Pioniere paddelten in Schlauchbooten über die Wiesen, Äcker und Straßen und suchten jedes Haus und jedes Ge-

---

* Am nächsten Morgen fand man in rund 200 Meter Entfernung die tonnenschweren Mauerreste des Hauses sowie eine Kuh, die von der betagten Bäuerin bei der Evakuierung im kleinen Stall neben dem Wirtschaftsraum schlicht vergessen worden war. Die Kuh stand auf einem Grashügel und fraß. Sie hatte zwar eine Beinverletzung, aber sie hatte auf wundersame Weise überlebt …

höft nach Überlebenden ab. Mehrere Dutzend dieser Boote wurden von Stacheldrahtzäunen unter Wasser aufgeschlitzt – dann mussten die Retter zunächst einmal selbst gerettet werden. Und wenn der Scheitelpunkt des Hochwassers im Laufe der Nacht überschritten war, würden alle Helfer sofort zurück an die Bruchstellen der Deiche eilen und versuchen, diese Löcher binnen ein paar Stunden abzudichten, bevor das auflaufende Wasser wiederkäme.

»Haben wir alles getan?«, fragte der Oberkreisdirektor in die Runde. »Haben wir wirklich alles getan?« Er hatte sich einen Weinbrand eingeschenkt und schaute nachdenklich ins Glas, in dem die goldbraune Flüssigkeit schwappte. »Man sollte die Hamburger vielleicht irgendwie warnen!«, fügte er dann leise hinzu. »Ob die wissen, was da auf sie zukommt? Diese Flut baut sich bestimmt noch höher auf ...«

Einer sagte: »Aber das ist 'ne Riesenstadt: Die werden ihre Vorbereitungen bestimmt getroffen haben!«

»Außerdem, wen interessiert Hamburg ... diese Pfeffersäcke?«, warf ein anderer ein.

Der Oberkreisdirektor zuckte die Schultern. »Tja, was interessiert uns Hamburg?«, sagte er. Die Mitglieder des Krisenstabes sahen ihn schweigend an. Sie wussten bereits, dass dies eine *Jahrhundertflut* war. Dass die Schäden in die Millionen gehen würden. Dass erst einmal nichts mehr so sein würde, wie es war.

Tröstlich – wenn dies überhaupt ein Trost sein konnte – war nur, dass die Naturgewalten zumindest in ihrem Landkreis bisher nur zwei Menschen auf dem Gewissen hatten: den Gefreiten Udo Bartling vom Panzer-Grenadier-Regiment 73, der auf seiner ersten Einsatzfahrt tödlich verunglückt war, sowie die 62-jährige Maria Wilhelmi aus Basbeck, die sich vor lauter Angst vor der Flut mit einem Kuhstrick am Fensterkreuz ihres Schlafzimmers erhängt hatte, obwohl sich zwei Soldaten des 74. Panzer-Bataillons aus Seefeld mit ihrem Schlauchboot da schon bis auf Rufweite genähert hatten …

Den tapferen Deichverteidigern des Kreises Land Hadeln in Nordniedersachsen, einem unbedeutenden Flecken auf der Weltkarte, konnte niemand einen Vorwurf machen. Sie hatten alles Erdenkliche getan, um sich gegen das schlimmste Hochwasser aller Zeiten zu behaupten. Doch wenn man sie in diesem Augenblick gefragt hätte, dann hätte bestimmt jeder von ihnen geantwortet: »Kein Deich dieser Welt kann eine solche Sturmflut aufhalten …«

Diese Flut wälzte sich in diesen Minuten unaufhaltsam die Elbe flussaufwärts; eine Flutwelle, die höher ausfallen würde als alle anderen in den Jahrhunderten davor. Es schien, als könnte sie es gar nicht mehr abwarten, Hamburg zu erreichen. Den Menschen in der Hansestadt blieben jetzt nur noch knapp vier Stunden, bis die Katastrophe über sie hereinbrechen sollte. Doch diese Wahrheit stand nur auf dem Papier der Ozeanografen. Tatsächlich sollte es nicht einmal mehr 120 Minuten dauern, bis die ersten Wellen über die Wilhelmsburger Deiche lecken würden; bis zehntausende Kubikmeter eiskaltes Wasser mit Macht hinunterrauschen würden in den Maakenwerdergrund in Waltershof; dort, wo die ahnungslosen Bewohner der Laubenkolonien gerade feierten oder sich »gute Nacht« sagten; sich in ihre Bettdecken einmummelten, die Nachttischlampe ausknipsten und einzuschlafen versuchten oder sich vielleicht auch gerade liebten. Bestimmt hofften sie aber, wie so viele andere Menschen in dieser Nacht, dass sich der Orkan am nächsten Morgen endlich legen würde: Sie hatten mittlerweile 45 Stunden stürmischen Wind der Stärke sechs und 40 Stunden schwersten Sturm ertragen, und das ohne Pause.

Ein paar von ihnen hatten vielleicht sogar die Radiowarnung gehört, nur die wenigsten besaßen bereits einen Fernseher. Aber so richtig ernst genommen hatten sie die spröden Sätze nicht. Überdies fühlten sie sich durch die Deiche ausreichend geschützt. Es gab wahrscheinlich kaum jemanden in den Laubenkolonien von Waltershof und Wilhelmsburg, der eine Ahnung davon hatte, was ein Pegelstand von 3,50 oder gar vier Metern *über* dem Mittleren Hochwasser *wirklich* bedeutete: dass eine Deichhöhe von 5,70 Metern dann keineswegs mehr eine Sicherheitsreserve war. Die meisten Wilhelmsburger – das hatte der Ortsamtsleiter Hermann Westphal richtig vermutet – waren sich ja nicht mal klar darüber, dass sie auf einer Insel lebten.

*Hamburg-St. Pauli, 16. Februar 1962, 22.30 Uhr*

Vor knapp einer Viertelstunde war die Sturmflutwarnung des DHI nach der »Tagesschau« ins laufende Fernsehprogramm eingeblendet worden. Regierungsdirektor Walter Horn hatte kurz zuvor noch die für 3.46 Uhr vorausberechnete Flut-Höchstmarke um einen halben Meter auf 3,50 Meter über dem Mittleren Hochwasser erhöhen lassen. Die Warnmeldung war jedoch erneut emotionslos vorgetragen worden. »Das zieht doch keine Wurst vom Teller!«, hatte Dr. Georg Koopmann ärgerlich ausgerufen. Was er damit gemeint hatte, war: Er konnte sich nicht vorstellen, dass diese jämmerliche Durchsage irgendjemanden aufschrecken würde.

Dabei war eine Flutkurve noch nie so steil nach oben gestiegen wie diese hier. Koopmann rechnete wie besessen. Er bezog den Anstieg des Meeresspiegels (um etwa 30 Zentimeter seit dem Jahre 1825) in die Überlegungen mit ein, und natürlich auch seine Lieblingstheorie, die *External Wave*, diese mysteriöse Fernwelle aus dem Atlantik. Eine *exakte* Prognose würde jedoch trotz aller Bemühungen unmöglich sein.

Im DHI wusste man inzwischen, dass der wichtige Pegel Cuxhaven schon seit kurz nach neun ausgefallen war. Den letzten, einigermaßen genauen Wert hatten sie merkwürdigerweise von einem Lagebeamten aus der Leitzentrale der Polizei telefonisch übermittelt bekommen. Die Ozeanografen im DHI gingen zwar davon aus, dass die Mitarbeiter des Amtes für Wasserwirtschaft in Cuxhaven jetzt mit der hölzernen Pegellatte von Hand maßen, so wie früher. Aber die eigentliche Schwierigkeit bestand nun in der Übermittlung der Daten, und dieses Problem konnte niemand lösen: Die Telefonverbindung nach Cuxhaven war unterbrochen.

Koopmann hatte das dumpfe Gefühl, dass *seiner* Stadt nicht mehr viel Zeit bleiben würde. Er hätte in dieser entscheidenden Stunde alles für einen exakten Pegelwert von der Elbmündung gegeben, aber so musste er auf den wichtigsten Faktor für eine genaue Berechnung des möglichen Verlaufs der erwarteten Sturmflut verzichten. »Vier Meter werden es werden«, sagte er schließlich, »*mindestens* vier Meter über dem Mittleren Hochwasser ...«

»Übertreiben Sie da nicht ein bisschen?«, fragte Walter Horn bestürzt, denn er war auf den gleichen Wert gekommen.

»Zaubern Sie mir doch einfach einen zweiten Pegel herbei ... Am besten irgendwo bei Stade«, entgegnete Koopmann grinsend, aber er wusste selbst, dass es nur ein müder Scherz war.

»Ja«, sagte sein Chef nachdenklich, »den könnten wir tatsächlich brauchen.« Plötzlich wandte er sich an Elke Fuhlmann: »Haben Sie inzwischen die Tafelrunde von der Baubehörde ausfindig machen können? Die Herren müssten doch eigentlich längst wieder zurück sein!«

»Mmmh«, entgegnete die Geografin in Diensten des DHI, »hab ich. Sie sind schon auf dem Rückweg, mit dem Taxi. Mannomann – denen haben wir offenbar einen ganz schönen Schrecken eingejagt.«

»Und die Mutter hat es tatsächlich gewusst?«, schaltete Koopmann sich ungefragt ein.

»Ja, aber es hat mehrere Stunden gedauert, bis sie das Telefon gehört hat«, sagte Elke Fuhlmann. »Die alte Dame hat ferngesehen, und dabei würde sie immer den Apparat so laut stellen, hat sie gesagt.«

»Wo waren die denn nun essen?«, fragte Koopmann neugierig. Auch seine Kollegen reckten die Köpfe.

»Im *Atlantic*!«, lächelte die hübsche Geografin. Einer ließ einen anerkennenden Pfiff los.

»Nobel geht die Welt zugrunde!«, feixte jemand.

»Aber am liebsten auf Spesen«, warf Koopmann ein, und jetzt lachten alle.

»Ich glaube, wir haben genug Witze gemacht!«, fuhr Horn dazwischen. »Ich möchte darum bitten, dass nachher von niemandem eine dusselige Bemerkung kommt! Seien wir einfach nur dankbar dafür, dass uns unser Dienstherr Beistand leistet, wenn die Stadt vielleicht absäuft …« Er versuchte ernst zu bleiben, schaffte es aber nicht. Als er sich Sekunden später wieder gefangen hatte, drehte er sich noch einmal zu Koopmann herum: »Geben Sie dem NDR Ihren errechneten Wert durch. Wir bleiben bei 3,50 Meter … Alles, was darüber steigt, ist egal: Es herrscht ja sowieso schon Alarmstufe III!« Dr. Georg Koopmann fragte sich plötzlich, ob Horn, dieser alte Fuchs, die Stadt vielleicht bereits schon aufgegeben hatte?

Horn sagte: »Aber vorher rufen Sie bitte noch rasch die Einsatzstelle bei der Hauptabteilung WW* an und geben ihnen die 3,50 Meter durch. Die Kollegen sollten es vielleicht nicht aus dem Radio erfahren ...«

Damit war zumindest gewährleistet, dass die »Alarmstufe III« für Hamburg weiterhin galt. Alle Hilfsorganisationen und auch die in Hamburg-Harburg stationierten Bundeswehrsoldaten blieben einsatzbereit. Eine halbe Stunde später würden auch die sieben Hamburger Deich- und Schleusenverbände telefonisch eine »aktuelle Einschätzung der Lage« aus der Einsatzzentrale erhalten: Die Deiche, hieß es, seien sehr gefährdet, Deichbrüche im Bereich des Möglichen. Um 23.15 Uhr würde auf der Mittelwelle des NDR auch die – aktualisierte – Rundfunkwarnung wiederholt werden.

In Hamburg lief alles nach Plan. Bloß das Hochwasser war noch nicht da.


### Kranenburg, 16. Februar 1962, 22.25 Uhr

Die sechs Deichwachen auf »der Specken« hatten sich in die beiden Autos verzogen. Alle zehn Minuten stieg einer von ihnen mit einer Taschenlampe aus und tastete sich vorsichtig an die Gefahrenstelle heran. In der letzten Stunde war der Wasserspiegel kontinuierlich angestiegen. Das Wasser überspülte »die Specken«, auf der Deichkrone war es rund 20 Zentimeter tief – aber der Damm sah noch stabil aus. Die Idee mit dem Scheunentor hatte sich bisher bewährt.

---

* Hauptabteilung Wasserbau und Wasserwirtschaft des Tiefbauamts

Die Männer dachten sich nichts dabei, als aus der Dunkelheit, von unten aus dem Dorf, plötzlich vier dunkle Gestalten auftauchten. Sie hatten »Lehmänner« dabei, schwere, langstielige Vorschlaghämmer. Und Äxte.

Karl-Heinze Schulze kurbelte die Scheibe herunter und leuchtete dem ersten Unbekannten ins Gesicht.

»Mook dien Funzel ut!«, schimpfte Friedrich Lütt. Man konnte ihn wegen des brüllenden Orkans kaum verstehen.

»Wat mookt ji denn hier – wi sünd all lang fertig!«, schrie Schulze überrascht und knipste gehorsam das Licht aus.

»Ick wull jüst mal nakieken, of ji alln's richtig mookt hebbt«, rief der Bauer vom Sietfeld. »Sünst harr ick mit topackt!«

»Hunnert Meter wieder kannst du dat Kunstwark bekieken«, entgegnete Schulze. »Segg Bescheed, wenn alln's in Ordnung is.«

»Mook wi«, antwortete der Landwirt und stapfte mit seinen Begleitern weiter.

Schulze kurbelte rasch das Fenster wieder hoch. »So fründlich weer hei je lang nich mehr«, meinte er verwundert.

»Tja, Not höllt tosamen!«, warf ein anderer von der Rückbank ein, »un Stormfloot erst recht.«


*Balje, 16. Februar 1962, 22.35 Uhr*

Die stillen Gebete des schwedischen Kapitäns hatten offensichtlich Gehör gefunden: Denn die Mächte des Himmels hatten ihre Hände schützend über die *Silona* gehalten und stets im richtigen Moment die entscheidenden Böen geschickt, mit deren Hilfe der manövrierunfähige Frachter auf seiner Höllenfahrt mitten durch die Ansammlung der auf Reede liegenden Schiffe hindurchgetrieben worden war. Oft hatten nur wenige Meter zu einer Kollision gefehlt. Aber sie hatten nicht einmal eine Ankerkette gestreift.

Jetzt zerrte die *Silona* knapp drei Seemeilen vor der Einfahrt des Nord-Ostsee-Kanals an der Fahrwassertonne 23. Es war der Mannschaft mit viel Glück gelungen, das Schiff dort festzumachen. Nach einer weiteren halben Stunde voller Bangen war dann endlich auch der Backbordanker wieder klar gewesen, und man hatte ihn fallen lassen. Das Nachthochwasser stieg jedoch rasant an, der Orkan schenkte ihnen die stärksten Böen, die sie jemals erlebt hatten, und daher waren sich der Kapitän und der Lotse darüber einig, dass die augenblickliche Sicherheit trügerisch war. Denn der Schiffsdiesel der *Silona* hatte sich tatsächlich als entschieden zu schwach erwiesen, um bei diesen Wind- und Strömungsverhältnissen eine anständige Manövrierfähigkeit im engen Fahrwasser der Elbe zu garantieren. Und der Sturm dachte nicht daran nachzulassen, im Gegenteil: »Vincinette« gab nach wie vor alles. Sie hatte sich wohl vorgenommen, das Schiff aus der Fahrrinne hinauf aufs Deichvorland zu drücken. Hinzu kam die enorme Schubkraft des auflaufenden Wassers. Erich Mehlert blickte beunruhigt in die Nacht hinaus. Die etwa 200 Meter entfernte Küstenlinie des südlichen Elbufers war verschwunden. Da, wo sich sonst die saftigen Wiesen des Deichvorlandes erstreckten, sah er bloß noch aufgewühltes Wasser. Er wollte sich nicht vorstellen, was jetzt daheim in Cuxhaven los war: Hoffentlich halten die Deiche, dachte er. Hoffentlich funktionierte der Katastrophenschutzplan. Und hoffentlich waren seine Frau und seine Söhne so schlau, sich selbst und die paar guten Einrichtungsstücke, die sie besaßen, aus dem Erdgeschoss ihres Häuschens am Döser Seedeich in den ersten Stock zu retten – falls die See über den Deich kommen würde …

Mehlert zwang sich regelrecht dazu, diese sorgenvollen Gedanken an zu Hause zu verdrängen. Denn er musste sich jetzt auf seine eigentliche Aufgabe konzentrieren, nämlich alles dafür zu tun, um die *Silona* vor einer Havarie zu bewahren – einer Strandung oder gar dem Kentern auf dem stürmischen Elbstrom.

Auf einmal bemerkte er, dass das Licht des alten Leuchtturms von Balje, der in ungefähr zwei Meilen Entfernung auf dem Deichvorland des südlichen Elbufers stand, erloschen war.


*Kranenburg, 16. Februar 1962, 22.50 Uhr*

»Seggt mal, wat mook se dor buten so lang?«, fragte Karl-Heinz Schulze, der 25-jährige Sohn des Deichgrafen. Er knipste die Taschenlampe an und leuchtete auf seine Armbanduhr. »Meist all eene halve Stünn – wenn dor man bloß nix passeert is!«

In diesem Moment klopfte es drei Mal hart aufs Autodach. Erschrocken fuhren die Männer zusammen. Schulze kurbelte erneut die Scheibe herunter.

»Ja, alln's fein«, rief Friedrich Lütt. »Un wenn ji mi bruukt: Ji weet ja, wo ji mi findt!« Er tippte sich an die Kapuze seines olivgrünen Bundeswehrparkas und stapfte dann mit seinen drei Leuten eilig davon.

So sollten die wackeren Kranenburger erst zehn Minuten später den kapitalen Schaden entdecken, den Lütt mit seinen Knechten angerichtet hatte: Die vier vermeintlichen Helfer hatten nämlich das Scheunentor, das »die Specken« an ihrer vermuteten Sollbruchstelle stützen sollte, mit ihren Vorschlaghämmern und Äxten kurz und klein geschlagen. Das Hämmern war im Gebrüll des Orkans untergegangen. Jetzt stand die Chance auf einen Dammbruch – auf eine mögliche Überflutung des unteren Ortsteils von Kranenburg – besser denn je.

Aber noch viel schlimmer war: Die sechs Kranenburger Deichwächter fühlten sich von ihrem Nachbarn mächtig *verarscht*. Andererseits konnten sie die Beweggründe auch gut verstehen. Denn wenn jemandem das Wasser buchstäblich bis zum Hals stand, dann war ihm das Hemd immer näher als der Rock. Lütt hatte mit dieser frechen Zerstörung der provisorischen Spundwand nichts anderes getan, als seinen Besitz gegen die Sturmflut zu verteidigen. Wenn »die Specken« durchbrechen und das Wasser dadurch rascher vom Siedfeld ablaufen würde, dann wären er und sein Hof fein raus.

Die Männer sahen sich an. Plötzlich fing einer an zu grinsen, und die anderen fielen in das Grinsen mit ein. Worte waren nicht notwendig, denn jeder von ihnen hätte bestimmt das Gleiche versucht …


*Stade, 16. Februar 1962, 23.14 Uhr*

Während sich im 70 Kilometer entfernten Cuxhaven in dieser Minute die gute Nachricht wie ein Lauffeuer an den Seedeichen und in der Stadt verbreitete, dass der Scheitelpunkt des Hochwassers überschritten war und der Wasserpegel wieder sank, feuerte der Stader Hafenmeister Werner Gleiss, genannt »Atje«, im alten Hafen am Schwingedeich zum ersten Mal die

drei alten Flutkanonen ab, um die Bevölkerung vor der Sturmflut zu warnen.

Aber die Bewohner der Stadt reagierten erstaunlich träge. Für
die meisten von ihnen waren Sturmfluten ein Schauspiel, an
das sie sich gewöhnt hatten. Bereits seit dem Nachmittag war
ja das Hafengelände mehr oder weniger überschwemmt gewesen. Auch das Wasser der Schwinge stand seit 14.30 Uhr hoch
zwischen den Deichen, und trotz der Ebbe hatte sich daran den
ganzen Tag über kaum etwas verändert. Sogar die Einwohner
der Ortsteile Brunshausen und Stadersand, die im längst überfluteten Außendeichgebiet von der Umwelt abgeschnitten worden waren, nahmen das Naturereignis erstaunlich gelassen hin.
Doch jetzt stieg das Wasser seit ungefähr 21 Uhr wieder – und
das beängstigend rasch.

Das Betriebsfest der Bezirksregierung war bereits vor Stunden
abgesagt worden. Als der Fahrer des Cuxhavener Oberstadtdirektors Wachtendorf nach zwei Stunden Fahrt in Stade eintraf,
um die Nachbarstadt »zu warnen« und nach Sandsäcken zu fragen, traf er im Rathaus keine Festtagsgesellschaft, sondern nur
den eiligst gebildeten Krisenstab an, der alle Hilfskräfte – auch
die inzwischen angeforderten vier Bundeswehreinheiten vom
Standort Stade – zu den jeweiligen Brennpunkten dirigierte.

Dafür, dass man dieses Hochwasser höchstwahrscheinlich
nicht in den Griff bekommen würde, wirkte die Einsatzleitung
erstaunlich ruhig und abgeklärt. Bloß Sandsäcke – nein, davon
hatte man selber zu wenig. Mit dieser Nachricht stieg der Fahrer des Cuxhavener Oberstadtdirektors wieder in den Wagen,
um zurückzufahren. Wobei er sich nicht sicher sein konnte, ob
er überhaupt noch durchkommen würde …

Um 23.30 Uhr feuerte »Atje« Gleiss die drei Flutkanonen am
Schwingedeich zum zweiten Mal ab. Inzwischen überspülte das

Hochwasser die geschlossenen Fluttore am Eingang zum Alten Hafen. Schäumend und brodelnd schoss es in das Hafenbecken zwischen »Wasser Ost« und »Wasser West«. Zehn Minuten später trat es über die Kaimauern, überschwemmte die angrenzenden Straßen und floss ungehindert in die Keller der Häuser hinein. Der Stader Fischmarkt wurde binnen weniger Minuten zum See, auf dem Parkplatz »Beim Schiffertor« soffen die abgestellten Autos ab, und es dauerte nicht lange, bis schließlich fast die gesamte Altstadt überschwemmt war – und das Wasser hörte und hörte nicht auf zu fließen. Vergeblich versuchten die Anwohner, ihre Häuser zu schützen. Bis zu einem Meter hoch stand die schmutzige Brühe schließlich in den Wohnungen und Läden, und der erhöhte »Spiegelberg« wurde vorübergehend zu einer Insel.

Gegen Mitternacht ergoss sich das Wasser dann auch über die Salztorschleuse in den Floßhafen und suchte sich seinen Weg entlang den Hafenbahnschienen bis in die Straße Burggraben. Auf der anderen Hafenseite rauschte ein breiter Strom die Altländer Straße hinunter und zerstörte binnen kürzester Zeit die Brücke über den Zugang zum Floßhafen. Ein dritter Strom kam die Straße Am Kommandantendeich hinunter; dann stieg die Flut auch schon an mehreren Stellen über die Kappen des Schwingedeichs: Am Stader Gasometer konnte ein überspültes Deichstück von Arbeitern der Stadtwerke und von den Männern der Freiwilligen Feuerwehr mit Sandsäcken im letzten Moment abgedichtet werden; auch in Höhe des Schöpfwerkes gelang es einem Zug Soldaten des Zweiten Luftwaffenausbildungsregiments, eine Deichbruchstelle zu schließen.

Doch gegen den gewaltigen Grundbruch, der etwas weiter flussaufwärts, am Harschenflether Weg, unbemerkt entstanden war, würde es kein Mittel geben. Da hätte man schon tausende von Sandsäcken auf einmal aufschichten müssen – Sandsäcke, die zahlenmäßig nicht einmal vorhanden waren. Das erkannte der Deichinspektor Hans Schirmer, im Hauptberuf Direktor der Stader Stadtwerke, sofort. Er war mit einem Trupp Freiwilliger sowie Arbeitern der Stadtwerke unterwegs, aber jetzt hatte ihnen das Wasser den Rückweg abgeschnitten.

Aus dieser Bruchstelle ergossen sich ungeheure Wassermengen, die das Loch im Deich immer größer werden ließen. Schirmer beobachtete, wie die schäumende Flut sich über die Freiburger Straße in Richtung Stadermoor und Bützflethermoor wälzte. Die werden sich bestimmt freuen, dachte der 50-Jährige zynisch, jetzt kriegen sie nämlich das Wasser gleich von zwei Seiten. Er pfiff seine Leute herbei. »Einsatz wird abgebrochen, wir hauen ab!«, schrie er gegen den brüllenden Sturm an. »Alle Mann sofort zum Ausweichpunkt in der *Symphonie*!«

Die *Symphonie* war ein beliebtes Ausflugslokal am rechten Ufer der Schwinge. Es lag etwas erhöht auf einer leichten Anhöhe, also würde er dort mit Sicherheit keinen nassen Fuß bekommen – Schirmer hatte im Krieg ein Bein verloren, aber die Prothese saß gut. Wer nicht genau hinsah, merkte nicht, dass er sein linkes Bein nachzog. Nur jetzt, auf einem Eilmarsch im Sturm, auf matschigem Grund, machte ihm seine Behinderung zu schaffen. Trotzdem war er der Erste, der die Tür zum Schankraum erreichte. Schirmer hielt sie auf und ließ seinen durchgefrorenen Männern den Vortritt – um sie einen nach dem anderen abzuzählen und damit sicher zu sein, dass keiner von ihnen unterwegs verloren gegangen war. In der Ferne konnte er gerade die roten Warnleuchten der rund 230 Meter hohen Strommasten erkennen, die bei Lühesand die 380 Kilovolt-

Hochspannungsleitung über die Elbe trugen. Er fragte sich, ob in den Leitungen überhaupt noch Saft floss, denn hier, in der *Symphonie,* war augenscheinlich der Strom ausgefallen. Aber trocken war es und einigermaßen warm. Und der Wirt hatte ein paar Kerzen entzündet.

Müde, nass und verdreckt wie sie waren, ließen sich Schirmers Männer auf die Stühle fallen.

»Scheiße«, sagte einer, »jetzt ist erst mal wieder die Arbeit von Jahren für 'n Arsch.«

»Ich werde versuchen, mich runter in die Stadt zum Krisenstab durchzuschlagen«, sagte der Direktor der Stadtwerke. »Ihr ruht euch hier ein bisschen aus, lasst mir jedoch den Deich nicht aus den Augen. Organisiert eine Wache, aber immer nur zu zweit.« Dann wandte er sich an den Wirt. »Oder geht Ihr Telefon noch?«

»Manchmal«, antwortete der Wirt, »manchmal aber auch nicht!« Er hob den Hörer ab und horchte hinein. »Im Moment manchmal auch nicht …«

»Na schön«, sagte Schirmer und erhob sich. In dieser Sekunde stürmte ein junger Mann atemlos von draußen herein. Fast wäre er durch die Glasscheibe gelaufen.

»Ein Telefon«, keuchte der Mann und japste nach Luft, »gibt's hier irgendwo noch ein Telefon, das funktioniert?«

Automatisch griff der Wirt nach dem Hörer. Er schien selbst erstaunt zu sein, dass er plötzlich das vertraute Freizeichen vernahm. Doch der Ton schwankte; die Leitung konnte jeden Augenblick wieder zusammenbrechen.

»Ruhig, Junge – was ist denn passiert?«, schaltete sich der ehrenamtliche Deichinspektor ein.

»Bei den alten Baracken, ungefähr 500 Meter von hier … Da steht das Wasser meterhoch, da kommt keiner mehr durch …

Aber da sind noch Leute drin und schreien.« Der Atem des Mannes ging stoßweise.

»Wie viele Leute?«, fragte Schirmer und führte den jungen Mann am Oberarm sanft zum Tresen, wo der Gastwirt ihm bereits den Hörer entgegenhielt.

»Zwei alte Leute, glaube ich – und 'ne schwangere Frau …«

»Versuchen Sie mal, zur Polizei durchzukommen«, schlug Schirmer dem Wirt vor.

Zwei seiner Leute waren aufgestanden und ans Fenster getreten. Einer sagte: »Das Wasser ist da, Chef – hier kommt keiner mehr raus. Außer vielleicht mit 'm Boot!«

»Polizei ist dran!«, flüsterte der Wirt. Schirmer griff nach dem Hörer. Der Wirt schüttelte den Kopf. So viel Glück, das gibt's ja gar nicht, dachte er.

»Hallo, hier ist Hans Schirmer, Deichinspektor … Hören Sie, es sind Menschen in Not … Ja, ich bestätige: Menschen in Not, mindestens drei Personen. Bei den alten Baracken an der Schwinge, etwa 500 Meter von der *Symphonie* flussaufwärts …«

»Hollerner Siedlung am Grünen Weg, alles klar. Wir schicken sofort ein Kommando«, sagte der Polizist am anderen Ende der Leitung.

»Aber hören Sie: Hier ist überall bereits das Wasser, und es steigt! Sie müssen mit einem Boot die Schwinge hoch!«

»Verstanden!«, antwortete der Beamte. »Wir kommen mit dem Boot – ich schicke das Kommando sofort los.«

Dann war die Leitung auch schon wieder unterbrochen.

»Hui«, meinte Hans Schirmer, »das ging ja gerade noch mal gut …«

Später würde sich die Dorfgemeinschaft darauf einigen, dass »die Specken« wahrscheinlich auch ohne das Zutun des Landwirts Lütt gebrochen wäre. Die Autos mit den Deichwachen schafften es eben noch vom Damm hinunter, als hinter ihnen ein 30 Meter breites Stück herausbrach. Die nachfolgende Sturzflut riss einen 30 mal 60 Meter großen Kolk in den Moorboden, der in großen Klumpen über das Grünland gespült wurde. Kurz darauf brach auch der Schutzdeich vor dem Dorf. Jetzt konnte das Wasser ungehindert in den unteren Teil von Kranenburg strömen.

Die Familie Buck kletterte auf den Dachboden. Sie hatten Decken dabei sowie Proviant, und sie würden jetzt von oben zusehen, wie die Brühe langsam in den Hof floss. Sie gehörten zu den insgesamt vier Familien aus dem unteren Dorfteil, die ihr Haus nicht verlassen wollten; die Angst vor Plünderern spielte dabei auch eine Rolle.

Plötzlich sahen sich die Eltern erschrocken an. »Wo is Hermann egentlich?«

»Ick heff em eben noch in Stall sehn!«, sagte der Großvater.

»Wat will hei denn dor? Is hei mall worrn?«, rief der Vater.

Hermann Bucks Mutter steckte den Kopf aus der Dachluke. »Hermann!«, schrie sie gellend, aber der tosende Sturm verschluckte ihre Worte.

»Ick haal em!«, sagte der Vater entschlossen und sprang auf. »Und denn gifft dat n' Mors vull.«

Er kletterte schnell vom Boden hinunter und stieg dann im Eingangsflur seines Hauses fluchend in die kalte, stinkende Brühe. Das Wasser stand inzwischen schon etwa 30 Zentimeter hoch. War für ein Jammer – die schönen neuen Tapeten! Aber jetzt musste er sich beeilen. Er lief mit langen Schritten über den Hof zum Stall und riss die Stalltür auf, innerlich darauf eingestellt, dem zwölfjährigen Bengel die Ohren lang zu ziehen. Aber was er nun erblickte, zerriss ihm fast das Herz: Sein Sohn hatte irgendwo eine alte Zinkwanne aufgetrieben, hatte sie mit Stroh ausgelegt und seine neugeborenen Ferkel hineingesetzt. »Opa hett de Farken vergeeten«, schluchzte der Junge, »wiel du seggt hest, ick schall mit Mudder de Meubeln schlepen …«

»Und wat schall dat warrn?«, fragte der Vater.

»Dat is de Arche Noah«, antwortete sein Sohn mit ernstem Gesicht, »dat harrn wi güstern in Religion …«

»Dat hest du fein mookt, mien Jung«, sagte der Vater gerührt. »Aver nu kumm. Mudder mookt sick Sorgen. Ofschonst dat dösig weer, wenn Noah afsupen de!«


### Stade, 16. Februar 1962, 23.50 Uhr

Auf der kurzen Fahrt mit dem offenen Bundeswehr-Kübel durch die trockenen Straßen der Stadt begegnete das vierköpfige Rettungskommando, das zur Barackensiedlung an der Stader Ausflugsgaststätte *Symphonie* entsandt worden war, hunderten von Menschen, die ihnen entgegenkamen. Sie stammten aus der tiefer gelegenen nördlichen Stader Vorstadt sowie aus Südkehdingen und Stadersand. Und sie alle waren auf der Flucht vor dem Hochwasser, mit Autos, Motorrollern, Fahrrädern oder eben einfach nur zu Fuß.

Die vor wenigen Stunden noch vorhandene Gelassenheit der Bewohner dieses Gebiets war mittlerweile Makulatur.

Zum Bundeswehrkommando gehörten eigentlich nur drei Soldaten: Am Steuer des VW-Kübelwagens saß der 24-jährige Stabsunteroffizier Siegfried Klingenberg von der 70. Panzerpionierkompanie. Hinter ihm, auf der Rückbank, froren zwei Gefreite – Wehrpflichtige, die erst ein halbes Jahr bei der Truppe dienten: Wilhelm Hermanns aus Castrop-Rauxel und Klaus Hinz aus Harburg. Beide waren 21 Jahre alt. Auf dem Beifahrersitz kauerte der 52-jährige Stader Polizeiobermeister Franz Kersenbrock, dessen Pfeife normalerweise nie ausging – und ohne die er auch nirgendwo hinging –, aber bei diesem Schlauchbooteinsatz, hatte er gedacht, könnte sie vielleicht doch störend sein. Jetzt ärgerte er sich darüber, dass er sie nicht mitgenommen hatte, denn er betrachtete sein Pfeifchen als eine Art Glücksbringer. Kersenbrock hatte sich freiwillig zu diesem Einsatz gemeldet. Die drei Pioniere kannten sich in der Gegend nicht aus.

»Folgen Sie den Schildern zur Jugendherberge!«, rief er den Menschen aus dem offenen Kübelwagen immer wieder zu, »da ist ein Notaufnahmelager für Sie eingerichtet!« Ab und zu griff er sich automatisch an den Mund. Dann fiel ihm im nächsten Augenblick gleich wieder sein Talisman ein. »Mein Gott«, sagte er, »eigentlich hätte ich ohne meine Pfeife gar nicht losfahren dürfen …«

Der Stabsunteroffizier neben ihm schmunzelte. »Ist es denn noch weit bis zum Hafen?«, fragte er.

»So weit, wie uns das Wasser rankommen lässt«, entgegnete Kersenbrock. »Und wenn wir es zum Hafen nicht schaffen, tragen wir das Schlauchboot einfach hoch auf den Deich und lassen es dort zu Wasser.«

In der Salztorstraße war dann Schluss. Hier gurgelte ihnen das Wasser auf breiter Front entgegen. Sie fuhren noch so lange weiter, bis die schäumende Brühe an die Scheinwerfer des Kübels reichte. Klingenberg bog in eine ansteigende Seitenstraße ein, an der das Wasser vorbeifloss. »Von hier aus können wir es aber gut zu Fuß mit dem Boot versuchen«, erklärte Kersenbrock. Um seinen Hals hing eine starke Taschenlampe.

»Einverstanden«, sagte der Unteroffizier. Was blieb ihm auch anderes übrig?

Die Männer hoben das Boot vom Anhänger. Vier Mann, vier Ecken … »Zugleich!«, rief Klingenberg. Sie pumpten es auf und trugen dann das sperrige und sich windende Schlauchboot, das der Sturm ihnen aus den Fingern reißen wollte, ungefähr 400 Meter weit an der Schwinge entlang, bis Kersenbrock keuchend sagte: »Hier fängt jetzt gleich das Hafenbecken an … Ist vielleicht eine gute Stelle!« Seine angegriffenen Bronchien verursachten ihm mal wieder Schmerzen und Atemnot. Im sibirischen Kriegsgefangenenlager war er Kumpel gewesen, bis man ihm eine Staublunge attestiert hatte. Mit 45 Kilogramm Körpergewicht hatten die Russen den gebürtigen Sauerländer schließlich aus der Kriegsgefangenschaft entlassen. Da war er mit 40 Jahren Polizist geworden. Wenn die Männer jetzt ins Gespräch gekommen wären, dann hätte er sich mit dem Gefreiten Hermanns über den Bergbau unterhalten können, denn der junge Mann war direkt nach seiner Ausbildung zum Maschinenschlosser auf der Zeche »Erin« in Castrop-Rauxel zum Wehrdienst einberufen worden. Sein Kamerad Hinz, der aus Hamburg-Harburg stammte, war Tischlergeselle.

Es waren vielleicht noch 50 Meter bis zum Hafenbecken, als dem Polizeiobermeister plötzlich auffiel, dass der Unteroffizier neben ihm hinkte. »Was ist los? Sind Sie umgeknickt?«

Siegfried Klingenberg lächelte verlegen. »Ich musste mir Gummistiefel ausborgen. Leider gab's die aber nur noch zwei Nummern zu groß … Ich hab mir wohl Blasen gelaufen.«

Sie befanden sich jetzt etwa in Höhe der Flutkanonen. Klingenberg warf einen prüfenden Blick auf das Hafenbecken. Von den vieren kannte er sich sicherlich am besten mit Booten aus, sein Vater arbeitete noch immer als Binnenschiffer auf dem Rhein. Das Wasser war extrem unruhig, die Flut schob es mit Macht in den Elbe-Nebenfluss hinein und verursachte eine starke Oberflächenströmung. Die vertäuten Schiffe im Hafenbecken schwammen ungefähr zwei Meter höher als normal, ihre Kiele befanden sich praktisch auf gleicher Höhe mit dem Kai.

»Wir sollten uns beeilen«, drängte Klingenberg zum Aufbruch. »Sie, Herr Kersenbrock, machen für uns den Pfadfinder. Steigen Sie bitte nach vorne ins Boot!«

Als der Polizeiobermeister seinen Platz eingenommen hatte, hockten sich die beiden Gefreiten links und rechts auf den wulstigen Rand des Schlauchboots. Klingenberg stieß es dann von der Kaimauer ab und nahm im Heck Platz. Wenig später paddelten sie schon an den Flutkanonen vorbei die Schwinge flussaufwärts. Sie mussten sich dabei kaum anstrengen. Der Wind und die kräftige Oberflächenströmung *trugen* sie beinahe übers Wasser. Aber es war keine romantische Bootstour: Dafür war der Orkan viel zu laut, und es war natürlich auch viel zu kalt. Kersenbrock zog den Reißverschluss seines Parkas höher, knipste die Taschenlampe an und suchte mit dem starken Lichtkegel die Uferlinie ab.

Klingenberg war der Einzige von den vieren, der Handschuhe trug. Es waren zwar nur dünne Handschuhe aus Wildleder, aber sie waren besser als nichts. Nach ein paar Minuten kam bereits die *Symphonie* auf der rechten Uferseite in Sicht. »Jetzt sind es noch ungefähr 1000 Meter«, rief Kersenbrock. Doch auf einmal merkten sie, dass irgendetwas mit ihrem Boot nicht stimmte. Sie kamen plötzlich nicht mehr richtig voran. Da war irgendein Widerstand im Wasser, oder war es sogar das Wasser selbst? Ihr Schlauchboot trieb langsam, aber stetig nach rechts ab. Und nahm dabei immer mehr Fahrt auf.

»Scheiße, was soll das?«, schrie der Gefreite Hinz. Es war das erste Mal, dass der junge Soldat etwas sagte.

»Können Sie vielleicht mit Ihrer Lampe erkennen, was da vorne ist, Herr Kersenbrock?«, rief Klingenberg und deutete mit dem Paddel über den Bug. Trotz des tosenden Sturms meinte er ein gurgelndes Geräusch vernommen zu haben. Er hatte bereits einen furchtbaren Verdacht. Das Schlauchboot wurde nun immer schneller.

»Paddelt … Gefreiter Hermanns, setzten Sie sich neben den Gefreiten Hinz auf die linke Seite, schnell … und paddelt nach rechts!« Kersenbrock leuchtete hektisch am Ufer entlang. Doch ungefähr 50 Meter weiter stieß der Lichtkegel der Taschenlampe auf einmal ins Leere. Das Ufer war weg. Nein: der Deich war weg! Dafür drehte sich dort das Wasser schäumend im Kreis, staute sich brüllend und tobend vor der Bruchkante und schoss dann einem Wasserfall gleich ins Dunkle hinein. »Ein Strudel … paddelt, Männer, paddelt!«, schrie Klingenberg, aber schon nach wenigen Sekunden wusste er, dass sie keine Chance bekommen würden, dem Sog des Wassers zu entgehen. Sie trieben trotz aller verzweifelten Bemühungen auf dieses gigantische Loch im Deich zu – und dann ging alles ganz schnell. Ein-, zweimal drehte sich ihr Schlauchboot noch im Kreis, dann schlug es an der Bruchkante um, und die vier Männer wurden aus dem Boot hinausgeschleudert.

Später würde Siegfried Klingenberg erzählen, dass keiner von ihnen geschrien hatte, als das Schlauchboot gekentert war. Er würde sich auch noch daran erinnern können, dass er das Boot einmal kurz an der Scheuerleine zu fassen bekommen hatte. Dann aber war er vom Wasser mitgerissen und durch die Deichlücke gespült worden …

Siegfried Klingenberg versuchte zu schwimmen, doch er hatte vollkommen die Orientierung verloren. Wo war oben, wo war unten? Auf jeden Fall befand er sich unter der Wasseroberfläche. Seine Lungen wollten beinahe platzen. Er schluckte Unmengen von Wasser. Aber irgendetwas in ihm fachte seinen Überlebenswillen an. Du ersäufst hier nicht, dachte er zornerfüllt, lass dich treiben und versuche, ruhig zu bleiben. Dann spürte er, dass er von einem schweren Gewicht nach unten gezogen wurde. Die Stiefel – ich muss die Stiefel ausziehen, schoss es ihm durch den Kopf: Mit Stiefeln an den Füßen kann man nicht schwimmen. Es ging ganz leicht. Seine Füße glitten mühelos aus den schweren, zu großen Tretern heraus. Dann tat er unwillkürlich zwei, drei verzweifelte Schwimmzüge, und plötzlich befand sich sein Kopf wieder über der Wasseroberfläche. Er holte tief Luft, hustete und verschluckte sich und fühlte schon im nächsten Augenblick einen brennenden Schmerz im Gesicht. Klingenberg begriff, dass es sich um die Äste eines Baumes handelte. Sofort griff er zu und ließ nicht wieder los. Mühsam, mit allerletzter Kraft, zog er sich in die Krone des Apfelbaums. Da hockte er, nur ein paar Zentimeter über dem reißenden Strom, der mindestens drei Meter tief sein musste, wenn man die Höhe des Baumes als Maßstab nahm. Aber er war am Leben, und das allein zählte.

Klingenberg hatte allerdings keine Ahnung, wohin genau es ihn verschlagen hatte. Er wusste auch nicht, wo die beiden Kameraden und der Polizist abgeblieben waren, wo sich der Deich befand – oder das, was die Sturmflut von ihm übrig gelassen hatte. Er wollte um Hilfe rufen, aber er hatte nicht mehr die Kraft zu schreien. Er konnte jetzt nur noch warten, bis der Wasserspiegel abnahm – oder bis ihn vielleicht eine weitere Patrouille finden würde. Der Sturm fuhr ihm durch die nasse Uniform und ließ ihn vor Kälte erbeben*.

### Balje, 16. Februar, 23.50 Uhr

Schon seit den späten vierziger Jahren versah Walter Drygalla aus dem Dörfchen Hörne, nahe dem Elbe-Nebenfluss Oste, den wöchentlichen Schichtdienst auf dem alten, schwarz-weißen Leuchtturm von Balje. Dies war seine Woche. Erst am kommenden Montag würde sein Kollege Dietrich Schildt, der ebenfalls aus Hörne stammte, das mit Gas betriebene Leuchtfeuer des Turms entzünden. Beide Männer standen im Dienst des Cuxhavener Wasserwirtschaftsamtes.

---

\* Etwa zwei Stunden später, 4.30 Uhr versiegte der Wasserstrom aus dem Deichbruch. Inzwischen hatte Siegfried Klingenberg bemerkt, dass er sich in ungefähr 250 Metern Entfernung von einer größeren Straße befand. Daraufhin kletterte er steif gefroren vom Apfelbaum hinunter und tauchte noch einmal in den See, der über Nacht entstanden war. Schwimmend und watend erreichte er die Freiburger Straße, wo er wenige Minuten später von einer Patrouille aufgelesen wurde. Der Stader Polizeiobermeister Franz Kersenbrock und die beiden jungen Gefreiten waren dagegen ertrunken, ihre Leichen wurden im Lauf der nächsten 24 Stunden geborgen. Hätte Klingenberg nicht durch Zufall zwei Nummern zu große Gummistiefel getragen, hätte ihn wahrscheinlich das gleiche Schicksal ereilt. Auch die Bewohner aus der Barackensiedlung überlebten. Sie wurden mit einem hochachsigen Bundeswehr-Lkw herausgeholt; die Rettungsaktion mit dem Schlauchboot wäre wohl gar nicht notwendig gewesen.

Drygalla mochte die Einsamkeit, die sein Beruf mit sich brachte. Hier oben, in siebzehn Metern Höhe, fühlte er sich wohl. Vor seiner Nase zogen die Schiffe vorbei, die Luft war frisch und rein, und unter ihm, auf den Viehweiden des Deichvorlandes, versammelten sich in den wärmeren Jahreszeiten zu Sonnenaufgang ganze Kolonien verschiedenster Vogelarten, pickten Engerlinge und rosafarbene Regenwürmer aus der fetten schwarzen Erde und sorgten für ein kostenloses Konzert. Daheim galt er als ziemlich maulfauler Zeitgenosse – als Leuchtturmwärter muss man wahrscheinlich zum Schweigen geboren sein –, doch seine Arbeit verrichtete er tadellos, und auch wenn die Dorfgemeinschaft etwas anzupacken hatte, war er stets als einer der Ersten zur Stelle und krempelte die Ärmel seines Blaumanns hoch.

Wie alle Einheimischen war er mit den Kapriolen des Wetters sowie der Gezeiten vertraut – und natürlich auch mit den häufig so fatalen Folgen. Aber noch nie hatte er eine unheimlichere Nacht erlebt als diese. Kein einziger der vielen Herbst- und Winterstürme, die er bisher auf dem Leuchtturm von Balje überstanden hatte, konnte sich mit diesem Orkantief messen, das ihn bei seinem Dienstantritt am Nachmittag fast aus dem Fahrradsattel gehoben hätte.

Kurz nachdem die Tide angefangen hatte aufzulaufen, hatte Drygalla das dunkle Wasser auf sich zukommen sehen. Irgendwann war es über das Elbufer getreten, plötzlich war es *da* gewesen – so als hätte man sich tagelang auf eine Blume konzentriert und trotzdem den Moment verpasst, in dem der Blütenkelch sich öffnete. Da waren die Wellen über die Kante des Sommerdeichs landeinwärts geschwappt, und jetzt, gut eine Stunde vor Mitternacht, saß der Leuchtturmwächter wie ein Gefangener in seinem Turm im Dunkeln, umgeben von aufgewühltem Wasser, das mit Wucht an den Sockel aus Backstein und Zement klatschte. Doch viel schlimmer war: Die Sturmflut hatte den Verschlag mit den Gasflaschen weggerissen, aus denen das Signallicht des Turms gespeist wurde. Wenigstens hatte er sein Fahrrad nicht draußen stehen lassen.

Unruhig blickte der Leuchtturmwärter auf die dunklen Silhouetten der Schiffe, die auf dem Elbstrom vor Anker lagen. Eine elektrische Notbeleuchtung – *irgendeine* Notbeleuchtung – gab es nicht, mit der er das Leuchtfeuer wieder in Betrieb hätte setzen können. Er fühlte sich überflüssig. Angesichts dieser gewaltigen Sturmflut schossen ihm weitere sorgenvolle Gedanken durch den Kopf: Würden die Deiche der Oste halten? Würden sie sich als hoch genug erweisen, oder drohte seinem Heimatdorf Land unter* in dieser Nacht?

So weit Drygallas Auge reichte, sah er nichts als Wasser. Hörne lag knapp vier Kilometer südlich des Leuchtturms. Aber er hatte jetzt nicht mal die Möglichkeit zu verschwinden, sondern würde, zur Untätigkeit verdammt, hier oben ausharren müssen, bis das Wasser wieder abfloss oder zumindest auf einen Pegelstand sank, der es einem Trecker gestatten würde, über die aufgeweichten Wiesen zum Leuchtturm durchzukommen. Er war sich sicher, dass die Leute aus dem Dorf inzwischen bereits Sandsäcke an die Ostedeiche schleppten, doch er konnte nicht dabei sein, die Ärmel hochkrempeln und mit anpacken.

---

* Hörne (bei Balje) kam bei der Sturmflut glimpflich davon.

*Hamburg-Wilhelmsburg, 16. Februar 1962,*
*23.50 Uhr*

Weil auf der größten Flussinsel Europas überproportional
viele Spätaussiedler aus den ehemaligen deutschen Ostgebieten lebten, wurde dieser Hamburger Stadtteil auch »Klein-
Warschau« genannt. Früher war es eine ländliche Gegend
gewesen. Um die Jahrhundertwende hatten sich dann In-
dustrie- und Hafenbetriebe angesiedelt, und mit ihnen waren natürlich die Arbeiterfamilien und Handwerker gekommen sowie ein paar Ärzte, Apotheker, Händler und Lehrer.

Jetzt war es jedoch keine gute Wohngegend mehr. Der hübsche Altstadtkern der »Großstadt« Harburg-Wilhelmsburg
war im Krieg bis auf einen kleinen Rest zusammengebombt
worden. Dafür besaß Wilhelmsburg inzwischen einen der
größten Güterbahnhöfe Europas und mit der Wache 70 das
modernste Polizeirevier von Hamburg. Zwischen den Indus-
trie- und Hafenanlagen, den breiten Zubringerstraßen und den
großen Laubenkolonien standen ein paar brandneue Hochhäuser – der Anfang eines fatalen Baubooms, der Jahrzehnte
später in einem Getto aus mehrstöckigen Mietshäusern enden
sollte.

Für schicke Restaurants und Bars fehlte die Klientel. Dafür gab es jedoch mehrere gutbürgerliche Speisewirtschaften
und recht viele kleine Kneipen, die meist von ihrer männlichen Stammkundschaft lebten, zunehmend aber auch von
Wilhelmsburger Teenagern besucht wurden, die in ihrem Viertel kaum eine andere Möglichkeit hatten, sich mit Gleich-
altrigen zu treffen; besonders dann nicht, wenn es sich um
»gemischte Gruppen von Halbstarken« handelte – um Mädchen und Jungens, die für Gummitwist schon viel zu alt wa-

ren, aber für Chubby Checker* in der Öffentlichkeit noch zu jung.

Auch Klaus-Peter Mahnke und Uwe Wilhelm waren Stammgäste in diesen schummerigen Kneipen, in denen ein »Groschengrab« an der dunkel gebeizten Holzwand, eine Musikbox und ein Erdnussapparat auf dem Tresen zur Standardeinrichtung gehörten. Diese Bierstuben trugen häufig Namen wie *Endstation*, *Pils-Stübchen* oder *Bei Uschi & Heinz*, und die Wirte hießen verblüffend oft wirklich so; sie trugen meist knappe, kurzärmelige Lederwesten über ihren Ranzen und waren in der Regel hervorragende Zuhörer, auch wenn es meist traurige Geschichten waren, die ihre Gäste zu erzählen hatten.

Sobald jedoch Mahnke und Wilhelm irgendwo auftauchten, versiegten häufig alle Gespräche. Sie kamen meistens am Freitag vorbei. Und wenn sie ein Lokal betraten, dann wollten sie von den jungen Leuten immer die Ausweise sehen: Mahnke und Wilhelm waren Stadtinspektoren und hatten im Auftrag des Ordnungsamtes dafür zu sorgen, dass es auch in Wilhelmsburg gesittet und züchtig zuging. Sie waren Jugendschützer und in dieser Eigenschaft mindestens so gefürchtet wie die Polizisten aus der Revierwache 70 – auch bei den Wirten, denn Verstöße gegen den »Kuppelparagraphen« oder das Rauch- und Alkoholverbot für Jugendliche in der Öffentlichkeit waren keine Kavaliersdelikte.

Doch in dieser Nacht war weder auf den Straßen Wilhelmsburgs noch in den Kneipen viel los. Auch die jungen Leute waren bei diesem Sturm lieber zu Hause geblieben. »Das dahinten ist aber unsere letzte Kontrolle für heute, dann ist

---

* »Let's Twist again« und »The Twist« waren die größten Hits des farbigen britischen Sängers.

244

Schicht«, sagte Mahnke entschlossen zu Knud Peters, der die beiden Stadtinspektoren schon drei Stunden im Dienst-Volkswagen des Ordnungsamtes durch Wilhelmsburg kutschiert hatte. Jetzt, am Ende ihrer Tour, befanden sie sich in einer gottverlassenen Gegend, in der Nähe des Reiherstiegdeichs, am Neuhofer Schifffahrtskanal im äußersten Westen der Insel.

»Da ist aber bereits dunkel«, warf Wilhelm ein. »Die haben bestimmt schon dichtgemacht ...«

»Aber es stehen zwei Mopeds davor«, erwiderte Mahnke.

»Bei dem Orkan Moped fahren? – Die spinnen ja wohl!«

Peters ließ die beiden Stadtinspektoren vor der Kneipe aussteigen. Der Sturm riss Mahnke, der vorne saß, fast die Beifahrertür aus der Hand. »Hoppla!«, meinte er; er hatte sich dabei den Daumennagel abgebrochen.

»Wer ist dran?«

»Ich«, sagte Wilhelm, als er ausstieg. Das hieß, er würde nach den Ausweisen fragen, und Mahnke würde sich dezent im Hintergrund halten und den Eingang versperren, falls jemand die Absicht hatte, der Kontrolle zu entgehen.

»Sie können schon mal wenden, Peters«, meinte Mahnke zum Fahrer und schlug die Tür zu. Verflixt, sein Daumen tat doch ganz schön weh. Eingerissen war der Nagel sicher auch noch! Peters gab Gas und fuhr los, um am Ende der Sackgasse in der Kehre bequem zu wenden.

Drinnen in der Kneipe herrschte ein ähnlich trübes Bild wie draußen auf der Straße. Am Tresen spielte der schwergewichtige Wirt mit drei älteren Hafenarbeitern »Klapperjazz«. So wie es aussah, hatten die vier ziemlich getankt. Wilhelm grüßte freundlich und ging schnurstracks auf vier junge Leute zu, zwei Pärchen, die sich bestimmt verfahren hatten, denn hier fand nun wirklich kein Rock-’n’-Roll-Tanzwettbewerb statt. Das geübte Auge des erfahrenen Jugendschützers sah sofort, dass diesen beiden jungen Dingern in ihren bonbonfarbenen Petticoats mindestens zwei Jahre dazu fehlten, um sich rechtmäßig um diese Zeit an Ort und Stelle aufhalten zu dürfen. Die beiden Jungens, dachte er, sehen aus wie ihre eigenen Karikaturen – schwarze Cowboystiefel, schwarze Manchesterhosen und Nietenlederjacken; nur für den Entenschwanz hat die Haarlänge wohl noch nicht gereicht.

»Scheiße, Schmiere«, flüsterte der eine junge Kerl halblaut, denn ein Mann, der einen Hut, einen Trenchcoat und Halbschuhe trug und so zielstrebig auf jemanden zuging, bedeutete immer Ärger. Und dahinten stand auch noch der Aufpasser …

Aber er lümmelte sich dennoch aufreizend lässig gegen die »Wurlitzer«. Wilhelm mochte das Stück: »Only You« von den Platters. Aber nun würde er ihnen den angefangenen Abend wahrscheinlich verderben. »Guten Abend! Allgemeine Jugendschutzkontrolle«, sagte er und zückte seinen grünen Dienstausweis. »Könnte ich bitte auch mal Ihre Papiere …?«

Die beiden Mädchen griffen routiniert nach ihren weißen Kunstlederhandtaschen und begannen sichtlich angezickt in den unergründlichen Tiefen ihres Handgepäcks nach ihren Ausweisen zu kramen. Eine von ihnen machte eine große Kaugummiblase. Oha, dachte Wilhelm, vielleicht hat mich mein Blick doch getäuscht. Die beiden jungen Männer hielten ihm die Personalausweise bereits entgegen. Beide waren 21 Jahre alt, in Ordnung also.

»Herr Wilhelm!«, rief Mahnke plötzlich vom Eingang her, »bitte, kommen Sie schnell … rasch!« Seine Stimme klang so aufgeregt, dass selbst die beinharten Zecher am Tresen aufmerksam wurden. Wilhelm nickte den beiden jungen Frauen mit einer aufrichtigen Geste des Bedauerns zu und eilte dann hinaus auf die Straße.

»Brennt es irgendwo?«, fragte er irritiert.

»Nein, im Gegenteil!«, rief Peters, der Fahrer. Er war ausgestiegen, aber der Käfer stand mit laufendem Motor auf der Straße, und er hatte noch nicht gewendet. »Steigen Sie ein … Schnell, steigen Sie ein!«

»Da hinten kommt Wasser über den Deich«, erklärte Mahnke.

»Wasser? Über den Deich? Sagt mal: Wollt ihr mich vielleicht veräppeln?«

Mahnke zuckte die Schultern und deutete auf den Fahrer, der in diesem Moment wieder hinterm Steuer Platz nahm. »Steigen Sie bitte ein, Herr Wilhelm …«

Komisch, dachte der Stadtinspektor, normalerweise macht Peters keine so blöden Witze.

Etwa eine Minute später stand der Volkswagen mit eingeschaltetem Fernlicht vor dem Deich am Reiherstieg. »Lass mich mal raus«, sagte Wilhelm, »das glaub ich einfach nicht!« Aber das Wasser war deutlich zu sehen. Es waren zwar nur kleine Rinnsale, die an der steilen Böschung hinunterflossen, doch ab und zu leckte auch mal ein Wellenkamm über die Deichkrone. Und der Orkan blies ihm mitten ins Gesicht.

In diesem Augenblick begriff Uwe Wilhelm, dass er in nicht einmal 20 Metern Entfernung vor einer mindestens fünf Meter hohen Wand aus Wasser stand, von der ihn nur ein lächerlicher Erdwall trennte …

»Wir müssen sofort telefonieren«, rief er und sah aus alter Gewohnheit auf seine Armbanduhr. Es war vier Minuten nach Mitternacht. »Los, zurück in die Kneipe, vielleicht haben die da ein Telefon!«

Als sie wieder vor dem Lokal hielten, braussten die jungen Wilden gerade auf ihren Mopeds davon. Sie schwankten bedenklich. Aber das war den Stadtinspektoren egal, jetzt gab es wichtigere Dinge zu erledigen, als die Jugend vor ihrer eigenen Torheit zu schützen. »Haben Sie ein Telefon? – Schnell!«, rief Wilhelm.

Der Wirt hatte eins. Wilhelm wählte den Notruf, aber er kam nicht durch. Dann suchte er mit zitternden Fingern in seinem kleinen, abgegriffenen Notizbuch nach der Amtsnummer der Wilhelmsburger Revierwache. Aber die hatte er noch nicht eingetragen. In diesem Moment fiel ihm nur noch sein Chef ein – Hermann Westphal.

»Was ist denn passiert?«, fragte der Wirt neugierig.

»Dahinten kommt Wasser über 'n Deich«, sagte Mahnke lakonisch.

»Nee!«

»Doch!«

»Ach was?!« Mahnke nickte energisch. »Das muss ich mit eigenen Augen sehen!«, stammelte der Wirt, rollte hinter seinem Tresen hervor und ging raus auf die Straße.

Einer der Hafenarbeiter tippte sich an die Stirn. »Schon wieder April?«, fragte er und grinste verschmitzt, doch die beiden Beamten konzentrierten sich auf das Telefon.

Nach dem zweiten Klingeln hob bereits jemand ab. »Herr Westphal?«, sagte der Jugendschützer, mühsam beherrscht, »hier ist Amtmann Wilhelm. Entschuldigen Sie die späte Störung, aber ich kann die Polizei nicht erreichen – und hier kommt Wasser über den Deich!«

»Wo befinden Sie sich jetzt?«, fragte Westphal am anderen Ende der Leitung. Der Stadtinspektor erklärte es ihm. »Gut«, sagte Westphal, »dann kommen Sie bitte sofort her und holen

mich ab … Grotestraße 31 – Herr Peters weiß, wo das ist!«
Mit diesen Worten legte er auf. Der Wirt betrat wieder seine
Kneipe.

»Die haben Recht!«, rief er. »Dahinten kommt wirklich Wasser über 'n Deich. Und das gar nicht mal so knapp. Ich würde sagen, das fließt!«

»Wohnen hier irgendwelche Leute … In der Gegend, meine ich? Gibt's hier Schrebergärten?«, fragte Wilhelm.

»'n paar, dahinten irgendwo«, antwortete einer der Hafenarbeiter.

»Dann passen Sie jetzt mal bitte schön auf: Laufen Sie sofort zu den Leuten und wecken Sie die auf! Verstanden? Die
müssen machen, dass sie von hier wegkommen … und Sie hau-
en dann auch ab … und zwar schleunigst!«

»Moment Mal«, entgegnete der Arbeiter. »Was wollen Sie
damit sagen?«

»Verstehen Sie denn nicht?«, rief Wilhelm. »Der Reiherstiegdeich wird schon überspült! Wir haben eine Sturmflutwarnung …«

»Hab ich gehört – im Radio!«, warf der Wirt ein und machte dabei ein wichtiges Gesicht.

»Und was meint ihr, Männer, wenn der Deich erst mal
bricht – was dann hier los ist?!«

Die kumpelhafte Anrede zeigte plötzlich Wirkung. »Der
Herr Inspektor hat Recht«, sagte einer der Kartenspieler. »Lass
uns man jetzt tun, was er gesagt hat!«

Aber sein Kumpel schien damit nicht einverstanden zu sein.
»Nee, nee, nee, Willi!«, meinte er entrüstet, wenn auch mit
schwerer Zunge. »Erst gibst du mir noch 'ne Revanche!«

Da sagte Stadtinspektor Wilhelm lieber gar nichts mehr.

Zur gleichen Zeit schwappte drüben, auf der nördlichen Seite der Elbe, ebenfalls eine Welle hoch. Es war eine Welle der Begeisterung, die sich innerhalb von gerade mal einer Stunde im Vergnügungsviertel ausbreiten sollte – eine Nachricht, die flüsternd oder auch johlend weitergegeben wurde: »Hast du gehört, der Fischmarkt steht komplett unter Wasser!«, hieß es zum Beispiel. Oder auch nur: »Der Hafen geht unter – das muss ich sehen!«

Und so machten sich um diese mitternächtliche Stunde immer mehr Menschen zu Fuß auf, um auch ja nichts von diesem spannenden Ereignis zu verpassen. Dass es draußen stürmte und nasskalt war, machte den meisten von ihnen nichts aus; vor allem denjenigen nicht, die bereits von innen glühten. Lachend und scherzend, aber auch von innerer Unruhe und Sensationsgier getrieben, tappten die Menschen durch die schmalen Gassen St. Paulis, vereinigten sich in der Davidstraße zu einem Strom und versuchten, so nahe wie möglich an das faszinierende Schauspiel heranzukommen. Wer ein bisschen Geld hatte und sich ein Taxi leisten konnte, ließ sich zum Hafen hinunterfahren. Je länger diese Völkerwanderung zur Elbe hin anhielt, desto mehr Schaulustige schlossen sich ihr an. Schon bald waren in den Kneipen, Bars und Striptease-Lokalen jede Menge Plätze frei, während gegen 0.30 Uhr die begehrtesten Aussichtspunkte über den Hafen – Stintfang, Bernhard-Nocht-Straße und Pinnasberg – mit Gaffern überfüllt waren.

Solche Wellen im Hamburger Hafen hatten die meisten der Schaulustigen noch nie gesehen. Bierflaschen kreisten, und es gab jede Menge »Aahs« und »Oohs«. Die Stimmung war ausgelassen und fröhlich. Nur ein Feuerwerk fehlte. Es konnte hier ja auch niemand wissen, dass zu diesem Zeitpunkt auf der anderen Seite des Stroms, nur wenige Kilometer Luftlinie entfernt, die ersten Menschen um ihr Leben kämpften.

## Elmshorn, 16. Februar 1962, 23.50 Uhr

Als mit einem Schlag die gesamte Stromversorgung der Stadt ausfiel, bestätigten sich damit auch die düsteren Ahnungen von Johann Schmitt. Die »Gäste«, die sich in seiner Wohnung versammelt hatten, drängten an die beiden Fenster und starrten mit einer Mischung aus Neugier und Entsetzen hinaus auf die Straße. Sie sahen, wie eine Welle schmutzig braunen Wassers, einem reißenden Wildbach gleich, sich in die Schulstraße ergoss. Kurt Krim rechnete fest damit, im nächsten Augenblick seinen »Fiat« vorbeischwimmen zu sehen. Ihr Gastgeber schlurfte in die Küche, holte eine starke Taschenlampe und leuchtete dann durch die Fensterscheibe des Wohnzimmers nach unten in die schäumende Flut, die wie ein Gebirgsbach durch die Straße rauschte. Im Lichtkegel erblickte man Schuhe, Kleidungsstücke, mitunter sogar ganze Warenregale, die vom Wasser aus den zerstörten Geschäften in den Einkaufsstraßen mitgerissen worden waren und sich nun offensichtlich in der ganzen Innenstadt verteilten. Keiner brachte mehr ein Wort heraus.

Zu diesem Zeitpunkt war die Elmshorner Innenstadt von der Außenwelt abgeschnitten. Das Hochwasser schwemmte alles mit sich fort, was nicht niet- und nagelfest verankert war. Es gab kein Gas, kein Wasser und auch keine Telefonverbindungen mehr. Dafür nahm die Gewalt der Wassermassen zu: Gegen 22.30 Uhr brach in der Holstenstraße der gemauerte Vorbau des Fischladens *Fock* polternd in sich zusammen. Etwa um die gleiche Zeit wurde – etwa 300 Meter Luftlinie entfernt – eine Mauerecke der »Alten Windmühle« vom Wasser weggerissen, einem beliebten Ausflugsziel in der Stadt. Die schmutzige Brühe drang trotz der provisorischen Abdichtungen in fast alle Geschäfte der Innenstadt ein und vernichtete innerhalb weniger Minuten Waren im Wert von Millionen. Sogar der Innenraum der Nikolaikirche am Alten Markt war bis über die Altarstufen hinweg überflutet (hier hätten die Krims ebenfalls nasse Füße bekommen …). In der Straße Am Sandberg standen mehrere Dutzend Elmshorner wie ein Mann zusammen und halfen den überforderten Landwirten, das ängstliche Vieh aus den Ställen zu retten. Und gleich um die Ecke, im Städtischen »Alten- und Pflegeheim Elbmarsch«, hatten sich die alten Leute im letzten Moment auf Tische und Stühle flüchten können*: Das Heim lag direkt hinterm Binnendeich, und der Druck des Wassers war so stark, dass es alle Siele emporgedrückt hatte. Die Flut kam also nicht nur über den Deich, sondern hauptsächlich von unten.

Bereits gegen 1.00 Uhr traf Hilfe ein, die von der umsichtigen Einsatzleitung im Elmshorner Rathaus angefordert worden war: 150 Mann vom 3. Marine-Ausbildungsbataillon aus Glückstadt kämpften sich auf ihren Geländefahrzeugen bis in die überflutete Innenstadt vor, um Menschen – vor allem Kinder, Mütter sowie alte Leute – aus den voll gelaufenen Wohnungen im Erdgeschoss zu befreien. Jetzt erst stellte sich heraus, dass viel weniger Menschen als angenommen den Warnschuss der Sturmflutkanone ernst genommen hatte. Denn bisher war ja immer noch alles glimpflich abgegangen …

Doch diese Sturmflut entwickelte eine bis dahin nicht gekannte Zerstörungswut. Einer der Militärlastwagen sackte auf der Kreuzung Flamweg/Schulstraße plötzlich in ein metertiefes

---

* Später würde die Heimleitung stolz auf die »umsichtige« Arbeit des Pflegepersonals und die »vorbildlich tapfere Haltung« der betagten Bewohner verweisen: Eine wirkliche Panik sei niemals aufgekommen – glücklicherweise seien daher auch keine Todesopfer zu beklagen gewesen.

Loch, das die Flut in die Straße gespült hatte, und blieb liegen. Die betroffenen Marinesoldaten konnten zum Glück auf andere Fahrzeuge klettern. Dann teilten die Männer sich in kleine Gruppen auf und durchkämmten die überfluteten Straßen der Innenstadt. Dort, wo Hilfe am dringendsten schien, sprangen sie, mit Leinen gesichert, ins eiskalte Wasser, das ihnen manchmal bis zum Hals reichte, trugen die gefährdeten Bewohner aus ihren Erdgeschosswohnungen und transportierten sie dann mit den Lastwagen ins Elmshorner Krankenhaus an der höher gelegenen Esmarchstraße, wo inzwischen ein provisorisches Notaufnahmelager eingerichtet worden war*.

Drinnen, in der Wohnung von Johann Schmitt, zog Magda Krim ihren Mann zu sich heran. »Was wird denn nun mit unserem Auto, Kurt? Und wie sollen wir nach Hause kommen?«, flüsterte sie. »Hoffentlich ist die ›U‹ so schlau und bleibt bei den Kindern … Ein Mist ist das, dass man nicht mal telefonieren kann.«

»Mach dir mal keine Sorgen!« Kurt Krim tätschelte seiner Frau beruhigend die Schulter. »Bisher war sie doch immer zuverlässig. Und sobald es geht, fahren wir dann mit der Bahn nach Hause«, sagte er. Gleich darauf verbesserte er sich und meinte: »Na ja, wenn die morgen Früh überhaupt fährt …« Seinen schicken »Fiat« hatte er bereits abgeschrieben. Er konnte ja nicht wissen, dass sein Wagen zu diesem Zeitpunkt längst von einem Laster der Bundeswehr abgeschleppt worden war und mit feuchter Elektrik und nassem Innenraum auf dem Parkplatz von Teppich-Kibek stand …

---

\* Gut ein Drittel der Marinesoldaten musste nach diesem Einsatz ebenfalls im Krankenhaus behandelt werden: Die Männer hatten sich zum Teil schwere Unterkühlungen zugezogen.

*Hamburg-St. Georg, 16. Februar 1962, 23.59 Uhr*

Von der Feuerwache 7 ging die Vollzugsmeldung über eine
»Hilfeleistung bei einer gerissenen Lichtleitung« ein. Es war der
letzte Eintrag ins Einsatzprotokoll des 16. Februar 1962. Über
500-mal war die Hamburger Feuerwehr an diesem Freitag ausgerückt. Besondere Vorkommnisse: bis auf einen, Fehlanzeige.
Dabei hatte es sich um einen Anruf der Wasserschutzpolizei gehandelt, der 20 Minuten vorher, um 23.40 Uhr, eingegangen
war. Danach sollten sich auf der Insel Neßsand drei Personen
in Gefahr befinden. Löschboot 9 von der Feuerwache Finkenwerder war daraufhin »planmäßig« ausgerückt.

In der Hauptnachrichtenstelle lehnten sich die Beamten in
ihren bequemen Bürostühlen kurz zurück und blickten sich erleichtert an. Zerknautschte Zigarettenpäckchen wurden aus
Uniformtaschen herausgepfriemelt, einer ging in die Teeküche,
um frischen Kaffee aufzusetzen. Die Nacht war noch lang. Aber
der Sturmtag schien wenigstens zu Ende.


*Neßsand, 17. Februar 1962, 0.05 Uhr*

Das Löschboot 9 der Hamburger Feuerwehr kämpfte sich
im tosenden Orkan gegen die meterhohen Wellen des reißenden Flutstroms mühsam in Richtung des Eilands voran. Gischtwolken nahmen der Besatzung fast jede Sicht. Die
Richtungsfeuer »Wittenbergen« und »Tinsdahl« waren kaum
mehr auszumachen. Am Anleger Blankenese hatte das Löschboot 9 unter extremen Schwierigkeiten einen verzweifelten
Mann an Bord genommen, der in großer Sorge um seine Frau

und seine zwei kleinen Kinder war, die er am Nachmittag auf Neßsand zurückgelassen hatte: Gerhard Japp. So sieht er also aus, der »Robinson vom Neßsand«, dachte Kapitän Gerd Stecher, der seinem Passagier gern ein paar Fragen gestellt hätte: zum Beispiel, warum er trotz einer »sehr schweren Sturmflutwarnung« seine Frau mit zwei kleinen Kindern sich selbst überlassen hatte. Aber Stecher hielt den Mund. Wahrscheinlich hätte der Naturschutzwart eh keine seiner Fragen beantwortet. Japp hatte sich unter Deck in die hinterste Ecke der Pantry verkrochen, zitterte und konnte sein Schluchzen nur mühsam unterdrücken. Er hatte sich des schweren Seegangs wegen mit seiner winzigen Barkasse nicht mehr auf die Elbe getraut. Und jetzt wusste er selbst nur zu genau, dass sie vielleicht einen verhängnisvollen Fehler begangen hatten, Wilma und er.

An Bord des 16 Meter langen Löschboots befanden sich neben der Stammbesatzung – Kapitän und Maschinist – zusätzlich noch ein Löschzug, das heißt weitere fünf Mann von der Feuerwehr Finkenwerder. Als die Insel gegen 0.20 Uhr in Sicht kam, wurde Japp in die winzige Kommandobrücke zitiert.

»So, jetzt mal ganz ruhig«, sagte Gerd Stecher. »Sie zeigen mir jetzt, wo wir hin müssen …«

»Zum Südstrand«, entgegnete Japp tonlos. Er versuchte, sich zusammenzureißen. »Aber dort ist es sehr flach. Dort liegt vielleicht auch noch mein Boot.«

Etwa fünf Minuten später kam tatsächlich der Prahm in Sicht, mit dem Japp am Nachmittag zu seiner Barkasse gerudert war. Das flache Boot tanzte auf den Wellen. Es war bereits halb voll geschlagen. Kapitän Stecher befahl, das Schlauchboot klarzumachen. »Und wo befindet sich Ihr Haus?«, fragte er dann.

»Genau vor uns … da muss es doch sein«, antwortete Japp. Doch vom Löschboot aus war von seinem Behelfsheim nichts zu sehen – da war nur das mit Schilfgras und Büschen dicht bewachsene Ufer.

»Suchscheinwerfer einschalten!«, befahl der Kapitän.

»Ich verstehe das nicht«, flüsterte Japp kaum hörbar, »wo ist mein Haus?«

Stecher hatte das Löschboot in den Wind gedreht und bemühte sich, es auf der Stelle zu halten, als das Schlauchboot ausgesetzt wurde. Im Lichtkegel des Scheinwerfers paddelten die drei Feuerwehrmänner auf das Ufer zu. Sie versuchten, sich durch den dichten Uferbewuchs hindurchzuarbeiten. Doch nach knapp 20 Metern geriet das Schlauchboot in einen Strudel. Dann wurde es auch schon von einer Grundsee gepackt und umgeworfen. Im nächsten Moment war es bereits abgetrieben und außer Sicht – aber nach einer langen Schrecksekunde kamen die drei todesmutigen Retter ins Blickfeld. Sie hatten es geschafft, sich an den Kronenästen zweier Bäume festzuklammern.

»Mein Gott!«, schrie Japp. »Sie müssen Ihre Männer da rausholen … Die können sich bestimmt nicht mehr lange halten.« Er war weiß wie eine Wand geworden. Allerdings nicht wegen der verunglückten Retter, sondern weil ihm jetzt erst bewusst wurde, wie hoch das Wasser *auf* Neßsand stand. Diesmal hatte die Flut die Türschwelle zu seiner Hütte erreicht, so viel war schon mal sicher.

Kapitän Stecher setzte alles auf eine Karte, obwohl er eine Grundberührung eigentlich nicht mehr befürchten musste. Er schob den Gashebel nach vorn, ging mit dem Ruder hart backbord und rauschte dann mit voller Fahrt ins Ufergebüsch hinein. Ein paar Meter neben den drei Schiffbrüchigen legte er

Der gewaltige Deichbruch in Neuenfelde im Alten Land kostet 13 Menschen das Leben. 200 Dorfbewohner haben sich in letzter Sekunde in die höher gelegene Kirche flüchten können.

Bis zur totalen Erschöpfung versuchen Zehntausende an den norddeutschen Küsten, die aufgeweichten Deiche mit Sandsäcken und Faschinen gegen die Sturmflut zu verteidigen.

Am Morgen nach der Sturmflut ist das Alte Land – hier bei Cranz – ein riesiger See von durchschnittlich 2,50 Metern Tiefe. In einigen Gemeinden wird es Wochen dauern, bis das Wasser wieder abfließt.

In Kranenburg an der Oste wird die Familie Buck von ihrem überschwemmten Hof evakuiert. Ein Wurf Ferkel hat die Flut in einer Zinkwanne überlebt.

Rübke im Alten Land wird besonders schwer von der Sturmflut getroffen. Neben vielen Hundert Hektar wertvoller Obstplantagen wird praktisch der gesamte Viehbestand des Dorfes vernichtet.

»Das Dorf der toten Tiere«:
Nachdem das Wasser abgelaufen ist, wird in Rübke
das gesamte Ausmaß der Katastrophe sichtbar.

Im Hamburger Stadtteil Wilhelmsburg, eigentlich eine flache Insel im Elbstrom, ertrinken während der großen Flut mehr als 200 Menschen.

Erst am Vormittag des 17. Februar 1962 rollt gezielte Hilfe für die Flutopfer an: Allein in Hamburg kommen über 8000 Bundeswehrsoldaten zum Einsatz.

Die Gleisbettanlagen auf dem größten deutschen Güterbahnhof in Wilhelmsburg sind teilweise unterspült. Der Schienenverkehr in Nord-Süd-Richtung ist tagelang unterbrochen.

# Sturmflutwasserstände in der Elbe

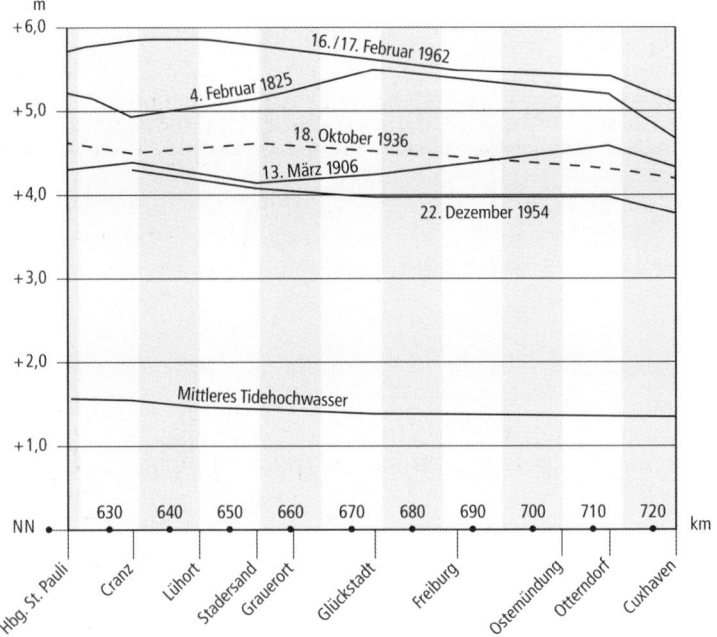

Das Diagramm aller »Hamburger Jahrhundertfluten« von Beginn der
Aufzeichnungen an bis zum 16./17. Februar 1962. Die schwankenden
Wasserstände erklären sich durch kurzfristig nachlassende Winde,
zum anderen durch Deichbrüche, bei denen Millionen Kubikmeter Wasser
aus der Elbe abfließen.

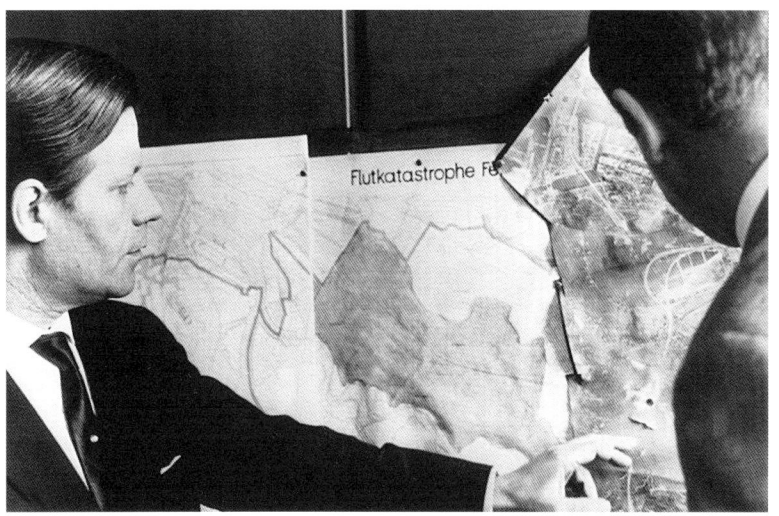

Dem entschlossenen Handeln des Hamburger Polizeisenators Helmut Schmidt verdanken Tausende von Flutopfern ihr Leben.

Lagebesprechung der Cuxhavener Einsatzleitung für den Fotografen: Der »heimliche Retter der Stadt«, Amtmann Günter Michel (ganz rechts), hält sich bescheiden zurück.

Für den »Krisenmanager« – hier beim Bericht über den von ihm geleiteten Katastropheneinsatz in der Hamburger Bürgerschaft – bedeutet die Sturmflut auch einen Karriereschub. Schmidt wird später Bundeskanzler.

Bundeswehrsoldaten haben einen Ertrunkenen geborgen: Dabei haben
Fotografen und Kameraleute die Anweisung,
möglichst keine Toten abzulichten.

Nach dem Hochwasser überschwemmt eine Welle der Hilfsbereitschaft die
Stadt: Zigtausende Hamburger räumen ihre Kleider- und
Wäscheschränke für die Flutopfer leer.

Auch Tage nach der Überschwemmung warten noch immer Tausende von Eingeschlossenen auf Hilfe.

Die Retter müssen aufpassen, dass die Schlauchboote nicht von Unterwasser-
hindernissen – vor allem Stacheldrahtzäunen – aufgerissen werden.

Gerettet nach vielen Stunden der Todesangst. Die meisten Flutopfer haben in einer der vielen Kleingartenkolonien in HH-Wilhelmsburg gelebt.

Zum zweiten Mal alles verloren: Dort, wo die Sturmflut am heftigsten gewütet hat, sieht es aus wie nach den Bombenangriffen auf Hamburg während des Krieges.

So wie hier bei Hove hat die Sturmflut binnen weniger Minuten viele Kilometer Straßen und Wege vollkommen zerstört.

Die Gewalt des Wassers hat mehrere Autos zu einer bizarren Skulptur aufgetürmt. Nach der Sturmflut werden insgesamt rund 15 000 schrottreife Fahrzeuge gezählt.

In dem am heftigsten getroffenen Hamburger Stadtteil Wilhelmsburg liegt
tonnenweise unbrauchbar gewordener Hausrat in den Straßen.

Der Unteroffizier Gerhard Gowitzke stirbt, als die Sturmflut
diese Scheune in Moorburg zum Einsturz bringt,
zu der er sich schwimmend gerettet hat.

Die traurigen Überreste eines Wochenendhauses auf der Elbinsel
Wischhafenersand bei Stade.

Am 26. Februar nehmen über 150 000 Menschen an der zentralen
Gedenkfeier für die 315 Opfer der Flutkatastrophe auf dem
Hamburger Rathausplatz teil.

dann den Hebel wieder um und ging auf halbe Kraft. Dieses Spielchen mit dem Gashebel vollführte er ein paar Mal, bis sich das Löschboot ungefähr auf gleicher Höhe mit den Verunglückten befand. Zwei ihrer Kameraden beugten sich weit über die Reling und streckten dem am nächsten Liegenden einen Enterhaken entgegen. »Halt dich fest, wir ziehen dich an Bord!«, schrie einer. Eine Minute später lag der Mann zitternd und keuchend an Deck. Die Rettung der anderen Feuerwehrmänner gestaltete sich schwieriger: Mehrere Versuche wurden benötigt, bis die beiden, deren Kräfte im kalten Wasser jetzt dramatisch schnell nachließen, in der Lage waren, sich an dem Rettungsring festzuhalten, den man ihnen zugeworfen hatte. Aber auch sie konnten schließlich nach bangen Minuten an Bord gezogen werden. Unten in der Pantry wurden sie sofort in wärmende Decken gehüllt. Einer der Geretteten flüsterte dem Maschinisten ins Ohr: »Ich glaube, ich hab die Frau schreien hören!«

Gerhard Japp schaute irritiert zu dem Feuerwehrmann hinüber, aber er hatte ihn offenbar nicht richtig verstanden. Trotzdem vermieden die Feuerwehrmänner möglichst den Blickkontakt. Sie ahnten, dass ein weiterer Rettungsversuch ausgeschlossen war, und sie konnten sich gut vorstellen, dass der »Robinson vom Neßsand« das inzwischen genauso sah. Aber wie würde er diese schreckliche Entscheidung aufnehmen?

Kapitän Stecher versuchte den Gedanken an die hilflose Frau und ihre beiden kleinen Kinder zu verdrängen. Jetzt musste er an seine Verantwortung denken und sich voll darauf konzentrieren, das Löschboot wieder zurück ins Fahrwasser zu kriegen. Das Boot war hoffnungslos zwischen den Bäumen eingekeilt, und beim Versuch, rückwärts zu fahren, hätte er es schwer beschädigen können. Darüber hinaus bestand die Gefahr, dass sich die Schraube im Buschwerk unter der Wasserlinie verfing. Er musste aber jetzt aus der dicht bewachsenen Uferzone raus, koste es, was es wolle. Mit dem Mut der Verzweiflung suchte er deshalb sein Heil in der Flucht nach vorn, gab Gas und manövrierte sein Schiff *durch* den Auwald quer über die Insel. Ein paar Mal rummste es gewaltig, doch nach ungefähr fünf Minuten verwegener Fahrt tauchte Löschboot 9 ins Hanhöfer-Elbe-Nebenfahrwasser ein.

Der Maschinist führte Gerhard Japp noch einmal zum Kommandostand. »Wir fahren jetzt um die Insel rum, Herr Japp«, rief Stecher. »Vielleicht können wir es ja noch einmal versuchen …« Der Kapitän glaubte selbst nicht daran, was er sagte. Er war fast erleichtert, als er bemerkte, dass sein unglücklicher Passagier mit zusammengepressten Lippen den Kopf schüttelte. Also hatte Gerhard Japp die Hoffnung offensichtlich auch aufgegeben. Dennoch blieb er neben dem Steuerhaus im Sturm an Deck stehen und hielt verzweifelt Ausschau, bis nach der Umrundung des Eilands die Anlegestelle erneut in Sicht kam. Sein Prahm hielt sich nach wie vor an der Wasseroberfläche. Stecher manövrierte das Löschboot noch einmal vorsichtig so nah wie möglich ans Ufer heran. Eine Grundberührung durfte er jetzt nicht riskieren – die Grundseen hätten aus ihnen Kleinholz gemacht. Kleinholz gemacht, dachte er, ja, das ist wahrscheinlich das richtige Wort. Bestimmt hat die Sturmflut auch die Hütte kaputtgeschlagen. Denn das Einzige, was man hier deutlich sehen konnte, war Wasser. Aufgewühltes Wasser. Gerhard Japps Behelfsheim war wie vom Erdboden verschwunden – und von einem Lebenszeichen seiner Frau und seiner beiden Kinder gab es keine Spur.

Um 1.14 Uhr wurde der Einsatz endgültig abgebrochen. Löschboot 9 kehrte nach Finkenwerder zurück. Am Anleger

Blankenese ließ Stecher einen gebrochenen Mann zurück. Es war niemand da, der sich um ihn kümmerte und ihm vielleicht ein wenig Trost spendete. Aber kann man das überhaupt?, fragte sich der Kapitän. Gerhard Japp schien wie in Trance über den wie wild schaukelnden Anleger zu laufen. Dann verschwand seine gebeugte Gestalt in der Nacht.

## Balje, 17. Februar 1962, 0.05 Uhr

Seit über zwei Stunden war das Feuer im Leuchtturm von Balje jetzt schon erloschen. Seit über zwei Stunden fühlte sich der Leuchtturmwächter Walter Drygalla wie ein Gefangener auf seinem Ausguck. Seit über zwei Stunden stieg die Flut unaufhörlich, obwohl der Höhepunkt des Abendhochwassers eigentlich schon längst überschritten sein musste.

Aber der Druck des stetigen Windes aus nordwestlicher Richtung ließ den Wasserstand immer weiter anschwellen. Der Leuchtturmwächter suchte mit seinem Fernglas den Horizont ab. Es war schier zum Verrücktwerden, hilflos zusehen zu müssen, wie die Natur zum Angriff auf das Land angetreten war, das die Menschen in Generationen urbar gemacht hatten. Unten donnerten die Wellen in einem fort gegen *seinen* Turm, und die heftigen Orkanböen ließen den Aufbau des Turms erzittern.

Auf einmal stockte dem Leuchtturmwächter der Atem. Ein paar Sekunden lang glaubte er an eine optische Täuschung. Drygalla setzte das Glas ab, rieb sich die Augen und starrte dann erneut durch den Feldstecher. Tatsächlich: Da kam ein Schiff gefahren. Aber es fuhr nicht dort, wo es eigentlich sollte: im

Fahrwasser der Elbe nämlich. Sondern es kam direkt auf ihn zu. Auf ihn und *seinen* Leuchtturm. Und so wie es aussah, fuhr es auch nicht, sondern tanzte wie eine Nussschale auf den Wellen auf und ab, manövrierunfähig. Die Naturgewalten warfen es hin und her. Meine Fresse, dachte Drygalla, entweder ist die Mannschaft total besoffen, oder die haben einen Maschinen- oder Ruderschaden. Dabei war es kein kleiner Kahn, der sich ihm da näherte, sondern ein ziemlich großes Schiff. Drygallas Magen krampfte sich zusammen. Er fühlte sich allmählich ziemlich ungemütlich. Denn das Schiff hielt nach wie vor genau auf seinen Leuchtturm zu.

Währenddessen herrschte an Bord der *Silona* helle Aufregung. Fünf Minuten vorher hatte eine Orkanbö das Schiff aus seiner Verankerung gerissen. Ein paar bange Sekunden lang hatte es mit vollem Gewicht an der Tonne 23 gezerrt, hatte dem Sturm erneut die Breitseite geboten, sodass Kapitän Nilsson nichts anderes übrig geblieben war, als die Verbindung zur Tonne kappen zu lassen. Auf diese Weise hatte das alte Spiel von neuem begonnen: Die Maschine lief zwar mit voller Kraft rückwärts, aber trotzdem trieb die *Silona* unaufhaltsam auf die Küstenlinie zu. Eine solch aberwitzige Situation hatte auch Erich Mehlert noch nicht erlebt: Da stand er nun auf einem seetüchtigen Schiff, mit laufender Maschine und intakter Ruderanlage, doch welches Manöver sie auch versuchten, um die *Silona* wieder unter Kontrolle zu bekommen: Dieser Orkan war stärker. Mehlert und der Kapitän sahen sich betroffen an. Worte waren nicht mehr nötig. Sie würden stranden. Sie wussten bloß nicht, wann, wo und wie.

»Verdammter Mist«, sagte der Lotse tonlos, tippte dem Kapitän auf die Schulter und deutete nach vorn. »Sehen Sie auch den Leuchtturm da?«

Walter Drygalla brach der kalte Angstschweiß aus. Das unheimliche schwarze Schiff kam immer näher. Er schätzte die Entfernung zwischen Bug und Turm auf höchstens noch 400, vielleicht 500 Meter. Jetzt konnte er durchs Glas bereits ein paar Gestalten erkennen, die an Deck hin und her eilten. Er vermutete, dass sich auch die Besatzung längst über die Gefahr bewusst war, in der sie schwebte. Aber viel wichtiger erschien ihm nun die Frage, was *er* tun sollte, wenn das Schiff mit seinem Leuchtturm kollidieren würde? Sollte er vielleicht versuchen, im letzten Augenblick aufs Deck zu springen? Von der Höhe her hätte es vielleicht gepasst.

Ab 0.13 Uhr musste sich der Leuchtturmwärter Walter Drygalla dann keine Sorgen mehr um seinen Leuchtturm machen. Dafür wussten er und die Besatzung der *Silona*, dass das Schiff so gut wie verloren war. Denn sanft berührte die *Silona* den Grund und rutschte aufrecht wie eine Lady auf dem Tanzparkett über die schlickigen Elbwiesen, bis sie schließlich mit einem kleinen Ruck zum Stehen kam. »Eine butterweiche Landung«, würde Erich Mehlert später mit sarkastischem Unterton beim Stammtisch der Cuxhavener Lotsenbrüderschaft erzählen. Den Leuchtturm hatte die *Silona* um etwa 100 Meter Entfernung verfehlt. Ihre Schiffsschraube drehte sich noch immer, die betagte Maschine gab nach wie vor alles, doch was das Schiff jetzt gebraucht hätte, wäre ein noch höherer Wasserstand gewesen. Bloß eine lächerliche Handbreit Wasser unterm Kiel … Aber diesen Gefallen tat ihr die Sturmflut nicht: Der Scheitelpunkt des Hochwassers war überschritten. Trotzdem sagte Mehlert: »Fordern Sie Schlepphilfe aus Cuxhaven an, Herr Nilsson! Vielleicht geht da doch noch was …«

*Hamburg-Wilhelmsburg, 17. Februar 1962, 0.10 Uhr*

»Pass bitte auf dich auf«, murmelte Lotti Westphal schlaftrunken und streckte ihrem Mann die rechte Hand entgegen. Hermann Westphal nahm und tätschelte sie. »Und zieh dich schön warm an!« Seine Frau hatte schon am frühen Abend ein schweres Schlafmittel genommen. Die Schmerzen in ihrem Unterleib waren so stark gewesen wie noch nie.

»Keine Bange«, sagte er und küsste sie zum Abschied auf die Stirn. Sie war fast schon wieder eingeschlafen. Er dagegen war hellwach, seitdem vor fünf Minuten das Telefon auf seinem Nachtschränkchen geschellt hatte. Das Gespräch hatte nicht mal 30 Sekunden gedauert. »Holen Sie mich bitte sofort ab«, hatte Westphal gesagt, war dann aus dem Bett gesprungen und hatte sich angezogen.

Auf Zehenspitzen verließ er das Schlafzimmer. Dann öffnete er die Wohnungstür, huschte hinaus, holte schon mal den Fahrstuhl aus dem Erdgeschoss hoch und nutzte die paar Augenblicke, um in Gummistiefel zu schlüpfen und seinen Lodenmantel anzuziehen.

Als er aus dem Hauseingang trat, kam der Volkswagen gerade angefahren. Wilhelm stieg aus. »Mensch, gut, dass Sie so aufmerksam gewesen sind«, sagte Westphal zur Begrüßung, »aber lassen Sie uns jetzt nicht lange hier herumstehen und debattieren – wir fahren zum Polizeirevier!« Der Stadtinspektor quetschte sich hinten auf die Rückbank. »Abend, Herr Peters – ich hab Sie eigentlich erst morgen früh erwartet«, scherzte der Ortsamtsleiter. »Los, los, worauf warten Sie noch?«

Peters gab Gas. Westphal schlug die Beifahrertür im Anfahren zu. Dann drehte er sich zu seinen beiden Mitarbeitern um, die ein leichtes Erstaunen nicht verbergen konnten. Westphal wusste, warum: »Dachten Sie etwa, ich würde Ihnen nicht glauben?« Eine Orkanbö erwischte den Käfer, Knud Peters musste kräftig gegenlenken. »Sehen Sie – da haben wir doch einen Beweis mehr ...«, sagte Westphal. Wilhelm lächelte verlegen.

Etwa fünf Minuten später hielt der Volkswagen vor der Wache 70 in der Georg-Wilhelm-Straße. Westphal stürmte mit fliegenden Mantelschößen ins Revier und fand die Nachtschicht geschlossen um das Polizeifunkgerät versammelt vor. Einige der Beamten schienen nicht glauben zu wollen, was ihre Kollegen vor Ort gerade aufgeregt durchgaben: »Überflutung des Köhlbranddeiches ... Sehe das Wasser deutlich, es fließt in Strömen über die Deichkrone ... Reiherstiegdeich: Das Wasser steht Unterkante Deichkrone ... Hier Peter 70 Null-Drei ... Achtung, Alarm ... auf der Peute fließt Wasser in die Laubenkolonie ...«

Einer sagte: »Versteh ich nicht – ich bin vorhin die Deiche noch mal abgefahren ...« Westphal musterte den Mann. Es war ein Hauptkommissar, wahrscheinlich der Revierführer oder Schichtleiter, dachte er.

Jetzt bemerkte der Hauptkommissar den Ortsamtsleiter, begrüßte ihn kurz und fragte, was man für ihn tun könne. Westphal wandte sich lieber gleich an die ganze Mannschaft. »Guten Abend, meine Herren«, sagte er, »ich kann die Meldungen bestätigen ... Meine Leute vom Jugendschutz kommen gerade vom Reiherstieg! – Wir müssen die Menschen warnen, die müssen dort raus aus ihren Hütten ...«

»Sie meinen Evakuierung? Und wie sollen wir das anfangen? Wir haben derzeit nur drei Peterwagen im Einsatz!«

»Benutzen Sie das Megafon auf dem Dach!«

»Bei dem Lärm, den der Sturm verursacht?«

Westphal zuckte die Schultern. »Hören Sie«, sagte er beschwörend, »das ist mir auch klar. Sagen Sie Ihren Leuten draußen, sie sollen von Haus zu Haus gehen … Wenn nötig, schlagen Sie die Fensterscheiben ein oder geben Sie meinetwegen auch Warnschüsse ab!«

In diesem Moment kam eine Funkanfrage aus der Einsatzzentrale am Karl-Muck-Platz. »Was ist denn da bei euch los?«, quäkte es aus dem Lautsprecher.

»Peter 70 Null-Eins, Null-Zwo und Null-Drei melden Deichüberflutung im Bereich Reiherstieg, Köhlbrand und Peute … Können Auswirkungen noch nicht absehen … Ende!«, antwortete der Hauptkommissar.

»Anweisung der Einsatzleitung: Weiter beobachten!«

»Verstanden!«, gab der Wilhelmsburger Beamte zurück und sah dann ratlos in die Runde.

»Fürs Beobachten ist es zu spät«, rief Westphal. Er hatte nur einen Gedanken: Die Leute *mussten* evakuiert werden. »Ich habe meinen Fahrer mit dem Wagen draußen stehen …«

In diesem Augenblick betrat ein weiterer Beamter das Revier. »Kollegen«, rief er atemlos, »ich sag euch: da draußen is'ne ganz große Sauerei im Gange …«

Westphal blickte auf die große Bahnhofsuhr. Sie zeigte 0.24 Uhr. Er war sich hundertprozentig sicher, dass jetzt jede Minute zählte. Vielleicht sogar jede Sekunde. »Fahren Sie mich dorthin. Zu den Kleingartenkolonien auf der Peute«, wandte er sich an den Beamten. »Mein Name ist Hermann Westphal – ich bin der neue Ortsamtsleiter hier. Wie heißen Sie?«

»Körner«, sagte der Beamte, »Wachtmeister Körner!«

»Alles klar, Herr Körner – gehen Sie schon mal vor, ich folge Ihnen gleich. Nur eine Minute!«

Die anderen Beamten waren sichtlich erstaunt, dass ihr Kollege auf dem Absatz kehrtmachte. Aber Westphal hatte den uralten Trick angewandt, mit dem man dafür sorgte, dass erst gar keine Gegenfragen aufkamen: Er hatte mit dem Beamten gesprochen wie ein Offizier, der eine Truppe verängstigter Soldaten zum zweiten Mal zum Gegenangriff auf ein feindliches MG-Nest schicken musste – wie damals an der zusammenbrechenden Heimatfront, 1945 im Wald bei Rheinbach. Westphal hatte einen *Befehl erteilt.* »Ich werde meine Leute inzwischen zu den Schulen und den Kirchen schicken. Sie sollen die Hausmeister rausklingeln und dafür sorgen, dass die Gebäude aufgemacht werden, damit die Leute ein Dach überm Kopf haben. Informieren Sie Ihre Einsatzzentrale … und auch das Krankenhaus Groß-Sand. Prophylaktisch! Also dann: Viel Glück, meine Herren!«

Damit wandte er sich um und verließ das Revier. Beim Hinausgehen hörte er mit einer gewissen Genugtuung, wie der Dienst habende Hauptkommissar die beiden Streifenwagen Peter Null-Eins und Peter Null-Zwo rief: »Sofort in die Kolonien am Reiherstieg und am Köhlbrand. Die Bewohner sind zu wecken und zum sofortigen Verlassen ihrer Häuser aufzufordern … Ich wiederhole …«

Draußen instruierte Westphal seine Mitarbeiter. »Und *wo* sollen wir anfangen?«, fragte Peters verunsichert.

»Ganz egal, wo«, antwortete Westphal, rannte zum Streifenwagen, schwang sich auf den Rücksitz und knallte die Fondtür zu. »Fahren Sie los, Herr Körner – und schalten Sie Horn und Blaulicht ein …«

*Hamburg-St. Georg, 17. Februar 1962, 0.11 Uhr*

In dieser Minute traf in der Hauptnachrichtenstelle am Berliner Tor die erste Deichbruchmeldung aus Hamburg-Neuenfelde ein. Dort wurde ein Bruch des Sommerdeichs vermutet, der noch *vor* dem Hauptdeich lag (und der bei der jüngsten Deichbeschau schwache Stellen gezeigt hatte, was der Feuerwehr jedoch nicht bekannt war). Dieser erste Hilferuf konnte noch routiniert bearbeitet werden: Sofort nach Eingang der Meldung wurden die beiden nächstgelegenen Freiwilligen Feuerwehren sowie ein Tanklöschfahrzeug des Zuges 13 mit Rüstanhänger und Schlauchboot über Funk nach Neuenfelde dirigiert. Auch der Bereichsführer der Freiwilligen Feuerwehren im Süderelberaum rückte dorthin aus. Gleichzeitig aber ließ der Dienst habende Einsatzleiter Oberbrandrat Hans Brunswig wecken, der sich im Sanitätsraum kurz aufs Ohr gelegt hatte. Sein Gefühl sagte ihm, dass dies wahrscheinlich nicht die letzte Meldung gewesen war – gerade war wieder eine Orkanbö mit 140 Stundenkilometern über die Stadt gefegt.

Er sollte Recht behalten: Schon eine Minute später rief der Leiter des Ortsamtes Finkenwerder an, um zu berichten, dass der Westerdeich auf einer Länge von 300 Metern »seit ungefähr einer halben Stunde überflutet wurde und das Wasser in einigen Straßen und auf dem Flugplatz* bestimmt einen halben Meter hoch« stand. Er regte an, Sirenenalarm zu geben, um

---

* Die Hamburger Flugzeugbau GmbH entstand aus dem Blohm Flugzeugbau, einem Ableger der Werft Blohm & Voss, der 1933 als Hamburger Flugzeugbau gegründet wurde. Später wurde in Finkenwerder die Transall gebaut. Anfang der 60er Jahre wurde hier das erfolgreiche Geschäftsreiseflugzeug »Hansa Jet« HFB 320 konstruiert. 1969 erfolgte die Fusion der Hamburger Flugzeugbau GmbH mit Messerschmitt-Bölkow zu MBB. Heute baut die EADS hier den Airbus.

die Bevölkerung zu warnen. Nahezu gleichzeitig lief eine ähnlich lautende Meldung aus den Vierlanden ein. Dann aber brach in der Hauptnachrichtenstelle der Hamburger Feuerwehr die Hölle los. Der zuständige Protokollant kam mit dem Schreiben ins Wachbuch kaum mehr hinterher, als sich die Alarmmeldungen auf einmal überschlugen:

- *0.14 Uhr: Deichbruch im Neuenfelder Rosengarten*
- *0.15 Uhr: Deiche bei Neuenfelde und Altenwerder werden überflutet. DHI meldet Hochwasser 3,5 bis 4 Meter über Mittlerem Hochwasser*
- *0.18 Uhr: Köhlbranddeich in Neuhof läuft über*
- *0.22 Uhr: Über den Neuenfelder Deich läuft Wasser*
- *0.27 Uhr: Alarm Großfeuer Shell-Raffinerie Hohe Schaar (Wilhelmsburg)*
- *0.28 Uhr: Hohenwischer Deich in Francop überspült*
- *0.30 Uhr: Deich- und Schleusenverband meldet: Inzwischen mehr als fünfzig (!!!) Deichbrüche in Hamburg*
- *0.31 Uhr: Alarm Großfeuer auf dem Grasbrook – Gaswerk brennt*
- *0.32 Uhr: Im Rosengarten Menschenleben in Gefahr*
- *0.33 Uhr: Feueralarm. Fischauktionshalle St. Pauli in Flammen*
- *0.37 Uhr: Erste Ausfälle der Nachrichtenübermittlung in Feuerwachen Süderelbe-Region*
- *0.45 Uhr: Feuerwache Veddel von Hochwasser bedroht*
- *0.51 Uhr: Im Alten Schlachthof Wilhelmsburg Menschen vom Wasser eingeschlossen. Feuerwache Neustadt wird evakuiert. Zug 10 muss ebenfalls räumen.*
- *1.00 Uhr: Der Deich zwischen Parkhafen und Mühlenwerder Grund läuft über. Erhebliche Störungen der Fernsprechleitungen in den Raum Harburg, Wilhelmsburg, Finkenwerder*

- *1.15 Uhr: Wasser schwappt über den Reiherstiegdeich im Nordwesten der Insel Wilhelmsburg. – Deichbruch in Neuenfelde*
- *1.16 Uhr: Nachrichtenübermittlung fällt aus*
- *1.17 Uhr: Die Fluttore der Vering-Schleuse drohen zu brechen*
- *1.25 Uhr: Totalausfall aller Fernschreib- und Nachrichtenleitungen*
- *1.30 Uhr: Deichbrüche in Moorburg, Francop, Altenwerder, Wilhelmsburg (Einlagedeich)*
- *1.45 Uhr: Deichbrüche in Moorburg, Finkenwerder Auedeich gebrochen*
- *1.50 Uhr: Ernst-August-Schleuse überflutet*

Bereits nach dem vierten Alarm hatte der Oberbrandrat mit hochrotem Kopf die Faust auf den Lagetisch gehauen und gerufen: »Geben Sie Alarm – und lassen Sie die Sirenen heulen, bis die Drähte glühen!«

### Hamburg-Waltershof, 17. Februar 1962, 0.30 Uhr

Ingrid Pflug schlug die Augen auf. Irgendetwas hatte sie geweckt. Es war ein Geräusch, ein hoher, schriller Ton, der jedoch weit entfernt klang und vom Brüllen des Orkans fast verschluckt wurde. Das könnte eine Feuerwehrsirene sein, dachte sie. Ja, das hört sich ganz nach einer Sirene an. Vielleicht brennt es ja irgendwo. Jetzt wachte auch ihr Mann auf. »Was ist denn?«, fragte Reinhard Pflug. »Wieso schläfst du nicht?«

»Es brennt hier irgendwo«, entgegnete seine Frau, »hörst du nicht die Sirene?«

»Lass es brennen – solange es nicht bei uns brennt.«

»Aber das muss hier in Waltershof sein. Die Feuerwehr macht schon seit Minuten Alarm!«

»Du hast geträumt, Liebling«, stöhnte Reinhard Pflug. Vielleicht waren es vorhin beim gemütlichen Mensch-ärgere-dich-nicht-Spiel doch zwei Schnäpschen zu viel gewesen. Andererseits war es vielleicht ganz gut, dass er aufgewacht war. Denn jetzt merkte er, dass er pinkeln musste. Allerdings hatte er wenig Lust, bei diesem Wetter zur Latrine hinüberzulaufen, auch wenn es von der Küchentür nur ein paar Schritte waren. Das hatte er immer wieder vor sich hergeschoben: den Weg zu ihrem Donnerbalken zu überdachen. Stöhnend wälzte er sich aus dem Bett.

»Ingrid«, sagte er plötzlich, »sag mal, ist hier irgendwas umgekippt? Der Boden ist ja ganz nass!«

»Was soll denn umgekippt sein?«

»Ich mach mal das Licht an. Also, der Boden ist jedenfalls nass …« Ingrid Pflug kicherte. »Nee, nee – nicht, was du denkst!«, lachte jetzt auch Reinhard Pflug. Er knipste die Nachttischlampe an. In diesem Moment verging ihm das Lachen. Denn er sah, wie aus den Fugen zwischen den Bodendielen bräunliches Wasser hervorquoll. Er rieb sich einmal kurz die Augen, um ganz sicherzugehen, dass er nicht träumte.

»Was hast du?«, fragte seine Frau und richtete sich auf.

»Das gibt's doch nicht«, sagte er. »Guck dir das an!« Er deutete auf den Fußboden. »Was ist das … Wo kommt das ganze Wasser plötzlich her?« Er war so perplex, dass er in der kalten Brühe stehen blieb.

»Reinhard«, sagte Ingrid Pflug, »weck sofort die Kinder. Ich glaub, das kommt von der Elbe … Riech mal!«

»Scheiße«, erwiderte Reinhard Pflug, »wenn das von der Elbe kommt, dann läuft bestimmt der Deich über!«

Seine Frau meinte: »Sag mal, Reinhard – hatten die im Radio nicht was von Sturmflut erzählt?«

»Ja, haben sie.« In diesem Augenblick stellte er fest, dass der Wasserspiegel rapide anstieg. Seine Füße standen bereits bis zu den Knöcheln im Nassen.

*Hamburg-Moorfleet, 17. Februar 1962, 0.20 Uhr*

Rolf Stubbe und seine Mannschaft von der Freiwilligen Feuerwehr Moorfleet hatten längst mitbekommen, dass irgendein größerer Einsatz lief. Sie hatten ihren Posten auf der Straße, die über den Moorfleeter Deich führte, nach wie vor nicht verlassen. Jetzt sahen sie von Ferne den Feuerschein über dem Grasbrook, sie sahen neben sich den Wasserstand der Elbe rapide steigen und fühlten sich allmählich ziemlich veräppelt. Zur Hauptnachrichtenzentrale waren sie nicht durchgekommen. Die Telefone waren besetzt – Stubbe hatte es von zu Hause übers Festnetz probiert –, und der Funkverkehr lief alles andere als gesittet ab. Dabei hätten sie was zu melden gehabt: Denn bei der Schiffswerft Grube, die nicht einmal 200 Meter von Stubbes Haus entfernt war, suppte das Hochwasser bereits seit einer knappen Stunde durch den Deich. Daraufhin waren drei Mann zu Fuß ausgeschwärmt und hatten – ohne Einsatzbefehl – ihre Leute gewarnt. Sie waren von Haus zu Haus gegangen, hatten geklingelt oder geklopft. Das machte man so. Es war ja nicht das erste Mal, dass man sich hier auf dem platten Land einer Sturmflut gegenübersah.

Als dann um 0.30 Uhr plötzlich die Sirenen heulten (und nicht aufhören wollten zu heulen), entschlossen sie sich, zu ihrer

Wache zurückzufahren, um noch einmal vom Diensttelefon zur Hauptnachrichtenzentrale vorzudringen. Kurt Burmester, der Sohn des gewählten Deichgrafen, fuhr den Magirus. Als sie die Wache ungefähr zehn Minuten später erreichten, sagte er verblüfft: »Da steht ja Vadder!«

Herbert Burmester rang die Hände: »Da seid ihr ja ... Wo habt ihr euch rumgetrieben, sagt mal?«

»Stellung gehalten«, entgegnete sein Sohn.

»Bei Grube bricht der Deich«, sagte der Deichgraf.

»Könnte sein«, nickte Stubbe, »aber wir haben die Leute bereits alarmiert.«

»Sagt mal – könntet ihr dann nicht Sandsäcke holen ... aus Talenberg? Das Depot weiß Bescheid, dass jemand von uns kommt. In ungefähr drei Stunden sollen es mindestens dreieinhalb bis vier Meter über MTHW werden ... Ich muss jetzt unsere Männer vom Verband alarmieren ... Wir werden wahrscheinlich jede Hand gebrauchen können!«

Rolf Stubbe zuckte die Achseln. »Besser als weiter dösig im Wagen zu hocken!«, meinte er.

»Woher weißt du das alles, Vadder?«, fragte Kurt Burmester. »Wir haben nämlich keine Ahnung, was eigentlich los ist in Hamburg!«

»Die Kameraden sind da wohl ... ziemlich kopflos!«, warf Stubbe ein. Das sahen die Mitglieder seiner Truppe genauso.

»Wie, ihr wisst nicht, was los ist?«, rief der Deichgraf erschrocken. »Hamburg is' am Absaufen!«

Stubbe und Burmester junior rätselten die ganze Fahrt nach Talenberg über, woher der alte Burmester seine Informationen bezogen hatte. Bevor sie losgefahren waren, hatten sie noch kurz einen Einsatzplan verabschiedet: Der Deichgraf und ihre drei Kameraden würden jetzt alle Männer und Jugendlichen aus der direkten Umgebung, die eine Schaufel halten konnten, aus den Betten klingeln und zur potenziellen Bruchstelle dirigieren. Außerdem sollten sie noch mehrere Kubikmeter Sand organisieren. Sie hatten sich für ihren Alleingang zwar keine offizielle Genehmigung eingeholt, aber ein eigenes Süppchen zu kochen und die heimatliche Scholle zu verteidigen, hielten sie allemal für sinnvoller, als weiterhin zu beobachten, wie das Wasser stieg, und dabei Däumchen zu drehen.

*Hamburg-Wilhelmsburg, 17. Februar 1962, 0.30 Uhr*

»Weiter!«, schrie Hermann Westphal den beiden Polizeibeamten zu, »schlagen Sie einfach die Scheiben ein und brüllen Sie die Leute wach!«

Mit dem Megaphon, von der Straße aus, hatten sie sich nicht gegen das Tosen des Sturms durchsetzen können, und mit dem Käfer durch die Siedlung zu fahren, war unmöglich. In den Baracken und Behelfsheimen, die im Dunkeln vor ihnen lagen, hatte es bisher keinerlei Reaktionen gegeben. »Raus«, hatte Westphal gerufen, »jetzt warnen wir die Leute auf meine Art.«

Also hatten sie den Funkstreifenwagen am Eingang der beiden Kleingartenkolonien »Ameise« und »Alte Landesgrenze« stehen lassen. Die Parzellen grenzten an den Ernst-August-Kanal. Als der Wachtmeister mit einer Taschenlampe kurz aufs Wasser geleuchtet hatte, war ihnen sofort klar geworden, dass sie keine Sekunde Zeit mehr zu verlieren hatten: Der Kanal war bereits übers Ufer getreten, das Wasser strömte mit Macht in die Kolonie hinein.

Ungefähr eine Viertelstunde rannten sie von Hütte zu Hütte, hämmerten an Türen und klopften an Fensterscheiben, bis die Bewohner endlich aufwachten. Dabei mussten sie – bis auf wenige Ausnahmen – dauernd erleben, dass die meisten der schlaftrunkenen, erschreckten, verängstigten Menschen ihnen nicht glaubten. Ihnen nicht glauben wollten. Der Letzte drohte Hermann Westphal sogar Prügel an – denn der Ortsamtsleiter hatte mit dem Ellbogen die Scheibe eingeschlagen: »Ich komm jetzt raus und hau dir auf die Fresse, Opa – hörst du nicht die Sirene? Sirene ist Feuer oder Bombenalarm, aber nicht Wasser – oder biste vielleicht besoffen? Wer bezahlt mir das jetzt?«

»Opa« hatte der Mann ihn genannt, dabei sah er mindestens zehn Jahre älter aus als er, allerdings wesentlich kräftiger. Westphal wollte ihn noch einmal beschwören, aber der Fremde in seinem Unterhemd knallte ihm das kaputte Fenster vor der Nase zu. »Schicken Sie die Rechnung an die Stadt«, schrie er. Es war zum Verzweifeln. Aber was sollte er tun? Vor allem jetzt, wo ihm das Wasser schon fast bis zu den Knien stand …

Keuchend kamen die beiden Polizisten herangewatet. »Wir müssen hier weg, sonst säuft uns gleich der Wagen ab«, keuchte Wachtmeister Körner, »das Wasser erreicht schon die Straße!«

»Haben Sie Erfolg gehabt?«

»Nein, die meisten Leute sind entsetzlich stur. Die denken eben alle, es brennt, und halten meine Uniform für 'ne Verkleidung … Sehen Sie den Feuerschein da hinten überm Hafen?«

Westphal nickte. »Ja … Ich hab mich schon die ganze Zeit gefragt, was da so dermaßen lichterloh brennt … Die Flammen schlagen ja in den Himmel!«

»Das ist das Gaswerk auf 'm Grasbrook«, sagte der andere Beamte, »ich wohn da genau gegenüber. Die fackeln bestimmt ab, weil die irgendwelche Probleme haben … Vielleicht stehen die schon unter Wasser!«

»Ach so … Das hab ich nicht gewusst«, sagte Westphal. »Aber wenn das so ist, dann heulen die Sirenen nicht wegen des Feuerscheins, sondern wegen der Sturmflut …«

»Und genau das kapiert keiner«, warf der Wachtmeister ein.

Westphal nickte. Natürlich, Menschen denken doch in allererster Linie an einen Brand, wenn die Sirenen heulen. Schließlich heißt es ja auch *Feuer*wehr, dachte er. »Haben Sie es eigentlich mit Scheibeneinschlagen versucht …?«

Die beiden Beamten senkten verlegen den Blick. Westphal rang sich ein verständnisvolles Lächeln ab. Natürlich war es für einen Polizisten nicht leicht, Eigentum zu beschädigen, das er eigentlich schützen sollte.

»Ist schon klar!«, sagte der Ortsamtsleiter. »Dann versuchen wir es jetzt wenigstens noch mal mit einem Warnschuss … und dann verschwinden wir von hier!« Kurz dachte er an seine Frau, die gar nicht mal so weit entfernt von hier schlief.

Die beiden Polizeibeamten hatten sofort ihre Dienstpistolen aus den Lederhalftern gezogen. »Machen Sie schon«, drängte Westphal. Fast zur gleichen Zeit entsicherten sie die 7,62 mm Walther PPK, luden durch und schossen in die Luft. Und gaben dann gleich noch einen zweiten Schuss ab. Hier, direkt neben der Waffe, hörte sich das Geballer ziemlich laut an. Aber die drei Männer hatten ihre Zweifel, dass die Knallerei auch noch in 50 Metern Entfernung wahrgenommen werden würde. Sie warteten gespannt auf eine Reaktion in den Hütten. Plötzlich ging in einem der Behelfsheime das Licht an. Westphal wandte sich resigniert ab. Denn es war die Hütte, die dem vierschrötigen Mann im Unterhemd gehörte. Der ihm Prügel angedroht hatte. Er riss das Fenster auf und schrie: »Kann man hier nicht mal seine Ruhe haben … Soll ich euch Beine machen, ihr Pappnasen?«

»Sieh doch mal runter auf den Boden, du Idiot«, schrie der Polizeiwachtmeister. »Willst du vielleicht ersaufen, Mann? Die Deiche brechen gleich … Und sag deinen Nachbarn Bescheid … Ihr müsst alle raus hier, weg von den Deichen!«

Das schien genau die Sprache zu sein, die dieser Zeitgenosse verstand. Einen Moment später hatte er endlich begriffen, dass dies alles kein Karnevalsscherz war. Er wandte sich um, verschwand vom Fenster, und dann hörten die drei Männer ihn undeutlich in seiner Behausung herumbrüllen.

Es wurde jetzt höchste Zeit abzuhauen. Sie wollten so schnell wie möglich zurück zur Wache, denn sie hatten eingesehen, dass sie mit ihrem Aktionismus nicht mal einen Blumentopf gewinnen würden.

Das Wasser hatte inzwischen die Straße überschwemmt. Die Räder des Volkswagens standen zur Hälfte im Wasser. Mehr als 30 Stundenkilometer waren nicht mehr drin.

Natürlich konnte Hermann Westphal zu diesem Zeitpunkt nicht wissen, dass es hier die meisten Toten in seinem geliebten Wilhelmsburg geben würde. Noch hielt ja das Berliner Ufer. Und solange das Wasser nur *floss*, würde es den Menschen auch gelingen, sich rechtzeitig in Sicherheit zu bringen. Natürlich nur, wenn sie rechtzeitig aufwachten.

*Hamburg-Veddel, 17. Februar 1962, 1.00 Uhr*

● Aus dem Aufsatz eines Schülers ...

*In der Nacht wurden wir von dem Läuten der Glocken geweckt. Dann heulte die Sirene ungefähr zwei Stunden lang. Mein Vater sagte zu uns: »Legt euch wieder ins Bett, es brennt nur!« Auf der Veddel bei den Kokswerken hatte man das Gas abgelassen, und das gab einen hellen Schein. Doch meine Mutter war zu unruhig und ließ uns aufstehen und anziehen. Ich ging als Erster nach draußen. An der Ecke hatten sich schon viele Leute versammelt. Ich hörte, dass die Deiche gebrochen seien. Als ich das meinem Vater erzählte, lachte er nur und sagte: »Unsere Deiche können gar nicht brechen!« Etwas später hielt vor unserem Haus ein Wagen. Es waren Bekannte von uns. Sie kamen barfuß und nur mit dem Notwendigsten bekleidet. Sie erzählten, dass sie vom Wasser im Schlafe überrascht worden seien. Sie waren erst erwacht, als das Wasser schon ihre Knie erreichte. Sie wollten durch die Küche nach draußen gelangen. Doch in der Küche stand das Wasser schon bis zur Hüfte. Also mussten sie durch das Stubenfenster hinaussteigen. Das Wasser hatte eine unheimliche Kraft. Mehrere Male wurden sie vom Wasser abgetrieben. Dann erreichten sie endlich eine Stelle, wohin das Wasser noch nicht gekommen war. Zum Glück kam ein Auto und brachte sie zu uns ...*

*Hamburg-Waltershof, 17. Februar 1962, 1.00 Uhr*

Reinhard und Ingrid Pflug standen schon fast bis zum Bauchnabel im Wasser, das jetzt auch durch die Wände drang. Die Sirenen heulten nach wie vor. »Komm, Reinhard, wir müssen jetzt rauf aufs Dach«, schrie Ingrid Pflug. Die beiden Kinder hockten auf zwei Küchenstühlen, die auf dem Esstisch standen.

»Die Scheißflut kann meinetwegen den Kühlschrank haben«, fluchte Reinhard Pflug, »aber nicht meine neue Musiktruhe! – Los, fass mit an … Und ihr, Kinder – ihr müsst jetzt runter auf den Tisch steigen.« Karin und Reinhard junior gehorchten sofort, obwohl sie mit ihren Füßen jetzt im Wasser standen. »Schiebt mal bitte die Stühle zusammen«, rief Reinhard senior. Im nächsten Moment wuchtete das Ehepaar die schwere Truhe mit dem fein gemaserten Nussbaumfurnier auf die beiden Küchenstühle. »So, jetzt aber nix wie raus«, rief Pflug. Er hatte schon vor zehn Minuten die Gartenleiter mit Draht an der Dachrinne befestigt. Und oben auf dem Dach lagen ein paar Decken und Mäntel sowie die wichtigsten Papiere, mit zwei halben Gehwegplatten beschwert.

»Auf den Arm«, sagte Ingrid Pflug zu ihrer Tochter, »los, komm!«

»Du auch, Junge«, lächelte Pflug seinen Sohn an. Dann watete die Familie durch die Küche nach draußen. Später würde Ingrid Pflug sich daran erinnern, dass sie sich die ganze Zeit über vollkommen sicher und geborgen gefühlt hatte, obwohl ihr die Minuten wie Sekunden vorgekommen waren. Aus einem Reflex heraus hatte sie nur noch rasch den Stecker ihres neuen Kühlschranks aus der Steckdose gezogen und war ihrem Mann gefolgt.

Reinhard Pflug schob mit seinem ganzen Gewicht die hintere Küchentür auf. Kaum standen sie vor ihrem Haus, merkten sie, wie stark die Strömung des Wassers war. »Du zuerst, Ingrid«, befahl Reinhard Pflug und nahm ihr Karin ab. Ingrid Pflug kletterte behände die Leiter nach oben. Eine Minute später saß die Familie auf dem Dach. Sie waren erst mal in Sicherheit. Aber sie waren dem Orkan vollkommen schutzlos ausgeliefert. »Du bist sehr tapfer, mein Kleiner«, lobte Reinhard Pflug seinen Sohn, der bisher nicht eine einzige Träne vergossen hatte. Weil er vor Angst wie gelähmt war. So wie seine Schwester.

Sie zogen nun die Mäntel an, mummelten sich in die Decken ein und rückten ganz eng zusammen, um sich gegenseitig zu wärmen. Soweit man es in der Dunkelheit erkennen konnte, hockte mittlerweile die ganze Nachbarschaft auf den Dächern ihrer Behausungen. Reinhard Pflugs neidischer Blick fiel auf das Spitzdach der Krögers von nebenan. Haben die es gut, dachte er, sitzen schön im Trockenen und lachen sich über uns kaputt …

»Wie es wohl Mutter gerade ergeht?«, fragte Ingrid Pflug nachdenklich.

»Die amüsiert sich bestimmt prächtig«, feixte ihr Mann. »Das Haus von ihrem … Freund liegt ja noch höher als unseres … Vielleicht hat die nicht mal nasse Füße bekommen?«

»Papa«, sagte Reinhard junior plötzlich, »was ist eigentlich mit den Kaninchen … Müssen die jetzt sterben?«

Seine Kaninchen! Verdammt, die hatte er ganz vergessen, in der ganzen Aufregung um die Musiktruhe. Er räusperte sich.

»Reinhard …«, sagte Ingrid Pflug mit einem warnenden Unterton, »du willst doch nicht wohl …?«

»Danke, mein Sohn«, sagte ihr Mann und erhob sich. »Bin gleich wieder da, Ingrid … Es muss bloß einer zum Rand kommen und mir die Käfige abnehmen!«

»Reinhard!«, schrie Ingrid Pflug.

»Ach was!«, entgegnete ihr Mann, schwang sich über den Rand auf die Leiter. Er war so wütend über sich selbst, dass ihm die Kälte nichts ausmachte, als er erneut ins Wasser glitt. Aber da ihm das Wasser jetzt schon bis zur Brust reichte, wusste er, dass ihm wenig Zeit bleiben würde. Die Strömung presste Reinhard Pflug gegen die Hüttenwand. Die Kaninchenställe befanden sich jedoch zum Glück in Reichweite, sodass keine Gefahr bestand, vom Wasser weggerissen zu werden. Aber nun tauchte ein neues Problem auf: Er hatte die Käfige miteinander verschraubt. Mist – daran hatte er nicht gedacht. Kurz entschlossen öffnete er den ersten Stall, packte das Tier am Schlafittchen, watete dann wieder vier Schritte zurück, stieg auf die unterste Sprosse der Leiter und drückte seiner Frau das Tier in die Hand.

»Du bist unverbesserlich, weißt du das eigentlich, Reinhard?«, schrie sie ihn an.

Aber wenn sich Reinhard Pflug etwas vorgenommen hatte, dann zog er das auch durch. Noch elf Mal legte er den kurzen Weg zwischen den Ställen und der Leiter zurück. Bei jedem Gang flog ein Kaninchen aufs Dach hinauf. Das Wasser stand Reinhard Pflug inzwischen bis zum Hals. Dann endlich kletterte auch er nach oben. Zum Schluss fummelte er noch die Drähte ab, mit denen er die Leiter an der Dachrinne befestigt hatte, und zog das drei Meter lange Ding nach oben. Jetzt spürte er jedoch die aasige Kälte; vor allem seine Beine und Füße waren wie abgestorben, und er klapperte mit den Zähnen.

»Hat sich das wirklich gelohnt?«, fragte seine Frau. Der Vorwurf in ihrer Stimme war nicht zu überhören. Dann sagte sie: »Und nun zieh die nassen Sachen aus … Du musst dich ganz doll abrubbeln, sonst erfrierst du mir ja …«

»Ich finde aber, dass Papa das ganz toll gemacht hat«, rief Reinhard junior. Er und seine Schwester waren fasziniert von den verschreckten Rammlern, die nun neugierig vom einen Rand des Daches zum anderen hoppelten – aber immer rechtzeitig innehielten.

»Gut, dass wir ein Fundament haben«, sagte Ingrid Pflug.

»Oder stell dir mal vor, wir hätten Eisschollen … Die würden uns das Haus jetzt unterm Hintern wegdonnern …«

»Hoffentlich hält es …«

»Das ist stabil. Bestimmt hält das!«, meinte ihr Mann. Dann dachte er: Augenblick mal, Fundament – Kurts Hütte steht ja bloß auf Ziegelsteinen. Mein Gott, sein Kegelbruder, der mit Else, seinem neugeborenen Sohn Holger und seinem 17-jährigen Schwager Edward unten im Maakenwerdergrund lebte, befand sich bestimmt in größter Gefahr … Er rückte dicht an seine Frau heran. »Ingrid«, flüsterte er ihr heiser ins Ohr, »erinnerst du dich noch daran, was ich damals gesagt habe … über den Grund?« Er wartete ihre Antwort nicht ab. »Eine Badeanstalt würde das werden, hab ich gesagt, wenn das Wasser über 'n Deich kommt … Weißt du noch?« Ingrid Pflug nickte. »Ja, Scheiße noch mal«, brach es aus Reinhard Pflug heraus, »Kurt kann nicht schwimmen!«


*Hamburg-Waltershof, 17. Februar 1962, 0.40 Uhr*

Das Wasser war von allen Seiten gekommen. Das Wasser war schnell gekommen. Das Wasser hatte eine ungeheure Kraft. Es floss nicht, es *stürzte* in die Laubenkolonie hinunter, wie über ein hohes Wehr. Überall entstanden schäumende Strudel. Die Strömung riss alles um und schwemmte es davon: Holzstapel, kleine Schuppen, Gewächshäuschen, Fahrräder, Gartengeräte … Und dann nahm sie sich die Hütten selber vor. Sie riss die Behelfsheime aus ihren Fundamenten aus Magerbeton heraus – wenn überhaupt ein Fundament vorhanden war. Das

Wasser drückte Türen, Fenster und Seitenwände ein. Manche Lauben wurden binnen weniger Augenblicke förmlich zerlegt und fielen in sich zusammen wie ein Kartenhaus. Andere schwammen plötzlich und trieben ziellos in diesem rund 50 000 Quadratmeter großen Becken herum. Drinnen kippten Kohleöfen um, fielen glühende Briketts und Holzscheite heraus, wurden zischend und dampfend gelöscht; rutschten Möbel durch die Zimmer, flogen Gläser und Geschirr aus den Schränken. Und dazwischen kämpften ungefähr 250 Menschen ums nackte Überleben.

Das Wasser hatte den Schwedlers keine Sekunde Zeit gelassen, auch nur das Allerwichtigste mitzunehmen; Ausweispapiere, Versicherungsunterlagen, Geld, Fotos, Erinnerungsstücke oder den Schmuck. Wie die meisten Bewohner hier unten »Im Grund« waren sie praktisch erst in dem Augenblick aufgewacht, als das Wasser bereits ihre Matratzen überspülte und sie plötzlich merkten, dass ihre Laube gefährlich schwankte und sich die dünnen Holzwände neigten …

Else Schwedler schrie in Todesangst nach ihrem Sohn und ihrem 17-jährigen Bruder Edward, der in einem Verschlag neben der Küche sein kleines Reich besaß.

»Steh auf, und dann nichts wie raus hier!«, brüllte ihr Mann und watete durchs Schlafzimmer, um seinen sechs Monate alten Sohn aus dem Kinderwagen zu reißen, der auf dem Wasser schwamm. Sein junger Schwager flog in diesem Moment kopfüber durch die Schlafzimmertür herein – eine Welle war in einem mächtigen Schwall durch das Wohnzimmer hineingebrochen. Kurt Schwedler spürte einen starken Luftzug. Er ahnte instinktiv, dass der vordere Teil ihres Heims gerade weggerissen worden war. Das Wasser stieg immer schneller. »Durchs Fenster«, rief er, »los … keine Zeit … nur raus … komm, Else!«

Die 39-Jährige sprang in Panik aus dem Bett und versuchte, das Schlafzimmerfenster zu öffnen. Es klemmte. Die ganze Laube knarrte und ächzte in ihren Fugen. »Geht nicht auf«, weinte sie, »das Fenster geht nicht auf!« Sie trug ein dünnes Nachthemd, Kurt Schwedler und Edward schliefen immer in Unterwäsche.

Ihr Mann watete zu ihr, den wimmernden Sohn an die Brust gepresst. Schwedler vermutete, dass sich auch die Wände des rückwärtigen Teils seiner Laube bereits geneigt und den Fensterrahmen zusammengedrückt hatten.

»Eddi, steh auf, verdammt noch mal … Nimm den Stuhl da und schlag das Fenster ein!« Der Junge gehorchte. Es war wie ein Reflex. Er rappelte sich auf, griff nach dem kleinen Schemel vor der Schminkkommode seiner Schwester und hieb dann wie von Sinnen auf das Fenster ein. Die Scheiben splitterten. Else Schwedler wandte sich ab und hielt sich die Ohren zu. Sie schluchzte. Warum hält sie sich bloß die Ohren zu?, fragte sich ihr Mann. Dann aber vergaß er diesen Gedanken auch schon wieder. »Noch die Scherben weghauen … und jetzt raus, klettert raus … Edward, los, du gehst als Erster, und dann hilfst du deiner Schwester!«

Der 17-Jährige dachte nicht mehr über das nach, was er tat. Er folgte einzig und allein dem Willen zu überleben. Die Fensteröffnung war groß genug, den Rahmen hatte er fast vollständig herausgeklopft und die Scheibe auch. Er schmiss den Schemel durchs Fenster und stürzte sich kopfüber aus der Öffnung. Sekunden später tauchte er auf, mit nassen Haaren, und hielt sich am Fensterrahmen fest.

»Jetzt du, Else!«, schrie Kurt Schwedler. »Los, mach … geh, die Hütte fällt gleich zusammen!« Doch seine Frau war starr vor Entsetzen. Er zerrte sie mit seiner freien Hand ans Fenster und schubste sie grob hinaus. Auch Else verschwand für einen Moment im Wasser, tauchte dann aber auf und hielt sich an ihrem Bruder fest. »Edward, nimm den Kleinen!« Kurt Schwedler drückte seinem Schwager das Baby in den Arm und schwang sich dann aus dem Fenster hinaus. Das Wasser reichte ihm bis zur Brust. »Gib mir Holger!« Edward Peter reichte ihm das Kind, das nun anfing zu schreien. Die Windel war blutig – Edward hatte sich an einer Glasscherbe die Hand aufgeschnitten. Aber das zählte jetzt nicht. »Wir müssen irgendwie zum Weg und dann rauf auf den Damm … da wo Reinhard wohnt«, schrie Schwedler, nicht ahnend, dass sie so dem stärksten Wasserstrom entgegenkommen würden. »Zusammen bleiben … Ich geh vor, ihr haltet euch aneinander fest!« Die Unterströmung riss sie fast um. Der Orkan peitschte ihnen Spritzwasser in die Augen. Aber sie hörten keine Schreie. Sie hörten nur das Toben des Sturms und ihr eigenes Herz, das ihnen bis zum Hals klopfte. »Immer zusammenbleiben … bleibt einfach zusammen, wir schaffen das!« Kurt Schwedler trat in irgendetwas Spitzes hinein. Es fühlte sich an wie die eisernen Zinken einer Gartenharke. Doch er fühlte keinen Schmerz. Plötzlich trieb von links eine Laube heran. Eine Bö riss das Dach weg und trug es durch die Luft davon. Aber Kurt Schwedler konnte in der Dunkelheit nicht erkennen, wem diese Laube gehört haben könnte. »Zum Weg und dann hoch auf den Damm«, keuchte er, »Else, kannst du noch?«

»Eddi!«, kreischte seine Frau plötzlich auf und ließ das Unterhemd ihres Mannes los.

Kurt Schwedler wandte sich um. Er sah, wie sein Schwager zwei, vielleicht drei Meter entfernt den Kopf unter Wasser bekam, mit den Armen verzweifelt ruderte und dann plötzlich in den dunklen Wassermassen verschwand. »Else, halt dich an mir fest ... Es ist nicht mehr weit, nur noch 25 Meter ...« Doch noch während er das sagte, wusste er sehr wohl, wie weit diese 25 Meter sein würden, wenn man einen Säugling über dem Kopf tragen musste, nichts zum Festhalten hatte und gegen eine starke Strömung ankämpfte. »Else!«, schrie Kurt Schwedler. »Bitte!«

Aber es war zu spät: Auch seine Frau wurde von der Strömung gepackt und tauchte unter. In diesem Moment beging Schwedler einen furchtbaren Fehler: Er versuchte, nach seiner Frau zu greifen und gleichzeitig seinen Sohn Holger mit einer Hand in die Höhe zu halten. Doch er verlor das Gleichgewicht und stürzte kopfüber ins Wasser. Das Baby glitt ihm aus der Hand. Kurt Schwedler merkte es nicht sofort, denn er konnte ja nicht schwimmen. Er schluckte Wasser, strampelte mit Armen und Beinen und versuchte, irgendwie wieder Fuß zu fassen und den Kopf über Wasser zu halten.

Sekunden später stieß er mit dem Kopf gegen ein großes Trümmerstück, das in der Strömung schwamm. Wahrscheinlich eine Wand, dachte er und packte zu. Dann stemmte er sich hoch und lag plötzlich bäuchlings auf dem Floß. Erst jetzt wurde ihm bewusst, dass er seinen sechs Monate alten Sohn verloren hatte. Nein: Er hatte ihn auf dem Gewissen. »Else!«, schrie er, »wo bist du?« Er würde es ihr nicht sagen. Nicht jetzt.

»Vati!«, hörte er seine Frau rufen. Nie nannte sie ihn Kurt. Immer nur Vati. Else Schwedlers Stimme drang wie aus weiterer Entfernung an sein Ohr. »Vati ... Ich kann nicht mehr! Das ist der Weltuntergang«, rief sie. Dann war sie still.

Er hob mühsam den Kopf und versuchte sich umzuschauen. Doch da war nur das Brausen des Sturms. Und kein Mensch weit und breit. Aber er hörte jetzt die Schreie der anderen. »Else ... Else!«, rief er noch einmal. Dann erst merkte Kurt Schwedler, dass er weinte.

**Hamburg-St. Pauli, 17. Februar 1962, 1.00 Uhr**

Walter Horn und die Sturmflutwarner der Abteilung V des Deutschen Hydrographischen Instituts standen an den Bürofenstern und starrten auf die entfesselte Elbe hinunter. Eben war die letzte Wasserstandsmeldung vom elektronischen Pegel in St. Pauli eingetroffen. »3,40 Meter über dem Mittleren Hochwasser«, sagte der Abteilungsleiter. »Und bis zum Scheitelpunkt sind es noch fast drei Stunden!«

»Ich fürchte, das wird die höchste Sturmflut in der Geschichte der Stadt«, flüsterte Dr. Georg Koopmann. Niemand widersprach.

Elke Fuhlmann betrat das Dienstzimmer. »Draußen sind immer noch hunderte von Leuten unterwegs ...«

»Ich werde die Baubehörde verständigen. Die sollen den Senator anrufen«, sagte Horn. »Büch muss den Notstand ausrufen ...«

Jeder der Anwesenden wusste, was das bedeutete: Jetzt hatte die Polizei die Pflicht, die überschwemmungsgefährdeten Gebiete zu evakuieren.

25 Minuten später fiel der Pegel in St. Pauli aus.

**Hamburg-Wilhelmsburg, 17. Februar 1962, 1.15 Uhr**

● Aus dem Aufsatz einer Schülerin ...

*Meine Eltern wurden von einem starken Brausen geweckt. Zuerst dachten sie, ein Rohrbruch sei die Ursache, aber als meine Mutter aus dem Fenster sah, war das ganze Land überschwemmt. Das Wasser reichte fast bis zum Fenster. Da wussten meine Eltern, dass*

*es ein Dammbruch war. »Steh auf, die Sintflut ist da!« Mit die-
sen Worten meiner Mutter wurde ich aus dem Schlaf gerissen. Entsetzt fuhr ich auf. Wir wollten hinaus und dann auf die nahe gelegene Reichsstraße fliehen, denn dort konnten die Autos noch
fahren. Es gelang uns aber nicht, durch die Tür zu entrinnen, denn
im Flur stand das Wasser schon drei viertel Meter hoch, und der
Druck war viel zu stark. Nun hatten wir keine andere Wahl, als
durch das Fenster zu entkommen. Draußen stand das Wasser schon
ungefähr über unserem Fenstersims. Mein Vater stieß mit dem Fuß
eine Scheibe ein. Eine ungeheure Flutwelle schoss uns entgegen ...
Ich stieg als Erste durchs Fenster, kletterte auf den Baum und dann
aufs Dach. Dieser Birnbaum, der vor unserem Fenster stand, sollte schon lange abgesägt werden. Wir waren heilfroh, als wir alle
auf dem Dach standen. Das Wasser stieg immer noch rapide, auch
der Vorbau wurde überflutet. Mein Vater holte die Schornstein-
fegerleiter heran und legte sie auf das Spitzdach, und wir setzten
uns darauf. Hier empfand man den Sturm noch stärker. Unsere
Glieder wurden ganz steif. Meine Mutter fürchtete, nach der Flut
gelähmt zu sein. Es ist uns heute wie ein Wunder, dass wir alles
überstanden haben. Bald war der Verkehr auf der Reichsstraße
unterbrochen. Sollte es wirklich unser Ende sein? Wie viele Gebete wurden wohl in dieser Nacht zu Gott geschickt? Es wurde immer trostloser. Aus dem Dunkel gellten Hilferufe von allen Seiten
zu uns herüber. Es waren nur einige Stunden höchster Bedräng-
nis, aber es kam uns wie eine Ewigkeit vor ...*

*Hamburg-Wilhelmsburg, 17. Februar 1962, 1.20 Uhr*

Polizeiwachtmeister Körner hatte das Blaulicht eingeschaltet. Hermann Westphal neben ihm auf dem Beifahrersitz fror. Bis herauf zum Hosenboden war er klitschnass. Den Polizeibeamten ging es ähnlich. Sie fuhren die Georg-Wilhelm-Straße entlang Richtung Norden. Ihr Ziel war das Polizeirevier, wo Westphal aussteigen wollte. Ein Funkspruch war eingegangen: Peter 70 Null-Drei sollte eine Bundeswehreinheit an der Autobahnausfahrt Stillhorn treffen und nach Wilhelmsburg dirigieren.

Irgendjemand scheint in Hamburg endlich kapiert zu haben, wie ernst die Lage ist, dachte Westphal. Wenn jetzt schon – oder endlich – die Bundeswehr anrückte … Für einen kurzen Moment schloss Hermann Westphal die Augen.

In der nächsten Sekunde trat Körner voll auf die Bremse. Der Wagen kam pfeifend zum Stehen und stellte sich halb quer. »Mein Gott!«, sagte der Wachtmeister und starrte durch die Windschutzscheibe nach vorn, als hätte er ein Einhorn erblickt.

»Wenden Sie sofort!«, rief Westphal, als er die Flutwelle direkt auf sie zukommen sah. Schäumend und brodelnd wälzte sich ihnen ein schwarzer Berg entgegen, der Autos wie Spielzeuge vor sich herschob. Aber der Beamte starrte bloß wie gebannt auf den Straßenbaum, an dessen Stamm sich mehrere Wagen zu einer bizarren Skulptur türmten. Er schien nicht zu begreifen, was er da sah.

»Körner – sind Sie wahnsinnig? Sie müssen wenden!«, schrie Westphal.

Jetzt erwachte der Fahrer aus seiner Starre. Er ließ den luftgekühlten 34-PS-Motor des Volkswagens aufheulen, riss das Steuer herum und schaffte es, mit durchdrehenden Reifen beinahe auf der Stelle zu wenden, um zu flüchten. Sekunden später wäre die Flutwelle über ihnen zusammengeschlagen und hätte sie wahrscheinlich zermalmt.

Dem Wachtmeister stand der Schweiß auf der Stirn. »Das war knapp«, flüsterte er. »'tschuldigung, Herr Westphal!«

»Schon gut, Körner«, brummte Herrmann Westphal, der mit diesem Phänomen – der starren Ohnmacht vor dem Unausweichlichen – auch schon selbst konfrontiert worden war, als 1944 ein Dutzend Sherman-Panzer ihre Stellung in den Ardennen überrollt hatte. »Könnten Sie mich am Rathaus absetzen?«, fragte er äußerlich ruhig. Körner, der schwer atmete, nickte nur.

Erst drei Minuten zuvor war der Deich am Reiherstieg gebrochen. Noch wusste der Polizeiwachtmeister nicht, dass seine Kollegen in der Wache 70 bereits vom Wasser eingeschlossen waren. Der Strom war ausgefallen. Die Telefonkabelschächte waren überflutet, und auch das Polizeifunkgerät schwieg.


*Hamburg-Wilhelmsburg, 17. Februar 1962, 1.20 Uhr*

- Aus dem Sturmflut-Tagebuch von Gerhard Rosenzweig, Ecke Georg-Wilhelm-Straße/Vogelhüttendeich …

*Irgendein Geräusch hat mich geweckt. Nicht der Sturm, der den ganzen Tag lang schon unser Eckhaus umtost. Da ist es wieder! Ich weiß nicht, was es ist. Dann unterscheide ich lärmendes Kreischen von Menschen. Ich springe aus dem Bett, gehe zum Balkonfenster. Noch halb verschlafen, sehe ich, wie an der Straßenecke Wasser über das Pflaster strömt. Sehe Menschen, die auf die Stufen eines Gasthauses springen. Dann leere Benzinfässer. Rollen oder schwimmen sie über die Straße? Blaulicht der Feuerwehr flackert auf. 3.30 Uhr:*

*Ich wecke meinen Sohn und drehe den Lichtschalter. Kein Strom.
Ist ein Siel überflutet? Unter dem Protest meines Sohnes lärme ich
schließlich die übrige Familie wach. Dann laufe ich im dunklen
Haus die Treppen hinunter. Wecke Nachbarn. Will vor die Tür, um
zu sehen, was los ist. Aber ich komme nicht hinaus, im Erdgeschoss
flutet mir schon die eklige braune Brühe entgegen. 3.40 Uhr: Das
ganze Haus ist jetzt wach. Aus allen Wohnungen kommen er-
schreckte Menschen ins Treppenhaus. Und jetzt fallen die Worte:
Die Deiche sind gebrochen! Die Erdgeschossbewohner bitten mich,
vom Fenster aus die Feuerwehr zu rufen. In ihre Wohnung dringt
das Wasser ein. Ich laufe wieder nach oben, gehe auf den Balkon
hinaus: Die ganze Georg-Wilhelm-Straße und der Vogelhüttendeich
sind in einen wilden Strom verwandelt. Kein Mensch ist mehr zu
sehen. Weit hinten treibt in den hochgehenden Wogen eine schwere Feuerspritze. Jetzt glaube auch ich, dass Deiche gebrochen sind.
Es ist kurz vor vier. Leere Benzinfässer, die von den benachbarten
Lagerplätzen am Vogelhüttendeich abgetrieben werden, sausen mit
rasender Geschwindigkeit um die Ecke. Sie schlagen aneinander,
werden gegen die Häuserwände geworfen, prallen gegen Gaslaternen. Autos treiben hilflos dazwischen, geraten an der Straßenecke
in den Strudel, der sich dort gebildet hat, verhalten einen Augenblick wie Segeljachten an der Wendemarke. Dann sausen sie den
Vogelhüttendeich hinunter und werden irgendwo gegen eine Häu-
serwand geschlagen. Inzwischen haben die Frauen Kerzen gesucht.
Alle Türen stehen offen. Die Hausbewohner drängen sich an den
Flurfenstern und vor den Korridortüren. Alles redet durcheinander. Irgendjemand sucht – es ist jetzt 4.10 Uhr – nach der Zeitung, um die Tidezeiten festzustellen. Plötzlich hören wir von draußen gellende Hilferufe. Kein Zweifel: Menschen in Todesnot! Drei
Männer, die Jüngeren unter den Hausbewohnern, nehmen eine Wäscheleine. Woher sie so schnell kam, wusste hinterher niemand mehr.*

*Die drei Männer stemmen sich durch das eiskalte Wasser nach drau-*
*ßen. Durch die brusthohe Flut bis zur Brücke über den Ernst-Au-*
*gust-Kanal kämpfen sie sich gegen die Strömung durch. Die Brü-*
*cke ist überspült. Das ist unfasslich! Am Geländer klammern sich*
*zwei Gestalten fest. Die drei Männer packen sie und schleppen sie*
*zurück, hinein in das Haus …*

*Retter und Gerettete sind völlig erschöpft. Die Frauen im Haus*
*nehmen sich der Geborgenen an: ein altes Ehepaar, das sich zu-*
*nächst auf das Dach seines Behelfsheimes gerettet hatte. Noch im-*
*mer vor Entsetzen schaudernd, berichten sie in abgerissenen Sät-*
*zen. Sie wissen offenbar selbst nicht, wie sie aus ihrer überfluteten*
*Schrebergartenkolonie auf die Brücke gekommen sind. Sie glauben,*
*mit dem losgerissenen Dach ihres Hauses angetrieben zu sein. Die*
*Frau hat schwere Verletzungen am Bein. Die Retter berichten, sie*
*hätten weitere Hilferufe gehört: »Da hocken irgendwo jenseits des*
*Kanals Kinder in den Bäumen!« Aber was bedeutet schon »jenseits*
*des Kanals«? Kanal, Georg-Wilhelm-Straße und die Höfe daneben*
*bilden einen einzigen, vom Sturm gepeitschten, dreckig braunen See.*
*Häuserteile treiben darin, Ölfässer und Autos. Im Hintergrund lo-*
*dert immer noch die Fackel der Gaswerke. 5.00 Uhr: Gedämpfte*
*Frauenstimmen flüstern sich zu, man habe den Vogelhüttendeich*
*hinunter ertrunkene Menschen treiben sehen. Alles ist so unwirk-*
*lich und gespenstisch: Kerzen, die im zugigen Treppenhaus zu ver-*
*löschen drohen, und Taschenlampen, die über bleiche, ängstliche Ge-*
*sichter leuchten. Die drei Männer haben sich umgezogen. Sie stehen*
*an den Flurfenstern und warten auf die Dämmerung. Inzwischen*
*hat sich ein vierter Mann zu ihnen gesellt. Sie beschließen, sobald*
*es heller ist, ein weiteres Mal hinauszugehen und die Kinder, de-*
*ren gequälte Hilferufe sie noch in den Ohren haben, hereinzuho-*
*len. Eine bange Stunde des Wartens und des Vorbereitens vergeht.*
*Man redet über Ebbe und Flut. Wer aber von uns weiß schon et-*

*was Genaues darüber? Wen haben bisher die Gezeiten schon ge-*
*kümmert? An den Schaukästen der Sportvereine drüben an Suhr's*
*Gaststätte versucht man zu erkennen, ob das Wasser schon fällt. Um*
*6.10 Uhr ist es hell genug geworden. Die vier Männer machen sich*
*noch einmal auf den Weg. Diesmal ist es viel weiter. Gegenüber vom*
*längst in einen See verwandelten Sportplatz entdecken sie über den*
*Fluten in den dünnen Ästen eines Apfelbaumes die beiden Kinder.*
*Es gelingt ihnen, sie durch einen tiefen Graben schwimmend über*
*hinderndes Buschwerk hinweg herunterzuholen. Mühsam schlep-*
*pen sie den Sechzehnjährigen und das vierzehnjährige Mädchen*
*durch das Wasser zum Haus. Irgendwo aus der Dämmerung kom-*
*men ihnen ein junges Mädchen und ein Italiener mit warmen De-*
*cken entgegen. Die Frauen haben inzwischen die Öfen aufgeheizt,*
*die Kinder und ihre Retter kommen ins Warme. Sie berichten, dass*
*um 2 Uhr nachts, es kann auch etwas früher gewesen sein, ihre*
*Mutter und ihr kleines Brüderchen von Männern in einem Boot*
*gerettet worden sind. Sie selbst haben seit dieser Zeit in dem Apfel-*
*bäumchen gehangen. Endlich ist es Tag ...*

## Balje, 17. Februar 1962, 1.50 Uhr

Aus Cuxhaven trafen die Schlepper *Eisfuchs* und *Neuwerk* ein,
die von den hilflosen Männern auf der gestrandeten *Silona* bereits sehnsüchtig erwartet wurden. Doch schon nach wenigen
Minuten wurde den Seeleuten bewusst, dass der Rettungsversuch hoffnungslos war. Wegen des ablaufenden Wassers kamen
die Schlepper nicht mehr nahe genug an den Havaristen heran, und so sehr sich die Besatzungen auch mühten, gelang es
nicht, eine Schleppverbindung zustande zu bringen.

Nur die Schraube der *Silona* drehte sich noch immer. Sie wühlte sich trotzig in den weichen Boden hinein, bis sie schließlich einen gewaltigen Trichter ausgebaggert hatte. Jetzt verglühte auch bei Kapitän Nilsson der letzte Hoffnungsschimmer. Um 3.40 Uhr entließ er die beiden Schlepper und gab schweren Herzens den Befehl, die Maschine zu stoppen. Auf der Brücke herrschte betroffenes Schweigen, denn dies war die unweigerlich letzte Fahrt der *Silona* gewesen. Eine Fahrt mit einem unrühmlichen Ende. Das Schiff würde für immer auf dem Trockenen sitzen. Immerhin war bei dieser ungewöhnlichen Strandung niemand zu Schaden gekommen.

Doch für eingefleischte Seeleute ist der Tod eines Schiffes meist fast genauso schwer zu verkraften wie der Verlust eines geliebten Menschen.

In den Augen des Kapitäns glitzerte es verdächtig. Erich Mehlert legte Sven Nilsson tröstend die Hand auf die Schulter. Nun mussten sie bloß warten, bis Hilfe käme, am Morgen wahrscheinlich, bei Tageslicht. Das galt für die Besatzung des schwedischen Frachters genauso wie für den Lotsen an Bord – und nicht zuletzt auch für den Leuchtturmwärter Drygalla.

*Hamburg-Mitte, 17. Februar 1962, 1.50 Uhr*

Die Zahl der Hilferufe war in den vergangenen 70 Minuten seit Mitternacht auf insgesamt 400 angestiegen. Hinzu kamen die Meldungen der 77 Peter- und Vera-Wagen*, die in den überschwemmungsgefährdeten Stadtgebieten Streife fuhren – aller-

---

* Technische Verkehrsüberwachung

dings patrouillierte die überwiegende Zahl dieser Einsatzkräfte in der Hamburger Innenstadt und nicht dort, wo inzwischen die Deiche überspült wurden oder auch schon längst gebrochen waren. Während sich der »Kleine Krisenstab« der Hamburger Polizei noch sorgenvoll darüber beriet, dass wichtige Verkehrsverbindungen wie die Norderelbbrücken und die Ost-West-Straße aufgrund von *Wasserrohrbrüchen* überschwemmt und unpassierbar seien und auch »das Hamburger Rathaus von Wassermassen bedroht werde«, traten die Deichverteidiger in den südlichen Hamburger Stadtteilen bereits den Rückzug von der Wasserfront an, um das eigene Leben zu retten: An keiner Stelle war es ihnen gelungen, mit den üblichen Hilfsmitteln wie Sandsäcken, Faschinen und Balken die Sturmflut aufzuhalten, die sich wie ein nasses Leichentuch über Hamburgs südliche Stadtteile legte. Schwere Regen- und Hagelschauer und Gischtwolken, die über die Deichkronen jagten, verschlugen den Helfern den Atem. Straßen und Wege, die man wenige Minuten zuvor noch passiert hatte, waren plötzlich meterhoch überflutet, und nur eine genaue Ortskenntnis ermöglichte jetzt den richtigen Fluchtweg. Drüben, auf der anderen Seite der Elbe, in den nördlichen Stadtteilen, ahnte man noch nichts von den verheerenden Zerstörungen. Aber auch hier, im Zentrum der Katastrophe, in Wilhelmsburg, wusste zu dieser Stunde kein Mensch, *woher* dieses Unheil kam, dessen Größe und Wucht außerhalb jeglicher Vorstellungswelt lag. Denn die Flut brach auch an Stellen durch, die niemand mehr als Deich oder Schutzbau angesehen hatte – und dies alles schon Stunden *vor* dem vorhergesagten Scheitelpunkt des Hochwassers.

Im offiziellen Senatsbericht würde es ein paar Monate später dazu heißen: *»Erst um Mitternacht setzte sich auf Grund der Wetter- und Wasserstandsvorhersage, der ersten Meldungen über*

*Deichüberflutungen bei der Baubehörde, der Polizeibehörde und der Feuerwehr die Erkenntnis durch, dass das eigentliche Gefahrenmoment in der Sturmflut lag.*«

Heute ist bekannt, dass es damals einen folgenschweren Kommunikationsfehler zwischen den einzelnen Behörden und deren »Einsatzleitungen« gegeben haben muss, was jedoch *nicht* an den überlasteten oder zusammengebrochenen Telefonleitungen lag: Denn obwohl ja bereits um 23 Uhr der Notstand durch den Hamburger Bausenator ausgerufen worden war, wurde dem Krisenstab der Polizei kein Wort von der *ernst zu nehmenden Deichbruchgefahr* mitgeteilt. Der zuständige Polizeibeamte hatte schlicht und einfach diesen Hinweis des Wasserbau- und Wasserwirtschaftsamtes überhört. Vielleicht hatte er ihn auch nur vergessen. Natürlich war es ebenfalls denkbar, dass man ihn über diese Deichbruchgefahr gar nicht erst informiert hatte.

Die Schuldigen für dieses eklatante Versäumnis würden jedoch niemals benannt werden. Jedenfalls nicht öffentlich.

Erst ab 1.30 Uhr etwa trudelten auf verschlungenen Pfaden die ersten vorsichtigen Korrekturen der Streifenpolizisten ein, dass die *Wasserrohrbrüche* sich »als noch nie da gewesene Überflutungen von der Elbe her« erweisen würden. Und eine weitere Viertelstunde später begriff man dann endlich auch am Karl-Muck-Platz, dass die Raffinerien und die Gaswerke wegen des Stromausfalls lediglich »abfackelten«, da man die Gase nicht mehr aus den Rohrleitungen pumpen konnte, und dass an der Fischauktionshalle nicht mal ein Streichholz brannte … Der Feuerschein der Gasflammen hatte genügt, um eine Flut von hysterischen Falschmeldungen und Fehlalarmen auszulösen. Ein riesiges Gebiet drohte jetzt im angespülten Meerwasser zu versinken, während die verantwortlichen Krisenstäbe in einem Meer von Hilflosigkeit schwammen.

Der offizielle Senatsbericht würde diesbezüglich zu folgendem Ergebnis kommen: »*Etwa gegen 2 Uhr, als sich Vorstellungen über das Ausmaß der Katastrophe entwickelten, hatte der Kommandeur der Schutzpolizei begonnen, einen zentralen ›Katastrophendienststab‹ aus Vertretern verschiedener Behörden zu bilden. Damit griff er auf die Einrichtung eines Katastrophenabwehrstabes zurück, der bis vor einigen Jahren vorbereitend tätig gewesen war. In der Folgezeit regelte der Einsatzstab der Polizei insbesondere den Einsatz der vorhandenen eigenen Kräfte, bat die Bundeswehr Schlauchboote, Sturmboote und Hubschrauber zu entsenden und die Innenministerien der Länder Schleswig-Holstein und Niedersachsen um Entsendung von Hilfskräften und Hilfsmitteln. Eintreffende Hilfsverbände wurden, soweit es möglich war, eingewiesen …*«

Bloß geschah all das ein paar Stunden zu spät. Und »bitten« hieß noch lange nicht, dass man die angeforderten Boote und Hubschrauber auch bekam. Denn die Sturmflut tobte ja nicht nur in Hamburg, sondern brandete auch an die schleswig-holsteinische und niedersächsische Nordseeküste; sie überschwemmte zahllose Orte entlang der Elbe, wo sich tausende von Freiwilligen neben der Bundeswehr schon längst im Einsatz befanden – rechtzeitig von den Krisenstäben in den Kommunen alarmiert, koordiniert vom Kommandeur des Wehrbereichs I, General Bernhard Rogge.

### Hamburg-Wilhelmsburg, 17. Februar 1962, 1.45 Uhr

● Aus dem Aufsatz eines Schülers …

*Ich musste mich rasch anziehen. Wie ich so schnell meine Kleidung fand, ist mir rätselhaft. Meine Eltern sagten mir, dass überall Deiche gebrochen seien. Meine Eltern sind in solchen Fällen über-*

*vorsichtig. Ein heller Feuerschein war über dem Hamburger Frei-*
*hafen, es war das Gaswerk Grasbrook. Mein ältester Bruder fuhr*
*mit dem Fahrrad zu meinem zweiten Bruder, der in einer klei-*
*nen Holzlaube wohnte, denn wir hatten gehört, dass gerade dort*
*die Reichsstraße weggerutscht wäre. Mein ältester Bruder kam aber*
*nicht sehr weit. Er wurde bald mit dem Fahrrad von den Fluten*
*zurückgedrängt. Ihm wurden die Gummistiefel im Wasser von den*
*Füßen gesogen. Während dieser Zeit waren mein zweiter Bruder*
*und seine Frau schon bei uns gelandet. Sie hatten nur ihr nack-*
*tes Leben retten können. Ihre Nachthemden hatten der Sturm und*
*das Wasser völlig zerrissen. Meine Eltern und ich schafften schnell*
*warmes und kaltes Wasser herbei und rieben ihre Körper mit Tü-*
*chern ab. Danach gaben wir ihnen neues Zeug zum Anziehen. Sie*
*sahen beide weiß wie Leichen aus und zitterten vor Kälte. Unter-*
*des war der elektrische Strom auch unterbrochen, und wir saßen*
*im Dunkeln. Mein Vater lief mit unserem Nachbarn im Rose-*
*liusweg und in der Modersohnstraße von Haus zu Haus und alar-*
*mierte mit seinem lauten Organ die Leute. Manche waren noch*
*beleidigt, dass man ihren Schlaf störte. Mein Vater kam zurück,*
*denn er musste aufgeben, da das Wasser schon hinter ihm war.*
*Dann rief er unsere Familie zusammen, und alle mussten mit an-*
*packen, um ein Floß zu bauen. Wir mussten aber bald aufgeben,*
*da das Wasser immer höher stieg und im Mondschein Hammer*
*und Nägel versanken. Aber mein Vater nahm noch schnell zwei*
*lange Leitern von der Hauswand und machte sie auf dem Floß fest.*
*Wir mussten unser Schicksal abwarten. Eine schreckliche Erinne-*
*rung bleiben für uns die im Todeskampf heulenden Hunde und*
*Katzen, die ertranken. Die Hunde waren an der Kette, und so*
*konnten sie sich nicht retten. Jetzt drang das Wasser schon in un-*
*sere Wohnung ein. Wir hatten alles, soweit es ging, nach oben zu*
*meinem Bruder gebracht, wo wir dann auch Zuflucht suchten ...*

*Hamburg-St. Georg, 17. Februar, 2.00 Uhr*

Seit über einer halben Stunde war die Nachrichtenübermittlung zwischen der Hauptfeuerwache am Berliner Tor und den Wachen sowie den Einsatzkräften vor Ort am Boden. Alle Fernschreiber waren ausgefallen, und Oberbrandrat Hans Brunswig hätte jetzt »alles für ein paar Dutzend Brieftauben« gegeben. Das Protokoll fürs Wachbuch wurde daher später nachgetragen:

- *2.00 Uhr: Der Mühlenwerder Grund ist voll gelaufen. Weitere Deichbrüche in Moorburg, Neuland, Francop und am Spreehafen. Das Hydrographische Institut misst mit Behelfsmitteln den Wasserstand: 3,80 Meter über Mittlerem Hochwasser*
- *2.05 Uhr: Wassereinbruch im Elbtunnel. Alter Wall in Hamburg überspült*
- *2.10 Uhr: Stromausfall in vielen Hamburger Stadtteilen. Mehrere Kraftwerke überflutet*
- *2.15 Uhr: Weitere Deichbrüche in Neuenfelde und Francop*
- *2.30 Uhr: Deichbrüche in Francop und Bullenhausen. Der Deich am Spreehafen bricht*
- *2.50 Uhr: Deichbruch in Cranz*
- *3.00 Uhr: Harburger Reichsstraße unter Wasser*
- *3.07 Uhr: Die Flut erreicht 4,03 Meter über Mittlerem Hochwasser. 5,73 Meter über Normalnull (!!!), 39 Minuten früher als vorausberechnet*
- *3.15 Uhr: Deichbrüche am Stillhorner Deich und in Moorfleet*

Hans Brunswig hatte in seinem langen Leben als Berufsfeuerwehrmann schon so manche haarige Situation miterlebt. Aber diese Sturmflut überstieg alles bisher Dagewesene. Es war ein

Inferno, ein Gomorra, ein Weltuntergang. Das war jetzt eine Tatsache, an der niemand mehr rütteln konnte. Und sie, die stolzen Feuerwehrleute von Hamburg, standen dem Ganzen offenbar ziemlich machtlos gegenüber, denn sie waren ein zersprengter Haufen. Brunswig sah nachdenklich aus dem Fenster hinaus in die stürmische Nacht. Improvisieren, dachte er, die Männer vor Ort können nun einfach nur das tun, was am allernötigsten ist. Er wusste zwar nicht genau, ob und wie viele Tote und Verletzte es bisher gegeben hatte, aber er war fantasievoll genug, um sich ausmalen zu können, was sich in diesem Moment dort draußen, nur zwei Kilometer Luftlinie in südlicher Richtung entfernt, gerade ereignete …

.

*Hamburg-Waltershof, 17. Februar 1962, 2.20 Uhr*

● Aus dem Aufsatz einer Schülerin …

*Ich wurde durch ein mächtiges Rauschen und Gurgeln geweckt. Noch schlaftrunken ging ich zum Fenster. Dort sah ich, dass ungefähr zehn Zentimeter hoch Wasser stand. Mein Vater suchte seine Sachen im Dunkeln. In der Küche kam gurgelnd das Wasser aus der Speisekammer. Jetzt stand das Wasser außen etwa 1,20 Meter. Im Flur holte jeder seinen Mantel aus der Garderobe. Mein Vater ließ Geld und Papiere auf der Flurkommode liegen und schob uns in das hinten gelegene Zimmer meines Bruders. Dieser hatte das Fenster aufgemacht und war auf das Dach gestiegen. Nun half mein Vater meiner Schwester aufs Dach. Dann stützte er meine Mutter, die am Dach hing und nicht wusste, was sie als Tritt benutzen sollte. Ich schlug mit der Faust eine Fensterscheibe ein. So konnte sie ihre Füße auf die Fenstersprosse stellen. Mein Bruder und meine Schwester zogen sie vom Dach aus hoch. Nun hob mich mein Vater auf das Fensterbrett, und ich stieg hoch. Mein Vater stand schon bis zur Brust im steigenden Wasser. Da er sehr viel wiegt und außerdem schwerbeschädigt und körperbehindert ist, war es sehr schwierig, ihn aufs Dach zu holen. Mit vereinten Kräften zogen wir ihn herauf. Kaum war mein Vater oben, da schoss eine große Sturzwelle heran. Wäre mein Vater eine Sekunde länger im Haus geblieben, so hätte sie ihn erfasst. Im letzten Moment löste sich unser Häuschen vom Fundament und schwamm. Wir waren gerettet. Unsere Nachbarn waren auf eine Eiche gestiegen, die neben ihrem Haus wuchs. Von unserem Dach konnten wir im fahlen Mondlicht das grausige Geschehen überblicken. Von überall her hörten wir trotz des Sturmes Menschen auf ihren Dächern um Hilfe schreien. Oft kamen ganze Holzhäuser mit unheimlicher Geschwindigkeit vorbeigejagt, aus deren Fenstern manchmal noch Menschen gellend um Hilfe schrien. Aber keiner konnte ihnen mehr helfen. Wir kauerten uns alle dicht zusammen, um uns so wenigstens etwas vor der Kälte zu schützen. Dann kam auf einmal ein Schlauchboot, und so wurden wir von unseren schaukelnden Sitzen geholt ...*

## Hamburg-Blankenese, 17. Februar 1962, 2.20 Uhr

Hans Schmidt, der Technische Leiter der DLRG, hatte *seine* Truppe im Gruppenraum antreten lassen. »Mir liegen Informationen* vor, dass drüben in Wilhelmsburg am Berliner Ufer

---

* Zu diesem Zeitpunkt befanden sich auch zwei Löschzüge aus dem Westen Hamburgs auf dem Parkplatz vor dem DLRG-Hauptquartier an der Elbchaussee

die Leute absaufen. Da müssen wir jetzt hin. Das ist unsere Pflicht, Männer!«, sagte er. Die 24 Männer in ihren Trainingsanzügen aus alten Bundeswehrbeständen nickten. Schließlich waren sie Lebensretter. »Ich würde deshalb sagen, wir fahren mit den Schlauchbooten rüber – das geht schneller, als den ganzen Krempel aufzuladen, wobei wir ja nicht mal wissen, ob wir überhaupt mit Fahrzeugen über die Elbe kommen … Ich möchte allerdings betonen, dass dies ein freiwilliger Einsatz ist! – Also: Wer von euch kneift?« Er stemmte die Hände in die Hüften und sah den Männern furchtlos ins Gesicht.

»Über die Elbe? Mit den Schlauchbooten … Bei diesem Orkan?«, fragte einer verunsichert. Gute Frage, dachte Carl Osthoff, der sich lieber im Hintergrund hielt. Sie alle hatten die Entwicklung der Sturmflut in den letzten Stunden hautnah mitbekommen, sie hatten es gerade eben mit eigenen Augen gesehen: Die Elbe gebärdete sich wie ein reißender Gebirgsfluss, allerdings war sie viel tiefer und viel breiter und hatte bis zu drei Meter hohe Wellen. Das ist eigentlich glatter Selbstmord, flüsterte Osthoff tonlos. Er blickte verstohlen in die Runde. Die meisten seiner Kameraden schienen das Gleiche zu denken. Aber vor ihnen stand mit Hans Schmidt ein ehemaliger Polizist und Wehrmachtsoffizier; der harte Hund vom Kasernenhof, ein Schleifer, der sich in diesen Stunden vielleicht zurückversetzt fühlte in die ersten Wochen und Monate des Krieges, in denen tapfere deutsche Soldaten einem Sturmwind gleich halb Europa erobert hatten … Er wusste genau, *wo* er *seine Jungens* packen konnte – an der Ehre nämlich:

---

und warteten auf ihren Einsatzbefehl. Die ersten Informationen über die Deichbrüche in Hamburg-Wilhelmsburg und die Überschwemmungen in Hamburg-Waltershof waren über den Feuerwehrfunk eingegangen.

»Mir ist selbstverständlich klar, dass das kein Zuckerschlecken wird. Aber ich habe euch ausgebildet, ihr seid gute, erfahrene Bootsführer ... Ihr seid die Besten!«, trompetete er und lächelte siegesgewiss. »Also: Wer von euch sagt hier und jetzt, dass er auf dieses kleine Abenteuer verzichten will – auch wenn die Menschen in Wilhelmsburg gerade dabei sind, elendiglich zu verrecken?«

Sollte er jetzt vortreten? Sich vor seinen Kameraden bis auf die Knochen blamieren? Zu Hause würde er sowieso Ärger bekommen. Ursula würde sich zwar irgendwie denken können, wo er abgeblieben war, dachte Osthoff. Andererseits hätte er ihr auch längst eine Nachricht zukommen lassen können. *Bin im Hauptquartier. Sturmfluteinsatz, Leben retten. Mach dir keine Sorgen, Gruß und Kuss, Carl!* Oder so ähnlich. Aber irgendwie war er nicht dazu gekommen. Es war so viel zu tun gewesen. Sie hatten die Schlauchboote vorbereitet. Hatten sich dann Zielpunkte auf der Karte des Hamburger Hafens eingeprägt und jeweils den besten Kurs ausbaldowert. Aber was ihnen bisher als Übung *verkauft* worden war, entpuppte sich nun als Ernstfall. Osthoff seufzte innerlich. Wenn der Haussegen bei ihm daheim schief hängen sollte, so hing er bereits schief. Dann sollte sich der Zwist mit Ursula wenigstens lohnen. Außerdem: Er war in seinem Leben noch nie feige gewesen.

Und wer wollte schon als Feigling durchs Leben gehen? Die Stille im Gruppenraum war unheimlich. Kein Einziger trat vor und gab sich vor der versammelten Mannschaft die Blöße zu kneifen. Das Gefühl der Scham hatte ihre Angst besiegt. Und ihren gesunden Menschenverstand.

»Nichts anderes habe ich von euch erwartet, Jungens«, sagte Hans Schmidt. Er wirkte beinahe glücklich. »Also dann: drei Mann pro Boot. Jeder eine Schwimmweste – und dann zeigt,

was die DLRG zu leisten im Stande ist. Holt die Leute da raus!
Viel Erfolg!«


*Hamburg-Waltershof, 17. Februar 1962, 2.30 Uhr*

Die Pflugs kauerten jetzt seit über einer Stunde auf dem Dach
ihrer Behausung, dem Orkan schutzlos ausgeliefert. Außerdem
regnete es wieder. Der Regen war vermischt mit Graupeln. So
sehr hatten sie noch nie gefroren. Die Eltern saßen mit dem
Rücken zum Sturm und versuchten, ihren beiden Kindern mit
ihren Körpern wenigstens ein bisschen Schutz zu geben.

Knapp einen Meter unter ihnen rauschte das Wasser mit unverminderter Geschwindigkeit hinunter in den »Maakenwerdergrund«. Reinhard Pflug war sich langsam nicht mehr sicher, ob das Fundament halten würde – ob die Wassermassen
es vielleicht nicht schon längst unterspült hatten. Ein paar Mal
hatten sie Blaulichter durch die Nacht zucken sehen, aber bisher waren die an ihrer Kolonie immer vorbeigefahren. Man
musste kein Hellseher sein, um sich zusammenreimen zu können, dass es jetzt wahrscheinlich die ganze Elbe entlang Menschen gab, denen es genauso ergangen war wie ihnen. Vielleicht
sogar noch schlimmer. Er versuchte, die Gedanken an seinen
Freund Kurt Schwedler zu verdrängen, der dort unten »Im
Grund« in der Falle gesessen hatte, so wie die Großfamilie Bennewitz, die Heidemanns, das alte Ehepaar Schmitt … Was ist
wohl aus ihnen geworden?, fragte er sich, und dann wurde er
plötzlich wütend, weil er sich nun auch fragte, wozu er eigentlich Steuern zahlte, wenn jetzt kein Aas da war, um sie wenigstens aus dieser erbärmlichen Lage rauszuholen. Er strich sei-

nem Sohn über den Kopf. Der Junge zitterte. »Wird schon«, rief Pflug, »bestimmt kommt gleich die Feuerwehr und holt uns hier raus …« Aber innerlich dachte er: Pustekuchen. Wenn er seinen Jungen jetzt nicht im Arm halten müsste, wäre er bestimmt ausgerastet vor Wut.

»Wo sind denn die Kaninchen?«, fragte sein Sohn.

»Alle noch da!«

»Ich mach mir doch Sorgen um Mutter«, sagte Ingrid Pflug.

»Nix da«, entgegnete ihr Mann, »deine Mutter hat ihr Leben lang schon so viel Glück gehabt … Der geht es gut, glaub mir, die hat nichts abbekommen.« Glück – das stimmte wohl: Pflugs Schwiegermutter hatte im Krieg gleich zwei Bombenangriffe mit Volltreffern unverletzt überlebt. Beim ersten Mal war sie mit ihren Eltern verschüttet worden, beim zweiten Angriff 1945 war eine verirrte britische Sprengbombe etwa 20 Meter neben dem Behelfsheim, das sie zwischenzeitlich bezogen hatten, in den Garten eingeschlagen und hatte ihre Eltern getötet, die gerade Unkraut gezupft hatten. Der Krater war jedoch nie zugeschüttet worden, er diente Ingrids Mutter inzwischen als Gartenteich.

»Hoffentlich behältst du Recht, Reinhard«, sagte Ingrid Pflug und kuschelte sich näher an ihren Mann heran.

»Hallo …! Hallo, Herr Pflug!«, schrie plötzlich eine Stimme. Die Pflugs wandten sich um und erblickten zu ihrem Erstaunen das feiste Gesicht ihres Nachbarn Kurt Kröger im Dachfenster nebenan. »Wollen Sie zu uns rüberkommen? Bei uns unterm Dach ist Platz genug!« Er winkte aufgeregt.

»Das gibt's doch nicht«, sagte Ingrid Pflug. »Ausgerechnet dieser Stinkstiefel!«

»Ist doch egal«, entgegnete ihr Mann und winkte dem Nachbarn zu. »Aber wie?«, brüllte er dann.

»Haben Sie nicht 'ne Leiter? Sonst hätte ich eine, aber die ist nur zweifünfzig, und ich weiß nicht, ob das reicht!«

Natürlich, die Leiter! Seine wäre 50 Zentimeter länger, und sie lag auf dem Dach, neben ihm. Aber der vorgeschriebene Abstand zwischen den Hütten betrug exakt drei Meter. Er konnte sich beim letzten Anbau natürlich auch ein bisschen vermessen haben. Und dann waren da ja auch noch die Dachrinnen, die ein paar Zentimeter vorstanden. »Müsste vielleicht klappen!«, schrie er zurück und erhob sich. Dabei schoss ihm ein stechender Schmerz in die Kniegelenke. Er war im wahrsten Sinn des Wortes steifgefroren und musste erst einmal ein paar langsame Kniebeugen machen, um die Gelenke zu schmieren.

»Wie willst du das denn anstellen, Reinhard? Wenn die Leiter nicht hält?«

»Die hält. Die ist doch ganz neu!«

»Und wie sollen die Kinder rüberkommen?«

Das hab ich ja vollkommen vergessen, dachte Reinhard Pflug. Die Vorstellung, dass Karin und sein Sohn drei Meter weit auf Händen und Füßen über einen reißenden *Gebirgsbach* zurücklegten, machte ihm Angst. Hinzu kam, dass jemand die Leiter festhalten müsste, und von den Kaninchen konnte er das wohl schlecht erwarten, vor allem, wenn er dann als Letzter über die Behelfsbrücke kletterte.

»Du bist verrückt«, sagte seine Frau.

»Aber das da drüben ist wie ein richtiges Haus. Ewig wird unser Fundament auch nicht halten, und ich hab keine Lust, mit unserer Hütte runter in den Grund zu schlittern.«

Das war ein Argument, das selbst seine Frau überzeugte. Aber jetzt musste er erst einmal prüfen, ob die Leiter überhaupt lang genug war. Eins merkte er sofort: Sie war verdammt schwer. Doch während er noch überlegte, wie er die Leiter waagerecht zum Dach der Krögers hinüberlegen sollte, schrie der Nachbar: »Hier, nehmen Sie das und knoten Sie die Leine um die erste Sprosse. Ich zieh dann von dieser Seite …«

Eine aufgewickelte Wäscheleine landete neben Pflug auf dem Dach; das lose Stück hielt Kröger in den Händen. »Danke!«, schrie Pflug perplex und machte sich sofort an die Arbeit. Fünf Minuten später war die Brücke fertig. Die Leiter lag jetzt auf jeder Seite ungefähr fünf Zentimeter auf. Es war verdammt knapp, aber es könnte funktionieren. Pflug hatte sie mit der Wäscheleine an der Dachrinne fixiert. Drüben mussten sie sich dann nur noch aufrichten und sich ins Dachfenster hochziehen – ins Warme …

»Worauf warten Sie noch?«, rief Kröger. Er wurde langsam ungeduldig.

»Willst du zuerst?«, fragte Pflug seine Frau.

»Ich trau mich nicht«, sagte sie.

»Soll ich euch zeigen, wie das geht?«, rief Reinhard junior. »Das ist doch ganz leicht!«

»Babyeierleicht!«, nickte seine Schwester tapfer. Sie war ebenfalls schon ganz blaugefroren.

»Ich weiß nicht …«, sagte Ingrid Pflug und schüttelte den Kopf.

»Traust du dir das echt zu, Junge?«, fragte Pflug. »Sieh mich bitte an!«

»Ja, Papa … Ich will da jetzt rüberklettern. Ich frier so …«

»Reinhard kann ganz toll klettern!«, warf Karin ein.

»Na, was ist?«, schrie der Nachbar.

»Wir kommen … Erst der Junge!«

»Gut!«

In diesem Moment fegte wieder eine heftige Bö über sie hinweg. Die Leiter zitterte, aber sie hielt.

»Bevor ihr noch lange hier rumsteht, mach ich das jetzt«, sagte Pflugs Sohn und krabbelte entschlossen auf die Dachkante zu. Dabei ließ er die Decke los, in die ihn seine Mutter eingewickelt hatte. Sie flog sofort durch die Luft davon.

»Schön festhalten … und ganz langsam!«, rief Pflug. »Immer schön einen Fuß nach dem anderen.« Und dann passierte etwas Merkwürdiges: Sein Junge zeigte keine Spur von Angst. Er schien auch keinen Respekt davor zu haben, dass unter ihm ein reißender Strom hindurchfloss.

»Ich kann da gar nicht hinsehen!«, rief Ingrid Pflug verzweifelt, aber da war ihr Sohn bereits flink wie ein Äffchen über die Leiter gekrochen und vom Nachbarn ins Dachfenster hineingezogen worden.

Karin war als Nächste dran. Sie wollte ihrem kleinen Bruder in puncto Mut natürlich in nichts nachstehen. Und schon war auch sie hinübergeklettert und befand sich in Sicherheit. »Jetzt du, Ingrid …«, sagte Reinhard Pflug. Ihre Klettertour dauerte erheblich länger, und als dann zu guter Letzt er selbst auf die schmale Leiter musste, erkannte er, wie entsetzlich lang drei Meter sein konnten. Er hätte sich fast in die Hosen gemacht vor Angst.

»Willkommen«, sagte sein Nachbar, als Reinhard Pflug sich vom Boden aufrappelte, und schloss das Dachfenster. Die plötzliche Ruhe im Schlafzimmer der Krögers war himmlisch, und im ersten Moment dachten sie, sie würden sich in einem völlig überheizten Zimmer befinden.

»Danke für die Einladung …«, entgegnete Reinhard Pflug, »ich glaub, Sie haben jetzt mindestens einen gut bei uns, Herr Kröger …!«

»Nicht nur einen!«, warf Ingrid Pflug verlegen ein. Ihre Nachbarin hatte ihr zwei Handtücher gegeben, mit denen sie

Karin und Reinhard junior abfrottieren sollte. Sie hatte den Pflugs auch frische Kleidung aus dem Schrank zurechtgelegt. Ingrid Pflug hatte sich in Körners luxuriöses Schlafzimmer vom ersten Augenblick an verliebt. Ihre Nachbarin sprach allerdings dauernd von einem *Studio*. »Reinhard«, sagte Ingrid lächelnd, »als Nächstes baust du nicht das Dach für deine Karnickel, sondern so was hier … Mensch, Frau Kröger, Sie haben es echt schön hier!« Aber wir haben einen funkelnagelneuen Kühlschrank von Neckermann, dachte sie gleichzeitig, und den haben die nicht …

Kurt Kröger reichte Reinhard Pflug eine trockene Hose, ein Hemd und einen Pullover und musterte ihn von oben bis unten.

»Wir tragen ja wohl fast die gleiche Größe, nicht wahr, Herr Pflug?« Er bemerkte das Zögern seines Nachbarn. »Nun stellen Sie sich mal nicht so an … los, Herr Pflug: *runner mit der nassen Büx!*«

Eine Viertelstunde später schliefen die Kinder der Pflugs im Ehebett der Körners. Die vier Erwachsenen hockten auf Sofakissen im Kreis. Sie hatten sich Decken und Plumeaus um die Schultern gelegt. Bevor das Wasser im Erdgeschoss gestiegen war, hatten ihre Nachbarn noch einige Möbel ins *Dachstudio* schaffen können. Es herrschte eine drangvolle Enge hier oben, es war auch ziemlich kalt, aber allemal besser, als draußen auf einem Dach zu sitzen, den Naturgewalten hilflos ausgeliefert.

Das Schönste aber war, dass Kröger von irgendwoher eine Flasche Weinbrand hervorgezaubert hatte, die sie jetzt gemeinsam niedermachten. Auch die Frauen tranken tüchtig mit.

»Wissen Sie was, Herr Pflug«, sagte Kröger auf einmal und zeigte den Pflugs eine Tätowierung auf seinem Unterarm. Es war ein Anker. Seine Zunge war etwas schwerer geworden. »Bin mal zur See gefahren … Im Krieg. Auf 'm Zerstörer … Na ja. Wissen Sie jedenfalls, was wir damals immer gesagt haben, wenn wir Sturm hatten, oben im Nordmeer, und versucht haben, den beschissenen Geleitzug zu finden?«

»Nö«, entgegnete Pflug. Auch ihm war der Weinbrand bereits in den Kopf gestiegen. Er spürte, dass er müde wurde. Den beiden Frauen ging es anscheinend genauso. Aber der Alkohol half für den Moment prima über all die Sorgen hinweg; die Sorgen um Verwandte, Freunde und Nachbarn, vor allem um diejenigen, die »Im Grund« lebten. Aber was hätten sie jetzt tun sollen?

»Stürme machen so manche Freundschaft kaputt«, fuhr Kröger fort und hob den rechten Zeigefinger mahnend in die Höhe. »Aber sie schmieden auch neue …«

»Da ist sicher was Wahres dran. Also denn: auf Ihr Wohl, Herr Kröger – ich heiße übrigens Reinhard!«


*Hamburg-Langenhorn, 17. Februar 1962, 2.40 Uhr*

Etwa um diese Zeit hielt der Dienstwagen eines ahnungslosen Hamburger Polizeisenators nach einer nervenzermürbenden Autofahrt vor seinem Bungalow im Norden Hamburgs. Allerdings würde diese Ankunftszeit nie offiziell bestätigt werden. Denn andere Quellen würden später behaupten, Schmidt wäre an diesem Abend bereits gegen acht Uhr abends zu Hause gewesen und hätte seit Mitternacht genüsslich geschlafen – um damit die Inkompetenz der Hamburger Polizeiführung besonders zu unterstreichen, die offenbar nie daran gedacht hatte, den Senator anzurufen oder einen Streifenwagen zu ihm zu schicken. Auch Schmidt selbst würde bis zum heutigen Tag lediglich bestätigen, wann er schließlich alarmiert worden war …

Aber noch mussten die Polizeigewaltigen am Karl-Muck-Platz ein paar Stunden ohne ihren Schulmeister auskommen.

## *Hamburg-Waltershof, 17. Februar 1962, 2.40 Uhr*

Carl Osthoff sah schon die Schlagzeile vor seinem geistigen Auge: *Tragischer Unfall auf der Elbe – 24 Lebensretter im Einsatz ertrunken.* Ursula würde ihm bestimmt den Kopf abreißen, wenn sie erführe, was er hier draußen auf der Elbe gerade veranstaltete. Oder was die Elbe mit ihm veranstaltete: Ihr kleiner Schlauchbootverband war schon nach wenigen Minuten Fahrt auseinander gerissen worden. Und sofort waren die Männer klitschnass geworden. Hier draußen auf dem Strom wollte »Vincinette« ihnen wahrscheinlich zeigen, dass sie eine hinterhältige Mörderin war. Dass sie es auf sie abgesehen hatte. Bestimmt hat sich der Orkan heimlich mit Hans Schmidt verbündet, dachte Osthoff und nahm sich vor, mit dem Technischen Leiter später ein paar ernsthafte Takte über den unverantwortlichen Einsatz zu reden. Aber erst mal musste er diesen Wahnsinn überleben. Auf der Elbe war kein einziges Schiff zu sehen. Wenn sie jetzt kenterten, wäre niemand da, der sie aus dem Bach fischen könnte.

Osthoff versuchte, die Wellen schräg anzusteuern, doch der Wind und die starke Strömung des auflaufenden Wassers ließen sie über manche Kaventsmänner regelrecht hinüberfliegen. Dann bohrte sich das Schlauchboot mit seiner runden Nase in den nächsten Wasserberg hinein. Seine beiden Kameraden hatten sich vor ihm quer über den Boden gelegt und klammerten sich mit den Händen an die Scheuerleine, die durch Ösen außen herum ums Boot geführt wurde. Immer wenn sie aufs Wasser knallten, wurden die beiden Männer wie Puppen in die Höhe geschleudert.

Das Boot ließ sich immer schwerer manövrieren. Es wurde bockig, weil es zu schwer wurde. Wahrscheinlich hing der elastische Boden bereits durch. Sinken konnten sie zwar nicht, aber umschlagen. »Lenzen, ihr müsst lenzen!«, schrie Osthoff. Den Männern war klar, dass die Schwimmwesten ihnen nichts nützen würden. Selbst bei ruhigem Wasser hätten sie die 300 Meter zum Ufer der Kälte wegen wahrscheinlich kaum überstanden, denn gegen diese Strömung waren selbst Leistungsschwimmer ziemlich machtlos. Er betete zu allem, was ihm heilig war, dass der 25-PS-Außenborder jetzt nicht schlapp machte, und nahm vorsichtshalber ein bisschen Gas weg.

Seine Kameraden versuchten, sich im Boot hinzuknien. Mit einer Hand hielten sie sich weiterhin an der Scheuerleine fest, mit der anderen fächelten sie das Wasser aus dem Boot, was im Prinzip natürlich ein hoffnungsloses Unterfangen war. Ab und zu erspähten sie ein anderes Boot zwischen den Wellenbergen. Osthoff entschloss sich nun, dichter unter Land zu fahren, so nahe wie möglich ans südliche Ufer des Stroms heran. Er nahm einen vorsichtigen Kurswechsel vor, damit das Schlauchboot auch nicht einen Augenblick lang quer zu den Wellen stand. Der Köhlbrand musste seiner Meinung nach bald auftauchen. Angestrengt starrten die Männer auf das Ufer, dessen Linie sie allerdings nur vermuten konnten. Das Spritzwasser brannte ihm in den Augen.

In Höhe des Petroleumhafens waren sie auf einmal nicht mehr allein. Osthoff kam es vor wie ein Wunder, als er die Boote durchzählte: Der Verband hatte kein einziges Schlauchboot verloren. Jetzt mussten sie nur noch am Athabaskakai entlang, vielleicht 400 Meter, dann würde die Einfahrt in den Köhlbrand auf der Steuerbordseite auftauchen, und dort würde das Wasser vielleicht ruhiger werden.

Aber diese Hoffnung zerstob wie die Schaumkronen auf den Wellen. Selbst hier im Köhlbrand waren die Wellen mindestens noch eineinhalb Meter hoch, schätzte Osthoff. Der Schlauchbootverband bog nun nach links in die Rethe, fuhr von dort unter einer Hubbrücke in den Reiherstieg hinein, schwenkte am Nordende des Reiherstiegs nach rechts und unterquerte dann die Spreehafenbrücke. Sie mussten die Köpfe einziehen, so hoch stand das Wasser. Von jetzt an ging es parallel zur Harburger Chaussee am Berliner Ufer entlang. Und dann sahen sie ein paar Blaulichter durch die Nacht zucken. Hier musste es sein.

So vorsichtig wie möglich näherte sich der kleine Schlauchbootverband der Uferlinie. Dann entdeckte Osthoff den Damm, der wohl mal ein Deich gewesen war. Er sah, dass sich oben an der Krone die Wellen brachen; die Krone lag mindestens 30 Zentimeter unter der Wasseroberfläche. Dahinter waren die Laubenkolonien. Er sah auch ein paar gleißend helle Magnesiumfackeln. Er hielt direkt darauf zu, so langsam wie möglich. Plötzlich spürte Osthoff eine kurze Grundberührung. Er riss sofort den Außenborder aus dem Wasser, und bereits die nächste Welle hob sie elegant über die Deichkrone hinweg. Dann glitten sie auch schon über die unruhige Wasseroberfläche des unnatürlichen Sees: die Kolonie war bis zum Rand voll gelaufen, die Kronen einiger Bäume befanden sich in Sichthöhe.

»Lampen raus!«, schrie einer. Der Ruf pflanzte sich von Boot zu Boot fort. Sekunden später leuchtete ein Dutzend wasserdichter Taschenlampen auf.

Ihnen bot sich ein gespenstisches Bild: Einige Behelfsheime trieben ziellos im unruhigen Wasser umher. Andere waren halb oder ganz in sich zusammengestürzt, wiederum anderen fehlte das Dach oder eine Wand oder beides. Darüber hinaus schwammen jede Menge Trümmer auf der Wasseroberfläche: Holzlatten und Kaminscheite, Kleidungsstücke, Schuhe, Teppiche, Gartenmöbel, Spielzeug. Osthoff wurde klar, dass hier etwas Fürchterliches geschehen sein musste, und sein erster Gedanke war: Hier lebt doch *keiner* mehr … Doch dann hörte er schwache Hilferufe, die im Brüllen des Orkans fast untergingen. Die Männer vorn in den Schlauchbooten richteten die Lichtkegel ihrer Taschenlampen auf die Dächer der Hütten und Kronen der Bäume. Der Anblick ließ ihnen das Blut in den Adern gefrieren. Dutzende halb nackter Menschen klammerten sich ins Geäst der Bäume, die Gesichter weiß, die Augen vor Entsetzen aufgerissen; sie schrien und winkten ihren Rettern verzweifelt zu. Andere verharrten in apathischer Regungslosigkeit auf dem Dach ihrer Behausung; manchmal lag da auch noch jemand daneben, der sich jedoch nicht mehr rührte. Nun gab es kein Zögern mehr. Osthoff wollte gerade die nächste Hütte ansteuern, als vor seinem Boot im Wasser plötzlich ein großes Trümmerstück auftauchte. »Leuchte mal nach vorn, Heinz!«, schrie er seinem Kameraden zu, »genau vor uns!« Das Trümmerstück sah aus wie eine Seitenwand. Darauf lag ein Mann in Unterwäsche, der jetzt kraftlos einen Arm hob. Gott sei Dank, dachte Osthoff, der Mann lebt noch. Er manövrierte das Schlauchboot vorsichtig an das Floß heran, was wegen des enormen Windes kein einfaches Unterfangen war. Die schneidende Kälte hatte er längst vergessen. »Los, geben Sie uns Ihre Hand!«, riefen seine Kameraden. Dann packten sie zu und zogen den zitternden Mann zu sich ins Boot hinein.

Das Erste, was er zu seinen Rettern sagte, war: »Sie sind alle tot. Auch mein Hund!« Dann wurde er bewusstlos.

Auf dieser ersten Fahrt rettete Osthoffs Crew insgesamt fünf Überlebende aus dem eiskalten Wasser und brachte sie an Land. Dazu musste er nur auf die Blaulichter zusteuern – und auf die erleichterten Helfer, die ihm mit ihren Magnesiumfackeln den Weg wiesen. Aber was die Lebensretter nicht sahen, waren die Hindernisse unter Wasser. Schon nach zehn Minuten hatten Stacheldrahtzäune zwei der Schlauchboote unbrauchbar gemacht – und die Retter hatten erst einmal selbst gerettet werden müssen …

## Hamburg-Lokstedt, 17. Februar 1962, 2.30 Uhr

Im Hauptquartier des DRK-Landesverbandes lief seit einer knappen halben Stunde das Notstromaggregat. Auch die Telefonleitungen waren tot, allerdings nur in Richtung Innenstadt und nach Harburg. Doch der Hamburger Landesverband des Deutschen Roten Kreuzes (sowie jeder Kreisverband) besaß ja mehrere transportable Funkgeräte, die vom städtischen Stromnetz unabhängig waren: So hatte Werner Felsberg, die Nummer drei in der Hierarchie der Hamburger Sektion, etwa 20 Minuten zuvor mit der »Quatsche« eigenmächtig den Befehl zum Ausrücken gegeben, nachdem man einen Hilferuf des Kreisverbandes Harburg aufgefangen hatte. Er hatte es nicht mehr länger verantworten wollen, auf entsprechende Weisungen einer staatlichen Stelle zu warten*, zumal er in-

---

* Der Einsatzbefehl des Krisenstabs der Polizei traf wenig später im DRK-Hauptquartier ein – ein Taxifahrer überbrachte die entsprechende Meldung.

zwischen erfahren hatte, dass sich neben dem Harburger auch der Bergedorfer Kreisverband bereits im Einsatz befand. Felsberg hatte jedoch keine Ahnung, wer dies angeordnet hatte, ohne den Landesverband – dessen Aufgabe es doch eigentlich gewesen wäre, solch einen Katastropheneinsatz zu koordinieren – oder ihn darüber zu informieren. Felsberg vermutete daher, dass entweder die Polizeiführung oder der Krisenstab der Baubehörde, Abteilung Wasserbau und Wasserwirtschaft, dafür verantwortlich seien. Es konnte natürlich auch sein, dass die Feuerwehren an den jeweiligen Brennpunkten, ein Ortsamtsleiter, ein schlauer Wehrführer oder auch irgendein Deichgraf das DRK alarmiert hatten. Was soll's, dachte Felsberg, dieses heillose Durcheinander zählt jetzt ebenso wenig wie das Kompetenzgerangel. Jetzt geht es nur noch um schnelle und direkte Hilfe vor Ort. Sie hatten wahrlich lange genug herumgesessen und gewartet. Bestimmt hatten sie viel zu lange gewartet. Denn durch die Funkmeldungen, die jetzt nach und nach von den Kräften vor Ort hereinkamen, zeichnete sich das Bild einer gigantischen Katastrophe immer deutlicher ab.

»Ich bitte um jedes verfügbare Fahrzeug und jeden verfügbaren Fahrer!«, hatte Felsbergs Durchsage *an alle Kreisverbände* immer wieder gelautet. »Gerettete jeweils ins nächstliegende Krankenhaus transportieren – dort wird derzeit alles für einen Katastropheneinsatz vorbereitet ...« Jedenfalls hoffte er, dass dies geschehen werde. Er hatte jedenfalls Melder zu den großen Hamburger Kliniken herausgejagt.

Felsbergs *Adjutant* Carl-Heinz Mannel versuchte zur gleichen Zeit, sich einen besseren Überblick zu verschaffen und die jeweiligen Einsatzorte des DRK mit bunten Fähnchen in einer Wandkarte zu markieren. Bald gingen ihm die Fähnchen aus.

*Hamburg-Veddel, 17. Februar 1962, 2.30 Uhr*

Karl Thielsch und ein Beifahrer befanden sich an der Spitze eines Konvois, der aus zwei Dutzend VW-Bullys bestand und mit Höchstgeschwindigkeit durch die menschenleeren Straßen in Richtung Wilhelmsburg raste. Eben hatte der Konvoi die Alten Elbbrücken überquert. Ihr Einsatzziel war der Güterbahnhof auf der »Peute«, einem ausgedehnten Industrie- und Hafengebiet, das zum Stadtteil Veddel gehörte und das nördliche Ende der *Insel* Wilhelmsburg markierte. Aber auch hier gab es großflächige Laubenkolonien, hier sollte die Sturmflut besonders schlimm gewütet haben*. »Ihr müsst versuchen, irgendwie dahin durchzukommen!«, hatte es geheißen. Thielsch begriff jetzt, was diese kryptischen Worte zu bedeuten hatten: Links und rechts sah er nichts als schäumendes, gurgelndes Wasser, aus dem die hohen, dunkelroten Backsteinhäuser wie Inseln herausragten. Merkwürdigerweise brannten hier auch noch ein paar Gaslaternen.

Etwa 300 Meter hinter den Alten Elbbrücken parkte ein Peterwagen mit eingeschaltetem Blaulicht quer auf der Straße. Ein Polizeibeamter ohne Dienstmütze stand davor und hielt ihm die rote Kelle entgegen. Thielsch stoppte und kurbelte die Scheibe herunter. Der Polizist kam angelaufen. Es war ein blutjunger Kerl. »Wo wollt ihr hin?«, rief er.

»Güterbahnhof Peute, dort sollen …«, entgegnete Thielsch.

»Alles klar«, unterbrach ihn der Beamte, »ich weiß Bescheid … Aber die Straßen sind dort zum Teil schon weg – kennst du dich hier aus?«

»Ein wenig«, antwortete Thielsch. Ihm fiel es gar nicht auf,

---

* Zu diesem Zeitpunkt stieg das Hochwasser noch.

dass der Beamte ihn duzte. Es wäre ihm aber auch egal gewesen.

»Dann fahrt uns nach!« Der Polizeibeamte stieg schnell wieder in den Peterwagen ein. Der Fahrer schaltete das Martinshorn ein und gab Gas.

Etwa fünf Minuten später, nach einigen kurzen Umwegen, erreichte der Konvoi einen Bahndamm in der Nähe des Güterbahnhofs. Thielsch blieb fast das Herz stehen: Auf dem Bahndamm kauerten bestimmt 300 bis 400 Menschen, die zum Teil halb nackt waren. Eine Frau, sie war barfuß und hielt ein Baby im Arm, sprang plötzlich auf und lief ihm schreiend entgegen. Unter ihrem Mantel trug sie nur ein Nachthemd. Dies war das Signal: Im Nu waren die VW-Bullys von weinenden, schreienden, hysterischen Menschen umringt. Thielsch und die anderen Fahrer stiegen aus, öffneten die Seitentüren der Fahrzeuge und verteilten erst einmal die mitgebrachten Decken. Die Helfer merkten jedoch schnell, dass sie zu wenig Hilfsmaterial eingepackt hatten – denn aus der Dunkelheit stolperten jetzt immer mehr Menschen heran.

Jetzt kam es darauf an, eine Panik zu vermeiden. »Erst die Frauen und Kinder, dann die älteren Leute!«, rief Thielsch, der sich auf einmal wie ein Fels in der Brandung vorkam. »Jeder von Ihnen kommt mit – bitte versuchen Sie, ruhig zu bleiben!« Aber das war leichter gesagt als getan. Es gelang ihnen nur mit sanfter Gewalt, durch Wegschubsen und Anschreien, zu verhindern, dass die Leute ihre VW-Bullys einfach stürmten. »Nehmen Sie bitte die Kinder auf den Schoß!«, rief Thielsch und warf einen raschen Blick in den Bus. 14 Menschen saßen, hockten oder lagen jetzt darin, einige waren verletzt, bluteten aus Schnittwunden – und jedem Einzelnen war das Grauen ins Gesicht geschrieben. Trotzdem *musste* er die Seitentür zuschieben, denn noch mehr Passagiere passten beim besten Willen nicht in den Wagen hinein. Nur noch zwei auf den Beifahrersitz. »Abrücken!«, schrie Thielsch. Der Ruf wurde von Fahrer zu Fahrer weitergegeben. Daraufhin kam es an den Bussen zu regelrechten Tumulten, denn offensichtlich hatten die Helfer aus Versehen nun auch noch Angehörige voneinander getrennt …

Kurz entschlossen kletterte Thielsch aufs Dach des VW-Bullys: »Sie werden alle nach St. Georg gebracht – Krankenhaus St. Georg, Bürgerweide!«, schrie er dann über die Köpfe der verängstigten, frierenden Menschen hinweg. »Wir kommen sofort wieder zurück … Bitte verhalten Sie sich ruhig und besonnen!«

Aber es dauerte noch weitere endlose Minuten, bis die Helfer mit Unterstützung zweier Streifenwagenbesatzungen die Zurückgebliebenen dazu bewegt hatten, die Straße freizugeben, damit sie endlich abfahren konnten. Und erst als sie die Alten Elbbrücken wieder in nördlicher Richtung überquerten, wurde es auf einmal ganz still im Bus. Die Menschen hatten nun begriffen, dass sie in Sicherheit waren. Nur ein kleines Kind wimmerte.


*Hamburg-Waltershof, 17. Februar 1962, 2.55 Uhr*

Noch nie hatte Carl Osthoff sich so über den Anblick von Soldaten gefreut. Aber was war das? – Die Soldaten wuchteten im Licht der Magnesiumfackeln Pfähle und Sandsäcke von den Ladeflächen, um Platz zu schaffen für die Überlebenden. Und die paar Toten, die man bereits herausgefischt und etwas abseits am Ufer abgelegt hatte. Decken oder Boote wären vielleicht sinnvoller gewesen, dachte er, aber wenigstens bestand vage Hoffnung, dass nun auch das DRK, die Johanniter oder die Malteser auftauchen würden, damit sie die Geretteten, die zähneklappernd auf den Lastwagen saßen, wenigstens in der Obhut von geschulten Helfern zurücklassen konnten, um sofort wieder auf *diesen stürmischen See* hinauszufahren und weitere Menschen zu bergen. Während er langsam ans Ufer heranmanövrierte und sich ihm bereits hilfreiche Hände der Soldaten entgegenstreckten, erblickte Osthoff plötzlich einen Ertrunkenen, der aus dem Wasser auftauchte. Schaudernd wandte er sich ab.

### *Hamburg-Wilhelmsburg, 17. Februar 1962, 2.45 Uhr*

* Aus dem Bericht eines Panzergrenadiers ...

*Mit einem Schlauchboot war ich in der Nacht wieder in Wilhelmsburg. Überall sah ich das gleiche Bild: Wasser und hilflose Menschen. Dreimal kämpfte ich mich mit meinem Boot durch die Sturmböen an die Häuser heran und konnte etwa 25 Menschen, meist Frauen und Kinder, aus ihrer Not befreien. Bei meiner vierten Fahrt wurde mein Boot ein Spielball der Wellen: ich kenterte. Im eiskalten Wasser wurde ich von der reißenden Strömung hoffnungslos abgetrieben, ebenfalls diejenigen, die ich kurz zuvor gerettet hatte und die sich wohl schon in Sicherheit geglaubt hatten. Aber wir hatten alle Schutzengel. Zwei Polizisten fischten uns aus dem Wasser. Die Umstehenden kümmerten sich sofort um uns.*

*Hamburg-Wilhelmsburg, 17. Februar 1962, 3.00 Uhr*

● Aus dem Bericht eines Pioniers …

*Wir wurden in der Nacht zu unserem Einsatz gerufen. Eine ganze Gartenkolonie stand unter Hochwasser. Ein Polizist, drei Kameraden und ich paddelten in einem Schlauchboot in die Gärten. Trotz des heftigen Sturmes gelang es uns, nach etwa einer Stunde ein Haus zu erreichen. Vom Dach des Nebenhauses holten wir zwei Jungen und ihre Eltern herunter. Wir machten kehrt und versuchten, das Ufer zu erreichen. Aber der Wind war zu stark und trieb unser Boot ab … Da ließ ein Stacheldraht unter Wasser unser Schlauchboot leckschlagen. Ein aus dem Wasser ragender Baum war unsere einzige Rettung. Wir mussten jedoch mit ansehen, wie der Vater und die Mutter der beiden Kinder ertranken. Wir konnten sie nicht mehr halten, uns fehlten einfach die Kräfte. Wir vermochten nur noch uns selbst an den Baum zu klammern und die beiden Kinder festzuhalten. Nach einer Stunde kam ein Schlauchboot, aber es wurde ebenfalls abgetrieben. Noch eine weitere Stunde verging, als endlich noch ein Boot kam und uns aufnahm. Ein Polizist und ein Zivilist brachten uns an Land. Ein Hamburger Heim nahm die beiden Jungen auf. Wir selbst wurden nach Wandsbek in das Bundeswehr-Lazarett gefahren.*

*Hamburg-Mitte, 17. Februar 1962, 3.18 Uhr*

Beim Krisenstab der Polizei am Karl-Muck-Platz – *Einsatzleitung* wäre sicherlich die falsche Bezeichnung gewesen, die Telefonleitungen in die südlich gelegenen Stadtteile waren endgültig zusammengebrochen – traf über den Taxifunk (!) die neueste Meldung der Sturmflutwarner aus dem DHI ein, dass elf Minuten zuvor am Pegel in St. Pauli ein neuer historischer Höchststand gemessen worden war: Die Flut betrug 5,71 über Normalnull – der aktuelle Weltrekord im Stabhochsprung der Männer lag mit 4,80 knapp einen Meter darunter! Überdies waren diese 5,71 Meter eine abstrakte Zahl. Inzwischen saß man hier im flackernden Schein von Hindenburglichtern, denn in der gesamten Hamburger Innenstadt war der Strom ausgefallen. Es hieß jedoch, die Lastverteiler der Hamburgischen Elektrizitätswerke am Gerhard-Hauptmann-Platz würden mit Hochdruck an diesem Problem arbeiten. Tatsächlich aber fehlten durch die Ausfälle der Kraftwerke und überfluteten Kabelschächte auf einen Schlag rund eine Million Watt Leistung – die Hansestadt benötigte in der Nacht normalerweise 1,1 Millionen Watt*.

Polizeipräsident Buhl, Polizeioberrat Leddin und Hauptkommissar Kordt konnten deshalb nur annehmen, dass sich zu diesem Zeitpunkt ungefähr 1500 Helfer im Katastrophengebiet Wilhelmsburg aufhielten. Dort auf der Insel lebten allerdings allein schon rund 60 000 Menschen. Und dann gab es da ja auch noch Finkenwerder, Francop, Georgswerder, Moorburg, Neuenfelde …

Durch den Totalausfall der technischen Systeme und Kommunikationsanlagen hatte die Hamburger Polizei zu diesem Zeitpunkt keinen blassen Schimmer über das wahre Ausmaß der Sturmflut. Eine Koordinierung der verschiedenen zuständigen Behörden und Unterabteilungen mit der Feuerwehr, dem Technischen Hilfswerk, den Hilfsorganisationen sowie der

---

* Eine Million Watt gleich ein Megawatt. Im Jahre 2002 – 40 Jahre nach der Sturmflut – war der tägliche Strombedarf für Hamburg auf 1,9 Megawatt gestiegen.

Bundeswehr war schlichtweg unmöglich. Man konnte nur hoffen, dass die zuständigen Leute vor Ort »das Richtige« täten …

Auch die Polizeibeamten selbst, die sich draußen an der Sturmflutfront befanden, waren ohne den regelmäßigen Kontakt zur Einsatzzentrale überfordert. Aber sie hielten tapfer ihre Stellungen, die man ihnen schon vor Stunden zugewiesen hatte, und griffen selbstständig ein, wenn es ihnen möglich war – vor allem in der praktisch menschenleeren Innenstadt …

### Hamburg-Mitte, 17. Februar 1962, 3.20 Uhr

❋ Aus dem Bericht eines Hauptwachtmeisters …

*Im Nu war der Rödingsmarkt bis zur Ost-West-Straße überschwemmt. Schnell noch die Anlieger gewarnt und die letzten Gäste aus den anliegenden Wirtschaften in Sicherheit gebracht. Was machte es, dass man bis zu den Knien durch die Fluten stapfen musste, durch die Gischt, die der Sturm vor sich hertrieb, war man sowieso nass! Mit unheimlicher Gewalt trieb der Sturm neue Wassermassen vor sich her. Ein normales Gehen war überhaupt nicht denkbar, nur sprungweises Vorarbeiten von Hochbahnpfeiler zu Hochbahnpfeiler, an denen man sich wenigstens einmal festhalten konnte, war möglich … Einige kurze Sprünge zum Telefon und vom Straßenmelder die Wache von der Sperrung dieser Kreuzung in Kenntnis gesetzt. Die eingeteilten Posten mussten bis zu den Kreuzungen Ost-West-Straße/Herrengraben auf der einen und Ost-West-Straße/Holzbrücke auf der anderen Seite zurückgenommen werden …. Die Jungens von der Verkehrsüberwachung waren unermüdlich und leiteten trotz Sturm und Regen und ob-*

*wohl sie bald bis auf die Haut durchnässt waren, weiterhin den Verkehr um. Da die Straßenbeleuchtung längst ausgefallen war, spielte sich alles im gespenstischen Schein unserer Taschenlampen und der Scheinwerfer der vorbeifahrenden Kraftwagen ab. Nun ging es Schlag auf Schlag: Aus der Steintwiete kamen eine Frau und ein Mann, bis an die Brust im Wasser watend. Die Frau brach zusammen, und der Mann hatte große Mühe, sie überhaupt über Wasser zu halten. Also hin, herausgeholt und erst einmal zur Wache geschickt. Am Herrengraben kam ein Kollege angelaufen und berichtete, dass im Gebäude der Oberfinanzdirektion am Rödingsmarkt ein Mensch zu ertrinken drohe. Die nächste Taxe anhalten und über Taxifunk Hilfe herbeiholen war eins. Nun zurück zur Finanzdirektion. An das Gebäude war nur mit einem Boot heranzukommen, aber woher nur eins nehmen? Plötzlich war jedoch ein Schlauchboot da und auch einige Feuerwehrleute. Nur unter größter Lebensgefahr war mit dem Schlauchboot an das Gebäude heranzukommen. Ständig drohte es in den Wasserstrudeln zu kentern oder voll zu schlagen, aber das schier unmöglich Scheinende gelang. Der Mann wurde aus dem Keller herausgeholt, angeseilt und aufs Trockene gezogen ... Auf der Wache ging es zu wie in einem Bienenschwarm. Ständig trafen neue Helfer ein und mussten eingesetzt werden, was beim Schein von einigen Hindenburglichtern gar nicht so einfach war. Schon kamen neue Hiobsbotschaften. Eichholz und Dietmar-Koel-Straße überschwemmt; auch hier mussten wieder viele Leute aus den Kellern und Parterrewohnungen gerettet werden ... Plötzlich, mindestens eine Stunde bevor die Ebbe eintreten sollte, ging das Wasser zurück, und nun konnten wir endlich eine Verschnaufpause einlegen ...*

Von solch einer Verschnaufpause konnte man in Wilhelmsburg und Waltershof nur träumen. Und auch anderswo.

*Hamburg-Moorfleet, 17. Februar, 3.15 Uhr*

»Weißt du eigentlich, Kurt«, sagte Rolf Stubbe zu seinem Fahrer, »es gibt manchmal Tage, die sind irgendwie gebraucht.«

Der Sohn des Deichgrafen nickte. Vor knapp zwei Stunden waren sie bereits rüber nach Tatenberg gefahren, um die dringend benötigten Sandsäcke zu holen, aber das Lager war leer gewesen. Sie hatten es dann noch in mehreren Depots versucht, aber letztendlich hatten sie insgesamt gerade mal 300 Stück ergattern können, und gedauert hatte die ganze Aktion ebenfalls viel zu lange. Ihre Leute warteten sicherlich schon ungeduldig am Moorfleeter Deich, bei der Schiffswerft »Grube«. Burmester blickte nach links. Das Wasser in der Billwerder Bucht schwappte bereits gefährlich nahe an die Deichkrone heran. »Guck lieber nach vorn«, sagte Stubbe, als sie um eine leichte Kurve bogen, »die Straße sieht irgendwie komisch aus ...«

Mit einem Mal stieg Burmester voll in die Bremsen. Denn da war jetzt nur noch Wasser. Stubbe sprang aus dem Magirus, ging ein paar Meter vor und tappte vorsichtig ins Wasser. Er schätzte, dass es ungefähr zehn bis 15 Zentimeter hoch über die Deichkrone floss, die gleichzeitig als Straße diente. Die Strömung, meinte er, sei ganz schön stark. Wenn das Wasser nicht bald wieder zurückgehen würde, dann drohte in kürzester Zeit ein Deichbruch – so viel war sicher.

Als er sich wieder ins Führerhaus schwang, sagte er entgeistert: »Das gibt's doch nicht – der Deich ist abgesackt!«

»Oder das Wasser ist gestiegen!«

»In zehn Sekunden? Das glaubst du doch selber nicht! Dann müsste es hinter uns ja auch über den Deich fließen.«

Burmester zuckte die Schultern. »Und nun?«

»Vorsichtig weiterfahren! Das kann ja nur ein kleines Stück sein.«

»Du bist der Chef«, sagte Burmester, legte den zweiten Gang ein und ließ die Kupplung schleifen. Behutsam fuhr er mit dem Magirus an.

»Vorsicht!«, rief Stubbe nach 100 Metern, »du kommst von der Straße ab.«

»Komm ich nicht!«, entgegnete Burmester. Aber wenige Meter später stoppte er, sichtlich entnervt. »Du hast Recht: Ich hab auch Angst, dass wir in den Bach rutschen. Was machen wir jetzt?«

»Stehen bleiben können wir ja wohl schlecht, so mitten auf 'm Weg. Und wenn der Deich wegbricht, weiß ich nicht, wie wir das dem Zivilschutz erklären sollen, warum ihr schöner Magirus koppheister gegangen ist.«

Stubbe schüttelte ärgerlich den Kopf. So was Blödes aber auch, dachte er, da fährst du seit Jahren täglich zwei- bis dreimal dieselbe Strecke, und dann kennst du nicht mal den Straßenverlauf ... Er setzte sich kerzengerade hin. »Wir fahren zurück«, meinte er dann. »Besser das kleine Stück rückwärts als noch einen Kilometer blind vorwärts. Ich steig aus und weise dich ein ...«

»O Scheiße«, sagte Burmester, aber schließlich nickte er.

Als Stubbe zum zweiten Mal ausstieg, merkte er, dass das Wasser erneut gestiegen war. Und es hatte Kraft. Es zog ihm fast die Gummistiefel aus. Langsam, ganz langsam fuhr Burmester jetzt rückwärts. Stubbe spielte am Heck des Einsatzfahrzeugs den Pfadfinder. Er kam sich in diesem Moment zwar etwas lächerlich vor, aber als sie nach ungefähr 10 Minuten extremer Schleichfahrt den höheren Teil des Deiches erreicht hatten, plumpste ihm ein großer Stein vom Herzen. »Noch 20 Meter«, rief er Burmester zu, »dann kannste in der Bushalte dahinten wenden!«

»Am besten, wir stellen ihn gleich dort ab!«

»Auch 'ne gute Idee – und dann nix wie nach Hause.«

Eine halbe Stunde später erreichten sie außer Atem die Werft, wo sie von den rund 30 Deichverteidigern schon sehnsüchtig erwartet wurden. Die hatten sich in den Windschatten einer Halle verzogen und rauchten. »Wo bleibt ihr denn mit den Säcken?«, raunzte der Deichgraf seinen Sohn an. Stubbe übernahm das Reden und erklärte in knappen Sätzen, was passiert war. Er verstand jedoch nicht, warum Burmester ihm grinsend auf die Schulter klopfte, als er geendet hatte.

»Weißt du, Rolf«, sagte er, »irgendwie passt das alles prima zusammen. Wir haben nämlich auch bloß zwei Kubikmeter Sand gekriegt, und das reicht nicht mal für 'n hohlen Zahn.« Dann wurde er jedoch wieder ernst. »Männer«, sagte er und deutete auf den angeschlagenen Deich. »Ich schlage vor, wir gehen jetzt mal alle in unsere Häuser zurück – und dann sollten wir hübsch beten, dass der Deich hält!«

Die Männer zerstreuten sich schnell. Stubbe hatte es nicht weit, bloß über die Straße. Seine Frau hatte inzwischen alle notwendigen Vorbereitungen für eine eventuelle Überflutung getroffen: Die Badewanne stand randvoll mit sauberem Trinkwasser, die Möbel waren mithilfe der Nachbarn in die erste Etage geräumt worden. Kaum hatte er die Feuerwehruniform ausgezogen, hörte Stubbe trotz des Sturms, dass der Billwerder Hauptdeich nun wohl doch nachgegeben hatte. Draußen an seinem Haus rauschte das Wasser jetzt gurgelnd vorbei, und er sah, wie es unter der Eingangstür in den Hausflur eindrang. Nur gut, dass sein Haus auf einer Warft stand. Seine Scheune unten am Fuße des Deichs würde sicherlich voll laufen, aber das wertvolle Gerät befand sich hier oben im Haupthaus, im Trockenen. Seine Frau kam die Treppen herunter. »Da bist du ja endlich!«, sagte sie. »Ich hab mir solche Sorgen gemacht. Hast du das Poltern eben auch gehört?«

»Ja, der Deich ist jetzt gebrochen!«, nickte er und fragte sich, warum er in diesem Augenblick überhaupt keine Furcht empfand, sondern einfach nur kaputt war. Er nahm seine Frau in den Arm und sagte mit einem Blick auf die sich ausbreitende Wasserlache im Hausflur: »Los, wir gehen nach oben – für heute habe ich keine Lust mehr auf nasse Füße ...«

*Hamburg-Waltershof, 17. Februar 1962, 3.30 Uhr*

Die Pflugs und die Krögers hatten bis dahin nichts von dem Drama mitbekommen, das sich zu diesem Zeitpunkt nur 100 Meter entfernt »Im Grund« abspielte. Draußen heulte der Sturm, drinnen rauschte nach wie vor das Wasser ungefähr einen Meter durch das Erdgeschoss des Hauses, und oben unterm Spitzdach floss nun der letzte Schluck Weinbrand durch ihre Kehlen. Aber die Gespräche waren verstummt. Sie stierten fröstelnd vor sich hin und hingen jeder für sich ihren Gedanken nach. Sie wollten sich nicht vorstellen, was nur ein paar Minuten Fußweg von hier vielleicht gerade geschah, unten »Im Grund«. Aber vielleicht hatten die Leute ja Glück. Vielleicht hatten Kurt und seine Familie Glück. Vielleicht waren schon die Retter da, Polizei, Feuerwehr oder Bundeswehr. Draußen war es stockfinster. Man konnte nichts sehen, und der Sturm verschluckte jedes Geräusch. Sollten die beiden Männer jetzt versuchen, sich irgendwie zur Kolonie durchzuschlagen? Sie

hatten es kurz überlegt. Aber was hätten sie dann dort ausrichten können? Die Strömung hätte ihnen wahrscheinlich die
Stiefel ausgezogen.

Doch noch immer waren keine Helfer in den »Grund« gekommen. In der Einsatzzentrale im Wilhelmsburger Rathaus
wusste man zu diesem Zeitpunkt, dass die Straßen nach Altenwerder unpassierbar geworden waren, auch für die hochachsigen Lastwagen der Bundeswehr. Die einzige Möglichkeit
für Hilfe von außen wäre eine Annäherung von der Wasserseite
her gewesen, aber inzwischen gingen den Rettern in Wilhelmsburg die Boote aus …

## Hamburg-Wilhelmsburg, 17. Februar 1962, 3.30 Uhr

◉ Aus dem Bericht eines Polizeihauptwachtmeisters …

*Auf dem Wege zum Kleingartenverein »Unsere Scholle« gelangten
die Beamten zur Straße Vogelhüttendeich. Hier stellten sie fest, dass
das Gelände unter Wasser stand. Mit dem im Streifenwagen ein-
gebauten Lautsprecher wurden die Bewohner des Kleingartens gewarnt. Beim Verlassen des Fahrzeugs nahmen die Beamten laute
Hilferufe wahr. Sie mussten bis zur Brust durch das eiskalte Wasser waten, um entgegenkommende Personen auf trockenes Gebiet
zu bringen. Die geretteten Menschen wurden zunächst in den Räumen des dortigen Fußballvereins untergebracht. Anschließend versuchten die Beamten, zu einer entfernt gelegenen Wohnlaube zu
gelangen, aus der laute Hilferufe von Frauen und Kindern dran-
gen. Bei der starken Strömung der einflutenden Wassermassen, die
Wohnlauben und Autos wegspülten, mussten sich die Beamten an-
seilen. Dennoch gelangten sie nicht zu der Laube. An ihnen trieb*

*eine Luftmatratze vorbei, auf der zwei Personen saßen. Die Luftmatratze kenterte. Die beiden völlig entkräfteten Menschen konnten von den Beamten unter Einsatz ihres Lebens gerettet werden. Anschließend wurde noch ein Kleinkind geborgen. Weitere Rettungsversuche waren nicht möglich, da ein Wasserfahrzeug erforderlich gewesen wäre. Ein Boot konnte nicht aufgetrieben werden. Während der Rettungsaktion befand sich der Streifenwagen auf der Brücke zwischen Vogelhüttendeich und Honartsdeicherweg. Die Beamten forderten über Funk dringend Unterstützung mit Schlauchbooten an. Während dieser Zeit prallte ein Wohnschiff gegen die Brückenpfeiler. Die Wohnschiffbesatzung musste an Land gebracht werden, da das Schiff nicht wieder flott kam. Das Wasser war inzwischen so weit gestiegen, dass die im Vereinshaus untergebrachten Obdachlosen umquartiert werden mussten. Sie wurden in ein Lokal am Vogelhüttendeich 140 gebracht. Das Wasser stieg weiter und weiter, sodass die Aussicht auf schnelle und endgültige Hilfe immer mehr zusammenschmolz. Dennoch setzten die Beamten völlig durchnässt und unterkühlt ihre Rettungsaktionen mithilfe von Zivilpersonen fort. Mit einem angetriebenen Ruderboot wurden unter schwierigen Umständen noch circa 30 Personen von den Dächern der Wohnlauben gerettet.*

### Rübke, 17. Februar 1962, 3.30 Uhr

Jonni Seemann schlug die Augen auf, weil er Geräusche gehört hatte. Ein Hämmern. Da war es wieder, ganz deutlich. Jemand bollerte wie von Sinnen gegen die Tür. Außerdem vernahm er ganz schwach die Sirene von unten aus dem Dorf. Er erhob sich aus dem Sessel im Schlafzimmer seiner Schwiegereltern. Seine Frau, die im Sessel daneben geschlafen hatte, zupfte ihn am Ärmel.

»Was ist los?«, wisperte sie.

»Da is' jemand unten an der Tür. Und die Sirene heult … Vielleicht brennt es nebenan. Ich geh mal nachsehen!«

»Sei bloß leise, dass die Eltern nicht aufwachen!«

»Ist eh ein Wunder, dass sie schlafen!« Wann hat man hier eigentlich mal seine Ruhe?, dachte Seemann ärgerlich, streifte sich den Bademantel über und schlich auf Zehenspitzen aus dem Schlafzimmer und die Treppe ins Erdgeschoss hinunter. Das durfte man wirklich niemandem erzählen, dass Anne und er in Sturmnächten bei den Schwiegereltern im Schlafzimmer auf Sesseln übernachten mussten …

Vor der Tür stand Nikolaus Harms, einer der Rübker Deichgeschworenen. Er wohnte gleich nebenan. »Ich hab schon gedacht, ich krieg euch nie aus dem Bett«, sagte er zur Begrüßung.

»Mensch, wie siehst du denn aus?«, fragte Seemann entgeistert, denn Harms Kleidung war klitschnass und obendrein von oben bis unten mit Schlamm verdreckt.

Harms winkte ab. »In Neuenfelde, Francop und Moorburg sind die Deiche gebrochen«, entgegnete er. »Wir mussten uns zurückziehen, mit allen Mann … Unseren Arsch retten mussten wir! So was hab ich noch nie erlebt, Jonni! Das Wasser schoss plötzlich durch den Deich … Ich glaub, in Neuenfelde steht jetzt kein Stein mehr auf dem anderen. Die meisten haben sich jedoch noch in die Kirche* flüchten können … Aber

---

* Die barocke St. Pankratiuskirche in der Gemeinde Neuenfelde (zu Hamburg gehörend) wurde zwischen den Jahren 1676 und 1682 vorausschauend auf einer natürlichen Sanddüne errichtet. Seitdem dient sie den Einwohnern von Neuenfelde bei Hochwasser als Fluchtstätte. Die Kirche ist vor allem aber wegen ihrer Orgel berühmt, die der geniale Orgelbauer Arp Schnitger im Jahre 1705 konstruierte.

jetzt kommt das Wasser hierher. Unten an der Neuenfelder Straße packen sie schon! Ich wollt' euch nur Bescheid sagen.« Er lächelte traurig. »Also seht zu, dass ihr Land gewinnt!«

»Wie viel Zeit bleibt denn noch?«

»Weiß nicht. Vielleicht nur eine halbe Stunde, vielleicht auch 'ne Stunde …«

»Und das Vieh?«

»Behrens treibt es hoch zum Moor, aber mein Schwiegersohn will seine Kühe lieber nach oben in die Tenne verfrachten …« Harms grinste. Seemann sah ihn erstaunt an. »So hab ich auch geguckt«, meinte sein Nachbar dann. »Aber jetzt muss ich weiter … Haut bloß schnell ab!« Damit schwang er sich auf sein Rad und fuhr vom Hof.

»Alles klar!«, rief Seemann ihm hinterher, »danke, Nico, und sag Matthias, dass ich nachher rüberkomme!« Er war augenblicklich hellwach. Denn Nikolaus Harms, der Schwiegervater des gewählten Rübker Deichgrafen Matthias Meyer, war keiner, der Döntjes erzählte. Wenn der sagte, dass Rübke überschwemmt würde, dann stimmte das auch. Außerdem hatten sie am Abend die Sturmflutwarnung selbst im Radio gehört. Komisch ist nur, überlegte Seemann, dass die Flut erst jetzt kommt, und dann auch noch aus der falschen Richtung. Normalerweise ging ja die größte Gefahr von den Deichen bei Estebrügge im Nordwesten aus. Francop, Neuenfelde und Moorburg lagen dagegen in östlicher und nordöstlicher Richtung. »Schietegol«, sagte Seemann laut, »Woter is Woter!«, und stapfte wieder die Treppe hoch.

Jetzt bloß nicht den Kopf verlieren, dachte er, als er die Schlafzimmertür öffnete. Gleich eine klare Ansage machen und Fragen vermeiden: »Anne, hör zu!«, rief er halblaut, »du musst sofort aufstehen … In Neuenfelde und Francop sind die Deiche hinüber. Das Wasser kommt. Weck die Kinder, und dann musst du das Nötigste einpacken … Ich kümmer mich inzwischen um das Vieh! In spätestens 'ner Stunde soll die Flut da sein, vielleicht aber auch früher …!«

Er knipste das Licht an. »Das ist kein Witz«, sagte er mit ernstem Gesicht. »Ich fahr euch denn gleich hoch nach Apensen.«

Anne Seemann schlug erschrocken die Hand vor den Mund. Jetzt erwachten auch Jonnis Schwiegereltern. Er nickte seiner Frau energisch zu: Das bedeutete, sie sollte besser den alten Leuten erklären, dass die Nachtruhe jetzt mit einem Schlag beendet sein würde.

Doch nicht alle Rübker reagierten in dieser verhängnisvollen Sturmflutnacht so besonnen wie die Familie Seemann. Einige legten sich einfach wieder ins Bett schlafen, weil sie es schlichtweg für unmöglich hielten, dass über ihr Dorf, das seit 137 Jahren von wirklich dramatischem Hochwasser mehr oder weniger verschont geblieben war, eine Flutwelle hereinbrechen könnte. Andere wiederum überlegten zu lange – und retteten daher ebenfalls nur ihr nacktes Leben …

Anne Seemann dagegen brauchte nicht lange zu überlegen. Sie hatte die Kleidung der Familie – zuallererst natürlich den Sonntagsstaat – in Windeseile in die Koffer gestopft. Sie hatte an die Papiere gedacht und an den Familienschmuck. Für die umfangreiche Aussteuer würde der Platz im Auto nicht ausreichen, obwohl sie einen VW-Bus besaßen. Aber der, hatte Jonni ihr versichert, würde eh schon randvoll werden mit Werkzeug und Gerät. Außerdem mussten ja auch noch sechs Personen mitfahren.

Deshalb hatte Anne Seemann die ganze Aussteuer einfach nach oben auf die Wohnzimmerschrankwand gelegt. Neben die Stehlampe und den Nippes aus den unteren Schubladen. Dazu hatte sie auf einen Stuhl steigen müssen: 2,20 Meter ist das hoch, hatte sie gedacht, da wird das Wasser ja wohl nicht hinkommen.

»Seid ihr fertig?«, rief ihr Mann im Hausflur. »Wir müssen jetzt schnellstens los!« Die vier Kühe hatte er bereits aus dem Stall geführt und ans Haus angebunden. Daneben stand der Trecker mit dem Anhänger. Seemann steckte den Kopf ins Wohnzimmer hinein. »Worauf wartest du noch?«

»Ach, entschuldige«, antwortete Anne Seemann, »ich bin ein wenig verwirrt.« Ihre Augen glitzerten verdächtig. »Och, Jonni«, brach es plötzlich aus ihr heraus, »unsere ganzen Sachen ... die Möbel, die neuen Tapeten und unser schönes Bett ...«

»Ach, das wird schon nicht so schlimm werden!«, meinte ihr Mann zuversichtlich, nahm sie in den Arm und drückte ihr einen Kuss auf die Stirn. »Komm, mein Schatz: Was ist mit den Kindern und deinen Eltern? Mich wundert ja, dass Mudder so ruhig ist!« Dabei hätte er selbst auch heulen können. Allein schon, wenn er an die vielen Obstkisten dachte, die er in den letzten Tagen gezimmert hatte. Wahrscheinlich umsonst.

Anne Seemann schniefte. »Das kannst du laut sagen. Aber die sind alle fix und fertig angezogen. Wo willst du eigentlich mit unserem Vieh hin?«

Seemann räusperte sich. Er riss sich zusammen, denn sie hatten jetzt keine Zeit für Sentimentalitäten. »Behrens und die anderen treiben ihr Vieh hoch ins Moor ... Bloß ich trau dem Ganzen nicht. Matthias Meyer will seinen Bestand nach oben in die Tenne bringen ... Er rechnet wohl damit, dass das Wasser so hoch steigen wird wie nie ...«

»In die Tenne?« Anne Seemann schaute ihren Mann ungläubig an.

»Die ist doch riesig. Und was soll er sonst machen?!«

Ja, was sollte man sonst auch machen? Das war eine Frage, deren Beantwortung wahnsinnig schwer fiel. Denn eigentlich *konnte* man gar nichts mehr machen. Außer flüchten natürlich, mit dem, was man auf dem Leib trug und was man schnell zusammenraffen konnte. Da waren 20 Kühe natürlich weitaus hinderlicher als die vier, die sie besaßen. Jonni Seemann musste in diesem Augenblick kräftig schlucken. »Komm«, sagte er dann, »wir müssen noch die Fenster aufmachen, damit uns das Wasser nicht die Scheiben eindrückt!«

»Vielleicht kommt es doch gar nicht dazu.« Anne Seemann wollte die Hoffnung auf ein gutes Ende nicht so schnell aufgeben.

»Nee, vielleicht nicht … Aber sag mal, Anne: Glaubst du, dass Vadder unseren Trecker fahren kann?« Sie sah ihren Mann fragend an. »Ich hab mir nämlich Folgendes gedacht«, fuhr Seemann fort: »Ich setz ihn auf den Trecker rauf, da kommt der Anhänger dran mit 'ner Kuh drauf … Die Zweite binde ich hinten an den Anhänger … Die anderen beiden werden dann schon hinterhertraben … Opa darf bloß nicht viel Gas geben. Und dann tuckert er schön langsam rauf nach Eilendorf, während ich euch nach Apensen bringe …«

»Und du, Jonni?«

»Ich fahr dann wohl noch mal zurück, um den anderen mit ihrem Vieh zu helfen. Aber jetzt los! Ich sag dir, das wird alles klappen!«

Fünf Minuten später quetschten sich Anne Seemann, ihre Mutter Margarethe und die Kinder in den VW-Bus hinein und sahen dabei zu, wie ein äußerst merkwürdiges Gespann vom Hof fuhr, gefolgt von zwei Kühen. Dafür, dass ihr Vater das erste Mal auf einem Trecker saß, machte er seine Sache offensichtlich ziemlich gut. Jonni Seemann kauerte neben ihm auf dem Notsitz und gab ihm die letzten Instruktionen: »Du bleibst immer nur im ersten Gang, Vadder, und gibst *kein* Gas! Hast du verstanden? Der Deutz rollt ganz von alleine!« Wegen des Sturms musste er schreien. »Und vorne an der Kreuzung biegst du rechts ab und dann immer geradeaus bis Eilendorf. Hinterm Ortsschild hältst du an und wartest auf mich. Hast du mich auch wirklich verstanden?« Sein Schwiegervater, der stur nach vorn auf die Straße stierte, nickte. »Dann man gute Fahrt – und pass schön auf!« Mit diesen Worten sprang Seemann vom fahrenden Trecker auf die Straße hinunter. Wenn die ganze Situation nicht so traurig gewesen wäre, hätte er bestimmt lauthals gelacht über das Bild, was sich ihm nun bot. Aber sein verwegener Plan hatte bisher reibungslos funktioniert: Die Kühe liefen ihrer Artgenossin auf dem Anhänger brav hinterher. Soll noch einer behaupten, die Viecher seien doof, dachte Seemann.

Doch nun lief ihm langsam die Zeit davon. Er musste schließlich seine Familie nach Apensen auf die Geest zu ihren Verwandten bringen, und dann wollte er ja auch noch mal zurück nach Rübke fahren, Nachbarschaftshilfe leisten. Seemann schaute auf seine Armbanduhr. In 35 Minuten sollte das Wasser da sein. Es würde vielleicht etwas knapp werden.

*Cuxhaven, 17. Februar 1962, 3.45 Uhr*

Der Orkan hatte noch immer nicht nachgelassen, aber das Hochwasser war erheblich zurückgegangen. Die Reparaturarbeiten an den beschädigten und gebrochenen Deichabschnitten waren in vollem Gange.

In den Straßen rund um die Hafenbecken standen mehr als 300 Keller unter Wasser. Die Feuerwehr hatte mit dem Lenzen begonnen, aber die Siele konnten das herausgepumpte Wasser nicht mehr schlucken; ein großer Teil lief daher immer wieder in die Keller zurück, und zum Teil mussten die Feuerwehrleute dreimal hintereinander ran, bis der betreffende Keller endlich leer war.

In Cuxhaven schwiegen sämtliche Leitungen bis auf das Telefon in der Einsatzzentrale. Allerdings konnte man nicht mehr nach Hamburg telefonieren – dort ging es jetzt wahrscheinlich drunter und drüber. Michel, der sich das Wunder dieser einzigen funktionierenden Amtsleitung einfach nicht erklären konnte, fand kurz Zeit zum Durchatmen. Im seinem Inneren war er zufrieden mit sich und der Welt. Wäre er nicht so hartnäckig gewesen, dann würden sie jetzt in Cuxhaven wahrscheinlich nicht so gelassen sitzen können. Aber er zeigte mit keiner Miene, dass er durchaus ein bisschen stolz auf seine Leistung war. Keine alten Wunden aufreißen, die gerade verheilt sind, sagte er sich, denn inzwischen hatte sich der Krisenstab eingespielt; von Eifersüchteleien und Kompetenzgerangel war in den vergangenen drei Stunden kaum mehr etwas zu spüren gewesen. Er war der Chef im Ring, er wusste, was zu tun war, wo welche Einsatzkräfte standen und wo sie benötigt wurden – alle arbeiteten ihm jetzt zu.

Bisher waren an den Deichen rund 25 000 Sandsäcke verbaut worden. 700 Soldaten der Bundeswehr, 100 Männer vom Deich- und Schleusenverband und 200 weitere Helfer vom THW, der Feuerwehr und dem Deutschen Roten Kreuz befanden sich im Einsatz. Dazu kam eine nicht bekannte Zahl von Freiwilligen. Oberstadtdirektor Wachtendorf, der gerade vom Hafen in die Einsatzzentrale gekommen war, um sich nach seinem heldenhaften Kampf gegen die störrischen Fluttore aufzuwärmen, berichtete strahlend, dass der Döser Seedeich schwarz von Menschen sei. »Haben Sie die alle organisiert, Herr Michel?«, lachte er. »Da draußen gibt's bald mehr Männer als Sandsäcke …«

»Nein, nein, nein – unser Herr Michel hat die Herren Grundtner und Storbeck bereits vorausschauend mit einem Lastwagen nach Hamburg entsandt, um weitere 20 000 Sandsäcke zu besorgen!« Die Stimme von Oberbürgermeister Olfers klang arg nach Süßholzgeraspel. Michel machte gute Miene zum bösen Spiel und lächelte dankbar. Er konnte es nicht vertragen, wenn man ihn in aller Öffentlichkeit auf ein Silbertablett hob; vor allem nicht für Handlungen, die seiner Meinung nach völlig selbstverständlich gewesen waren. Außerdem hätte er viel lieber gewusst, wo seine Frau und seine Schwiegereltern gerade steckten.

»Wirklich, Herr Michel, Sie haben hier vorbildliche Arbeit geleistet«, sagte der Oberbürgermeister anerkennend. »Seien Sie doch nicht so bescheiden: Man könnte beinahe sagen, Sie haben unser schönes Cuxhaven im Alleingang gerettet! Zur richtigen Zeit richtig gehandelt … Sicherlich ein wenig kühn, aber mit Fortune!« Im Polizeirevier erhob sich zustimmendes Gemurmel.

Der Amtmann rutschte verlegen auf seinem Stuhl hin und her. Olfers sah ihn erwartungsvoll an. Sollte er jetzt etwa was sagen? – »Ich habe nur meine Pflicht getan«, krächzte Michel schließlich, »und ohne Ihre Hilfe, meine Herren, wäre das bestimmt alles nicht so glatt gegangen. Wobei … es ist noch nicht vorüber …« In diesem Moment klingelte das Telefon. Michel hob den Hörer ab und meldete sich, wie er es in den vergangenen Stunden sicherlich mehrere hundert Male getan hatte: »Krisenstab der Stadt Cuxhaven, Michel.«

»Dr. Eilers hier, aus der Staatskanzlei in Hannover. Wie sieht es aus bei Ihnen da oben? Ist ja schwer, zu Ihnen durchzukommen … Sagen Sie, ist Dr. Wachtendorf zufällig in der Nähe?«

»Selbstverständlich – Moment!«, entgegnete Michel ein wenig irritiert und winkte den Oberstadtdirektor heran. »Die Staatskanzlei ist dran, ein Dr. Eilers!«, flüsterte er und hielt mit der Hand die Sprechmuschel zu.

»Ah ja!«, sagte Wachtendorf und nahm den Hörer in die Hand. »Dr. Eilers? … Ja, hier Wachtendorf … Selbstverständlich, ich warte!« Er wandte sich an den Oberbürgermeister und fuhr dann mit der Souveränität des großen Staatsmannes fort: »Der Ministerpräsident möchte mich sprechen!«

*Hamburg-Wilhelmsburg, 17. Februar 1962, 4.00 Uhr*

Von solch einer Anteilnahme seitens der Politik war der Wilhelmsburger Ortsamtsleiter Hermann Westphal in diesem Augenblick weit entfernt. Immerhin war es ihm mithilfe seiner Beamten und Major Pfeiffer vom Panzergrenadierbataillon 72 aus Fischbek gelungen, die vergleichsweise wenigen Hilfskräfte an den Brennpunkten der Katastrophe zu konzentrieren. Doch was hieß das schon, bei vielleicht 30, 40 oder gar 50 *Brennpunkten.* Niemand, auch Westphal nicht, wusste das genau, aber jede neue Meldung, die einging, war eine Hiobsbotschaft: So sollten allein in Kirchdorf, am östlichen Rand der *Insel,* angeblich über 100 Bewohner einer Laubenkolonie ertrunken sein; einige von ihnen hätten sich gerade noch in die Kirche retten können.

Es fehlte einfach an allem: Es fehlte an Rettern, an Booten und an Verpflegungsmaterial – auch für die Helfer. Es fehlte an Decken, an Kleidung, an Medikamenten, und es fehlte an Platz für die Evakuierten. Es gab keinen Strom, kein Gas, kein Wasser und kein Telefon. Die bruchstückhafte Kommunikation wurde inzwischen von Amateurfunkern und Taxifahrern sowie den Funkern der Bundeswehr aufrechterhalten; Jugendliche, die sich freiwillig gemeldet hatten, wurden als Melder eingesetzt. Nicht wenige Erwachsene würden noch im Lauf dieser Nacht sowie in den folgenden Tagen einen völlig neuen Eindruck von den so genannten Halbstarken gewinnen.

Im Wilhelmsburger Unfallkrankenhaus »Groß-Sand« gab es längst nicht mehr genügend Betten. Diejenigen, die nur leichte Verletzungen erlitten hatten, wurden daher einfach zu zweit in ein Bett gelegt. Sie mussten meist lange auf dem Gang warten, bis sich ein Arzt ihrer annehmen konnte. In den Operationssälen und Verbandsräumen wurden Knochenbrüche, Quetschungen, Prellungen und Schnittwunden wie am Fließband behandelt.

Die meisten der Geretteten litten jedoch an Unterkühlung und hatten einen Schock. Sie klagten über Taubheitsgefühl in den Gliedmaßen, starkes Kribbeln und Schmerzen am ganzen Körper. Die Schwestern versuchten, bei jedem Neuankömmling, der die typischen Symptome* einer leichten oder schweren Unterkühlung aufwies, erst einmal die Körpertemperatur zu messen. Aber schon bald mussten sie dieses Vorhaben aufgeben: Es kamen ständig neue Patienten hinzu. Ein Chirurg, ein ehemaliger Stabsarzt der Wehrmacht, hatte Westphal bei dessen Stippvisite zugeflüstert, die Zustände erin-

---

* Schwächegefühl, starke Müdigkeit, kein Kältezittern mehr. Bei schwerer Unterkühlung (ab einer Körpertemperatur von unter 32 Grad) droht Herzstillstand.

nerten ihn »frappierend an den Hauptverbandsplatz am Kurs-
ker Bogen«*.

Um 4.10 Uhr wurde im Krankenhaus »Groß-Sand« die letzte Propangasflasche angebrochen. Danach würde es kein Gas
zum Erhitzen des Wassers für die Wärmflaschen mehr geben.

Westphal hatte es in der Einsatzzentrale im Rathaus nie länger als ein paar Minuten ausgehalten. Er wollte lieber vor Ort
sein, bei *seinen* Wilhelmsburgern, um nötigenfalls schnelle
Entscheidungen treffen zu können. Irgendjemand musste ja die
Verantwortung übernehmen. Außerdem schienen die Beamten,
die er aus dem Bett hatte klingeln lassen, die Katastrophe zumindest verwaltungstechnisch im Griff zu haben. Und wenn jetzt
auch noch genügend Helfer und Rettungsmaterial da gewesen
wären …

Westphal selbst war zeitweise wie in Trance. Auch er war inzwischen mehrmals durch hüfthohes Wasser gewatet, hatte selbst
mit angepackt, wenn er zufällig dabei gewesen war, als gerade
ein Flutopfer geborgen wurde, und er hatte die ganze Zeit über
weder Kälte noch Erschöpfung gespürt. Jetzt stand er mit seinem Fahrer am Rand der überfluteten Kleingartenkolonie »Unsere Scholle« auf einem Damm und wartete ungeduldig auf einen Zug Panzergrenadiere aus Fischbek, der schon vor einer
halben Stunde aus dem Rathaus angefordert worden war. Aus
der Dunkelheit kamen immer wieder gellende Hilferufe. Aber
was sollte er tun? Knud Peters trat nervös von einem Fuß auf
den anderen und rauchte hektisch. Es war furchtbar, diese
Schreie zu hören und so machtlos dastehen zu müssen.

---

* Mit 1200 Panzern war es die größte Panzerschlacht des Zweiten Weltkriegs (vom
5. bis 13. 7. 1943), bei der auf russischer und deutscher Seite insgesamt 50 000
Soldaten fielen und etwa die gleiche Anzahl Soldaten verwundet wurden.

Als die beiden Männer nun endlich die Dieselmotoren der Lastwagen vernahmen, machte sich bei Westphal ungeheure Erleichterung breit. Der Damm bebte unter den schweren, geländegängigen Fahrzeugen. Es waren vier Lkw, angeführt von einem VW-Kübel mit langer Antenne, einem Funkwagen. Westphal winkte sie mit seiner kleinen Taschenlampe heran und deutete in die Richtung, aus der die grässlichen Hilferufe kamen. Die Lastwagen stellten sich daraufhin schräg auf den Damm und leuchteten mit dem Fernlicht ins Dunkel hinein. Jetzt konnte er deutlich ein Dutzend verzweifelter Menschen auf den flachen Dächern der Behelfsheime erkennen. Die erste Reihe, in der einige Lücken klafften, war nicht einmal 30 Meter von ihm entfernt. Und auch hier saßen noch Menschen in den Bäumen. Peters wandte sich plötzlich entsetzt ab und begann zu würgen: Er hatte seine Zigarette auf dem Boden ausgetreten und dabei festgestellt, dass er die ganze Zeit nur zwei Meter von einem Toten entfernt gestanden hatte. Der bewegungslose Oberkörper des Mannes ragte halb aus dem Wasser. Er lag mit dem Gesicht auf den Steinen der Uferböschung, und seine Arme schlackerten in der Strömung des Wassers grotesk hin und her. Hermann Westphal zwang sich dazu, nicht hinzusehen.

Die Toten müssten jetzt sowieso warten.

Aus dem Funkwagen stiegen zwei Offiziere aus. Westphal ging den beiden Soldaten entgegen und stellte sich vor. Sein Gruß wurde vom Älteren zackig erwidert: »Oberleutnant Koch und Leutnant Wissmann von der 72. Panzergrenadierbrigade Fischbek – Einsatzreserve.«

»Gut, dass Sie und Ihre Leute da sind!«, sagte Westphal mit einem zaghaften Lächeln.

»Wie man's nimmt«, entgegnete der Oberleutnant. »Sämtliche Schlauchboote sind uns beim Einsatz an der Reichstraße abgesoffen. Stacheldraht unter Wasser, verstehen Sie? – Aber die Männer haben trotzdem schon über tausend Leute rausgeholt.« Es klang hörbar stolz.

»Ihre Männer haben dafür alle einen Orden verdient. Dort hinten«, er drehte sich um und zeigte in Richtung seines Fahrers, »liegt übrigens jemand, der es nicht geschafft hat.«

»Wir kümmern uns drum …« Der Oberleutnant räusperte sich.

»Aber was können Sie für die Lebenden tun?« Westphal war schier am Verzweifeln.

»Ein Zug des 3. Pionierbataillons ist zurzeit auf dem Weg nach Moorburg. Dort befindet sich ein Lager«, warf der Leutnant ein. Er wirkte jedoch bedrückt, so wie er das sagte.

Der Ortsamtsleiter seufzte. Er wusste, was das bedeutete. »Seit *wann* sind die denn schon unterwegs?«

Der Oberleutnant räusperte sich. »Sie sind leider überfällig, Herr Westphal. Der Stab weiß noch nicht, was da passiert ist. Tut mir Leid. Aber wir können ohne Boote hier nicht viel ausrichten …«

»Und in Moorburg sind die Deiche gebrochen«, sagte Westphal nachdenklich, »wenn die da überhaupt irgendwo durchkommen!« Ein weiterer Hilfeschrei gellte durch die Nacht und ließ sie zusammenfahren. »Könnten Sie vielleicht das Rathaus anfunken?«, fragte er plötzlich. »Vielleicht steht da gerade eine Funkstreife … Oder ein Löschzug?«

»Wir können es versuchen«, antwortete der Oberleutnant.

»Dann machen Sie's«, drängte Westphal, »und wenn Sie jemanden dran haben, lassen Sie mich bitte kurz mit ihm sprechen: Ich hab eine Idee – wir müssen irgendwie versuchen, Boote von Privatleuten zu bekommen!«

»Johannes!«, schrie Jonni Seemann, »komm zurück! Das schaffst du nicht mehr! Das Wasser ist gleich da!« Er drückte lange auf die Hupe seines VW-Busses. Gerade hatte er seine Familie in Apensen auf der Geest abgesetzt und war dann in rasender Fahrt noch einmal nach Rübke zurückgekehrt, um seinen Nachbarn Harms und Meyer vielleicht noch im letzten Moment mit deren Vieh zu helfen. Aber der querköpfige Johannes Behrens ließ sich nicht beirren. Er zeigte keine Reaktion, sondern stapfte seinen Kühen über die Wiesen hinterher in die grauschwarze Dunkelheit hinein, Richtung Moor.

Eine Minute später fuhr Jonni auf den Hof des Deichgrafen. Dessen verrückter Plan, seine Kühe über dem Stall – oben auf der Tenne – unterzubringen, hatte bisher offenbar funktioniert. Da standen nur noch vier Schwarzbunte nervös auf dem Kopfsteinpflaster herum und beäugten misstrauisch ihre Artgenossin, die sich über eine breite Schräge, die Meyer und sein Schwiegervater in Windeseile aus Bauholz gezimmert hatten, widerstrebend nach oben ziehen ließ; Nikolaus Harms zog vorn, und der Deichgraf schob mit aller Kraft von hinten.

Seemann sprang aus dem VW-Bus. »Habt ihr gesehen – der Johannes tapert jetzt erst los ins Moor!«

»Ich hab ihm noch vor zehn Minuten gesagt, er ist wahnsinnig«, keuchte der Deichgraf von Rübke. »Aber du kennst ihn ja selbst … Er hat gemeint, wenn alles schief geht, würde er auf'm Hof von Seebens unterschlüpfen … Los, Jonni, fass mit an … oder hol schon mal die Nächste an die Planke …«

Eine Frau kam von der Straße auf den Hof gelaufen. Es war Meyers Frau. »Die Flut kommt!«, schrie sie, »man kann sie schon sehen!«

»Jetzt aber los!«, rief ihr Mann und griff nach dem Kälberstrick. »Und rauf mit dir – Jonni, schieb mal ordentlich, nur nicht so zimperlich …«

»Matthias, nun mach schon!«, schrie die Frau. »Wir können nicht ewig warten …«

»Dann hol doch schon mal die Koffer!«, brüllte Meyer zurück.

»Wo sind denn die Autoschlüssel?«

»Weiß ich jetzt nicht …«

»Schmeiß das Gepäck in meinen Bus«, rief Seemann.

Zwei Minuten später, vielleicht auch drei, band Nikolaus Harms die letzte von 20 Kühen oben auf der Tenne an einem Balken fest. Er schloss die Luke und fiel dabei fast die Planke hinunter. Sein Schwiegersohn holte da inzwischen schon den Wagen – den Autoschlüssel hatte er in seiner Hosentasche gehabt –, ließ seine Familie einsteigen, und dann bretterte er von seinem Anwesen herunter, Jonni Seemann mit dem Gepäck der Familie in seinem VW-Bully hinterher. Es war ein Wettlauf gegen die Zeit. Eine Wettfahrt gegen die Flut. Drüben auf der Straße hoch nach Eilendorf sahen sie in ein paar hundert Metern Entfernung die Rücklichter weiterer flüchtender Wagen. Aber vor sich, im Licht der Scheinwerfer, erkannten sie vor allem eine unheimlich glänzende Wand aus Wasser, die sich ihnen entgegenwälzte. Meyer riss seinen Wagen herum und bog auf die Kreisstraße 40 nach Eilendorf ein; Seemann folgte ihm in kurzem Abstand und ließ den luftgekühlten Motor seines VW-Bully aufheulen. Er zog den dritten Gang bis 80 Stundenkilometer hoch, während hinter ihm die Flutwelle über die Straße hereinbrach. Schweiß stand ihm auf der Stirn. Aber das Terrain stieg nun leicht an. Das war ihre Rettung. Fünf Sekunden später, und die Welle hätte ihn von der Straße gespült.

Erst als Seemann hinter dem Ortsschild von Eilendorf seinen Schwiegervater erblickte, der nach wie vor stoisch auf dem Trecker saß, begafft von den vier Schwarzbunten, beruhigte sich sein Puls. Auch Meyer hatte angehalten. Der Deichgraf stieg aus und gab Seemann die Hand. »Das war wohl knapp«, meinte er.

»Jo. Ziemlich knapp war das sogar.« Seemann atmete tief durch.

»Hast du schon mal so was gesehen?«

»Nee.«

»In Neuenfelde war's noch schlimmer …«

»Kann ich mir vorstellen … Ich hoffe aber, dass Johannes es noch zu Seebens auf den Hof geschafft hat. Seebens' Haus ist ja sehr stabil«, sagte Seemann nachdenklich.

»Und wenn nicht …« Der Deichgraf sah seinen Nachbarn mit zusammengepressten Lippen an.

»Ja, wenn nicht, dann nicht«, nickte Seemann.

Noch konnten sie nicht wissen, dass sie die letzten Dorfbewohner gewesen waren, denen die Flucht aus Rübke gelungen war. Sie konnten sich auch nicht vorstellen, dass die Flutwelle den riesigen Misthaufen, der hinter der Scheune von Matthias Meyer stand, in einem Stück *durch* die Scheune hindurchspülen und dabei die Tore zersplittern lassen würde, als wäre es Balsaholz. Sie hätten auch nie damit gerechnet, dass sie erst vier Wochen später wieder in ihre Häuser einziehen könnten – und dass Anne und Jonni Seemann bei ihrer Rückkehr die Wäschestapel *zwischen* der aufgeschwemmten Wohnzimmerschrankwand und der Wand vorfinden würden; zusammengepresst auf das Maß eines umfangreichen Lexikons.

Und sie wussten ebenfalls nicht, dass ihr Nachbar Johannes Behrens zu diesem Zeitpunkt, als sie noch zitternd vor Aufregung am Ortsschild von Eilendorf standen, bereits tot war: ertrunken in einem Entwässerungsgraben auf freiem Feld. Er hatte es nicht mehr bis ins Moor geschafft.

Es wäre sicherlich auch kein Trost gewesen zu wissen, dass Behrens das gleiche traurige Schicksal wohl auch dort ereilt hätte. Denn diese Februarflut überschwemmte sogar ein Gebiet, das seit Jahrhunderten als hochwassersicher gegolten hatte. Sie vernichtete fast den gesamten Viehbestand der Bauern, die ihr Vieh in gutem Glauben dorthin getrieben hatten. Ab dem nächsten Morgen würde man Rübke »das Dorf der toten Tiere« nennen.

*Wilhelmsburg, 17. Februar 1962, 4.30 Uhr*

Für die Hälfte der freiwilligen Helfer der DLRG am Berliner Ufer im Norden Wilhelmsburgs war der Einsatz gelaufen. Ihre Schlauchboote waren hin, waren durch Stacheldrahtzäune oder scharfkantige Trümmerstücke, die unter der Wasseroberfläche lauerten, aufgerissen worden. Die anderen konnten nicht mehr. Daher hatten Soldaten die restlichen Boote übernommen und machten weiter. Jetzt saß Osthoff mit seinen Kameraden bibbernd auf der Ladefläche eines Lkw unter der Plane. Sie träumten von heißer Suppe und trockenen Kleidern. Bisher hatten ihnen die Soldaten des 72. Pionierbataillons jedoch nur ein paar Decken geben können. Aber die waren bereits benutzt und deshalb nass gewesen.

»Osthoff!«, schrie plötzlich eine Stimme, »Osthoff, DLRG! Sind Sie hier irgendwo?«

»Ja, hier!«, rief Osthoff, der eher unfreiwillig zum Gruppenführer avanciert war. Er steckte seinen Kopf aus der Plane des Lkw. Draußen standen drei Soldaten, zwei von ihnen mit zusammengeschnürten Wäschepaketen. Es waren ordentlich gefaltete Trainingsanzüge der Bundeswehr. Der dritte war ein Unteroffizier. »Tut uns Leid, aber wir konnten Sie in diesem Durcheinander nicht so schnell finden. Die Trainingsanzüge hier soll ich Ihnen und Ihren Männern geben«, sagte er, »sind zwar auch nicht besonders warm, aber wenigstens trocken ...«

Für seine Kameraden wäre er jetzt bestimmt ein Held. »Die können wir wirklich gut gebrauchen«, nickte Osthoff, nahm die beiden Pakete dankend entgegen und langte sie nach hinten auf die Ladefläche durch, wo im selben Moment fast schon so etwas wie verhaltener Jubel ausbrach. Osthoff hatte selbstverständlich nicht vergessen, sich den obersten der Trainingsanzüge zu sichern. Er passte sogar leidlich und war höchstens eine Nummer zu klein. Und Osthoff fragte sich, wer um alles in der Welt daran gedacht haben könnte, ihnen frische Klamotten zu organisieren – in diesem heillosen Chaos.

*Hamburg-Moorburg, 17. Februar 1962, 4.30 Uhr*

● Aus dem Bericht eines Funkers ...

*Wir hatten den Auftrag, mit einem Zug des 3. Pionierbataillons zu einem unserer Lager in Moorburg zu fahren, wo dringend benötigte Schlauchboote sowie Außenbordmotoren und Paddel gelagert waren. Das Unternehmen hatte von Anfang an unter einem schlechten Stern gestanden. Auf der Straße, die unterhalb des Moorburger Elbdeiches entlangführte, stand schon das Wasser. Wir hatten Sorge, dass der Deich brechen könnte, und fuhren daher sehr schnell. Vor mir waren der Chef der 3. Kompanie und sein*

*Fahrer. Ich saß im Funkwagen dahinter, dann folgten vier Ma-*
*girus-Lastwagen in einigem Abstand. Plötzlich musste mein Fah-*
*rer eine Vollbremsung machen. Vor unserem Funkwagen stand der*
*Jeep von Oberleutnant H. quer auf der Fahrbahn. Etwa 20 Me-*
*ter vor uns war plötzlich der Deich gebrochen. Ein reißender Fluss,*
*der sehr schnell breiter und breiter wurde, begrub die Straße un-*
*ter sich. Wenige Sekunden später brach ungefähr 30 Meter hin-*
*ter uns der Deich ein zweites Mal, sodass wir uns plötzlich auf*
*einer Insel befanden. Zur linken Hand stand ein Haus, davor be-*
*fanden sich zwei Zapfsäulen. Ich versuchte noch, eine Meldung*
*abzusetzen, aber es war zu spät. Wir waren gezwungen, sofort aus*
*den Fahrzeugen zu steigen. Wir rannten zu viert etwa 70 Meter*
*querfeldein und erreichten im letzten Augenblick die Tankstelle.*
*Die Lastwagen hatten rechtzeitig anhalten können. Während*
*Oberleutnant H. versuchte, die Bewohner des Hauses aufzuwe-*
*cken – sie hatten wohl noch geschlafen –, stieg das Wasser sehr*
*schnell. Es drückte die Verglasung ein. Die Bewohner des Hauses*
*waren inzwischen erwacht. Wir flüchteten alle aufs Dach, von*
*dem uns der Sturm fast hinwegfegte. Ich musste mich an einer*
*Fernsehantenne festklammern. Oberleutnant H. schlang sein Bin-*
*deseil zwomal um den Schornstein, sodass wir uns schließlich*
*alle daran festhalten konnten. Etwa fünf Minuten später konn-*
*ten wir beobachten, wie ein weiteres großes Stück Erdmasse aus*
*dem Deich herausbrach. Im Nu war das Haus von Wasser und*
*Schlammmassen eingeschlossen. Die beiden Zapfsäulen wurden*
*weggerissen, scharfer Benzingeruch war in diesem Moment zu ver-*
*nehmen, es herrschte für einen kurzen Augenblick Explosionsge-*
*fahr. Das Haus wackelte und zitterte, aber es hielt der ersten Flut*
*des Wassers stand. Nur der angrenzende Werkstattanbau stürzte*
*in sich zusammen. Unsere Kameraden hatten inzwischen ge-*
*wendet und waren etwa 300 Meter von der Deichbruchstelle ent-*

*fernt stehen geblieben. Wir konnten das anhand der Magnesium-
fackeln erkennen, die sie entzündet hatten. Oberleutnant H. gab
vergeblich Blinkzeichen mit seiner Taschenlampe. Nach weiteren
fünf Minuten fuhren unsere Kameraden davon. Das Kommando hatte jetzt der dienstälteste Unteroffizier G. Wir verbrachten
den Rest der Nacht und noch weitere zehn Stunden auf dem Dach
des Hauses, bis wir von einem Heeresflieger aus unserer Lage befreit wurden.*

### Hamburg-Wilhelmsburg, 17. Februar 1962, 4.40 Uhr

Plötzlich hatten die alte Frau und das Kind am zersplitterten
Fenster des Behelfsheims gestanden. Wie Gespenster waren die
beiden Gestalten aus der Dunkelheit aufgetaucht. Das Kind
schrie; es mochte fünf oder sechs Jahre alt sein. Die Soldaten
und Hermann Westphal sahen atemlos vor Aufregung dabei zu,
wie die Großmutter nun versuchte, mit dem Kind im Arm aus
dem Fenster zu steigen.

»Sie will bestimmt aufs Dach. Wahrscheinlich sind die beiden schon halb erfroren, und jetzt will sie aufs Dach«, sagte der
Ortsamtsleiter.

»Das schafft die nicht«, entgegnete der Oberleutnant. »Das
kann die nicht schaffen!« Westphal sah, wie er die Fäuste ballte.

Die Alte stand jetzt auf der Fensterbank und klammerte sich
mit einer Hand an der Dachrinne fest. Dann zog sie das Kind
zu sich heran, aber nun ging es nicht mehr weiter – und auch
nicht mehr zurück.

»Mein Gott, die Frau kann sich nicht mehr lange halten!«,
rief Westphal. »Hoffentlich kommt das Boot gleich!«

Seine Idee war es gewesen, über den Einsatzstab im Rathaus einen weiteren Feuerwehrzug mit einem Boot hierher zu beordern. Sechs Minuten später war durchgesagt worden, man habe ein Boot auftreiben können, allerdings nur ein Faltboot – und dass sich ein Feuerwehrzug auf dem Weg befinde.

Neben ihm zog sich der Oberleutnant plötzlich die Uniformjacke aus. »Das kann ich mir nicht mehr länger mit anhören«, sagte er mit entschlossenem Gesichtsausdruck. »Los, Wissmann, wir beide gehen jetzt da rüber!« Dann rief er seinen Soldaten zu: »Wir brauchen Seile, rasch – zwo Mal 50 Meter, mindestens!«

Die beiden Offiziere zogen sich bis auf ihre Unterwäsche aus. Ein Gefreiter sammelte ihre Uniformen ein. Dann knoteten sie sich jeweils eines der herbeigeholten Seile um die Brust und stiegen wortlos in die eiskalte Brühe.

Westphal dachte: Das ist Irrsinn. Doch gleichzeitig bewunderte er auch den Mut dieser beiden Männer, die jetzt von der Strömung erfasst wurden und mit kräftigen Schwimmzügen versuchten, dagegen anzukämpfen. »Mehr Seil … nachgeben, nachgeben!«, rief ein Unteroffizier den vier Gefreiten zu, die für die Sicherung ihrer tapferen Vorgesetzten zuständig waren. Das Leben der beiden hing jetzt buchstäblich an einem Faden, auch wenn dieser aus zwei Zentimeter dickem Hanf gesponnen war. Das Kind in der Hütte schrie wie am Spieß. Der Unteroffizier sprach halblaut aus, was alle dachten: »Der Alte ist total verrückt …«

»Wo bleibt nur das verdammte Boot?!«, fluchte Westphal. Es war das erste Mal, dass sein Fahrer Peters ihn fluchen hörte.

Koch und Wissmann hatten inzwischen das Behelfsheim erreicht. Der Leutnant, der Jüngere von beiden, zog sich an der Fensterbank hoch und versuchte, sich mit einem Klimmzug aufs Dach zu schwingen, während Koch die alte Frau und das Kind so gut es ging festhielt. »Dem ist kalt. Da fehlt die Kraft«, murmelte Westphal. Aber schließlich schaffte Wissmann es beim vierten Anlauf, ein Bein aufs Dach zu kriegen und sich unter Aufbietung all seiner Kräfte hochzuziehen.

»Noch mehr Seil!«, schrie der Unteroffizier. »Nachlassen, nachlassen!«

Wissmann legte sich auf den Bauch und streckte die Arme nach dem Kind aus, das noch immer schrie. Endlich bekam er es zu fassen und zog es neben sich aufs Dach. Mit vereinten Kräften wuchteten die beiden Offiziere dann auch die alte Frau nach oben. Den Beobachtern am Ufer schien es eine Ewigkeit zu dauern, doch als sich am Ende auch noch der Oberleutnant nach oben in Sicherheit gebracht hatte, brach am Ufer ein kurzer Jubel aus.

Etwa zehn Minuten später raste ein Zug der Feuerwehr heran. Sie hatten das Boot dabei. Es war nur ein Faltboot, das dem Zugführer gehörte; die Feuerwehrleute hatten es aus Heimfeld holen müssen, wo es der Zugführer in einem Gartenschuppen aufbewahrte.

Mit diesem Boot sollten in der nächsten Stunde noch 21 weitere Menschen gerettet werden. Als Letzte paddelten Oberleutnant Koch und Leutnant Wissmann an Land.

In dieser Nacht wurden viele Menschen zu Helden: Da gab es den 50-jährigen Polizeimeister Fritz Hilke aus Neuenfelde, der sich aus zwei Brettern und einer Hühnerleiter ein primitives Floß baute und im Alleingang eine vierköpfige Familie aus ihrer überfluteten Unterkunft befreite. Es gab den Feuerwehrmann Klaus Behrens, der in Kirchdorf ungefähr eine Stunde lang bis zur Brust durchs eiskalte Wasser watete und 14 Menschen von den Dächern ihrer Lauben herunterholte und an

Land trug. Und es gab auch den 22-jährigen Gefreiten Ingo Reinert, der einem zwölfjährigen Jungen erklären musste, dass seine Eltern und seine Schwester nicht mehr lebten. Doch die meisten dieser Helden würden namenlos bleiben.

Einer würde jedoch die Karriere seines Lebens machen. Aber noch war es nicht so weit. Noch nicht ganz. Noch schlief der Polizeisenator in seinem Haus in Langenhorn, im Norden Hamburgs.

Die Menschen hofften jetzt gemeinsam auf den Tag. Und dass der Orkan endlich ein Einsehen haben werde. Denn noch immer wehte es konstant mit Windstärke neun, und die Temperatur sank langsam bis auf den Gefrierpunkt. Denjenigen, die sich vor dem Ertrinken auf die Dächer und in die Bäume hatten retten können, lief die Zeit immer schneller davon.

*Hamburg-Moorburg, 17. Februar 1962, 4.50 Uhr*

● Aus dem Bericht eines Gefreiten ...

*Unteroffizier G., der das Kommando übernehmen musste, entschied nach kurzer Beratung, dass wir weiterhin versuchen sollten, zum Ausrüstungslager nach Moorburg vorzustoßen. Auf dem Weg dorthin machten wir gezwungenermaßen mehrere Umwege, weil uns das Hochwasser immer wieder den Weg versperrte. Schließlich erreichten wir die Tempo-Werke und versuchten, uns von dort nach Moorburg durchzuschlagen. Wir waren zu sechst auf dem ersten Lastwagen. Ich weiß nicht genau, wo und warum der Unfall passierte, denn ich befand mich hinten auf der Ladefläche. Ich nehme an, dass die Straße überspült worden war und dem Fahrer ein räumlicher Anhaltspunkt fehlte. Wir rutschten trotz Vollbremsung in den Graben. Obwohl wir hinten ungesichert auf der Ladefläche saßen, wurde niemand ernsthaft verletzt. Das Führerhaus lief jedoch rasch mit Wasser voll. Es gelang den Kameraden, aus dem Führerhaus nach hinten auf die Ladefläche zu klettern. Unteroffizier G. befahl den übrigen drei Lastwagen, weiterzufahren, weil es seiner Meinung nach wichtiger war, die Schlauchboote nach Wilhelmsburg zu bringen. Nachdem wir eine Zigarettenpause gemacht hatten, entschied Unteroffizier G., dass wir versuchen sollten, uns mit den Bindeleinen anzuseilen, aus dem Lkw zu steigen und die Straße zu erreichen. Wir befanden uns etwa 15 bis 20 Meter von der Straße entfernt, und es bestand die Gefahr, dass die Wassermassen unseren Lkw wegspülten. Unteroffizier G. stieg plötzlich von der Ladefläche hinunter ins Wasser. Ich weiß nicht, wieso er sich nicht angeseilt hatte. Er wurde sofort von der Strömung mitgerissen. Wir konnten ihn nicht festhalten, aber wir wussten, dass er ein guter Schwimmer war, und hofften daher, dass es ihm gelingen werde, sich irgendwo an Land oder in einen Baum zu retten. Wir beschlossen aber, den gefährlichen Weg zur Straße zu wagen. Wir seilten uns an und erreichten nach bangen Minuten den Damm.*

Dieser »Unteroffizier G.« hieß Gerhard Gowitzke. Er hatte sich freiwillig zum Heer gemeldet, denn er wollte Berufsoffizier werden. Ursprünglich stammte er aus Westpreußen und war der Älteste von insgesamt elf Geschwistern. Seine Kameraden beschrieben ihn später als einen etwas stillen, in sich gekehrten Menschen, der häufig über sich und den Sinn des Lebens gegrübelt habe. Aber auch sie konnten es sich nicht erklären, was den 26-Jährigen dazu bewogen haben könnte, vor den Augen seiner Kameraden ohne Sicherungsleine in die reißenden Fluten zu springen.

Seinen Leichnam fand man erst zwei Tage später im Dach-stuhl eines zusammengestürzten Hauses in Moorburg. Die Uniform und die Stiefel fehlten. Daraus kombinierte man, dass es Gowitzke offenbar gelungen war, sich im Wasser aus-zuziehen, um besser schwimmen zu können. Man musste auch davon ausgehen, dass er noch gelebt hatte, als er das Haus erreichte: Denn bei der anschließenden Autopsie stell-te man anhand seiner vielen Knochenbrüche fest, dass er nicht ertrunken, sondern höchstwahrscheinlich von den Trüm-mern des zusammenstürzenden Hauses erschlagen worden war.

Der Unteroffizier Gerhard Gowitzke war einer von fünf Hel-fern, die während der Sturmflut in Hamburg ihr Leben ver-loren.

Die übrigen drei Lastwagen der 3. Kompanie erreichten ungefähr drei Stunden nach dem Ausrücken endlich den Übungsplatz ihrer Einheit. Das Wasser in der Gerätehalle stand einen Meter hoch. Die Soldaten waren gezwungen, die Türen mit Äxten einzuschlagen. Erst gegen 6.00 Uhr kehrte der de-zimierte Zug mit den dringend benötigten Schlauchbooten nach Wilhelmsburg zurück. Hermann Westphal würde sich noch Jahre später daran erinnern, wie man diese Boote bei der Ankunft den Pionieren förmlich aus den Händen riss.

*Hamburg-Mitte, 17. Februar 1962, 5.35 Uhr*

Werner Eilers, Chef des Amtes für den Zivilschutz bei der Po-lizei, war als Mitglied des Krisenstabes gerade am Karl-Muck-Platz eingetroffen, wo sich der erweiterte Krisenstab formieren sollte. Aufgrund der bestehenden Gesetzeslage* war der Staatsbeamte jedoch so etwas wie ein König ohne Reich – noch gab es die Innenbehörde ja nicht, die in Zukunft bei solchen Katastrophenfällen federführend sein könnte. Aber Eilers hatte den richtigen Blick. Sofort bei seiner Ankunft war ihm die Hilflosigkeit des Krisenstabes aufgefallen, der offenbar selbst in einer tiefen Krise steckte. Es gab aber auch niemanden, der das Zepter nun an sich reißen konnte oder wollte, um zumindest das »zu retten, was noch zu retten ist«. Eilers selbst waren die Hände gebunden, aber was war eigentlich mit dem Polizeisenator, mit dem er in den vergangenen Wochen bei den Planungen für die zukünftige Innenbehörde gut zusammengearbeitet hatte? Eilers hielt ihn – soweit es die politische Führung der Stadt betraf – für den kompetentesten Mann im Hamburger Senat, jedenfalls was die Sturmflut betraf. Ihm hätte er ohne weiteres zugetraut, in dieser schweren Stunde die Uhr neu zu stellen. Aber das durfte er nur denken. Nicht sagen.

»Der Herr Polizeisenator befindet sich auf einer Konferenz in Berlin, Herr Eilers«, entgegnete der Polizeipräsident auf seine Frage nach der Abwesenheit von Helmut Schmidt. »Wir wissen aber derzeit nicht, *wo* er genau steckt, und können ihn auch nicht erreichen!«

»Aber wollte er denn nicht am Abend nach Hamburg zurückkehren?«, fragte Eilers verblüfft.

»Davon ist mir nichts bekannt.«

Am liebsten hätte Eilers gefragt, ob man denn überhaupt versucht habe, Schmidt zu erreichen. Er beschloss, irgendwie

---

* Zur Erinnerung: Die britischen Besatzungstruppen hatten nach dem Krieg die Dezentralisierung der Innenbehörde angeordnet.

herauszufinden, wo sich Helmut Schmidt zu diesem Zeitpunkt aufhielt.

*Hamburg-Wilhelmsburg, 17. Februar 1962, 5.50 Uhr*

Ihre neuen Trainingsanzüge waren nicht sehr lange trocken geblieben. Und von ihren Schlauchbooten waren jetzt nur noch drei Stück übrig. Noch ein Grad kälter, und der Stoff friert mir an der Haut fest, dachte Carl Osthoff. Er zitterte am ganzen Körper, und seine Hände konnte er vor Kälte kaum noch bewegen. Die Haut an den Fingerkuppen war runzlig wie nach einem drei Stunden langen Vollbad. Aber seinen Kameraden ging es ja genauso. Nicht mal ihre Zigaretten konnten sie mehr richtig halten.

Niemand hatte den genauen Überblick, wie viele Menschen sich in den Behelfsheimen befunden hatten, als die Flut sie im Schlaf überrascht hatte. Niemand konnte sagen, wem und wie vielen vielleicht im letzten Augenblick die Flucht gelungen war und wo sich diese Menschen nun befanden. Die Retter hatten jedoch inzwischen mindestens ein Dutzend Leichen entdeckt, als sie in die Häuser hineingeleuchtet hatten, die meisten waren alte Leute gewesen. Aber man hatte sich dazu entschlossen, die Toten in ihren nassen Gräbern erst einmal weiter ruhen zu lassen. Inzwischen war auch das DRK im Einsatz und fuhr die Geretteten in die Notunterkünfte, die man inzwischen hastig eingerichtet hatte. Die größten Probleme für die Helfer taten sich dann auf, wenn Familien oder Paare zerrissen worden waren, wenn nur einer von zweien am Leben war oder Menschen spurlos verschwunden waren und niemand Auskunft darüber geben konnte, ob sie überhaupt noch lebten oder sich bereits in Sicherheit befanden.

»*Wenn* da jetzt noch Leute sind, dann sind die bestimmt in den Häusern«, sagte jemand. Er vermied wohl absichtlich das Wort »tot«. Aber nichts anderes hatte er sagen wollen.

»Wilhelmsburg ist groß«, erwiderte Osthoff düster. »Und hier gibt's 'ne Menge solcher Kolonien …«

Er und seine beiden Kameraden versuchten, sich vor dem Sturm hinter den dicken Gummiwülsten ihres Schlauchboots zu verstecken. Es wird Zeit, dass ich nach Hause komme, dachte er. Ursula steht bestimmt schon mit der Pfanne hinter der Tür. Oder sie ist verrückt vor Angst. Carl, sagte er sich, da musst du dringend was ändern. So was kannst du ihr nicht zumuten – morgens zur Arbeit zu gehen und die ganze Nacht einfach nicht nach Hause zu kommen.

Der Strahl einer Taschenlampe blitzte auf. »Herr Osthoff?«, fragte eine Stimme. Sie gehörte dem Offizier, der ihnen vorhin die trockenen Trainingsanzüge gebracht hatte.

»Was gibt's?«

»Wir warten jetzt hier auf Entsatz. Bald sollen auch neue Boote kommen. Aber drüben in Altenwerder gibt es offensichtlich erhebliche Probleme … Kennen Sie zufällig den Maakenwerder Grund«? Osthoff nickte. »Die Straßen nach Altenwerder waren – vielmehr sind wohl noch – völlig abgeschnitten. Da soll auch eine Laubenkolonie sein!«

»Sie meinen den ›Grund‹«, warf einer von Osthoffs Kameraden ein, »an der Landspitze, wo der Köhlbrand in die Elbe reinstößt. Ja, das kenn ich!«

»Dort soll es zahlreiche Tote gegeben haben … Aber wir haben eine Meldung erhalten, dass dort auch noch viele Leute am Leben sein sollen und auf den Dächern sitzen … und in den

Bäumen … Schon seit fünf Stunden, mindestens. Wenn die nicht sofort da rausgeholt werden, krepieren die!«

»Und wir sollen das übernehmen?«, fragte Osthoff.

»Drei Boote sind erst mal besser als keins. Sie *müssen* da jetzt mit Ihren Leuten hin … Von hier sind es zehn, vielleicht 15 Minuten. Aber bis wir neue Schlauchboote dahin kriegen, wenn überhaupt …«

Osthoff und seine Kameraden sahen sich nachdenklich an.
»Tja«, sagte der Offizier, »ich kann Sie natürlich nicht zwingen, aber Sie wissen es ja selbst: Heute Nacht brennt es wohl an allen Ecken und Enden.«

Brennen war zwar das falsche Wort, aber es gab keine lange Diskussion, eigentlich gab es überhaupt keine, und es gab vor allem auch keinen Widerspruch, obwohl alle Männer im Grunde fix und fertig waren. Denn wenn Menschen sich in Lebensgefahr befanden, dann mussten sie ran. Der Name ihrer Organisation verpflichtete sie dazu: Deutsche Lebensrettungsgesellschaft. Und genug Sprit hatten sie auch noch in den Kanistern. Jetzt gab es weder Ausreden noch ein Zurück. Aber das dachten sie offenbar alle. Für Osthoff war es plötzlich schwieriger, die Männer, die *nicht* mitkommen sollten, zu beschwichtigen. Jeder wollte diesen Einsatz unbedingt mitfahren. Letztendlich entschied ein diktatorischer Befehl. Zwei Minuten später waren die drei Boote startklar.

»Danke. Und viel Glück!«, sagte der Offizier zum Abschied.

»Tun Sie uns bitte einen Gefallen«, entgegnete Osthoff, als er sich ins schaukelnde Boot hockte, »versuchen Sie die Helfer vor Ort per Funk zu erreichen. Ob wir was zu essen kriegen könnten …«

»Falls die schon da sind …«, erwiderte der Offizier.

»Falls die noch kommen …«

»Versprochen!«, nickte der Leutnant.

Osthoff zog die Starterleine. Der »Johnson« sprang sofort an. »Ich nehm Sie aber beim Wort!«, rief er. Als Antwort hielt der Offizier beide Daumen hoch zum Zeichen, dass alles glatt gehen werde.

Kurz darauf befanden sich die letzten drei Schlauchboote der DLRG auf dem Weg, den sie vor ein paar Stunden schon einmal gefahren waren – nur in die andere Richtung. Es wurde langsam hell. Der Sturm hatte kaum nachgelassen, aber der Himmel sah etwas freundlicher aus. Vielleicht ist das Kerngebiet endlich über uns hinweggezogen, hoffte Osthoff, und das sind jetzt nur noch die Nachwehen. Er konnte über dieses kleine Wortspiel sogar lächeln. Irgendwie hatte er das Gefühl, dass er sich auf dem direkten Weg zum Heldentum befand. Zu einer Senatsmedaille vielleicht – denn als waschechter Hamburger gehörte es sich nicht, dass man sich einen Orden an die Brust heften ließ. Nur wurde ihm davon auch nicht wärmer. Und außerdem hatte er vergessen, nach dem Namen des Leutnants zu fragen – entweder, um sich später bei ihm fürs Essen zu bedanken, oder um ihm ein paar deutliche Worte zu sagen.


*Großer Vogelsand, 17. Februar 1962, 6.00 Uhr*

Als der Morgen graute, schmerzte den fünf Männern auf der Brückennock der *Ondo* jeder Muskel, jeder Knochen und jedes Gelenk. Sie waren völlig erschöpft, halb erfroren und konnten sich kaum noch bewegen. Aber sie lebten, und es kam ihnen vor, als hätte der Sturm nachgelassen. Das erfüllte sie mit Hoffnung. Überdies hatte sich trotz des enormen Wellengangs die Lage des Wracks nicht verändert. Das Schiff lag wie ein gestrandeter Wal auf dem Mahlsand. Die Flut war zurückgegangen, und wenig später blinzelte sogar die Sonne durch die dünner gewordene Wolkendecke. Aber je weiter der Himmel aufriss, desto kälter wurde die Luft.

»Vielleicht sollten wir die Chance nutzen und mit 'nem Boot abhauen, Käpt'n – bevor das nächste Hochwasser kommt!«, stieß einer der Männer keuchend hervor, ein schwarzhaariger Kerl mit breitem Hamburger Slang, der Benjamin der Truppe. Er hatte »Schangse« gesagt.

Othmar Sierks schüttelte den Kopf. »Vergiss es, Junge.« Er verschwendete schon längst keinen Gedanken mehr an eine etwaige Flucht mit einem Rettungsboot. Trotz Niedrigwassers war die See nach wie vor viel zu unruhig. Aber auch ihm war klar: Sie mussten schleunigst herunter von Bord. Noch so eine kalte Nacht, und ihre Überlebenschancen würden auf unter 50 Prozent sinken. Überhaupt würde ja dann auch noch ein ganzer Tag vor ihnen liegen …

Das schwache Tuten eines Typhons ließ die Männer aufhorchen. Mit schmerzverzerrtem Gesicht erhob sich Sierks, um die Lage zu peilen. Verflucht, war das kalt! Er hatte das Gefühl, der Wind lasse seine durchnässten Klamotten am Körper festfrieren. Vorsichtig spähte er über die Reling der Brückennock. In ungefähr zwei Seemeilen Entfernung sah er die Silhouette eines großen Frachters vorüberziehen, der die Elbmündung ansteuerte. Wenn er sich anstrengte, konnte er sogar ein paar Positionslichter erkennen. Sierks starrte hinunter in die brodelnde See. Kein Schiff, nicht mal ein Seenotrettungskreuzer wahrscheinlich, hätte angesichts der Grundseen, die ununterbrochen gegen den Stahlrumpf schlugen, auf der tiefer liegenden Steuerbordseite längsseits gehen können. Und über die steil aufragende Backbordseite war die Rettung erst recht unmöglich.

»Wo willst du hin, Paul?«, fragte er, als er sich umwandte. Paul Nodolny deutete schweigend mit dem Daumen nach unten. Er fühlte sich offenbar kräftig genug, um eine Expedition ins Schiff hinein zu unternehmen. »Aber pass auf, Paul!«

»Geht klar, Käpt'n!«, antwortete der hünenhafte Taucher, riss mit seinen Bärenkräften die Tür zur Kommandobrücke auf, die bis auf die wichtigsten Instrumente vollkommen leer geräumt war, zwängte sich ins Schiffsinnere hinein und kletterte dann langsam den schmalen Niedergang in den Bauch der *Ondo* hinunter.

Nach einer knappen halben Stunde kehrte Nodolny zurück. Er schien fix und fertig. »Bin nich' sehr weit gekommen«, sagte er schwer atmend, »unten steht das Wasser im Schiff. Hab euch aber trotzdem was mitgebracht …«

Die mitgebrachte Beute war in der Tat armselig: zwei nasse Decken, ein Päckchen feuchtes Feinbrot und eine kleine Taschenlampe. Aber das war besser als nichts.

»Na denn, guten Appetit, Männer!«, scherzte Sierks müde und verteilte an jeden seiner Leute eine Scheibe vom Brot. »Wird bestimmt jemand kommen und uns von diesem Kahn runterholen …« Er wickelte die übrigen Brotscheiben ordentlich ins Zellophanpapier ein und verstaute das Paket unter seinem Ölzeug. Die Männer kauten schweigend. Es war gar nicht so einfach, die klebrige Masse, die im Mund immer größer wurde, ohne Wasser hinunterzuwürgen. Jetzt hätte es ruhig regnen dürfen! Aber das Schicksal, so schien es, hatte sich vollends gegen sie gewandt. Da waren sie von Unmengen von Wasser umgeben, aber sie kamen beinahe um vor Durst!

Jetzt, bei Tagesanbruch, im grauen Licht, das langsam heller wurde, sah alles noch viel schlimmer aus. Wie nach einem Bombenangriff, dachte Carl Osthoff. Überall schwammen Trümmer, trieben Lauben, bogen sich Holzwände im scharfen Wind. Aber auch hier hatten es einige Leute auf die Dächer und in die Bäume geschafft, und als sie jetzt die Boote erspähten, brachten sie noch einmal die Kraft auf, um zu schreien. Wie viele Stunden hatten sie in der Eiseskälte wohl schon ausharren müssen? Die meisten trugen bloß noch Fetzen am Körper. Die Nachthemden der Frauen erinnerten Osthoff an Leichengewänder.

Es beruhigte ihn jedoch, dass die Strömung, die drüben in Wilhelmsburg noch sehr stark gewesen war, etwas nachgelassen hatte. Außerdem kam jetzt am Rand des »Maakenwerdergrunds« ein Bundeswehrlaster angefahren. Osthoff erspähte sogar zwei Krankenwagen und mehrere Busse des DRK. Na also – wenigstens das hat geklappt, dachte er, die Straße nach Altenwerder ist offensichtlich wieder passierbar. Und dann fiel ihm auch schon wieder ein, dass die Hilfsorganisationen vielleicht tatsächlich mal etwas Warmes gebracht haben könnten. Für die Retter.

Dort am Ufer, wo jetzt die Fahrzeugkolonne parkte, tauchten auf einmal mehrere Zivilisten auf. Osthoff hatte keine Ahnung, woher sie plötzlich gekommen waren. Aber diese Frage war jetzt unwichtig. Sie hatten etwas anderes zu tun – sie erledigten ihre Pflicht. Sie retteten wieder halb Erfrorene vor dem sicheren Tod. Sie pflückten sie von den Bäumen hinunter oder hoben sie vorsichtig von den Dächern in ihre schwankenden Schlauchboote. Kaum einer der Geretteten hatte noch die Kraft, irgendetwas zu sagen. Sie waren vom Schock gezeichnet, von der Todesangst, die sie ausgestanden hatten, oder vom Schmerz über den Verlust eines geliebten Menschen. Bei manchen kam auch alles zusammen. Je länger sie ausharren müssen, desto schweigsamer werden sie, dachte Osthoff. Sie packten so viele Leute in ihr Boot, bis die Schwimmkörper zu drei Vierteln unter Wasser lagen. Inzwischen hatte er sich fast schon an diese Arbeit gewöhnt. War er etwa abgestumpft gegenüber all diesem Grauen, was er in den vergangenen vier Stunden erlebt hatte? Der Mensch gewöhnt sich an alles, sagte er sich und dachte: Ja, das stimmt wohl irgendwie. Nur dass es so schnell geschehen würde, hätte er niemals für möglich gehalten.

Als er vorsichtig in Richtung des Damms fuhr, wo schon die Helfer mit den Wolldecken in den Händen standen, kam er an einem riesigen Rhododendron vorbei, der noch ungefähr zwei Meter aus dem Wasser ragte. In den immergrünen Zweigen hatte sich etwas verfangen, ein kleines Bündel. »Lieber nicht hinsehen«, raunte ihm plötzlich sein Kamerad vorne im Boot zu, schüttelte den Kopf und wandte sich angeekelt ab. Osthoff ahnte daher, worum es sich bei diesem Bündel handeln *musste*, bevor er doch einen Blick darauf warf. Es war ein Baby, bestimmt noch nicht einmal ein Jahr alt. In diesem Augenblick erkannte Carl Osthoff, dass er doch noch nicht abgestumpft war.

Ungefähr zum selben Zeitpunkt, als er mit seinem Schlauchboot an dem sechs Monate alten Holger Schwedler vorbeiglitt, wurde dessen Vater Kurt etwa 250 Meter weiter vom zweiten Schlauchboot der DLRG aus dem Wasser gefischt. Schwedler hatte über fünf Stunden auf einem Stück des Daches eines Behelfsheims gelegen, die meiste Zeit davon halb im Wasser. Als man ihn ins Krankenhaus einlieferte, betrug seine Körpertemperatur nicht einmal mehr 33 Grad. Aber er hatte ein starkes Herz, einen stabilen Kreislauf, und er sollte überleben. Genauso wie sein 17-jähriger Schwager Edward, der sich auf einen Pflaumenbaum hatte retten können. Schwedlers Frau Else dagegen hatte es nicht geschafft. Sie hatte sich verzweifelt an einen Laternenpfahl geklammert, bis ihre Kräfte nachgelassen hatten, und war ertrunken. So wie fünf von sieben Kindern der Familie Bennewitz. So wie 31 weitere Bewohner der Kolonie im Maakenwerdergrund.

### Kreis Land Hadeln, 17. Februar 1962, 6.30 Uhr

Als es zu dämmern begann, versuchten die übermüdeten Mitarbeiter des Krisenstabes um den Oberkreisdirektor Büning, sich ein Bild von der Lage zu verschaffen. Ihre Gesichter waren bleich, sie waren unrasiert und hatten im Lauf der Nacht viel zu viele Zigaretten geraucht. Und was nun alles an Schreckensmeldungen zusammengetragen wurde, taugte eher dazu, ins Bett zu gehen und sich die Decke über den Kopf zu ziehen: Mindestens 8000 Hektar Weide- und Ackerland standen meterhoch unter Wasser. Hunderte von Häusern waren schwer beschädigt worden, einige würde man sicherlich abreißen müssen. Der Ostedeich hatte von Neuhaus bis Bremervörde insgesamt 36 verschiedene Grundbrüche auf insgesamt fast einem Kilometer Länge zu verzeichnen. Dazu kamen sieben Deichkappenbrüche sowie beschädigte Außen- und Innenkanten auf 19 Kilometern Länge. »Es ist ein Wunder, dass wir nur zwei Tote zu beklagen haben«, fasste der Oberkreisdirektor zusammen. »Aber jetzt müssen wir zusehen, dass wir die Eingeschlossenen von ihren Höfen wegkriegen ...«

»Seit 6.00 Uhr befinden sich vier Kompanien des Panzerbataillons 74 in Otterndorf«, sagte jemand.

»Die Soldaten sollten im Abschnitt Altenbruch bis zur Schleuse in Otterndorf eingesetzt werden«, meinte Büning, »oder hat jemand eine bessere Idee?« Keiner antwortete. »Ich sehe, Sie sind alle einverstanden. Gibt es sonst noch etwas Neues?«

»Das Panzerbataillon 71 aus Seedorf ist im Anmarsch auf Basbeck und Bornberg«, entgegnete der Mann, der das Polizeifunkgerät bediente. »Aus Munster kriegen wir vier Lastwagenladungen Sand, und gegen 14 Uhr wurde uns aus Braunschweig ein Zug der motorisierten Verkehrsstaffel zugesichert, um unsere Polizei bei der Verkehrsregelung zu unterstützen ...«

»Offenbar haben wir diesen ganzen Schiet einigermaßen im Griff«, stellte der Oberkreisdirektor fest. »Dann sollte jetzt allmählich auch mal der Sturm ein Einsehen mit uns haben ...«

Aber diesen Gefallen wollte ihnen »Vincinette« nicht tun. Noch nicht. Und den Hamburgern schon gar nicht, im Gegenteil. Dort blieb der Orkan weiterhin mit dem Wasser verbündet. Der unheilvolle Pakt der beiden Urelemente zeigte noch immer so gut wie keine Schwäche.


*Hamburg-Mitte, 17. Februar 1962, 6.40 Uhr*

Nicht nur der Morgen dämmerte jetzt über den Katastrophengebieten langsam herauf. Auch der erweiterte Krisenstab im Polizeipräsidium begann endlich einzusehen, dass man sich unbedingt einen größeren Überblick verschaffen *musste*. An der katastrophalen Versorgungslage – Strom, Gas und Wasser waren überall im Stadtgebiet ausgefallen – hatte sich kaum etwas geändert; vielleicht bis auf die Tatsache, dass die Telefone zumindest in der Innenstadt zum Teil wieder leidlich funktionierten und dass die Bundespost zu diesem Zeitpunkt fieberhaft versuchte, in Finkenwerder eine Handvermittlungsstelle für den Süden Hamburgs einzurichten. Aber immer noch wurde die Kommunikation über Amateurfunker und Taxifahrer aufrechterhalten. Jetzt, in diesem Augenblick, sollte es sich bitter rächen, dass die einzelnen Behörden stets ihr eigenes Süppchen gekocht hatten. Ihre Krisenstäbe und sonstigen Einsatzleitungen hatten, wie es Helmut Schmidt drei Tage später in einem Fernsehinterview zu deren Ehrenrettung vorbringen sollte, *»jeweils einen Katastrophenplan vorrätig – nicht schlecht, ganz brav – aber insgesamt völlig ungeeignet, um eine derartige Katastrophensituation zu meistern«.*

Hauptkommissar Kordts hatte inzwischen beim Standortkommando des Wehrbereichs I in der Sophienterrasse im Stadtteil Harvestehude einen Hubschrauber angefordert. Um 5.30 Uhr hatte man ihm durchgegeben, dass sechs Maschinen aus Münster auf dem Weg seien. Wie sich wenig später jedoch herausstellen sollte, war auch das eine der vielen Fehlinformationen gewesen, denn wegen der Windgeschwindigkeit hatten die Maschinen am Boden bleiben müssen. Diese Information aber war an Kordts nicht weitergereicht worden.

Um 6.40 Uhr hielt vor dem Polizeipräsidium ein schwarzer Mercedes 220 S. Auf dem Dach war ein Blaulicht montiert. Für die rund 12 Kilometer lange Strecke von Langenhorn zum Karl-Muck-Platz hatte der Fahrer ungefähr acht Minuten benötigt. Um 6.20 Uhr war der Fahrgast vom Chef des Zivilschutzes bei der Polizei, Werner Eilers*, in seinem Haus geweckt worden. Um genau 6.41 Uhr betrat der Polizeisenator die Einsatzzentrale und wünschte keineswegs einen »guten Morgen«. Einer seiner Biografen, Harald Steffahn, schrieb über die ersten Minuten nach der Ankunft Helmut Schmidts im Polizeipräsidium, es sei wie im Krieg in einem Armeehauptquartier, welches laufend Einzelmeldungen über schwere Feindeinbrüche empfange, aber die Gesamtlage nur erahnen könne. Wie dort der Generaloberst improvisieren müsse, mit dem Instinkt für möglichst wirkungsvolle Befehle zur Stabilisierung der Front, genauso verfahre der ehemalige Batteriechef** Schmidt ohne die Lehrzeit in höheren Stäben ...

Für die Mitglieder des *Erweiterten Krisenstabes* brachen nun harte Zeiten an, vielleicht sogar die schlimmsten 90 Minuten ihres Lebens. Aber jedermann bekam in diesen eineinhalb Stunden zu spüren, dass plötzlich *ein* Mann *das Kommando* übernommen hatte. Das Heft des Handelns. Und das im Handstreich. Um Punkt 7.00 Uhr ließ Schmidt zur ersten Lagebesprechung »bitten«. Er hatte weder einen Auftrag noch gar ein Mandat, sondern bloß ein paar Päckchen Zigaretten in den Anzugtaschen, ein funktionierendes Feuerzeug und den unbedingten Willen, sich alles zu nehmen, was er zur Katastrophenbewältigung benötigen würde. Sein Motto lautete: »Lieber effektvoll ohne Instanzwege als amtskorrekt ohne Wirkung.«

Als Erstes bekam dies der Leiter des Bezirksamtes Harburg, Mohr, zu spüren, als er aufgefordert wurde, einen vorläufigen

---

* Original-Ton Helmut Schmidt: »Um 6.20 Uhr rief mich ein Beamter – ich weiß noch genau, wer es war, einer der intelligenteren Beamten, in meinem Haus an und klärte mich über die Lage auf ...«
** Helmut Schmidt befehligte am Ende des Krieges eine Flak-Batterie im Rang eines Oberleutnants.

Lagebericht aus dem Überschwemmungsgebiet zu geben. Noch ehe er den zweiten Satz seiner Ausführungen begonnen hatte, rief Schmidt dazwischen: »Herr Mohr, hopp, hopp – an die Karte!«

Schmidts Senatskollege Büch, der als Vertreter des Krisenstabes des Amtes für Wasserbau und Wasserwirtschaft anwesend war, wurde als Nächster abgewatscht. Er wollte ausholen, kam aber nicht sehr weit, denn Schmidt sagte indigniert: »Bitte keine Abschweifungen. Antworten Sie nur auf meine Fragen!« Der Polizeipräsident, der sichtlich um Contenance bemüht war und nun glaubte, einen Eklat vermeiden zu müssen, mischte sich ein. Das hätte er lieber bleiben lassen sollen, denn Schmidt empfahl ihm ungerührt: »Gehen Sie mal lieber nach Hause. Sie halten hier nur den ganzen Betrieb auf.«

Nach dieser ersten *Lagebesprechung*, die stark an den Schulunterricht im Spielfilm »Feuerzangenbowle«* erinnerte, rechnete der Polizeisenator forsch »mit 20 000 Toten«. Die Mitglieder des Krisenstabs murmelten aufgeregt durcheinander, denn diese Opferzahl hielten sie für weit übertrieben. Aber Schmidt blieb dabei. Er ließ sich nicht beirren, denn er hatte längst alle bruchstückhaften Einzelmeldungen und Lageberichte in seinem Kopf zu einem Gesamtbild zusammengefügt, das die Schreckensvision, die ihn noch tags zuvor in Berlin am Konferenztisch ereilt hatte, um ein Vielfaches übertraf.

Als Nächstes ließ er daher Fernschreiben an die Bundeswehr, aber auch an die Generalstäbe der Amerikaner, Engländer, Belgier und Niederländer hinausjagen. Der Tenor: Wir brauchen Hubschrauber, wir brauchen Soldaten, wir brauchen Hilfsmaterial. Und wir brauchten das alles bereits *gestern*. Jetzt kam ihm

---

* Der Rühmann-Klassiker aus dem Jahre 1943 – »Pfeiffer, mit drei F!«

seine langjährige Tätigkeit im Verteidigungsausschuss des Bundestages zugute. Er *kannte* die meisten der Generalstäbe persönlich. Aber gleich *200 Hubschrauber?!* Zunächst erklärte man ihn europaweit für verrückt, mindestens aber für übergeschnappt, doch als er persönlich nachhakte und hartnäckig insistierte, ließen sich die Befehlshaber überzeugen und sagten ihm sofortige Hilfe zu.

Sein wichtigster Helfer wurde in diesen Stunden (und in den nächsten Tagen) der Chef des Wehrbereichkommandos I, General Bernhard Rogge. Er hatte kein Problem damit, sich dem dynamischen Krisenmanager unterzuordnen und ihm zuzuarbeiten – denn Schmidt hatte sich ja vorgenommen, *alle* Verwaltungen und Organisationen nach Belieben zu nutzen – also warum dann nicht auch die Bundeswehr? Der Polizeisenator war hundertprozentig davon überzeugt, etwas Sinnvolles und Notwendiges zu tun. Er interpretierte die vorherrschende Katastrophensituation als »übergesetzlichen Notstand«. Und »da jedermann unsere Tätigkeit für vernünftig ansah«, erinnerte Schmidt sich später, »hat es keine Klage und auch keine Anklage gegeben«.

Als gegen Mittag der eiligst aus Bad Hofgastein angereiste Erste Bürgermeister Paul Nevermann beim Krisenstab im Polizeipräsidium eintraf und auf seinen Senator zuging, um ihn zu begrüßen, entgegnete Schmidt: »Paul, halt mich jetzt nicht mit unwichtigen Fragen auf.«

Die größte Hilfsaktion in der Geschichte der Republik war da bereits seit viereinhalb Stunden angelaufen.

# Die Tage nach der Katastrophe

**Am Sonnabendmorgen gegen 7.30 Uhr war das Wasser plötz-
lich verschwunden.** Der Boden war zwar vollkommen aufgeweicht, aber mit Gummistiefeln begehbar. Vorsichtig setzte
Reinhard Pflug einen Schritt vor den anderen und näherte sich
misstrauisch seinem Häuschen, das bald einen Spitzboden bekommen würde, so viel war schon mal sicher. Er warf einen
Blick auf sein Flachdach. Die Kaninchen hoppelten nach wie
vor fröhlich dort oben herum. Er zählte sie durch. Ein Dutzend. Also hatten alle überlebt. Kluge Tierchen, dachte er, und:
Das ist schon mal ein gutes Zeichen.

Auch in den anderen Parzellen regte sich anscheinend wieder Leben. Er konnte zwar niemanden erspähen, doch der
scharfe Wind trug Flüche, aber auch Schluchzen und unterdrückte Entsetzensschreie an sein Ohr. Irgendwo polterte es –
da ist bestimmt ein Holzstapel umgefallen und gegen eine
Wand gekracht, dachte Pflug. Doch erst einmal musste er sich
um seinen eigenen Besitz kümmern. Sein Zuhause. Auf den ersten Blick, von außen, hatte ihr kleiner *Palast* die Sturmflut
scheinbar unversehrt überstanden. Pflug rüttelte an den Wänden seiner Laube. Die standen bombenfest. Vielleicht war das
ja auch alles nur ein böser Traum gewesen. Aber er musste sich
nicht in die Wange kneifen, um aufzuwachen. Denn die Martinshörner, die er aus dem »Grund« hörte, waren real. Auch der

Schlamm zu seinen Füßen war echt. Die Winterbeete waren vom Wasser ausgespült worden, da drin würde sich so schnell keine Pflanze mehr regen. Die Kaninchenställe waren zerbrochen. Und überall pappte Schlick und Dreck und Modder, lagen Trümmerstücke und Müll herum – Gegenstände, die garantiert noch nie auf seinem Grundstück gelegen hatten – und leider auch ein paar tote Ratten. Um die war es natürlich nicht schade. Aber es stank erbärmlich nach muffigem Hafenwasser. Pflug spürte, dass er sich insgeheim davor fürchtete, sein Heim zu betreten.

Dann tat er es doch. Er öffnete langsam die Hintertür und blickte hinein. Die Küche, sein ganzer Stolz, war hinüber. Das sah er auf den ersten Blick. Die Kraft des Wassers hatte die Unterschränke zum Teil aus ihrer Verankerung gerissen und die schöne Arbeitsplatte aus Buchenholz hochgebogen. Auch hier hatte sich kiloweise Schlamm auf dem Fußboden abgesetzt. Aber nichts anderes konnte man eigentlich erwarten. Er tappte auf Zehenspitzen durch die Küche ins Wohnzimmer hinein. An den Wänden konnte er genau erkennen, wie hoch das Wasser gestanden hatte. Mindestens einen Meter, schätzte Pflug, wenn nicht mehr, und bemerkte plötzlich, dass sich der Esstisch nicht mehr in der Mitte des Raumes befand, sondern vom Wasser bis zur Sitzgruppe gespült worden war. Der Couchtisch hatte ihn dann aufgehalten, und beide Tische waren offensichtlich mit dem Sofa kollidiert, das sie dann gestoppt hatte, weil es mit der Lehne an der Wand stand. Es ist ein Wunder, dachte er, als er seine teure Neuanschaffung erblickte – die Musiktruhe, auf den Essstühlen, vollkommen unversehrt! »Das gibt es doch nicht«, sagte er laut zu sich selbst.

»Was gibt es nicht?«, fragte seine Frau von draußen. Pflug öffnete ein Fenster – überhaupt müssten sie jetzt erst mal alle

Fenster öffnen, um den Gestank aus ihrem Häuschen rauszukriegen und es ordentlich durchtrocknen zu lassen – und sagte fassungslos: »Unsere Musiktruhe hat schon mal nichts abbekommen!«

»Dann freu dich doch!«, lächelte seine Frau. »Wenigstens etwas.« Sie hatte ihre beiden Kinder auf dem Arm.

»Die Küche ist natürlich hin ... die Wände und die Tapeten auch und unsere Möbel ... Na ja, schick ist was anderes. Ich glaube, die können wir alle wegschmeißen.« Er streckte die Arme aus und nahm seiner Frau zuerst Karin, dann Reinhard junior ab. Er hob die beiden nacheinander durchs Fenster in die Laube herein. Neugierig blieben die Kinder in der Mitte des Wohnzimmers stehen und sahen sich um. Sie waren barfuß. Reinhard Pflug sah es nicht.

»Guck doch erst mal, ob du für die beiden Schuhe findest und was Warmes zum Anziehen!«, sagte Ingrid Pflug. »Es ist zu kalt, um im Schlafanzug rumzurennen.«

»Mach ich. Und komm du jetzt auch mal rein«, entgegnete er. »Es is' nicht so schlimm, wie es aussieht, wirklich nicht ...« Er registrierte, dass der Kanonenofen noch dort stand, wo er zu stehen hatte. Aber die Briketts lagen überall im Haus verstreut, nass und unbrauchbar. Und wenn man genauer hinsah, tropfte auch aus dem Ofen das Wasser.

Ingrid Pflug seufzte. Als sie die Küche betrat, fiel ihr Blick als Allererstes auf den Stecker des neuen Kühlschranks. Wie zum Trotz steckte sie ihn in die Steckdose. Aber der Kühlschrank blieb stumm.

»Die Klamotten sind alle nass!«, rief ihr Mann aus Karins Zimmer. »Was soll ich den Kindern denn jetzt anziehen?«

»Warte«, antwortete sie, »ich bin gleich da!« Sie musste den Anblick ihres demolierten Heims erst einmal verdauen.

In diesem Augenblick hörte sie Schritte hinter sich. Sie drehte sich um und erblickte ihre Mutter, die Füße in Männergummistiefeln, die ihr mindestens fünf Nummern zu groß waren.

»Gott sei Dank – euch ist nichts passiert!«, sagte ihre Mutter. Die beiden Frauen fielen sich in die Arme. »Bei Heinz … ich meine, bei Herrn Stragula ist das Wasser auch ganz plötzlich ins Haus gekommen. Wir haben die ganze Nacht oben auf dem Dach verbracht, bis heute Morgen plötzlich das Wasser weg war …«

»Wir auch, Mutter … Und wir dachten, wir erfrieren … Bis uns die Krögers zu sich rübergeholt haben – unter ihr Dach! Wir sind mit der Leiter rüber!« Warum war sie nur so ruhig und gefasst? Vielleicht, weil der Krieg sie hart gemacht hatte. Wer einen Bombenvolltreffer überlebte, sollte eine Sturmflut mit links überstehen.

»Um Gottes willen! Und die Kinder …?«

»Ich glaube nicht mal, dass die so 'ne große Angst hatten. Da hättste lieber man Reinhard und mich sehen sollen, wie wir über die schaukelnde Leiter gekrabbelt sind!« Sie sprach über diese schrecklichen Augenblicke, als wäre es bloß ein aufregendes Ferienerlebnis im Pfadfinderlager gewesen. Das musste wohl der Schrecken sein. Der Schock.

»Ingrid, wo bleibste denn«, nölte Reinhard Pflug aus dem Kinderzimmer, »ich komm hier nicht weiter!«

»Sofort!« Ihre Mutter aber packte sie am Handgelenk und sah sie durchdringend an. »Was hast du denn plötzlich?«

»Weißt du eigentlich gar nicht, was im ›Grund‹ passiert ist, Ingrid?« Ihr traten plötzlich Tränen in die Augen, und sie begann zu schluchzen. »Die sind wahrscheinlich alle tot!«

Wenig später begab sich die Familie Pflug neugierig zur Böschung, von der aus die Stufen in den »Grund« hinunterführten. Sie hatten in den oberen Schränken noch ein paar trockene Kleider gefunden. Aber es waren alles Sachen, die Ingrid Pflug bereits ausrangiert hatte, die zu klein geworden oder längst verschlissen waren. Die anderen Bewohner aus ihrer Kolonie, die jetzt hier am Ufer standen, sahen jedoch genauso unmöglich aus. Hauptsache warm, man befand sich schließlich nicht auf einer Modenschau, sondern in einem heftigen Sturm – man stand an einem nassen Grab. Schon die zweite Stufe der Treppe nach unten in den »Grund« war unter Wasser. Wie die gesamte Kolonie. Ingrid Pflug schlug vor Entsetzen die Hand vor den Mund. Sie sah aus den Augenwinkeln heraus, dass ihr Mann schlucken musste. Die Leute standen regungslos im kalten, scharfen Wind und sahen fassungslos dabei zu, wie ein paar Schlauchboote der Bundeswehr Hütte für Hütte absuchten. Oder das, was noch vor ein paar Stunden ein Zuhause gewesen war. Einige der Schaulustigen murmelten gedämpft. Ob da wohl noch einer rausgekommen ist?, lautete die am häufigsten gestellte Frage. Irgendjemand meinte: »Vorhin ham 'se noch ein paar von den Dächern runtergeholt – die ham noch gelebt …«

»Ich nehm die Kinder mal lieber wieder mit hoch«, sagte Ingrid Pflugs Mutter. »Hier gibt's nämlich nichts zu sehen, ihr beiden!« Sie nahm ihre Enkel an die Hand.

»Doch!«, sagte Reinhard junior, »hier sind nämlich ganz viele Soldaten!« Aber es standen nicht nur Bundeswehrfahrzeuge auf der Böschung; auch das Rote Kreuz war da und die Feuerwehr. Und zwei graue Kleinbusse von der städtischen Leichensammelstelle, deren Hecktüren offen standen. Darin befanden sich Gestelle, auf denen schmale Zinksärge lagen, drei links, drei rechts.

Vier Streifenpolizisten versuchten, die Schaulustigen zurückzudrängen. Sie forderten sie unmissverständlich auf, das Terrain zu verlassen, um die Rettungsarbeiten nicht zu behindern.

»Totengräber seid ihr doch!«, rief einer aus der Menge. »Zu retten gibt's da nämlich nix mehr.«

»Genau. Die sind doch alle hinüber!«

»Ich hab vorhin, glaub ich, noch welche schreien hören«, sagte eine Frau, »aber was sollte ich denn machen?«

»Es ist besser, wenn wir jetzt alle gehen«, sagte Reinhard Pflug entschlossen. Er hatte genug gesehen. Er war sich sicher, dass sein Kegelbruder Kurt dort irgendwo im kalten Wasser lag. Wahrscheinlich zusammen mit seiner Familie. Vielleicht hatte man ihn auch schon abtransportiert. »Wir sollten uns zu meinen Eltern rüber nach Eimsbüttel durchschlagen«, meinte er. »Vielleicht fahren die Dampfer schon wieder.«

»Aber lassen Sie ja nicht Ihr Haus allein zurück«, sagte ein Mann, den Ingrid Pflug vom Sehen her kannte, aus dem Supermarkt. »In Altenwerder sollen schon Plünderer am Werk gewesen sein!«

»Wenn ich so 'nen Kerl erwische – der hängt sofort an der nächsten Laterne!«, rief einer. Pflug wandte sich um und sah, dass es sein Nachbar Kröger war. »Aber mit die Füße nach unten!« Die Umstehenden murmelten zustimmend. Genauso musste man es machen: Zack, zack – Rübe ab. Reinhard Pflug presste die Lippen aufeinander, denn er dachte nicht das Gleiche. Aber er hielt seinen Mund, denn die Krögers hatten ihm und seiner Familie schließlich im wahrsten Sinn des Wortes den Arsch gerettet.

Doch die Furcht vor Plünderern war gar nicht einmal so unbegründet. Schon kurz nach dem Hellwerden hatte die Polizei in Wilhelmsburg zwei Männer gestellt, die gerade dabei gewesen waren, mehrere Fernseher und Radios aus einem Kahn in einen Lieferwagen umzuladen. Die raschen Nachforschungen ergaben, dass sie mit dem Kahn einem abgesoffenen Fernsehfachgeschäft einen Besuch außerhalb der Öffnungszeiten abgestattet hatten. Bei ihrer Festnahme versammelte sich schnell eine größere Menschenmenge, die sicherlich nicht lange gefackelt hätte. Die beiden Männer waren heilfroh, dass sie in dem Peterwagen Platz nehmen durften. Und am nächsten Tag würde bereits ein Erlass ergehen, dass auf Plünderer gezielt geschossen werden durfte …

»So, Sie alle haben jetzt genug gesehen. Nun gehen Sie mal schön zurück in Ihre Häuser«, rief einer der Polizisten und hob beschwichtigend die Hände. Seine Kollegen holten eine lange Leine aus dem Streifenwagen, um die Böschung abzusperren.

»Die wollen jetzt still und heimlich die Toten rausholen«, raunte Reinhard Pflug seiner Frau zu. Ingrid Pflug räusperte sich und tauschte mit ihm einen wissenden Blick. Reinhard Pflug nickte.

»Die Soldaten sind nachher auch noch da, Schatz«, meinte sie dann zu ihrem Sohn, »aber wir müssen vor allem jetzt zusehen, dass wir was zu essen und zu trinken kriegen – nicht wahr … Karin, Reinhard? Kommt jetzt!«

**Auch acht Stunden nach der Flut befanden sich längst nicht alle Menschen in Sicherheit.** Über 20 000 waren noch allein in Wilhelmsburg vom Hochwasser eingeschlossen und kamen nicht aus ihren Häusern oder Wohnungen heraus. Dies betraf Junge und Alte, Kranke und Bettlägerige gleichermaßen. Ihre Behausungen waren längst ausgekühlt. Gas, Strom und

Wasser gab es nicht, die Kohlenkeller waren überflutet, die Kanonenöfen oder die Narag-Heizungen* blieben ebenso kalt wie die modernen Zentralheizungen. Wer besonders schlau gewesen war, hatte noch vor Mitternacht schnell eine Badewanne mit Leitungswasser voll laufen lassen, doch zum einen gab es nur wenige Menschen, die diesen Trick kannten; zum anderen gab es auch ziemlich wenig Bäder mit Badewannen in Wilhelmsburg. Und dann hätte die nächste Frage wahrscheinlich gelautet: Wo ist der Spirituskocher? Und: Haben wir überhaupt Spiritus im Haus, um das Wasser heiß zu machen?

In den ländlichen Regionen der Großstadt Hamburg sowie in den direkt benachbarten Gemeinden und Dörfern auf dem platten Land herrschte dieselbe prekäre Situation. Hier waren es die einsamen Gehöfte, die wie Inseln aus einem Meer ragten. Aus manchen dieser Regionen würde das Hochwasser auch weitaus langsamer ablaufen als in der Stadt, wo es Siele gab und die ersten Hochleistungspumpen der Feuerwehren und des THW bereits auf Hochtouren liefen. Aber in einigen Kleingartenkolonien sowie draußen auf dem Land hockten nach wie vor mehrere hundert Menschen nun schon mehr als acht Stunden draußen in der Kälte; blau gefroren, zitternd und bibbernd, voller Angst und Ungewissheit; sie hatten sich auf ein Dach geflüchtet, einen Baum oder manchmal auch nur auf einen Zaunpfahl.

Der Leuchtturmwärter Walter Drygalla, fernab von Hamburg in Balje an der Elbe, saß da wenigstens noch windgeschützt im Trockenen, oben auf seinem nutzlos gewordenen

---

* Eine Vorläuferin der modernen Zentralheizung: Die Koksöfen standen zumeist in der Küche, das heiße Wasser kreiste in armdicken Rohren durch die Wohnung.

Turm. Er konnte sich gar nicht satt sehen an dem skurrilen Bild, das sich ihm in gut 100 Metern Entfernung bot: die gestrandete *Silona*, die es sich auf dem überfluteten Deichvorland gemütlich gemacht hatte. Die Maschine, die Steueranlage sowie die Schraube waren intakt. Aber leider reichte die Wassertiefe nicht aus, und so würde der alte Pott auch nie wieder von hier fortkommen, jedenfalls nicht als Ganzes.

Die beiden Schlepper *Eisfuchs* und *Neuwerk* aus Cuxhaven hatten sich schon lange vor Sonnenaufgang, als das Niedrigwasser wieder eingesetzt hatte, von Kapitän Nilsson und dem Cuxhavener Lotsen Erich Mehlert verabschiedet und waren zur Elbmündung zurückgedampft.

Die Crew der *Silona* war nun zum Warten verurteilt. Irgendwann würde sie natürlich jemand von dem verstorbenen Schiff herunterholen. Und den Leuchtturmwärter von seinem Turm. Aber den ganzen Sonnabend würde niemand kommen, am Sonntag auch nicht, und je länger diese Warterei dauerte, desto mehr würde Walter Drygalla das Gefühl haben, dass ihn in Hörne offenbar niemand so richtig vermisste.

Dass er und die Männer von der *Silona* dann noch bis zum Morgen des 22. Februar – also insgesamt vier Tage – würden ausharren müssen, bis der Wasserspiegel sich endlich so weit gesenkt hatte, dass mehrere Bundeswehr-Lastwagen zu ihnen durchdringen konnten, hätte Drygalla zu diesem Zeitpunkt jedoch niemals gedacht …

»Vincinette« begann, ihre dunkelgrauen Regenwolken zu entlassen. Stahlblau präsentierte sich plötzlich das Firmament an diesem Sonnabendmorgen, aber auch der prächtige, flammend-orangefarbene Sonnenaufgang konnte niemanden fröhlich stimmen. Diejenigen, die nur ihr nacktes Leben gerettet hatten und mit wachsender Ungeduld und Verzweiflung auf die

Hilfe warteten, die doch jetzt jeden Augenblick kommen *musste*, erst recht nicht. Denn die Temperatur war schon auf knapp unter null Grad gesunken, und der Wind pfiff nach wie vor unbekümmert mit Stärke 8 bis 9.

Aber die Meteorologen aus dem Hamburger Seewetteramt gaben Entwarnung. Dr. Hans-Otto Mertins, den es nicht mehr zu Hause gehalten hatte, diskutierte kurz mit den Kollegen. Die Anspannung der letzten Tage war nicht spurlos an den Männern vorübergegangen. Aber jetzt waren sie doch beruhigt, weil sie mit an Sicherheit grenzender Wahrscheinlichkeit voraussagen konnten, dass »die Siegreiche« drauf und dran war, ihr stürmisches Leben auszuhauchen. Am frühen Nachmittag würde sie über Mecklenburg-Vorpommern und Polen hinwegziehen, bevor ihre einstige Kraft sich dann ungefähr zwei Tage später irgendwo über den endlosen Weiten der Sowjetunion buchstäblich in Luft auflösen würde.

Diese Entwarnung bedeutete gleichzeitig, dass man auch die Gefahr einer weiteren Sturmflut ausschließen konnte. Größere Stürme würde es in den nächsten Tagen keine mehr geben; es blieb daher erst einmal genügend Zeit, die Schäden an den Deichen zumindest provisorisch zu reparieren.

Bevor Mertins an diesem Sonnabend sein Büro verließ, holte er sich noch einmal die gesammelten Wetterdaten der vergangenen sechs Tage auf den Tisch; die ersten Karten, die den jungen Sturm zunächst als winziges Tief über Labrador zeigten, bevor es sich dann zielstrebig auf die gut 7000 Kilometer lange Reise gemacht hatte und binnen 24 Stunden zu einem Jahrhundertorkan angewachsen war, der auf dem Höhepunkt seiner Macht so viel Leid und Zerstörung über die Menschen gebracht hatte. Wann werden wir es endlich einmal einsehen, fragte Mertins sich im Stillen, dass sich die Natur letztendlich niemals besiegen lassen wird? Und dann dachte er plötzlich mit Grausen an seine bevorstehende Fahrprüfung: Am kommenden Donnerstag um 9 Uhr würde er erst einmal seinen inneren Schweinehund besiegen müssen …

**Auf der *Insel* Wilhelmsburg floss das Wasser teilweise meterhoch in den Straßen, sodass oft nicht einmal mehr die großen Bundeswehr-Lastwagen durchkamen.** An vielen Stellen hatten sich abgesoffene Autos hoffnungslos ineinander verkeilt und bildeten Straßensperren. Und dort, wo die Soldaten vielleicht gerade eben noch fahren konnten, mussten sie höllisch aufpassen, weil der Straßenverlauf und die -markierungen lediglich zu erahnen waren; darüber hinaus passierte es auch ein paarmal, dass ein Fundament bereits unterspült war und die Straße plötzlich absackte. Dort, wo das Wasser nicht so hoch stand, bauten die Anwohner mithilfe der Soldaten mit Trümmern, Ziegelsteinen, Schalbrettern und Sandsäcken kleine Dämme und Behelfsbrücken auf die Bürgersteige, sodass man wenigstens nur nasse Füße bekam. Boote waren von daher das gefragteste Transportmittel.

Als der 36-jährige Harry Sührcke an diesem Sonnabendmorgen erwachte und merkte, dass seine Wandsbeker Wohnung kalt war und dass kein Strom durch die Leitungen floss, schaltete er sein Transistorradio an und hörte in den Nachrichten, was in der Nacht passiert war. Er zögerte keine Sekunde, sondern zog sich warme Sachen an, setzte sich dann in seinen Wagen und raste in die Wandsbeker Chaussee Nr. 238, wo er einen florierenden Bootsbaubetrieb besaß. Auf dem Weg dorthin holte er seinen 23-jährigen Gesellen Jörg Ackermann aus dem Bett, der verwundert darüber war, dass ihn sein Chef an einem Samstag aus dem Schlaf geklingelt hatte.

»Wir müssen zur Kleingartenkolonie Hövel in Niedergeorgs-werder«, sagte Sührcke, »die Gegend kenn ich gut. Schon wenn es da mal heftiger regnet, stehen die Lauben unter Wasser.«

Ackermann begriff sofort, was Sührcke vorhatte. »Und da-für wollen Sie das neue Sportboot nehmen, Chef? Das ist doch verkauft – das soll nächste Woche ausgeliefert werden …«

»Wenn kein anderes da ist«, entgegnete der Bootsbauer, »neh-men wir eben das, was wir haben!«

»Aber das Boot kostet 15 000 Mark, Herr Sührcke …« Da-für hätte er über ein Jahr arbeiten müssen – netto. Harry Sühr-cke zuckte nur mit den Schultern.

Es war vielleicht nur seine Intuition, die ihn dazu verleite-te, sich im Alleingang als Lebensretter zu profilieren. Später würde er erzählen, dass er keine Sekunde lang etwas anderes ge-dacht hatte. »Ich muss das einfach tun, Herr Ackermann«, sag-te er, als sie vor seiner Firma hielten.

Mit dem Sportboot auf dem Trailer passierten die beiden Männer anstandslos alle Straßenkontrollen auf dem Weg in die Überschwemmungsgebiete. Eineinhalb Stunden später star-tete Sührcke den 60-PS-»Evinrude«-Außenborder am Nie-dergeorgswerder Elbdeich, im östlichen Teil der *Insel* Wil-helmsburg. Hier waren bereits Pioniere der Bundeswehr mit Schlauchbooten sowie das DRK im Einsatz, aber die freiwilli-ge Hilfe des Bootsbauers wurde dankend angenommen: Über-all in und auf den kleinen Häuschen warteten die unterkühl-ten, erschöpften Bewohner der Kleingartensiedlung auf ihre Rettung. Sührcke und Ackermann fuhren kreuz und quer *über* die Parzellen. Bei jeder Fahrt konnten sie neun Menschen an Bord nehmen. Nach der dritten Fahrt schlug das Boot an ei-nem metallenen Zaunpfosten unter Wasser leck. Das Loch im Rumpf konnten die beiden abdichten. Auch das zweite Leck,

das sie sich nach der fünften Fahrt eingehandelt hatten, konnte noch einmal repariert werden, doch nach der sechsten Fahrt
war das Boot dann endgültig kaputt. Die letzten neun Überlebenden aus der Hövel-Kolonie kriegte Sührcke eben noch mit
Ach und Krach an Land. Das Boot aber war hin, 15 000 Mark
waren futsch. Doch er und sein Geselle hatten 54 Menschen
gerettet. Für jeden hatte der Geschäftsmann 277 Mark bezahlt.

Harry Sührcke war nur einer von vielen Tausend freiwilligen Helfern, die wenige Stunden nach dem Bekanntwerden der
Katastrophe wie selbstverständlich an die Brennpunkte im Katastrophengebiet eilten und ihre Hilfe anboten. Vor allem aber
erschienen Jugendliche aus allen Teilen Hamburgs. Die Erwachsenen waren darüber nicht nur verblüfft, sondern regelrecht irritiert, denn zwischen den »faulen, ungezogenen Halbstarken«
und der vornehmlich auf Ordnung, Anstand, Sauberkeit, Sitte
und Disziplin geeichten Gesellschaft existierten schließlich schon
seit Jahren tiefe Gräben. Was war plötzlich in die Jugend gefahren?

»Häufig«, so würde es im Juni 1962 in einem Bericht der
»Hamburger Lehrerzeitung« über »Hamburger Schulen unter
Wasser« stehen, »schien die Antwort auf diese Frage nicht mit
dem übereinzustimmen, was die Mitmenschen gewohnt waren
oder erwarteten. Da ist z. B. die Meinung, dass unsere Mädchen
und Jungen zwischen 14 und 20 Jahren eigentlich nur Dumm-
heiten im Kopf haben. Diese Meinung wird keiner mehr unüberlegt aussprechen, der Gelegenheit hatte, diese jungen Menschen einschließlich der Bundeswehrrekruten während und nach
der Katastrophe bei ihrem ›Einsatz‹ zu sehen … Hier wurde an
vielen Beispielen bewiesen, dass Erziehung im Elternhaus und
in der Schule nicht vergebens war. Ist aber nicht auch bewiesen,
dass dieser Jugend von den Erwachsenen und in erster Linie von

den Erziehern aller Art viel häufiger Möglichkeiten der Bewährung dem Mitmenschen gegenüber gezeigt werden müssen? Nicht nur gezeigt, sondern mit ihnen erlebt werden müssen? Und nicht nur unter dem Anruf eines so gewaltigen Ereignisses? … Da ist auch die Behauptung, die jungen Lehrerinnen seien zwar feine Damen, aber doch ein wenig weltfremd und auf sich bedacht. Wer sie im Dreck und Schlamm mit frostkalten Händen ohne richtige Schutzkleidung hat arbeiten sehen, wer sie in den Lagern bei der Fürsorge für die Flüchtlinge beobachtete, weiß es besser und wird auch hier nicht mehr unüberlegt urteilen.«

Da gab es zum Beispiel mehrere Fußballmannschaften, die geschlossen in den Büros des Technischen Hilfswerks vorsprachen, ob sie nicht etwas tun könnten, und eine Stunde später, notdürftig eingekleidet, an den Deichen Sandsäcke schleppten. Das evangelische Jugend-Pfarramt stampfte im Auftrag des Landesjugendrings in Windeseile eine Organisation aus dem Boden, bei der sich mehr als 2000 Schüler und Lehrlinge meldeten, um geschädigten Familien bei der Bergung ihrer Habe und der Reinigung ihrer Wohnungen zu helfen. Schulklassen übernahmen Patenschaften für ältere, gebrechliche Menschen, die auch noch Wochen nach der Sturmflut-Katastrophe Bestand hatten; sie sorgten für die Renovierung der Behausungen, organisierten neue Möbel und gruben die Gärten um. Viele Klassen, manchmal sogar ganze Schulen, verlegten ihren »Wandertag«, räumten zerstörte Wohnungen aus, halfen den Bewohnern bei der Rettung ihrer Habseligkeiten, legten Keller trocken oder sammelten die weit verstreuten Trümmer ein. Und gleich am nächsten Morgen fragten sie ihre Lehrer, ob es nicht möglich wäre weiterzuarbeiten, denn es gäbe doch noch so viel zu tun.

In der »Hamburger Lehrerzeitung« hieß es dazu: »Sie waren von dem, was sie gesehen hatten, so beeindruckt, dass sie nicht anders handeln konnten, aber vielleicht kam noch dies hinzu: In unserer Massenzivilisation wird der Tätigkeitsdrang der Jugend oft als störend empfunden, und hier konnte sie das Gefühl haben, dass ihre Hilfe notwendig war, dass man sie brauchte.«

Das dachten sich auch die 14- bis 16-jährigen Schülerinnen der Finkenwerder Aue-Schule: Als die Bundespost im Laufes des Samstags in den ehemaligen Postgebäuden am Norderdeich endlich eine Handvermittlungsstelle mit Verbindung zum Hamburger Telefonnetz eingerichtet hatte, stellte sich heraus, dass die Kräfte des Fernmeldeamts 1 mit den örtlichen Verhältnissen nicht vertraut waren. Überdies hatten sie größte Schwierigkeiten, das *Finkenwerder Platt* zu verstehen, sodass sie die vielen Anfragen der besorgten Anrufer (»Wie süt dat op'm Kasn-Fock-Weg ut?«) nicht beantworten konnten. Als das bekannt wurde, meldeten sich 13 Schülerinnen als »Dolmetscherinnen« – sie arbeiteten anschließend noch zwei Wochen lang im Schichtdienst rund um die Uhr …*

---

* Anfang April gab es neue Arbeit: Die Obstbauern brauchten Hilfe. Fast 2000 Jungen und Mädchen opferten ihre Freizeit, um die Bäume von dem angeschwemmten Schmutz, Heu und Stroh zu säubern – sie arbeiteten auch auf den Feldern und in den Häusern, wo es noch viel zu tun gab. Zunächst aber mussten einige Schwierigkeiten überwunden werden. Die Bauern wollten keine jugendlichen Helfer haben, denn sie trauten den Stadtkindern an wirklicher Hilfe nichts zu. Auch die Behörden waren anfangs sehr zurückhaltend. Aber nach wenigen Tagen wurde die Hilfe dann dankbar angenommen – und zwischen den Bauern und den Schülern aus der Stadt entstanden sogar herzliche und teilweise bleibende Bindungen. Die Hamburger Jugend wurde nach der Sturmflut von vielen Seiten gelobt. »Aber«, so fragte erneut die »Hamburger Lehrerzeitung«, »ist dieses Lob nur deswegen so kräftig ausgefallen, weil wir Erwachsenen unsere ›Halbstarken‹ falsch eingeschätzt hatten? Hatten wir sie nicht ständig ›unterfordert‹? Wer hätte gewusst, dass diese jungen Menschen so viele positive Eigenschaften haben?« Hamburgs Erster Bürgermeister Paul Nevermann sagte dazu: »Das Wort ›Halbstarke‹ dürfen und können wir nicht mehr gebrauchen, nachdem sie sich so eingesetzt und bewährt haben.«

**Die Menschen in den überfluteten Stadtgebieten spürten spätestens jetzt, dass sie nicht im Stich gelassen wurden.** Zwar rätselten viele, wieso die Sturmflut der vergangenen Nacht so dermaßen überraschend ihr beschauliches Leben überschwemmt hatte, aber zu dieser Stunde stellte kaum jemand kritische Fragen. Es ging jetzt zuallererst um die elementarsten Dinge: um Wärme, um Wasser, um Milch für die kleinen Kinder, um heiße Suppe und ein Stück Graubrot für alle, um Medikamente für die Kranken und Schwachen, um die Bekämpfung der Seuchengefahr (denn überall schwamm totes Vieh – Rinder, Schweine, Schafe und Hühner – herum); es ging um die Bergung der Toten – und nicht zuletzt ging es vielen Menschen auch um die Gewissheit, ob der Ehemann, die Ehefrau, das Kind oder die Eltern vielleicht doch überlebt hatten. Wo sie sich – vielleicht – nun befanden. So viele Familien und Ehepaare waren innerhalb von Sekunden von der Sturmflut auseinander gerissen worden: Kurt Schwedler, der inzwischen unter mehreren Decken in einem Bett des Krankenhauses »Groß-Sand« lag und unter heftigen Schmerzen langsam wieder auf seine normale Körpertemperatur gebracht wurde, glaubte allerdings nicht mehr daran, dass seine Familie noch am Leben war. Vielleicht hatte es ja sein junger Schwager Edward geschafft. Der war ein zäher Junge, ein guter Fußballer mit einer ordentlichen linken Klebe. Aber seine Frau Else und sein Sohn Holger würden wahrscheinlich bereits in einem Sarg liegen. Er würde alles daran setzen, dass Mutter und Kind im Tode vereint sein würden. Eine Schwester betrat das Zimmer, in dem er mit neun anderen Männern lag. »Na, geht es Ihnen jetzt schon etwas besser?«, fragte sie und zeigte ihm zwei Wärmflaschen, die sie auf wundersame Weise für ihn in der Krankenhausküche organisiert hatte. Denn er war einer der schwereren

Fälle – einer von insgesamt 453, die allein an diesem Vormittag in Krankenhäusern stationär aufgenommen werden mussten. 756 Patienten hatten nach einer ambulanten Behandlung die Klinik wieder verlassen dürfen. Die Krankenschwester hielt die Flaschen wie Trophäen in ihren schlanken Händen und schob sie ihm dann unter die Decke. »Sie dürfen keinesfalls Ihre tauben Körperstellen massieren«, sagte sie und lächelte ihm aufmunternd zu.

Sie ist ziemlich hübsch, bemerkte Kurt Schwedler, sie sieht Else ein bisschen ähnlich – und nun musste er doch seine Tränen mannhaft unterdrücken. Denn so war er ja auch erzogen worden: Ein deutscher Junge weint nicht.

**Helmut Schmidt wusste, dass die Stadt eine Menge gutzumachen und nachzuholen hatte.** Deshalb übte er gnadenlos Druck aus. Er scherte sich weder um Titel, Ränge oder Dienstgrade, sondern behandelte alle Mitglieder des Krisenstabes gleich. Sie sollten nur eins: funktionieren, so wie auch er in diesen ersten Stunden funktionierte. Wie ein Elektronengehirn, das nichts vergaß; wie ein empfindlicher Sensor, der spürte, wann welche Entscheidung getroffen werden musste. Er brauchte nicht zu schreien, zu brüllen oder zu drohen – seine arrogante, selbstsichere Haltung und seine schneidende Stimme, mit der er jeden seiner kurzen Sätze druckreif formulierte, genügten vollkommen. Dort, wo der Zigarettenqualm am dicksten im Raum schwebte, saß Schmidt, der unumschränkte *Beherrscher* der Katastrophensituation. Daneben der treue Werner Eilers, der für den Fall der Fälle alles mitprotokollierte. Der Polizeisenator delegierte und befahl im Minutentakt. Er regte aber auch an: »Organisieren Sie am besten Sturmboote, Herr General: die haben einen stabilen Rumpf, denen kann kein Stacheldraht was anhaben! Die Pioniere haben doch solche Boote! Und ich erinnere mich auch an Amphibienfahrzeuge!« Darüber hinaus hatte Schmidt auch jede Menge Ideen, und er dachte voraus: »Sehen Sie zu, dass Sie die Straßen in spätestens zwei Stunden frei kriegen, sonst stehen die angeforderten Hilfstruppen im Stau!«, sagte er zu dem Leitenden Beamten der Verkehrspolizeistaffel. Im nächsten Moment wandte er sich um und fragte den Vertreter der Hafen-Dampfschifffahrt AG: »Könnte die HADAG mit ihren Schiffen die Leutchen aus Waltershof, die in Hamburg bei Verwandten oder Freunden unterschlüpfen wollen, nicht über die Elbe bringen? Das schafft Platz auf den Straßen und in den Notunterkünften …«

Die Antwort lautete: »Ja, das wäre möglich.«

»Wäre oder ist?«

»Ist, Herr Senator!«

»Ja, worauf warten Sie dann noch?«

Bereits 30 Minuten später begann die HADAG mit der Evakuierung von etwa 1600 Flutgeschädigten aus Hamburg-Waltershof und Hamburg-Neuenfelde zu den St. Pauli Landungsbrücken.

An Bord eines der ersten Schiffe, die über den noch immer unruhigen Strom stampften, befand sich auch Reinhard Pflug, der sich wie angekündigt auf den Weg zu seinen Eltern machte, um sich und seiner Familie vernünftige Kleidung zu besorgen sowie ein paar Grundnahrungsmittel und einen Kocher. Er hatte sein Fahrrad mit den Satteltaschen dabei; es hatte die Flut unbeschadet überstanden, denn es war mit einer stabilen Kette an der Dachrinne angeschlossen gewesen. Seine Frau war mit den Kindern in Waltershof geblieben, wo sie damit begonnen hatte, gemeinsam mit ihrer Mutter den Schlamm aus ihren Lauben zu schippen. Reinhard junior und Karin versorgten inzwischen die Kaninchen oben auf dem Dach mit Futter; die Kinder wollten außerdem versuchen, die Ställe notdürftig zu reparieren.

Als sich die zwei weißen Personenfähren den Landungsbrücken näherten, glaubte Pflug, seinen Augen nicht zu trauen. Die Schwimmpontons waren überfüllt mit Schaulustigen, die angestrengt auf die Elbe und aufs andere Ufer gafften – in der Hoffnung, irgendeine Sensation erhaschen zu können. Diese Sensation waren nun sie: die Überlebenden aus Waltershof, die verdreckt und erschöpft von Bord gingen und dabei allergrößte Schwierigkeiten hatten, sich durch die Masse der Schaulustigen zu wühlen. Reinhard Pflug kam es vor wie ein Spießrutenlauf. Die Leute machten ihnen nicht mal Platz, und er spürte, wie unbändiger Zorn in ihm hochstieg. Die ersten zwei Meter blieb er noch höflich. Aber niemand war auf seine Bitten hin zur Seite getreten, und niemand war da, der die Leute zurückdrängte; weder die Polizei noch Angestellte der HADAG, und verdammt noch mal: Da wollten jetzt ein paar Hundert Leute von Bord runter, und das möglichst schnell! Daher schob er sein Fahrrad rücksichtslos durch die Menge. Er achtete nicht auf die wütenden Reaktionen, wenn der Fahrradreifen einen hellen Trenchcoat beschmutzte oder sein Ellenbogen wie unabsichtlich jemanden schmerzhaft in die Rippen knuffte. O ja, Reinhard Pflug hätte zum ersten Mal in seinem Leben zuschlagen können, denn was sollte ihm jetzt noch Schlimmeres passieren? Da gab es nicht viel.

Etwa um die gleiche Zeit stand Carl Osthoff in einem durchgeweichten Trainingsanzug aus Bundeswehrbeständen vor seiner Wohnungstür und zitterte. Einerseits zitterte er vor Kälte, andererseits auch ein wenig vor seiner Frau Ursula. Er wusste nicht so recht, was er ihr zur Begrüßung sagen sollte. Immerhin: Eifersüchtig konnte sie ja schlecht sein, denn wenn er sich hätte amüsieren wollen, dann hätte er das ganz bestimmt nicht in diesem Aufzug getan.

»Da bist du ja endlich!«, sagte Ursula Osthoff zur Begrüßung, »ich dachte schon, du kommst gar nicht mehr nach Hause und bist mit dem Geld deiner Reederei durchgebrannt.«

Merkwürdig, dachte er, sie ist ja gar nicht schnippisch. »Wieso Reederei?«, fragte er dann.

»Nun komm erst mal rein, du Held. Ich weiß schon lange, was du wieder angestellt hast … Ist es nicht furchtbar gewesen?«

»Furchtbar ist wahrscheinlich kein Ausdruck …«, sagte Carl Osthoff und fiel ihr um den Hals. Seine Frau schloss die Wohnungstür und umarmte ihn. »Ich glaube, ich brauche erst mal 'ne Zeit, bis ich das alles verarbeitet habe … Aber wieso Reederei?«

»Heute Morgen haben zwei Herren geklingelt. Sie haben dich vermisst. Dich und deinen Schlüssel vom Tresorraum!«

»Mein Gott – ich sollte ja heute Morgen den Russen ausbezahlen!«

»Wir haben uns dann gemeinsam überlegt, wohin du durchgebrannt sein könntest. Schließlich ist mir nur ein Ort eingefallen – und dort hing dein Anzug …«

»… mit dem Tresorschlüssel in der Tasche!«, vollendete Osthoff den Satz. »Gott sei Dank.«

»Und von Herrn Schmidt haben wir dann erfahren, was du heute Nacht angestellt hast.«

»Tut mir Leid, aber jetzt brauche ich erst einmal ein heißes Bad – dann erzähl ich dir alles …«

»Tut mir Leid, Schatz – aber wir haben kein warmes Wasser. Die Heizung ist ausgefallen. Ich kann dir noch nicht mal einen heißen Tee machen, denn der Strom ist auch weg …«

»Na großartig.« Carl Osthoff glaubte, er sei im falschen Film. Da blieb ja jetzt wohl nur noch das Bett. Mit zwei Decken übereinander, versteht sich.

»Und was deine Arbeit angeht: Ich glaube, die Herren hatten nachher größtes Verständnis! Du sollst dich vor allem ausschlafen, haben sie gesagt.«

Das war immerhin schon etwas. Kein Ärger, keine Abmahnung – und ein Held war er auch geworden. Jetzt aber merkte Carl Osthoff, dass er sich kaum mehr auf den Beinen halten konnte. In diesem Moment hätte er sicher in einer Drehtür einschlafen können.

Für 12 Uhr hatte Helmut Schmidt im Zimmer 116 des Polizeipräsidiums eine weitere *Große Lage* angesetzt. Der Raum war proppenvoll. Die Luft stand. Zu Beginn machte er jedem der Anwesenden unmissverständlich klar, dass er nun *erste Ergebnisse* hören wollte und keine Ausflüchte. Ansonsten *durften* die Vertreter der Hilfsorganisationen und Behörden *auch Fragen stellen.* »Aber es ist keine Zeit für verbindliche Worte und Schwafeleien«, beendete der Senator seine kurze Begrüßungsansprache. »Kommen Sie zur Sache!«

Das Unheimliche an ihm war, dass er zum einen keine einzige von den Anordnungen vergaß, die er selbst ausgegeben hatte (nicht einmal Werner Eilers, der Protokollant, musste ihn erinnern); zum anderen, dass er sich scheinbar in *allen* in Frage kommenden Sachgebieten hervorragend auszukennen schien. Und dann ging es Schlag auf Schlag: »Ich bitte Herrn Bezirksamtsleiter Mohr zu schildern, wie er seine Organisation in Harburg aufgebaut hat …«

»Es ist mir gelungen, sie so aufzubauen, wie es heute Morgen beschlossen wurde!«

»Sie wollen also sagen, dass Ihre Organisation funktionstüchtig ist?« Der Bezirksamtsleiter nickte. Schmidt lächelte. »Danke«, fuhr er fort, »das genügt. Bitte jetzt das Gebiet Süderelbe!«

Der Vortrag des zuständigen Vertreters über die hanebüchene Situation in Neuenfelde, Francop und Moorburg dauerte gerade mal 15 Sekunden, dann sagte der Polizeisenator: »Einzelheiten interessieren hier nicht. Was haben Sie für Wünsche?«

»Wir benötigen eine Fernsprechverbindung nach Neuenfelde!«

»Kann die Bundeswehr helfen?«, wandte sich Schmidt an einen der Offiziere des Wehrbereichs I.

»Kann helfen!«, kam es wie aus der Pistole geschossen zurück.

»Würden die Herren einmal aufstehen? – Danke. Sie kennen sich nun. Veranlassen Sie bitte das Notwendige!«

Entscheidungen wurden im Sekundentakt gefällt. Der Major, der die Leichenbergungstrupps in den Laubenkolonien koordinierte, sagte: »Unsere Männer brauchen dringend Gummihandschuhe …«

»Wie viele Paar?«, fragte Schmidt.

»Tausend genügen.«

»Das übernimmt die Gesundheitsbehörde.« Und an diesen Behördenvertreter gewandt, fuhr der Polizeisenator fort: »Gehen Sie bitte davon aus, dass dies eine dringende Notwendigkeit ist. Danke.«

Ein anderer Stabsoffizier berichtete kurz, dass es bereits im Vorweg eine Menge Anfragen gegeben habe, Tierkadaver mit den Hubschraubern der Bundeswehr abzutransportieren. »Ich habe das aber bisher kategorisch abgelehnt.«

»Sie haben Recht. Dieser Gedanke kann nur einem zivilen Hirn entsprungen sein«, entgegnete Schmidt.

»Was tun wir mit den vielen streunenden Hunden und Katzen?«, fragte der Polizei-Einsatzführer Nord.

Nach kurzer Beratung wurde beschlossen, die Tiere zum Abschuss freizugeben. Für Sentimentalitäten blieb keine Zeit. »Ich werde das veranlassen«, sagte der Polizeibeamte und blieb sitzen.

Schmidt wiegte den Kopf hin und her. »Veranlassen ist so eine Sache. Wann marschiert das?« Er blickte skeptisch auf seine Armbanduhr. »Ab 18 Uhr ist alles klar. Erbitte Vollzugsmeldung!« Der Beamte lief rot an, erhob sich sofort von seinem Stuhl, nickte seinem obersten Dienstherrn dann entschlossen zu und verließ eilig den Raum.

Jetzt meldete sich Werner Felsberg. »Das DRK benötigt dringend weitere Fahrzeuge für den Transport der Geretteten, Obdachlosen sowie des Hilfsmaterials zu den vier geplanten Stützpunkten der Hubschrauber. Unsere Kapazitäten sind erschöpft.«

Eilers sah Schmidt an. »In den Garagen in Heidberg stehen meines Wissens noch mehrere Dutzend Fahrzeuge des Zivilschutzes«, sagte er. »Sie sind allesamt fahrbereit.«

Schmidt wandte sich an den Einsatzleiter des DRK: »Sie haben es gehört. Nehmen Sie sich von dort die Fahrzeuge, die Sie brauchen!«

Felsberg nickte, stand ebenfalls sofort auf und verließ den Lageraum. Er hatte genau zugehört und begriffen, wie der Hase lief. Er hatte keine Lust, als Depp dazustehen. Und er wusste, dass man hochrangige Staatsbeamte in Hamburg nie wieder so dermaßen würde zittern sehen. Wobei dieses Zittern in den wenigsten Fällen etwas mit Übermüdung zu tun hatte.

Der Hamburger Katastrophen-Einsatzleiter des DRK hatte seine Frage jedoch aus einem ganz konkreten Anlass gestellt:

Um zehn Uhr an diesem Vormittag hatte sich bei ihm der »DKW-Motorsport-Club« vorgestellt; es handelte sich dabei um etwa 20 junge Männer in schwarzen Nietenhosen und Lederjacken, die alle von sich behaupteten, dass sie fahren könnten wie der Teufel, egal, welches Fabrikat. Und sie wollten unbedingt helfen. Felsberg und Mannel glaubten ihnen; man musste sie auch nicht lange davon überzeugen, denn sie kannten den Präsidenten des Motorsport-Clubs, Theo Zeisig, ziemlich gut. Da zu diesem – noch etwas frühen – Zeitpunkt noch nicht abzusehen war, wie viele Evakuierte noch zu transportieren waren und überdies auch noch gewaltige Mengen an Hilfsgütern zu den vorgesehenen Hubschrauber-Landebasen gebracht werden mussten, hatte Felsberg das Angebot der »Halbstarken« gern angenommen.

Aber das eigentliche Problem war der Schirrmeister, der den Ersatzfuhrpark des Zivilschutzes in den Hallen neben dem Allgemeinen Krankenhaus Heidberg* im Norden Hamburgs verwaltete. Zwar bestand ein lockeres Abkommen zwischen dem Zivilschutz und dem DRK, dass die Hilfsorganisation in einem solchen Katastropheneinsatz auf das Fahrzeugkontingent zurückgreifen durfte. Doch dieser Schirrmeister hatte offenbar noch nicht begriffen, was die Stunde geschlagen hatte, und verweigerte Felsberg die Herausgabe seiner »Schätzchen«. Der Mann, ein unbestechlicher Beamter durch und durch, verwies dabei auf die fehlende Qualifikation der Ersatzfahrer (bestimmt hatte er auch keinen besonders guten Eindruck von den ganz in Schwarz gekleideten Motorsport-Enthusiasten vom »DKW-

---

* Das AK Heidberg – es ist noch heute in Betrieb – war ursprünglich eine Kaserne der SS-Standarte »Germania«. Nach dem Krieg diente sie den britischen Besatzungstruppen als Unterkunft und gleichzeitig als Militärkrankenhaus.

Club«). »Ohne schriftliche Fahrerlaubnis durch den Hamburger Senat geschieht hier gar nichts!«, hatte er immer und immer wieder gesagt. Wie eine Platte, die einen Kratzer hatte. Felsberg hatte zunächst mit Engelszungen auf den sturen Bock eingeredet. Dann war er lauter geworden – kurz darauf hatte er gebrüllt, und schließlich hätten sich die beiden Männer beinahe geprügelt, wenn Mannel seinen Chef und Freund nicht zurückgehalten hätte.

Jetzt konnte Felsberg mit ruhigem Gewissen ein zweites Mal zum Fuhrparkleiter hinausfahren. Denn nun hatte er ja die notwendige Rückendeckung von Helmut Schmidt …

Aber solche Stiesel wie der Schirrmeister bildeten in diesen außergewöhnlichen Tagen nach der Katastrophe die unrühmliche Ausnahme. Die Sturmflut trug – trotz aller tragischer Momente – auch zu einer Verbesserung des latent angespannten Verhältnisses zwischen den Bürgern und den Staatsdienern bei. Die Familie Pflug – aber auch viele andere, die ihre Einrichtung verloren hatten – würde später noch so manche Lobeshymne auf die Beamten anstimmen: Als Reinhard Pflug nach einer Woche im Ortsamt Finkenwerder auftauchte, weil er gehört hatte, dass er dort finanzielle Soforthilfe für zerstörte Einrichtungsgegenstände in Anspruch nehmen konnte, hatte er seinen Besuch sorgfältig vorbereitet. Die Pflugs hatten alles aufgeschrieben, was wirklich kaputtgegangen war. Diese Liste war ziemlich kurz, denn sie waren der festen Meinung, dass ihre Möbel und Teppiche schon bald durchgetrocknet sein würden. Die Tapeten, ein paar Schränke in der Küche sowie die Arbeitsplatte und der Herd – das war alles, was das Hochwasser zerstört hatte. Ihr neuer Kühlschrank war nämlich kurioserweise wieder angesprungen, kaum dass Strom durch die Leitung geflossen war.

Als Reinhard Pflug nach einer längeren Wartezeit vor dem Beamten der Sozialbehörde saß, der die Auszahlung der bereitgestellten Gelder vornahm, zückte er die ordentlich verfasste Liste und schob sie dem Mann über den Schreibtisch zu. Es handelte sich um einen Betrag von 690 Mark, die entsprechenden Belege waren an die Liste geheftet. Der Beamte bewilligte diese Summe sofort und füllte das entsprechende Formular aus, auch die Kassenanweisung. Reinhard Pflug freute sich, dass alles so problemlos verlief. Er unterschrieb das Formular, erhob sich, verabschiedete sich höflich und wollte gehen, als ihn der Beamte noch einmal zurück an den Schreibtisch und um die Kassenanweisung bat. Verwundert nahm Pflug wieder Platz, reichte dem Mann die Kassenanweisung und musste dann fassungslos mit ansehen, wie der Beamte sie zerriss. Kaum hatte er sich von seinem Schrecken erholt, beugte sich der Staatsdiener weit über den Tisch und flüsterte: »Sag mal, Kumpel, bist du dir da auch ganz sicher?«

»Wie meinen Sie das?«, fragte Pflug zurück, irritiert darüber, dass er geduzt wurde.

»Hör mal, hast du keine Möbel? Keine Teppiche, keine Matratzen?«

»Doch«, entgegnete Pflug unsicher.

»Ich weiß doch, wie hoch das Wasser bei euch gestanden hat … Und deshalb füllen wir die beiden Zettel jetzt schön noch mal aus.«

»Aber ich hab nur das angegeben, was wirklich kaputt ist«, stotterte Pflug. »In der Hauptsache Materialkosten – ich hab das nämlich alles selber gebaut!«

»Dann hast du trotzdem nicht die richtige Summe gesagt. Denn weißt du eigentlich, wie das nachher stinkt? Ihr kriegt eure Möbel und den ganzen Kram vielleicht trocken – aber dann wollt ihr die auch garantiert nicht mehr behalten.« Er beugte sich über die Formulare und kritzelte ein paar Zahlen nieder. »Habt ihr schon Soforthilfe erhalten?«, fragte er. »Ein Ehepaar, zwei Kinder?«

»Nein«, sagte Pflug, »nur das Handgeld, die 50 Mark.«

»Die werden nicht abgezogen!«, sagte der Beamte pflichtbewusst. Pflug brach mittlerweile der Angstschweiß aus. »So«, meinte der Beamte dann, »das sind also für Wiederbeschaffung von Hausrat und Bekleidung eines Ehepaars 3600 Mark, zuzüglich einer Küche macht 800 Mark sowie 600 Mark für jedes Kind, macht summa summarum 5600 Mark!« Er knallte seinen Stempel auf die Formulare, riss die Durchschläge ab und händigte Pflug die Kassenanweisung aus. »*Damit* gehste jetzt zur Kasse, Kumpel!« Und dann lächelte der Beamte. Er grinste von einem Mundwinkel bis zum anderen. Er hatte einen ziemlich breiten Mund.

**Binnen weniger Stunden war eine gigantische Hilfsmaschinerie ins Rollen gekommen.** Seit dem späten Vormittag starteten von drei Flugplätzen der Heeresflieger in Bückeburg, Celle und Rheine die heiß ersehnten Hubschrauber Richtung Hamburg. Dabei herrschten noch immer Windstärken, die normalerweise ein allgemeines Flugverbot bedeutet hätten. Kurz danach traf beim Krisenstab die Meldung ein, dass auch die amerikanische und britische Luftwaffe mit ihren Sikorskys im Anflug auf die Hansestadt seien. Sammelpunkt für alle Maschinen sollte der Flughafen Fuhlsbüttel sein.

Einer dieser Piloten hieß Udo Theel. Er war 25 Jahre alt und eigentlich ein gelernter Schneider, so wie alle Theels, die seit mehreren Generationen dieses Handwerk ausübten. Er stammte aus Stettin. Von dort war er mit der Familie 1945 geflüchtet. Das Schicksal hatte die Theels nach Celle verschlagen, wo er nach seinem Volksschulabschluss das Handwerk im väterlichen Betrieb erlernt hatte.

Zur Fliegerei war er durch seinen Fahrlehrer gekommen. Dem war aufgefallen, dass sein Schüler über ein äußerst sensibles Händchen verfügte. Denn Theel konnte von Anfang an das nicht synchronisierte Getriebe des VW-Käfers butterweich schalten. Der Fahrlehrer war im Krieg selbst Flieger gewesen. Aus Daffke hatte sich Theel daraufhin bei den Heeresfliegern beworben, einer neuen Kampfeinheit der Bundeswehr, auf Hubschrauber gestützt, die sich zu diesem Zeitpunkt gerade im Aufbau befand. Eine sichere Karriere als Berufsoffizier erschien ihm nämlich durchaus ein erstrebenswertes Ziel zu sein. Überdies glaubte er, dass man mit einer Tradition irgendwann auch einmal brechen musste …

Sein Fahrlehrer hatte sich nicht geirrt. Inzwischen war Theel Unteroffizier, Ausbilder und Fluglehrer in Bückeburg beim Heeresfliegerbataillon 100. Er war seit einem Jahr mit seiner Frau Marita verheiratet und bewohnte im benachbarten Kirchhorsten eine unverschämt große Vier-Zimmer-Wohnung. Das Schneiderhandwerk vermisste er jedenfalls nicht.

Seit dem frühen Morgen um 5.30 Uhr waren sie in Alarmbereitschaft gewesen, doch erst um 11.45 Uhr konnte Theel mit seinem Sikorsky H 34 mit der Kennung QA 462 abheben. Die Windgeschwindigkeit betrug zu diesem Zeitpunkt noch immer zwischen 40 und 50 Knoten.

Die Piloten wussten nicht so recht, was sie in Hamburg erwartete. Man hatte ihnen nur vage Angaben über das Ausmaß der Katastrophe gemacht. Umso größer war der Schreck, als sie nach einer knappen Stunde Flugzeit über dem Alten Land hinwegflogen und 100 Meter unter sich plötzlich nur noch Wasser sahen und Menschen, die auf Hausdächern standen und ihnen zuwinkten. »Freie Jagd, freie Jagd!«, hörte Theel in diesem Augenblick die Stimme seines Staffelführers Diehl über Funk. »Menschen evakuieren und am Flughafen Fuhlsbüttel absetzen!«

Menschen evakuieren – von Hausdächern? Ohne Winde? Bei diesen Wetterverhältnissen? Geübt hatten sie dieses Manöver noch nie. Theel und sein Copilot Wappler sahen sich erstaunt an. Auch der Bordtechniker schaltete sich nun ein: »Ein feiger Hund ist besser als ein toter Löwe!«, meinte er über das Kondensatormikrofon. Denn er war der Mann an der Seitentür.

Andererseits aber war der starke Wind auch von Vorteil, wenn man ein derartig gewagtes Manöver fliegen wollte: Denn ein Hubschrauber stabilisierte sich erst ab einer Windgeschwindigkeit von 20 Knoten, wenn der Wind von vorn kam. Also musste man bei der doppelten Windgeschwindigkeit – 40 Knoten – die Nase des Hubschraubers bloß genau in den Wind drehen, um den Vogel ruhig in der Luft zu halten. »Übergangsauftrieb« hieß das Zauberwort.

»Wir nehmen den Hof da!«, sagte Theel und schlug den Kurs auf ein einsam liegendes Gehöft ein, das vom Wasser vollkommen eingeschlossen war. Auf dem Dach zählte er vier Menschen. Für einen Moment kamen ihm Zweifel – denn was sollten die Leute denken, wenn plötzlich ein 13 Meter langer Hubschrauber dicht über ihren Köpfen schwebte …

Theel drehte zwanzig Meter über dem Dach den Sikorsky in den Wind und ging langsam hinunter, bis das rechte Vorderrad den Schornstein seitlich berührte. Peters, der Bordtechniker, sagte in diesem Moment: »Ich geh raus!«

Theel gab ihm das »Okay«-Zeichen mit Daumen und Zeigefinger. Es fiel ihm nicht schwer, den Hubschrauber zu halten – wahrscheinlich würde es dem Bordtechniker schwerer fallen, die Bauernfamilie dort unten davon zu überzeugen, die fünf Meter hohe Schornsteinfeger-Leiter hochzuklettern und dann mit einem großen Ausfallschritt und mithilfe des Bordtechnikers in den Hubschrauber zu klettern.

Aber genau das Gegenteil war der Fall: Peters kam schneller zurück, als es die Piloten erwartet hatten. Und dann ging es ruckzuck: Als Erstes kam der Vater hochgeklettert, streckte die Hand aus und war im nächsten Moment in der Maschine. Zu zweit zogen die Männer dann die beiden Kinder und schließlich die Mutter an Bord. Das ganze Manöver hatte nicht mal zwei Minuten gedauert …

Auf diese Weise sollten die Heeresflieger in den nächsten zwei Tagen noch weitere 1100 verzweifelte Menschen evakuieren. Theel und seine Crew erhielten auf dem Flughafen Fuhlsbüttel, wo die Hubschrauberstaffeln in Sektoren unterteilt wurden, neue Instruktionen und wurden daraufhin vom Jenischpark aus eingesetzt. Als es schließlich keine Leute mehr gab, die man retten konnte, wurden die Hubschrauber nur noch für Versorgungsflüge eingesetzt.

Heute kommt es uns wahrscheinlich wie ein Wunder vor, aber während der vielen tausend Einsätze gab es keinen einzigen Unfall mit Personenschaden. Lediglich ein Hubschrauber musste wegen eines technischen Defekts notwassern. Dieser »Rettende Engel« – so nannten die Hamburger ihre neuen Helden – musste sich noch tagelang das Gespött seiner Kameraden anhören: »Na, haben wir wieder frischen Fisch im Angebot?«

Doch auch für Theel gab es eine brenzlige Situation: In der Nähe von Estebrügge weigerte sich ein Landwirt, evakuiert zu werden. Aber das frisch geborene Kalb, das er in seinen Armen hielt, das sollte unbedingt mit, denn die Mutter war im Stall ertrunken, und ohne Milch hätte das Tier nicht mehr lange überlebt. Es dauerte diesmal fünf Minuten, bis Peters den Bauern davon überzeugen konnte, dass sich ein Kalb in einem Hubschrauber vielleicht »nicht benehmen könnte« – und rausschmeißen wollte er es dann nun auch wieder nicht. Am Ende flog Theels Crew den Bauern mit dem Kalb in den Jenischpark an der Elbe. Sie waren gerührt, dass der alte Mann Tränen der Dankbarkeit in den Augen hatte, als er dort ausstieg und von DRK-Helferinnen in Empfang genommen wurde.

Wie Udo Theel später erfahren sollte, hatte sein vierbeiniger Passagier überlebt.

**Bis zum Mittag des 17. Februar** würden noch mehrere tausend weitere Bundeswehrsoldaten eintreffen und die Truppenverbände vor Ort ersetzen oder unterstützen: aus dem Wehrbereich I (Schleswig-Holstein) ein Pionierbataillon, aus dem Wehrbereich II (Niedersachsen) weitere zwei Pionierbataillone, zwei Schwimmbrücken-Kompanien sowie Sturm- und Schlauchboot-Gruppen. Bis zum Abend würden weitere zwei Pionierbataillone, eine zusätzliche Schwimmbrückenkompanie sowie vier Pionierkompanien – davon zwei britische Einheiten – zum Einsatz kommen.

Das Präsidium des Deutschen Roten Kreuzes in Bonn hatte inzwischen aus mehreren Bundesländern vier Hilfszugstaffeln sowie seine Zentralhilfszugstaffel in Marsch gesetzt, die allein schon rund 4000 Menschen rundum versorgen konnte. Über 270 Fahrzeuge und mehr als 1000 Helferinnen und Helfer des DRK sollten am frühen Nachmittag im Katastrophengebiet eintreffen.

Die Priorität der Einsätze lautete: Menschen retten, Obdachlose und Eingeschlossene mit dem Notwendigsten versorgen, medizinische Versorgung leisten, Wasser abpumpen sowie die gebrochenen Deiche sichern und, wenn möglich, sofort dauerhaft reparieren.

»Eine Firma bietet 500 Sandsäcke an«, sagte Werner Eilers und hielt die Hand auf die Sprechmuschel.

»Richten Sie denen von mir aus, wir benötigen wenigstens 100 000«, sagte Helmut Schmidt kühl und zündete sich eine weitere Zigarette an.

Werner Eilers *richtete* diese Antwort *aus* und legte auf. Schmidt blickte erneut zur Uhr. Es war 13.12 Uhr. Die Große Lage war zu Ende. Viele Probleme hatten gelöst werden können, noch mehr Probleme taten sich nun jedoch auf: Zum einen wurden die Sandsäcke tatsächlich knapp. Helmut Schmidt hätte daher gern gewusst, wer es zu verantworten hatte, dass man zwei Cuxhavener Stadtinspektoren noch am Morgen 20 000 Sandsäcke aus den Hamburger Depots bereitwillig überlassen hatte … Aber nun musste eine Lösung her, die Bestrafung des Schuldigen konnte warten.

Schmidt fiel ein, dass im Hafen doch eigentlich jede Menge Kaffeesäcke aus kräftigem Jutegewebe lagerten. Seine Vermutung war richtig. Zwei Stunden später herrschte an den Deichen kein Mangel an Sandsäcken mehr. Aber einen Haken hatte die Sache leider doch: Zum einen waren Kaffeesäcke größer und damit mehr als dreimal so schwer wie normale Sandsäcke. Zum anderen war das Gewebe sehr viel rauer. Die Folge davon waren blutige Fingerspitzen an den Händen vieler hundert Helfer …

Ein weiteres – äußerst schwer wiegendes – Problem stellte die Leichenbeseitigung dar. Inzwischen konnte man davon ausgehen, dass man zwar nicht mehr mit *20 000 Toten*, zumindest aber mit mehreren hundert Opfern rechnen musste. Schon zu diesem frühen Zeitpunkt waren die beiden zentralen »Leichensammelstellen« der Stadt im Allgemeinen Krankenhaus Altona und im Allgemeinen Krankenhaus St. Georg überfüllt. Auch in der Garage der Feuerwehr in Finkenwerder lagen bereits 25 Tote, die von den Löschbooten und von der Wasserschutzpolizei aus der Elbe geborgen worden waren (unter diesen Opfern befanden sich auch Wilma Japp und ihre beiden Kinder Karin und Ingo von der Elbinsel Neßsand).

Daraufhin entschied der Krisenstab, auf der Kunsteisbahn in »Planten un Blomen« eine dritte zentrale Leichensammelstelle einzurichten. Der städtische Park wurde für den öffentlichen Publikumsverkehr geschlossen und weiträumig abgesperrt. Auf der riesigen Eisfläche wurden dann mehrere große Zelte aufgebaut. Hier sollten nun alle Todesopfer der Sturmflut, die man in den nächsten Tagen aus den Kolonien bergen würde, gewaschen und für die Identifizierung durch ihre Angehörigen aufgebahrt werden. Als Leichenwäscher wurden Bundeswehrsoldaten eingesetzt, die sich allerdings mehr oder minder freiwillig gemeldet hatten: Es handelte sich um Soldaten, die wegen schwer wiegender Disziplinarvergehen in den Arrestzellen ihrer Kasernen einsaßen. Wer von ihnen jetzt diese enorm belastende Arbeit auf sich nehmen wollte, dem wurde Straferlass in Aussicht gestellt sowie eine Flasche Rum am Tag. Allein aus der Boehn-Kaserne in Hamburg-Rahlstedt gingen vier Soldaten sofort auf diesen Handel ein …

**Je mehr Menschen in Sicherheit gebracht werden konnten, desto größer wurden die logistischen Schwierigkeiten.** Die nächste große Frage lautete: Wohin mit den Obdachlosen? Die Einrichtung von Auffanglagern lag zunächst in den Händen der Sozialbehörde sowie der Bezirksämter Harburg, Bergedorf,

Hamburg-Mitte und ihrer Ortsämter, die dafür in erster Linie Schulen und Turnhallen requirierten. Diese Ämter sorgten auch dafür, dass die Unterkünfte mit Feldbetten, Matratzen und Wolldecken ausgestattet wurden, die zum großen Teil aus den Depots der Bundeswehr stammten oder mit Unterstützung örtlicher Krankenhäuser und Verbände des Deutschen Roten Kreuzes beschafft wurden. Im Bezirk Harburg wurden auf diese Weise in den ersten Tagen rund 20 Notunterkünfte, im Bezirk Hamburg-Mitte zehn und im Bezirk Bergedorf drei Notaufnahmelager eingerichtet und versorgt. Die Sozialbehörde stellte gemeinsam mit der Jugendbehörde und der Schulbehörde darüber hinaus etwa 10 000 Plätze für die Aufnahme von Flutgeschädigten bereit, von denen insgesamt rund 5000 in Anspruch genommen wurden. Die spätere Versorgung der Flutgeschädigten in den Auffanglagern mit Bekleidung, Unterwäsche, Schuhen, Bettzeug und anderen Gegenständen des täglichen Bedarfs übernahmen im weiteren Verlauf die Hilfsorganisationen.

In ähnlicher Form wurde auch die Versorgung der Auffanglager mit Trinkwasser sowie warmer und kalter Nahrung organisiert. Die Notunterkünfte wurden ab dem frühen Nachmittag von den Feldküchen des DRK versorgt; zusätzlich belieferten die Kantinen einiger Großbetriebe sowie der Bundeswehr die Notaufnahmelager.

Aber auch die Versorgung der Hilfskräfte stellte wegen der großen Zahl der eingesetzten Menschen ein besonderes Problem dar. Am Nachmittag des 17. Februar befanden sich außer den Freiwilligen bereits 15 000 Helferinnen und Helfer im Einsatz (am Sonntag würden es bereits 25 000 sein!): Am späteren Sonnabendnachmittag wurden die bisher im Einsatz stehenden Truppenteile durch den Stab eines schweren Pionier-Regiments, zwei Pionier-Kompanien, eine belgische Geräte-Einheit mit Pionierausrüstung und Einzelgruppen verschiedener Dienststellen der Bundeswehr verstärkt. Damit standen jetzt allein im Hamburger Katastrophengebiet elf Bataillone (davon sieben Pionier-Bataillone) und elf selbstständige Kompanien (davon acht Pionier-Kompanien und Einzelgruppen verschiedener Truppenteile und Dienststellen der Bundeswehr sowie der NATO-Streitkräfte) mit rund 6000 Soldaten im Katastropheneinsatz. Mit den Soldaten waren zu diesem Zeitpunkt 62 Hubschrauber, 142 Sturmboote, 156 Schlauchboote, 14 Schwimm-Lastkraftwagen und das schwere Gerät dieser Einheiten eingesetzt; in den nächsten Tagen würden im Katastrophengebiet dann noch 30 weitere Hubschrauber eintreffen sowie drei ABC-Abwehr-Kompanien, die für die Eindämmung der Seuchengefahr durch tausende von Tierkadavern eingesetzt wurden. Diese Tierkörper – etwa 1500 Stück Großvieh, 2500 Schweine, Schafe und Ziegen sowie etwa 20 000 Stück Geflügel und Kleintiere – wurden zusammengetragen und mit Lastwagen oder Schuten zur Tierverwertung fortgeschafft. Zur Behandlung von erkrankten Tieren wurden Veterinäre im Überflutungsgebiet eingesetzt.

Da die Infektionsgefahr – insbesondere von Lebensmitteln, die mit dem Hochwasser in Berührung gekommen waren – als besonders kritisch angesehen wurde, hatte man auch umfangreiche Desinfektionsmaßnahmen geplant. Die Desinfektionen wurden in Lebensmittelgeschäften, Schulen, Turnhallen, Friseurgeschäften, Gastwirtschaften, Apotheken, Wasserwerken, Arztpraxen und anderen Einrichtungen durchgeführt. An Desinfektionsmitteln bestand zu keiner Zeit ein Mangel. Außerdem wurden in den Gesundheitsämtern und größeren Krankenhäusern zwölf feste Impfstellen sowie neun »fliegende«

Impfstellen eingerichtet. Insgesamt wurden mehr als 60 000 Personen gegen Typhus und Paratyphus geimpft.

Insgesamt mussten im Überflutungsgebiet 10 000 Tonnen Gemüse und Obst sowie etwa 5000 Tonnen anderer Lebensmittel vernichtet werden. Fast 1000 Lebensmittelbetriebe wurden innerhalb von drei Tagen dabei von Lebensmittelkontrolleuren überprüft.

Ein großer Teil der mobilen Hilfsverbände versorgte sich selbst. Ansonsten mussten sich die Hilfskräfte der Quellen bedienen, die auch der übrigen Bevölkerung zur Verfügung standen. Die Versorgung der in den Überflutungsgebieten eingeschlossenen und von der Umwelt abgeschnittenen Menschen gestaltete sich nicht nur wegen der fehlenden Wege- und Nachrichtenverbindungen als besonders schwierig, sondern auch deshalb, weil die meisten Lebensmittelvorräte in den Geschäften durch die Flut zum größten Teil ungenießbar geworden oder nicht zugänglich waren. Zwar bemühten sich die zuständigen Bezirksämter dadurch zu helfen, dass sie die (funktionierenden) Bäckereien im übrigen Hamburger Raum veranlassten, mehr als sonst zu backen, und die Molkereien baten, Trinkmilch in größerem Umfang bereitzustellen. Darüber hinaus wurden Inhaber nicht betroffener Einzelhandelsgeschäfte gebeten, ihre Läden auch außerhalb der gesetzlichen Ladenschlusszeiten zu öffnen (wobei dies schon häufig aus Eigeninitiative heraus geschehen war).

Zu diesem Zweck wurden bis zum Nachmittag des 17. Februar mehrere Luftbrücken aufgebaut, über die das notwendige Trinkwasser, Verpflegung, Medikamente und sonstige wichtige Bedarfs- und Gebrauchsgüter mit Hubschraubern in die Überflutungsgebiete geflogen wurden. Die ersten Maschinen starteten zunächst vom Flughafen Fuhlsbüttel und der Moorweide in der Nähe des Dammtor-Bahnhofs in der Hamburger Innenstadt. Ab 16 Uhr standen dann mehrere feste Luftlandeplätze im Jenischpark, in Boberg (bei Bergedorf), am Veddeler-Zollkanal sowie in Hamburg-Harburg »Auf dem Schwarzenberg« als »Hauptversorgungsbasen« zur Verfügung.

Von *jeder* dieser Basen wurden noch bis zum folgenden Freitag – also sechs Tage lang – ungefähr folgende Mengen an Nahrung, Trinkwasser und Gütern in die Überflutungsgebiete geflogen: 10 000 Liter Milch, 5000 Brote, eine Tonne abgepacktes Brot, 1,6 Tonnen Butter, 250 Kilogramm Margarine, 100 Kilogramm Aufschnitt, mehr als 20 000 Liter Trinkwasser, 100 Kilogramm Nährmittel, vier Tonnen Kartoffeln, 20 000 Portionen Warmverpflegung, 6000 Flaschen Mineralwasser, 50 Kilogramm Babynahrung, zehn Tonnen Viehfutter und Heu, fünf Tonnen Feuerholz und Koks, vier Tonnen Heizöl, 1000 Liter Benzin und Dieselöl, 500 Liter Motoröl, 20 Fässer Chlorkalk, 50 Kilogramm Rattengift sowie Zigaretten, Traubenzucker, Schokolade, Kerzen, Sägen, Beile, Spitzhacken, Spirituskocher, Propangaskocher, Gummihandschuhe und Gummistiefel, Kunststoffteller, Metallessbestecke, Kunststoffbecher und Schüsseln …

Besonders große Schwierigkeiten bereitete die ausreichende Versorgung der Eingeschlossenen mit Trinkwasser. Dieses Problem löste der Krisenstab um Helmut Schmidt kurzfristig, indem die Stadt den kompletten Bestand an Camping-Trinkwasserbeuteln von den jeweiligen Unternehmen aufkaufte, die dann von Sonnabend bis Montagmittag von Booten verteilt oder über die Hubschrauber der Heeresflieger auf den Dächern der Häuser abgesetzt wurden. Ab Montag kamen dann 21 fahrbare Wasseraufbereitungsanlagen aus Nordrhein-Westfalen im Katastrophengebiet zum Einsatz.

Am 17. Februar waren 45 Prozent der Wasserversorgung ausgefallen. 60 Rohrbrüche waren registriert worden, und bei der Überflutung waren größere Mengen verschmutzten und verseuchten Wassers in das Rohrnetz eingedrungen. Das Wasser der noch im Betrieb befindlichen Werke musste daher stärker gechlort werden als üblich. Außerdem wurde die Bevölkerung vor der Gefahr durch den Genuss von verseuchtem Wasser gewarnt und aufgerufen, nur abgekochtes Wasser zu verwenden. So war die Wasserversorgung in allen Hamburger Stadtteilen erheblich beeinträchtigt.

Das Grundwasserwerk Falkenstein war am 18. Februar abends, das Werk in der Haseldorfer Marsch erst am 19. Februar wieder einsatzbereit. Dadurch wurde insbesondere die Trinkwasserversorgung der Innenstadt verbessert. Im Elb- und Grundwasserwerk Kaltehofe auf der Billwerder Insel waren die Deiche am 20. Februar abgedichtet, das Überflutungswasser war zu dieser Zeit entweder abgelaufen oder abgepumpt. Dieses Werk konnte dennoch zunächst nur teilweise, am 26. Februar (!) wieder ganz in Betrieb genommen werden. Das Wasserwerk Süderelbmarsch würde nicht vor dem 1. März wieder zur Verfügung stehen, das Wasserwerk Wilhelmsburg erst einen Monat später, ab 3. April. Die zum Teil eingeschränkte Wasserversorgung, sämtliche Maßnahmen zur Lieferung von einwandfreiem Trinkwasser wie auch die disziplinierte Haltung der Bevölkerung beim Genuss von Wasser konnten jedoch die außerordentlich große Gefahr einer breiten Infektion der Bevölkerung durch verseuchtes Wasser infolge nicht beseitigter Fäkalien auf ein Minimum reduzieren.

Bisweilen nahm die engagierte freiwillige Hilfe auch skurrile Züge an: Am späten Samstagnachmittag meldete sich bei Hermann Westphal – der sich bis dahin weder umgezogen noch eine Sekunde lang geschlafen hatte – im Ortsamt Wilhelmsburg eine Abordnung des Amerikanisch-Deutschen Frauenclubs aus Düsseldorf, die sich am Morgen nach der Katastrophe auf den knapp 500 Kilometer langen Weg nach Hamburg gemacht hatte. Für diesen privaten Hilfskonvoi hatten sich die feinen Damen extra mehrere Lieferwagen geliehen, die voll gestopft waren mit Delikatessen, mehreren großen Propangaskochern und vor allem mit rund 500 Sätzen versilberten Warmhaltegeschirrs.

In Wilhelmsburg sprach sich die Ankunft dieser ganz besonderen Feldküche in Windeseile herum. Nicht nur, weil es besonders gut schmeckte, sondern weil die Not leidende Bevölkerung ein ziemlich großes Interesse an dem schönen Geschirr hatte. Nach der ersten Runde Eintopf verfügten die Damen nur noch über knapp die Hälfte ihres edlen Geschirrs, am Sonntagmorgen war davon bereits nichts mehr vorhanden, und der Amerikanisch-Deutsche Frauenclub fuhr um tausende von Mark ärmer, aber um eine bittere Erfahrung reicher nach Düsseldorf zurück …

**Auf der anderen Seite rückten die Menschen in der Not wieder enger zusammen.** Man entdeckte seine Nachbarn neu – manchmal merkte man erst jetzt, dass man überhaupt welche hatte. Lotti Westphal beispielsweise, die schwer kranke Ehefrau* des Wilhelmsburger Ortsamtsleiters, die wie die anderen Mieter in einem vom Wasser eingeschlossenen Hochhaus saß, musste an diesem Samstag ihr Meinungsbild über den »Blockwart« Parteimüller aus der ersten Etage grundlegend revidieren. Der

---

* Eine Woche nach der Flut wurde bei Lotti Westphal die vermutete Krebserkrankung diagnostiziert. Sie wurde sofort operiert – und überlebte.

»nervige und neugierige Mensch« entpuppte sich nämlich in diesen dramatischen Stunden als ein äußerst liebenswerter und hilfsbereiter Nachbar. Herr Parteimüller besaß einen funktionierenden Propangasherd und versorgte damit alle Bewohner aus dem Haus mehrere Tage lang mit warmen Getränken und warmem Essen.

Aber auch im übrigen Hamburg war der Organismus der Millionenstadt empfindlich gestört. Die Sturmflut hatte das Leben in den nördlichen, trockenen Stadtteilen kräftig durcheinander gebracht. Wurstscheiben in den Fleischereien wurden wieder dicker geschnitten – per Hand –, und Hackfleisch gab es sowieso keins, weil der Strom noch nicht wieder angestellt war und die Maschinen schwiegen. Kaffee konnte sich nur kochen, wer eine handbetriebene Kaffeemühle besaß – und einen Kocher eben. Und dort, wo der Strom aus der Leitung floss – in ungefähr 15 Prozent aller Hamburger Haushalte –, wurden Steaks und Schnitzel im Toaströster gebraten, weil dafür der Gasherd ausgefallen war. Kerzen waren total ausverkauft, Batterien ebenfalls – kaum zu glauben, wie viele Menschen ein Kofferradio besaßen.

Kein Problem hatten die Hausfrauen dagegen mit der Aufbewahrung von verderblichen Lebensmitteln (sofern sie einen Vorrat angelegt hatten): Die Wohnungen waren kalt genug, kälter als so mancher Kühlschrank.

In den Kinos konnte es passieren, dass die Vorstellungen mitten im Hauptfilm plötzlich zu Ende waren. Die meisten Konzerte und Theatervorstellungen der kleineren Häuser fielen sowieso aus – besonders traurig war Peter Ahrweiler, dessen bekannte »Kleine Komödie« eineinhalb Meter hoch unter Wasser stand. Ida Ehre, Prinzipalin der Kammerspiele in der Hartungstraße am Rothenbaum, musste ihre Gäste im Kerzenschein nach Hause schicken, während die Vorstellungen in der Staatsoper, im Schauspielhaus, im Thaliatheater sowie im weltberühmten Varieté »Hansa-Theater« am Steindamm wie gewohnt über die Bühnen gingen.

Die Empörung darüber hielt sich in Grenzen. Was den Hamburgern jedoch mächtig sauer aufstieß, war die Tatsache, dass sich das horizontale Gewerbe auf dem Kiez einen feuchten Kehricht um die Folgen der Sturmflut scherte. Während nur wenige Kilometer Luftlinie entfernt Menschen noch immer um ihr Leben kämpften, gingen wie jede Nacht die bunten Glühbirnen an und fielen in den Striptease-Schuppen die Kleidungsstücke wie gehabt – selbst als gegen 23 Uhr am Sonnabend der Strom in ganz St. Pauli ausfiel, ging der feuchtfröhliche Nepp im Licht von Kerzen weiter. »Ich schäme mich für die Reeperbahn«, schrieb der bekannte Kolumnist Mathias Hagen im »Neuen Blatt« und erntete für diese Meinung Beifallsstürme, auch von höchster Stelle aus.

Selbstverständlich wurden die schwer getroffenen Landstriche an der Küste und Hamburg in diesen Tagen auch das Ziel der hochoffiziellen Katastrophentouristen aus Bonn. Die hochrangigen Politiker aus der Regierungskoalition sowie der Opposition an die Deiche spazieren zu führen, damit sie kamerawirksam die rissigen Hände von Soldaten und freiwilligen Helfern schütteln konnten sowie Millionenschecks verteilten, behielten sich meist diejenigen Würdenträgern vor Ort vor, die sich in der Sturmflutnacht nicht gerade mit Ruhm bekleckert hatten oder wenigstens durch umsichtiges Krisenmanagement aufgefallen waren. Eine Ausnahme bildete hierbei jedoch sicherlich Cuxhaven, wo sich der Oberstadtdirektor Dr. Heinz Wachtendorf in der ersten Reihe um den Bundespräsidenten Heinrich Lübke kümmerte; dem »heimlichen Retter der Stadt«,

Amtmann Günter Michel, war dies jedoch nur recht. Er hielt sich, wie es seine Art war, im Hintergrund und überließ den anderen gern den Vortritt.

Helmut Schmidt dagegen nahm sofort Reißaus, als er sich plötzlich mit derlei Pflichtveranstaltungen konfrontiert sah, und *schickte* lieber den Zweiten und Ersten Bürgermeister an die Besucherfront. Der Polizeisenator selbst setzte sich lieber in einen Hubschrauber und sondierte die Gesamtlage, so das erste Mal am Sonnabendnachmittag gegen 16 Uhr. Ab und zu ließ er den Hubschrauber auch landen, stieg aus, stapfte ohne Rücksicht auf seine Halbschuhe und die Anzughose durch den Matsch, begrüßte die Soldaten, die zum Teil seit mehr als 24 Stunden an den Deichen schufteten, mit Handschlag und richtete einige warme, persönliche Worte des Dankes an »euch prächtige Jungens«. So was kam bei der Truppe natürlich hervorragend an – und bei der Bevölkerung selbstverständlich auch.

Überhaupt, *diese* Bevölkerung: Seit dem Krieg (und den entbehrungsreichen Nachkriegsjahren) hatte es nicht mehr eine derartige Solidarität und Spendenbereitschaft gegeben. Überall in der Stadt entstanden Sammelpunkte, an denen Sachspenden entgegengenommen wurden. Ganz wenige nutzten natürlich die Gelegenheit und entledigten sich auf elegante Weise ihrer abgetragenen Kleider und durchgesessenen Möbel. Aber das waren unrühmliche Ausnahmen. Die Hamburger – in erster Linie –, aber auch das übrige Deutschland spendeten in einer noch nicht dagewesenen Leidenschaft. Es gab Männer und Frauen, die an den Sammelplätzen der Flüchtlinge spontan ihre Mäntel auszogen und zur Verfügung stellten, und es gab Menschen, die durch die unbeleuchteten Straßen liefen, manchmal mehrere Kilometer weit, um Evakuierte in ihre Wohnungen einzuladen, »weil sie es in einem Privatquartier doch gemütlicher hätten«.

Ein Jahr später wurde der *Innensenator* Helmut Schmidt gefragt, was er für die größte Erfahrung der Sturmflut 1962 halte. Seine Antwort lautete: »Die große Hilfs- und Einsatzbereitschaft von unendlich vielen Menschen, die selber nicht betroffen waren, hat gezeigt, dass der sittliche Kern unseres Volkes – trotz mancher abfälliger Urteile – von den Ereignissen der letzten 30 Jahre im Ganzen unberührt und intakt geblieben ist. Dass der Wille, in der Not füreinander einzustehen, so groß und stark war, ist zugleich die wichtigste und glücklichste Erfahrung der Hamburger Sturmflut.«

**Aber noch hatte der Krisenstab längst nicht alle Probleme im Griff.** Die wahrscheinlich schwierigsten Aufgaben in den ersten Stunden und Tagen nach der Flut war zum einen die Wiederherstellung der Verkehrswege zwischen dem Norden und dem Süden der Stadt, zum zweiten die Wiederherstellung der Grundversorgung der Bevölkerung und der Hilfskräfte mit Energie und zum dritten die Instandsetzung des Telefonnetzes, das fast vollständig zusammengebrochen war.

Der Verkehr wurde durch den teilweisen Ausfall der südlichen Autobahn bei Stillhorn und Moorfleet* und vor allem durch die Überflutung der Harburger Reichsstraße stark behindert. Gerade dieses wichtige Nadelöhr war auf einer Länge von mehreren hundert Metern unpassierbar geworden. Der

---

* Hier brach in den Vormittagsstunden des Sonntags noch einmal ein Deich und überflutete mehrere Quadratkilometer Land. Ein Teil der brandneuen Autobahn wurde weggerissen. Es war der insgesamt 61ste Deichbruch auf Hamburger Stadtgebiet. Jetzt kam auch die Freiwillige Feuerwehr Moorfleet »endlich« zu ihrem – gar nicht mal so ersehnten – Einsatz. Rolf Stubbe und sein Löschzug schoben drei Tage Dienst hintereinander. Ihr Magirus-Löschwagen hatte die Sturmflut übrigens schadlos überstanden, doch ihr Feuerwehrhaus war komplett abgesoffen.

Elbtunnel zwischen den Landungsbrücken und Steinwerder war ebenfalls ausgefallen. Kraftfahrzeuge aus und nach dem Süden konnten Hamburg zunächst nur auf dem Umweg über Lauenburg sowie die Fähren an der Oberelbe erreichen.

Am späten Samstagvormittag war dann die Freihafen-Route durch den Abfluss des Hochwassers wieder einigermaßen befahrbar geworden, allerdings nur für höher gebaute Fahrzeuge. Diese Verkehrsverbindung sollte eigentlich in erster Linie den Fahrzeugen zur Verfügung stehen, die sich im Katastropheneinsatz befanden. Andererseits aber musste auch der Waren- und Güterverkehr im Hafen aufrechterhalten werden, damit der Hamburger Wirtschaft möglichst keine finanziellen Verluste entstanden. Leider hatten sich aber von überallher Neugierige auf den Weg nach Hamburg gemacht, um sich vom »fürchterlichen Hochwasser« mit eigenen Augen zu überzeugen. Gleichlautende Meldungen im Radio überschlugen sich ja inzwischen. Und selbstverständlich reiste das sensationshungrige Volk bevorzugt mit dem Auto an.

Dies führte dazu, dass alle Straßenverbindungen in Nord-Süd-Richtung schon am frühen Morgen des 17. Februar hoffnungslos verstopft waren. Daraufhin beschloss der Krisenstab, für die kürzere Freihafen-Route eine vorübergehende Ausweispflicht einzuführen. Die Harburger Polizei wurde angewiesen, entsprechende Berechtigungsscheine auszustellen. Zusätzlich wurden die Feldjäger der Bundeswehr mit polizeilichen Befugnissen ausgestattet. Sie sollten die Verkehrsstaffeln der Polizei bei der Verkehrsregelung unterstützen. Hierbei kam es im Lauf des Vormittags jedoch zu einigen Missverständnissen, da die begehrten Passierscheine nicht an jeder Straßenkontrolle anerkannt wurden. So blieb auch die Route durch den Freihafen zunächst überlastet, bis am Nachmittag eine weitere Anweisung aus dem Krisenstab kam, *alle* Zufahrten zur Freihafen-Route *weiträumig* abzusperren. Etwa zur gleichen Zeit wurde auch ein behelfsmäßiger Zugverkehr von Wilhelmsburg zum Hamburger Hauptbahnhof über die Hafengeleise eingerichtet, der ebenfalls für eine Entlastung auf den Straßen sorgte.

Die stark eingeschränkte Stromzufuhr – zeitweise fiel der Strom in Hamburg völlig aus – verursachte darüber hinaus im Stadtgebiet mehr oder weniger den Totalausfall der S- und U-Bahnen. Auch der Eisenbahn-Fernverkehr zwischen Harburg und Hamburg war zum Erliegen gekommen, da die Gleise unterspült worden waren. Eil- und D-Züge von und nach dem Süden mussten ebenfalls über Lauenburg umgeleitet werden.

Bei den HEW waren die Kraftwerke Wedel, Harburg, Neuhof und Tiefstack überflutet worden und mussten vom Netz gehen. Das Werk Schulau stand zum Teil unter Wasser, ein Maschinentransformator im Kraftwerk Ost-Hannover war nach häufigen Kurzschlüssen ausgefallen. Nach dem Ausfall dieser Kraftwerke war die normale Leistung von 1156 Megawatt anfangs auf nur noch 150 Megawatt gesunken; etwas später stieg sie auf rund 391 Megawatt. Doch mit dieser geringen Menge an Energie konnte die Stromversorgung nur noch zu einem Teil gewährleistet werden. In den Morgenstunden des 17. Februar waren daher Abschaltungen notwendig. Weitere Probleme ergaben sich auch durch die Versalzung der Isolatoren und die damit verbundene Unterbrechung des Stromflusses aus dem Verbundnetz.

Im Lauf des 17. und 18. Februar wurde die Stromversorgung systematisch wieder aufgebaut. Am 19. Februar war wieder eine Kraftwerksleistung von etwa 550 MW erreicht, und mithilfe von Fremdstrom konnte die Einschränkung in der Stromversorgung jetzt aufgehoben werden – was vor allem im Hinblick auf den morgendlichen Berufsverkehr am Montag von enormer Bedeutung war: Schließlich waren U- und S-Bahnen sowie die Straßenbahnen die wichtigsten öffentlichen Verkehrsmittel.

Auch die Hamburger Gaswerke waren von der Sturmflut schwer getroffen worden. Die Werke Grasbrook, Kattwyk und Tiefstack waren komplett ausgefallen. Die Zulieferer (die großen Ölkonzerne wie Shell auf der Hohen Schar nahe Wilhelmsburg) konnten wegen der Überflutung nicht mehr liefern. Der Netzdruck wurde zunächst aus den Stadtgasbehältern aufrechterhalten. Im Lauf des Vormittags wurde die Spaltanlage Tiefstack mit Notstromaggregaten in Betrieb gesetzt. Das für die Unterhaltung des Rohrnetzes benötigte Raffineriegas wurde dem Untergrundspeicher Reitbrook entnommen, der für eine Notstandsversorgung eingerichtet war. Die Kokerei Kattwyk war bereits in den Morgenstunden wieder lieferbereit, da die notwendige Energie durch Notstromaggregate und Gasmotoren erzeugt wurde. Das südlich der Elbe liegende Gebiet konnte eigentlich ohne Schwierigkeiten versorgt werden, doch das Rohrnetz war an vielen Stellen defekt. Und nach Norden konnte Gas nicht geliefert werden, da die Hauptverbindungsleitung in Wilhelmsburg ebenfalls unterbrochen war.

Die Hochdruckleitung von Kattwyk nach Grasbrook war zwar nicht beschädigt, aber sie konnte erst am Vormittag des 18. Februar wieder eingesetzt werden, als ausreichender Kompressionsdruck zur Verfügung stand. Auf der Kokerei Grasbrook mussten zunächst die Keller leer gepumpt und die dort installierten Notstrom- und Schaltanlagen repariert werden. Das Werk wurde am Abend des 18. Februar angefahren, als die HEW wieder ausreichend Strom lieferten. Am 19. Februar wurden die Reparaturarbeiten am Rohrnetz begonnen, vor allem an der Haupttransportleitung. Erst am 22. Februar konnte das Gas wieder in ausreichender Menge in das Versorgungsgebiet geliefert werden. Die Vollversorgung, auch im Überschwemmungsgebiet, war erst am 5. März (!) wiederhergestellt.

Die gleiche katastrophale Situation herrschte beim Fernmeldenetz: Über 20 000 Telefonanschlüsse waren durch überflutete Kabelschächte kaputtgegangen, daneben waren auch zahlreiche andere Verbindungs- und Fernleitungen (insbesondere Fernschreiberleitungen) unterbrochen. Die Kommunikation stützte sich daher auf Funkverbindungen, wozu öffentliche Funkdienste (vor allem der Taxifunk), aber auch private Funkstellen erheblich beitrugen.

**Die Stunden und Tage nach der Sturmflut produzierten auch eine Reihe von Helden.** Müde Helden, wie den DRK-Helfer Karl Thielsch; tragische Helden, wie den 18-jährigen Jürgen Wald, und richtige Helden, wie zum Beispiel den Hubschrauberpiloten Udo Theel.

Thielsch wurde – bereits am Sonntag – nach 36 Stunden Dienst mit dem VW-Bully-Konvoi nach Neuenfelde geschickt, um dort evakuierte kranke Frauen und Kinder abzuholen und ins Allgemeine Krankenhaus Altona zu bringen, wo es noch freie Betten gab. Doch in Höhe des Nestlé-Werks in Harburg sprang vor ihm plötzlich ein Feuerwehrmann auf die Straße und winkte aufgeregt, er solle anhalten. Thielsch erfuhr, dass die Feuerwehrleute eben auf dem Fabrikgelände einen halb toten Mann entdeckt hätten – einen jungen Helfer des THW, mit eingeschlagenem Schädel –, der sofort in ein Krankenhaus eingeliefert werden musste.

Thielsch übergab die Führung des Konvois an den zweiten Bus und fuhr gemeinsam mit dem Feuerwehrmann sofort auf das weitläufige Gelände. Die Feuerwehrleute leisteten Erste Hilfe. Thielsch hielt mit quietschenden Reifen und sprang aus dem Bus, während sein Beifahrer eine Trage fertig machte. In diesem Augenblick überkam Thielsch eine seltsame Ahnung: Er meinte auf einmal ganz genau zu wissen, wer dort in einer Blutlache lag und von einem Feuerwehrmann künstlich beatmet wurde, während ein anderer eine Herzdruckmassage versuchte. Es konnte sich nur um den 18-jährigen Jürgen Wald handeln, den jungen gelangweilten Helfer, der doch immer das Abenteuer gesucht hatte … Doch alle Reanimierungsmaßnahmen waren zu spät gekommen. Jürgen Wald starb wenige Minuten später, ohne das Bewusstsein wiedererlangt zu haben. Die genauen Umstände seines Todes wurden niemals geklärt. Man nahm an, dass er aus ungefähr sechs Metern Höhe auf den asphaltierten Hof gefallen war. Doch was ihn dorthin, aufs Fabrikgelände, verschlagen hatte, konnte niemand sagen: Beim THW hieß es, Jürgen Wald sei während eines Pumpen-Einsatzes ganz in der Nähe plötzlich verschwunden …

Die Rückfahrt zur zentralen Leichensammelstelle in »Planten un Blomen« verlief schweigend. Thielsch übergab die Leiche des jungen Mannes und fuhr dann zurück zum DRK-Landesverband. Er musste jetzt einfach jemandem erzählen, was passiert war. Seine Kameraden Werner Feldberg und Carl-Heinz Mannel hörten geduldig zu. Feldberg nickte. »Traurige Geschichte«, sagte er leise, nachdem Thielsch geendet hatte. »Aber was soll ich dazu sagen?«

»Nichts«, entgegnete Thielsch und gähnte, »ich meine nur, das konnte man ja vielleicht voraussehen. Wir hätten ihn nicht gehen lassen sollen.«

»Aber nun ist es zu spät, um darüber nachzudenken. Trotzdem: armer Kerl«, warf Mannel ein. »Friede seiner Seele.«

»Weißt du was, Kuddl«, sagte Felsberg plötzlich, »ich muss dir mal was zeigen!« Er zwinkerte Mannel zu, was Thielsch jedoch nicht sehen konnte. »Komm mal mit!«

Felsberg und Mannel führten Thielsch in die erste Etage vor eine Tür, öffneten sie, schoben ihn dann ganz plötzlich hinein und verschlossen die Tür von außen. Der verdatterte Thielsch sah sich um. Es war der Ruheraum. Es gab nur ein Waschbecken und ein Feldbett darin. Ansonsten war der Raum leer – auch das Fenster ließ sich von innen nicht öffnen. »Was soll denn das?«, rief er irritiert.

»Wir lassen dich da in sechs Stunden raus«, sagte Felsberg durch die geschlossene Tür. »Bis dahin schläfst du. Und das ist ein Befehl!«

Thielsch schüttelte den Kopf. Aber dann legte er sich doch brav auf das Feldbett, deckte sich mit der Wolldecke zu – und war Sekunden später eingeschlafen.

Auch Helmut Schmidt dachte in diesen Minuten daran, dass er vielleicht für einen Moment eine Pause einlegen müsste. Er war müde, sein Mund war trocken, denn er hatte in den vergangenen Stunden zu viel reden müssen. Und wie immer hatte er natürlich zu viel geraucht. Aber was zählte sein Befinden einen knappen Tag, nachdem Hamburg von einer fürchterlichen Sintflut überrascht worden war. Es war ein gutes Gefühl, das den Polizeisenator nun beschlich: Es war das Gefühl, genau das Richtige getan zu haben. Er hatte kein schlechtes Gewissen, dass er einigen Menschen in den vergangenen zehn Stunden vielleicht zu nahe – oder auf den Schlips – getreten war. Dafür hatte er ein Ergebnis erzielt, das er am Morgen, als er die Einsatzleitung an sich gerissen hatte, niemals erwartet hätte.

»Ich glaube, Eilers«, sagte er, »allmählich packen wir die Sache …«

Kapitän Rolf Hoffmann stapfte ungeduldig auf der Kaimauer des Fährhafens auf und ab, während die Mannschaft der *Ruhrstahl* seinen Seenotrettungskreuzer zum erneuten Auslaufen klarmachte. Den Männern, denen inzwischen fast 48 Stunden Dauerdienst in den Knochen steckte, war ihr Tun nicht so recht geheuer, und auch Hoffmann haderte mit sich. Bereits in der Nacht war das Gerücht aufgekommen, dass draußen auf dem Großen Vogelsand fünf Bergungsleute auf der *Ondo* seit Tagen um ihr Leben kämpften. Vielleicht auch, um sich von der eigenen bejammernswerten Situation ein wenig abzulenken, waren immer mehr Stimmen laut geworden, die sich darüber beklagt hatten, dass bisher kein einziger Rettungsversuch unternommen worden war. Wenn es um das Leben von Seeleuten ging, dann reagierte man in Hafenstädten sehr empfindlich ...

So war es kein Wunder, dass Hoffmann sich jetzt, am frühen Sonntagmorgen, eigenmächtig einen Einsatzbefehl gegeben hatte. Er hatte sich schlau gemacht, hatte den Dussel, der vom Bergungsleiter Richard Kräft über die fünf Männer auf der *Ondo* informiert worden war, zur Rede gestellt und wollte nun auf eigene Faust die Hamburger Bergungsmatrosen vom Havaristen herunterholen.

Drei Dinge sprachen jedoch vehement gegen dieses Vorhaben: zum einen, dass er sich über so gut wie alle Paragrafen und Verordnungen hinwegsetzen würde. Zum zweiten, dass die Brandung am Großen Vogelsand sicherlich noch nicht nachgelassen hatte. Und zum dritten, dass es ja nicht einmal sicher war, ob die fünf Männer überhaupt noch am Leben waren. Denn das Wrack hatte wohl inzwischen schon über 70 Grad Schlagseite – diese Beobachtung hatte ein Frachter bereits am Vortag über Funk durchgegeben.

»*Ruhrstahl* klar zum Auslaufen«, meldete Georg Bartelsen. Hoffmann wandte sich um, stemmte die Hände in die Hüften und musterte seine Crew. Zwanzig Jahre zuvor, im erbitterten Kampf der deutschen Kriegsmarine gegen die amerikanischen Geleitzüge im Nordmeer, hatte er als Kapitänleutnant auf einem Vorpostenschiff mehrmals miterlebt, wie die deutschen Angreifer die überlebenden Seeleute eines torpedierten Schiffes im eiskalten Wasser ihrem Schicksal überlassen mussten, weil sie während der Rettungsaktion selber von den Begleit-Zerstörern angegriffen worden waren. Die verzweifelten Schreie dieser Todgeweihten würde er sein Leben lang nicht vergessen. Es war sein Trauma, und noch immer schreckte er in manchen Nächten schweißgebadet aus dem Schlaf hoch.

»Seid ihr dabei, Männer? Denn es gibt nix Gutes, außer man tut es«, sagte Hoffmann grimmig, als er an Bord ging. Kurt Petersen, Heinrich Thiel und Georg Bartelsen, die bewährte Stammmannschaft der *Ruhrstahl*, stimmten ihrem Vormann unisono zu. Sie kannten sein Trauma. Um 6.30 Uhr sprang die 1750 PS starke Maschine der *Ruhrstahl* an. Eine Minute später pflügte das Schiff mit 20 Knoten Geschwindigkeit durch die aufgepeitschte See der *Ondo* entgegen. Ein bisschen fühlten sich die Männer jetzt wie die vier Musketiere – die vier Musketiere von der Waterkant –, und dieses Gefühl vertrieb ihre bleierne Müdigkeit.

Gegen 7.25 Uhr kam die *Ondo* in Sicht. Nach all den schrecklichen Zerstörungen, die der Orkan auf seiner tödlichen Bahn über Deutschland hinweg angerichtet hatte, hatte sich auch die Besatzung der *Ruhrstahl* bereits innerlich darauf eingestellt, dass die *Ondo* nicht mehr friedlich und aufrecht in ihrem Kolk schlummern würde. Immerhin hatte es »Vincinette« ja auch geschafft, einen schwedischen 3000 BRT-Frachter mal eben über matschige Kuhweiden zu schieben – ganz abgesehen von den zahllosen Deichbrüchen entlang der Elbe und ihrer Nebenflüsse, und wie man hörte, sollte es in Hamburg angeblich sogar viele Tote gegeben haben. Die Nachrichtenlage, fand Hoffmann, war ziemlich dürftig und verworren.

Dafür konnte er sich mit eigenen Augen davon überzeugen, dass »Vincinette« auf dem Großen Vogelsand für veränderte Verhältnisse gesorgt hatte: Das abgebrochene Vorschiff der *Fides* war jetzt kaum mehr zu sehen. Nur ein paar Aufbauten ragten noch aus der schäumenden See. Auch der Funker des Frachters hatte nicht übertrieben: Die *Ondo* lag fast vollständig auf der Seite.

Die Sicht hier draußen auf See war noch immer miserabel. Aber die fünf Männer auf der *Ondo*, die von ihrem ungemütlichen Platz aus verzweifelt Ausschau nach Rettung hielten, hatten die *Ruhrstahl* längst erspäht, während die Retter selbst noch kein Lebenszeichen auf dem Wrack entdeckt hatten. Denn es herrschte Niedrigwasser, und die Steilseen an der Brandungskante machten ein weiteres Annähern des Rettungskreuzers unmöglich. Hilflos, zur Untätigkeit verdammt, kreuzte die *Ruhrstahl* vor der Brandungskante. Die einzige Hoffnung der fünf Eingeschlossenen war jetzt die Taschenlampe. Othmar Sierks rappelte sich auf und morste immer und immer wieder mit steif gefrorenen Fingern das internationale Notsignal in Richtung des Seenotrettungskreuzers: SOS! Doch die Funzel war auf die große Entfernung einfach zu schwach. So wurde die Geduld der fünf Bergungsleute auf eine weitere harte Probe gestellt.

Rolf Hoffmann wollte sein Schiff und seine Crew auf keinen Fall mit einem unüberlegten Vorstoß gefährden. Das wäre aber auch die Krönung ihres Husarenstücks gewesen: Erst ohne Erlaubnis auslaufen und dann auch noch das Schiff versenken. Aber sie hatten noch ein Ass im Ärmel …

Allerdings würde es mit der *Tünnes* eine lebensgefährliche Partie werden: Hoffmann entschloss sich trotzdem, das als praktisch unsinkbar geltende, rundum geschlossene Beiboot der *Ruhrstahl* über die Heckklappe des Rettungskreuzers zu Wasser zu lassen. Maschinist Georg Bartelsen erklärte sich bereit, zusammen mit seinem Kapitän den Versuch zu wagen, über die Brandungskante der Untiefe zu »hüpfen« und sich dann mit ein wenig Glück, vor allem aber mit seemännischem Können bis zur *Ondo* durchzukämpfen.

Acht Augenpaare waren auf die sechs Meter lange *Tünnes* gerichtet. Die Beobachter hielten den Atem an, als das wendige Beiboot mutig auf die Brandungskante zuhielt. Für ein paar Sekunden verschwand es aus den Blicken, aber dann tauchte es wieder auf. Den beiden Teufelskerlen war es gelungen, diese erste Klippe zu »überspringen«. Aber danach verschwand die *Tünnes* immer wieder zwischen den Wellenbergen, und es war keine große Vorstellungskraft vonnöten, um zu ahnen, wie rüde es da draußen zur Sache ging. Das war kein Walzer mehr, den die *Tünnes* mit ihrem 36-PS-Motörchen auf den Wellen tanzte: das war Rock 'n' Roll der härtesten Art.

Als Hoffmann und Bartelsen etwa noch eine halbe Seemeile von der *Ondo* entfernt waren, baute sich plötzlich eine gigantische Steilsee vor ihnen auf. Ein korrektes Ansteuern dieses Kaventsmannes war nicht mehr möglich. Der Brecher schlug über der *Tünnes* zusammen, hunderte Tonnen Wasser drückten das Boot unter die Wasseroberfläche, Glas splitterte, aber die beiden Männer hatten unverschämtes Glück: Die See gab sie noch einmal frei. Hoffmann und Bartelsen standen nun knietief im Wasser. Die Scheiben aus Sicherheitsglas waren zu

Bruch gegangen. Die *Tünnes* drohte voll zu laufen. Schon jetzt ließ sie sich kaum mehr vernünftig steuern. Der Vormann fluchte, denn er war gezwungen, sofort auf Gegenkurs zurück zur *Ruhrstahl* zu gehen. Und das so dicht vor dem Ziel …

»Da drüben, Rolf!«, schrie Bartelsen plötzlich aufgeregt, »da, auf der Nock, backbords!«

Rolf Hoffmann wischte sich mit dem Ärmel das Salzwasser aus den Augen und stierte in die Richtung, die ihm Bartelsen mit der rechten Hand vorgab. Tatsächlich, da war ein winziger Lichtpunkt. Das war bestimmt keine optische Täuschung: dreimal kurz, dreimal lang, dreimal kurz. Da signalisierte jemand SOS. »Hast ja Augen wie ein Luchs!«, freute sich Hoffmann. »Mensch, dann hat sich das Ganze ja doch gelohnt!«

Trotzdem war er mehr als nur erleichtert, als sie mit der angeschlagenen *Tünnes* die *Ruhrstahl* mit Müh und Not erreichten und mit der motorgetriebenen Winsch* zurück an Bord gezogen wurden. »Da hat der liebe Gott aber zwei Augen zugedrückt«, sagte Rolf Hoffmann. »Gelohnt hat es sich jedoch allemal.« Die beiden Männer waren dem Seemannstod gerade noch mal rechtzeitig von der Schippe gesprungen. Das ansonsten so wendige Tochterboot des Rettungskreuzers hatte nur noch schwerfällig auf Hoffmanns Manöver reagiert, eigentlich fast gar nicht. Doch die Tatsache, dass die Bergungsleute auf der *Ondo* offenbar am Leben waren, verdrängte ihre Angst. Wenigstens hatte das risikoreiche Unternehmen zu einem befriedigenden Ergebnis geführt.

In solchen Momenten fiel dem Kapitän des Rettungskreuzers jedoch stets seine Ehefrau Gertrud ein, die daheim mit ihren Sorgen um das Leben und die Gesundheit ihres Mannes

---

\* siehe Glossar

allein zurechtkommen musste. Mein lieber Herr Gesangsverein, dachte er dann, wenn Trudi wüsste, was ich hier draußen manchmal so anstelle, dann würde sie mir bestimmt zweimal am Tag den Hintern versohlen … Denn zu Hause, im gemütlichen Häuschen dicht hinterm Seedeich, da führte seine Frau das Kommando. Allerdings fragte sich Hoffmann jetzt auch, ob das Häuschen bei seiner Rückkehr immer noch so gemütlich sein würde. Er hatte keine Ahnung, ob der Deich vorm Haus gehalten hatte oder überspült worden war – ob das Wasser nun im Erdgeschoss stand. Immerhin: Seine Frau wusste er in Sicherheit. Sie hatten verabredet, dass sie alles stehen und liegen lassen sollte, um mit den wichtigsten Papieren und ihrem Schmuck nach Altenwalde hinaufzufahren.

Rolf Hoffmann war mit seinen Gedanken nicht allein. Tatsächlich begeben sich Seeleute häufig auf eine gefährliche Gratwanderung, wenn sie sich beispielsweise – aus rein pragmatischen Überlegungen heraus – über die Sicherheitsvorschriften hinwegsetzen. Dazu gehören unter anderem das »absichtliche Vergessen« der Schwimmweste, aber eben auch solch gewagte Rettungsaktionen wie der Höllenritt mit der kleinen *Tünnes*. Am besten, man redete nicht viel darüber … Wahrscheinlich ist genau das der Grund, warum so viele Seeleute als wortkarg gelten.

Nachdem die Männer das Beiboot wieder im Klappheck der *Ruhrstahl* festgelascht hatten, waren sie nun dazu verurteilt abzuwarten, bis das Mittagshochwasser eintreffen würde. Hoffmann drehte die *Ruhrstahl* in den Wind, ließ den Rettungskreuzer die Wellen abreiten und Heinrich Thiel mit dem starken Signalgeber zur *Ondo* hinübermorsen – und bat dann um einen heißen Kaffee.

Die Enttäuschung der fünf Männer auf der Brückennock über den fehlgeschlagenen Rettungsversuch hielt sich erstaunlicherweise in Grenzen. Othmar Sierks verfügte schließlich ebenfalls über reichlich seemännische Erfahrung. Sie hatten den Höllenritt des kleinen Bootes genau verfolgt, und sie wussten jetzt, dass sich an Bord des Rettungskreuzers wahre Teufelskerle befinden mussten, die sicherlich alles dafür geben würden, sie aus ihrer misslichen Lage zu befreien. Es war beruhigend zu sehen, dass die *Ruhrstahl* ihre Position im tiefen Fahrwasser vorm Großen Vogelsand nicht verließ und ihnen Signale gab. Für einen Augenblick wurde ihnen richtig warm ums Herz.

Als dann endlich das Mittagshochwasser kam, hatte der Wind nachgelassen. Er wehte jetzt konstant mit rund sechs Beaufort. Die *Ruhrstahl* hatte inzwischen einen ersten richtigen Sichtkontakt mit den Männern auf der Brückennock gehabt, und Rolf Hoffmanns eigenmächtiger Rettungseinsatz war auch von den »Sesselfurzern« an Land abgesegnet worden. Darüber hinaus kreiste mittlerweile ein »Sikorsky S-55«-Hubschrauber der Heeresflieger tief über dem Großen Vogelsand. Die Mannschaft der *Ruhrstahl* und die Piloten konnten sich allerdings nur durch Handzeichen verständigen. Hoffmann hatte daher keine Ahnung, ob die Einsatzleitung vielleicht eine spektakuläre Rettung der Männer aus der Luft vorgesehen hatte. Er nahm jedoch an, dass die Heeresflieger bloß zur Absicherung gekommen waren, denn je näher er sich jetzt mit seiner *Ruhrstahl* an das Wrack der *Ondo* herantastete, desto deutlicher tauchten vor ihm die Schwierigkeiten auf, die mit dieser Rettungsaktion verbunden sein würden: Man konnte schließlich davon ausgehen, dass die fünf Männer auf der Brückennock völlig erschöpft waren, und ihnen daher keine großen Kraftanstrengungen mehr zumuten. Genau das aber war der entscheidende Punkt: Denn weder auf der Steuerbordseite noch auf der Backbordseite gab es eine geeignete Stelle, von der aus ein relativ gefahrloses Übersetzen auf den Rettungskreuzer möglich war. Die einzige Chance für eine Evakuierung von See bot der Vorsteven* der *Ondo*. Für die total kaputten Männer, die schon achtundvierzig Stunden auf den Beinen waren, bedeutete dies noch einmal eine äußerst schwere Prüfung.

Othmar Sierks hatte die Handzeichen, die ihm Hoffmann gegeben hatte, sofort begriffen. Langsam, einer nach dem anderen, kletterten die fünf Schiffbrüchigen nun von der Nock hinunter und hangelten sich über eine Strecke von ungefähr vierzig Metern an der Reling entlang bis zum Bug der *Ondo*. Währenddessen steuerte Rolf Hoffmann die *Ruhrstahl* so dicht wie möglich an den Schiffsrumpf heran. Dabei ließ sich so manche unfreiwillige Plankenberührung nicht vermeiden. Draußen auf dem Vordeck des schwankenden Rettungskreuzers kauerte Kurt Petersen, mit einer Leine gesichert. Er sollte die Männer, denen nun ein gefährlicher Sprung bevorstand, in Empfang nehmen und dabei vor allem versuchen zu verhindern, dass einer von ihnen zwischen die Bordwände der beiden Schiffe geriet. Es kam nur darauf an, den richtigen Augenblick abzupassen und dabei trotz des Seegangs die *Ruhrstahl* auf derselben Stelle zu halten, immer schön dicht unter dem Vorsteven der *Ondo*. Und sobald eine Welle den Rettungskreuzer anhob, konnte der jeweilige Mann, der dort oben hockte, den Sprung an Deck der *Ruhrstahl* wagen. Im besten Fall würde es sogar nur ein großer Ausfallschritt sein. Die fünf Bergungsmänner mussten sich dabei einzig und allein auf Petersens Kommando verlassen. Wenn er das Handzeichen gab, *musste* der jeweilige Mann springen …

---

* siehe Glossar

Zehn Minuten später saßen die durchgefrorenen Männer in der kleinen, überheizten Messe der *Ruhrstahl* und hielten sich an heißem Tee fest. Sie hatten nicht einmal mehr die Kraft, um ihren tapferen Rettern zu danken. Ihre Nerven lagen völlig blank. Sie schämten sich auch nicht ihrer Tränen der Erleichterung, so knapp mit dem Leben davongekommen zu sein.

Rolf Hoffmann drehte seinen Rettungskreuzer schleunigst von der *Ondo* ab und schlug den direkten Kurs nach Cuxhaven ein. Auch der Heeresflieger kehrte zurück zu seinem eigentlichen Einsatzort Hamburg, wo noch immer tausende von Menschen frierend auf den Dächern ihrer Häuser saßen. Dann setzte der Rettungskreuzerkapitän einen Funkspruch an die Einsatzzentrale ab: »*Ruhrstahl* meldet: Manöver erfolgreich. Fünf Mann von der *Ondo* geborgen, alle unversehrt, Ende und aus!«

Die Meldung von der geglückten Rettungsaktion auf dem Großen Vogelsand löste überall entlang der Küste großen Jubel aus. Denn nach den Strapazen der vergangenen knapp achtundvierzig Stunden, nach all dem Schmerz und dem Leid, das so vielen tausend Menschen widerfahren war, tat es unheimlich gut, endlich einmal wieder eine erfreuliche Meldung zu hören, die Mut machte.

Etwa zur gleichen Zeit, als Rolf Hoffmann wie ein Triumphator in den Hafen von Cuxhaven einlief, ereignete sich ein paar Kilometer weiter östlich, in Kranenburg an der Oste, ebenfalls eine wundersame Rettung: Die Bucks sowie die anderen Familien aus dem unteren, überfluteten Teil des Dorfes wurden jetzt doch von einer Pioniereinheit mit Sturmbooten aus ihren Häusern evakuiert. Nur der kleine Hermann Buck weigerte sich, ins Boot einzusteigen: Erst sollten die Soldaten in der Scheune nachsehen, was wohl aus seiner »Arche Noah« geworden war. Es vergingen mehrere bange Minuten, bis das Boot aus der Scheune herausgeglitten kam. Aber schon am lauten Lachen der Pioniere konnte man erahnen, dass die Ferkel die Sturmflut in ihrer Zinkwanne unversehrt überstanden hatten. Sie waren zwar etwas schwach, aber sie lebten. Jetzt war es Hermann, der die Soldaten zur Eile antrieb: schließlich mussten die Ferkel dringend säugen, und die Mutter stand im oberen Teil des Dorfes in einem anderen Stall, sicher und trocken.

Die plötzliche Eile war aber auch aus einem anderen Grund angebracht: Denn bei Helga Baarck, der Nachbarin von gegenüber, hatten plötzlich die Wehen eingesetzt. Zwei Stunden später wurde sie mithilfe des Landarztes von einem gesunden Sohn entbunden. Die stolzen Eltern tauften ihn auf den Namen Günther.


**In den Nachrichtensendungen des Fernsehens wurden so gut wie keine Bilder von Toten gezeigt.** Die Kameraleute, aber auch die Fotografen der Zeitungen und Illustrierten bemühten sich, so genannte »symbolhafte Bilder« zu machen, etwa einen einzelnen Schuh im Wasser, eine Kinderpuppe in einem Strauch oder auch nur einen leeren Stuhl auf einer Terrasse. Viele der Zuschauer und Leser hätten vielleicht gerne etwas anderes gesehen, aber die Chefredaktionen wollten es so.

Es gab viele Motive in diesen Tagen zu entdecken. So hatte die Sturmflut in der Kleingartenkolonie »Unsere Scholle« schier unglaubliche Verwüstungen angerichtet, aber als nun die Taucher kamen, um endlich auch die Toten aus den Baracken und Behelfsheimen zu bergen, sahen sie in einer Hütte zu ihrem Erstaunen einen gedeckten Tisch, auf dem nach wie vor halb volle Sektgläser standen. Kein einziges Glas war umgekippt.

Über die grausige Arbeit der Taucher in den Schreberkolonien wurde verhältnismäßig wenig berichtet. Es waren Rettungstaucher der dänischen »Falck-Organisation«, Kampftaucher der Bundeswehr und (freiwillige) Sporttaucher, die tagelang in das eiskalte, modrige Wasser stiegen und tausende von Behausungen nach Ertrunkenen durchsuchten. Sie bargen auch tote Haustiere, retteten Schmuck und Familiensilber oder holten Autos aus Garagen.

Aber ihre eigentliche Hauptaufgabe bestand darin, die Toten zu finden. »In einem Behelfsheim entdeckten wir ein 15 Jahre altes Mädchen«, erzählte Karl-Heinz Breitner von der Tauchsport-Forschungsgemeinschaft Siegerland später. »Es steckte in einem 30 Zentimeter großen Loch in der Wand. Es war ertrunken. Davor fanden wir den Vater. Er war ebenfalls ertrunken. Er hielt einen großen Hammer in der Hand. Daraus schlossen wir, dass der Vater versucht haben muss, mit dem Hammer ein Loch in die Wand zu schlagen, als die große Flut gekommen ist; wahrscheinlich konnte er die Tür zu ihrem Schlafraum nicht mehr öffnen. Aber das Wasser muss schneller gewesen sein. Sie konnte sich nicht mehr zu ihren Eltern ins Schlafzimmer retten. Im Nebenraum fanden wir dann auch noch die Mutter …«

Solche oder ähnliche Geschichten hätte Breitner noch viele erzählen können.

Am 26. Februar 1962 versammelten sich auf dem Hamburger Rathausplatz 150 000 Menschen zur zentralen Trauerfeier für die 315 Opfer der Sturmflut. Für zwei Minuten schwieg die ganze Stadt, rollte keine Bahn, kein Bus, kein Auto, kein Fahrrad. In den Betrieben hielten die Menschen mit ihrer Arbeit inne. Dann, nach den Klängen des Trauermarsches aus der »Eroica«, trat der Erste Bürgermeister Paul Nevermann ans Rednerpult auf der Tribüne vor dem Haupteingang des Rathauses, die mit politischer Prominenz besetzt war – an der Spitze der Bundespräsident Heinrich Lübke. Nevermann sagte: »Liebe Leidtragende! Liebe Hamburger! Wir alle haben in der Katastrophennacht vom 16. auf den 17. Februar dreihundert Mitbürger verloren. Wir alle trauern um sie. Ihre Gräber sind noch geöffnet, da die letzten Opfer der Flut immer noch nicht geborgen werden konnten. Der Senat hat Sie heute auf diesen Platz vor dem Rathaus der Stadt gebeten, um in einer großen gemeinsamen Trauerkundgebung die Toten zu ehren und ihren Hinterbliebenen zu bekunden, dass wir alle mit der ganzen Kraft unseres Herzens und unseres guten Willens zu ihnen stehen und bereit sind, ihre Last mit zu tragen. Diese dreihundert Toten sind Brüder und Schwestern, Mütter und Väter, Söhne und Töchter. Es sind unsere guten Nachbarn und Freunde, mit denen wir gute und böse Stunden geteilt haben, Schulter an Schulter hatten wir gemeinsam mit ihnen unsere halb zerstörte Stadt wieder aufgebaut. Wir waren im Begriff, Hamburg schöner wieder aufzurichten, als es jemals zuvor gewesen ist. Inmitten dieses großen Werkes, an dem auch diese, unsere Toten mitgewirkt und in dessen Vollendung sie alle die gleichen großen Hoffnungen gesetzt haben, ist uns das Schicksal in den Arm gefallen. Höhere Gewalten haben uns gestoppt mit einer unvorhersehbaren Naturkatastrophe. Kein Versammlungsraum dieser Stadt hätte heute die unübersehbare Zahl der Trauernden vereinigen können. Selbst dieser Platz ist zu schmal, um alle diejenigen aufzunehmen, die in dieser Stunde gemeinsam mit den Hinterbliebenen der Ertrunkenen und der in den Krankenhäusern Verstorbenen gedenken wollen. Die Zahl der Opfer wäre noch größer, wenn nicht Zehntausende aus den Häusern und von den Dächern evakuiert worden wären; wenn wir nicht all die rettenden Einsatzkolonnen und ihre Tapferkeit gehabt hätten. Dabei gab es neue Opfer. Einige der Retter ertranken bei der Bergungsarbeit, einige fielen Unfällen zum Opfer, einige aber starben an Erschöpfung, weil sie das Werk der Nächstenliebe, die Selbstaufopferung des barmherzigen Samariters, nicht unterbrechen wollten, bevor der Letzte aus Gefahr und Todesnot gerettet worden war. Auch ihr Andenken wollen wir in gleicher Ehrfurcht und Dankbarkeit für ihre gute Tat bewahren. Unser Bundespräsident Dr. Lübke und die Vertreter des gesamten öffentlichen Lebens der Bundesrepublik sind zu uns gekommen, ihr Beileid zu bekunden. Millionen und Abermillionen erschütterter Menschen überall in Deutschland, diesseits und jenseits der Grenzen, haben unserer schwer geprüften Stadt und vor allem den Angehörigen der Toten ihr Mitleid bekundet. Sie lassen es aber bei diesem Mitleid nicht bewenden, sondern leisten tätige Hilfe. Überall regen sich die Kräfte des Guten, um den so schwer Geschlagenen zu helfen. Das ist ein Trost und eine Stärkung für die Bedrückten und für die Verzweifelten. In solchen Stunden der Prüfung fragen wir Menschen nach dem Sinn und zweifeln an der Gerechtigkeit aller irdischen und überirdischen Ordnungen. In quälender Selbstprüfung fragen wir auch danach, ob diese furchtbaren Schläge des Schicksals abgewendet werden konnten. Und wir erkennen, oft im Zorn und nicht immer in Demut, dass die Kräfte des Menschengeistes, der Technik und aller Zivilisation nicht ausreichen, um die Wildheit der Natur zu bändigen. Es gibt gegen das Wüten der Elemente in unserem anfälligen Dasein offenbar keine letzte Sicherheit. Größere Sicherheiten aber werden wir herstellen, unverzüglich. Ebenso wichtig, wenn nicht wichtiger als die materielle Hilfe ist der menschliche Beistand, den wir den Witwen und Waisen leisten wollen. Viele von ihnen weilen in dieser Stunde unter uns. Wir beugen uns in Ehrfurcht vor ihrem Schmerz. Andere liegen noch in den Krankenhäusern, in ihren beschädigten Wohnungen oder in den Notunterkünften. Den Anwesenden aber möchten wir ganz unmittelbar von Mensch zu Mensch den Trost unseres Mitleidens spenden. Dazu sind wir alle hierher gekommen. Diese letzte Woche, meine Hamburger, wird keiner von uns vergessen können, bis an das Ende seiner Tage. Nur in den Bombennächten des Jahres 1943 und in der Feuersnot des Jahres 1842 wurde unsere Stadt von Heimsuchungen getroffen, die so schwer waren wie dieser letzte Schlag. Diese Leidenserfahrung wird uns Warnung und Aufruf sein. Eine große Anzahl der Toten findet ihre letzte Ruhe in einer Gedenkstätte draußen in Ohlsdorf. Doch auch unsere Friedhöfe auf den Elbinseln wie an der Süderelbe werden die irdischen Überreste der uns Entrissenen aufnehmen. Ihre Gräber werden Gedenk- und Erinnerungsstätten unseres ganzen Stadtvolkes sein. Sie werden auch kommenden Geschlechtern von dem Leid dieser Tage und dieser Stunde berichten. Wir aber, meine Hamburger, wollen jetzt zusammenstehen und einer den anderen stützen. Möge ein gutes Geschick uns in den nächsten Wochen und Monaten beistehen und uns neue Prüfungen ersparen. Wir tragen unendlich schwer an dem Leid, das uns in den Tagen seit dem 17. Februar aufgebürdet worden ist. Wenn wir es alle miteinander tragen, zwei Millionen Hamburger, dann wird es für die Hinterbliebenen ein wenig leichter sein, mit uns einen neuen Anfang zu wagen!«

96 der 315 Sturmflutopfer wurden wenige Tage später in einem Gemeinschaftsgrab auf dem Friedhof in Ohlsdorf beigesetzt.

**Am Dienstagmorgen nach der Katastrophe wurde das Wilhelmsburger Rathaus pünktlich um acht wieder für den Publikumsverkehr geöffnet. Um neun Uhr erschienen der tech-**

nische Zeichner Werner Witek und die Stenotypistin Ellen Osinski vor dem Standesbeamten Werner Langenbeck und schlossen den Bund fürs Leben. Die 22-Jährige hatte am Sonntag zuvor ihren 24-jährigen Verlobten höchstpersönlich mit einem Schlauchboot aus dem vom Wasser eingeschlossenen Haus, in dem er wohnte, herausholen müssen. Dabei hatte sie dann auch gleich die Koffer für die Hochzeitsreise nach Österreich gepackt. Als Hochzeitsschmaus wurde in der Drei-Zimmer-Wohnung der Braueltern am Ernst-August Kanal Nr. 57, die mit evakuierten Verwandten bereits überbelegt war, Schweinebraten mit Rotkohl und Kartoffelklößen serviert. Zum Nachtisch spendierte der Brautvater eine Extraportion Briketts für den Kanonenofen, und noch am selben Abend reiste das junge Glück in die Flitterwochen ab. Die »Bild«-Zeitung titelte: *Nach der Flut – Erste Trauung in Wilhelmsburg. Das Leben geht weiter.*

Was sonst? Natürlich ging das Leben in der Millionenstadt weiter. Aber vielleicht war doch etwas anders als früher.

**Erst am 5. August 1962 wurde das letzte Hamburger Flutopfer geborgen.** Der Rentner August Jacubek aus Hamburg-Billbrook war seit der Sturmflutnacht vermisst worden. Seine Leiche wurde von spielenden Kindern an einem Bahndamm in einem Wassergraben entdeckt. Jacubek war 61 Jahre alt geworden.

# Epilog

Der Seemeteorologe Dr. Hans-Otto Mertins lebt inzwischen hochbetagt in seinem Haus in der Lüneburger Heide. Er kann sich jedoch noch an viele Schiffe erinnern. Peter Emmerich, sein Nachfolger auf der *Meerkatze,* wurde erst vor wenigen Jahren pensioniert. Er lebt heute zurückgezogen im hessischen Raum. Dr. Georg Koopmann sollte eigentlich als Berater für einen Sturmflut-Spielfilm fungieren, doch dann starb kurz vor Beginn der Dreharbeiten seine Frau. Hermann Westphal, der Ortsamtsleiter von Wilhelmsburg, der durch seinen Mut und seine Besonnenheit so vielen Menschen in Wilhelmsburg das Leben gerettet hatte, wurde für seine Leistungen im Jahre 1972 – anlässlich seines 60. Geburtstages – mit einem großen Empfang im Wilhelmsburger Rathaus geehrt. Er starb vor drei Jahren nach langer schwerer Krankheit. Seine Frau Lotti wohnt heute in einem Harburger Seniorenheim und ist auch mit 92 Jahren immer noch im SPD-Ortsverband politisch aktiv. Carl-Heinz Mannel wurde für seine spätere Tätigkeit als Spendenverwalter des Deutschen Roten Kreuzes mit dem DRK-Ehrenzeichen ausgezeichnet. Ansonsten erhielt er – wie alle Helfer, zum Andenken an die Sturmflut 1962 ein Buch des Hamburger Senats, in dessen Einband die Sturmflutmedaille eingelassen wurde. Mannel trifft sich auch heute noch ab und zu mit Werner Felsberg, der nach wie vor ein großer

Hunde- und Opernfan ist, und mit »Kuddl« Thielsch, der noch immer in der Altonaer Wohnung lebt, in der er auch geboren wurde. Günter Michel, der »Retter von Cuxhaven«, erlitt drei Jahre nach der Sturmflut mitten in einer Sitzung im Cuxhavener Rathaus einen schweren Herzinfarkt, den er nicht überlebte. Dr. Heinz Wachtendorf, der erst vor wenigen Jahren starb, regte damals an, Michel für seinen Einsatz während der Sturmflut posthum zu ehren, aber Michels Witwe lehnte diesen Vorschlag kategorisch ab: Es wäre nicht im Sinne ihres Mannes gewesen. Die Seemanns leben nach wie vor in Rübke auf ihrem Obsthof. Sie haben mehrere Enkelkinder, die sie jung halten. Am Haus kann man immer noch erkennen, wie hoch das Wasser am 17. Februar 1962 stand. Und wie früher heizen sie nur die Küche und die »gute Stube«. Hermann Buck aus Kranenburg arbeitet mittlerweile als Viehhändler. Seine beiden Töchter müssen den Hof nicht übernehmen – sie studieren beide in Hamburg und überreden ihre Eltern häufig, exotische Teesorten auszuprobieren. Rolf Stubbe und seine Frau bewirtschaften nach wie vor ihren Obst- und Gemüsehof am Deich in Billwerder-Moorfleet. Mit den Kameraden der Freiwilligen Feuerwehr trifft er sich regelmäßig. Carl Osthoff, der spätere langjährige Technische Leiter der DLRG, verstarb leider kurz vor Veröffentlichung dieses Buches am 6. November 2005 nach langer schwerer Krankheit. Ein paar Jahre nach der Sturmflut trat er die Nachfolge des Technischen Leiters Hans Schmidt an. Udo Theel machte nach seiner Pensionierung als Fluglehrer aus Spaß den Meistertitel im Schneiderhandwerk nach. Zwischendurch war er auch mal Bürgermeister von Obernkirchen bei Bückeburg, wo er heute lebt. Für Helmut Schmidt wurde die Hamburger Sturmflut tatsächlich zum entscheidenden Karriereschub: 1965 wurde er wieder Bundestagsabgeordneter und trat 1969 als Bundesminister der Verteidigung in das erste Kabinett Willy Brandts ein. Im zweiten Kabinett Brandts bekleidete er ab 1972 das Amt des Finanzministers. Nach dem Rücktritt Willy Brandts wurde er am 16. Mai 1974 zum fünften Bundeskanzler der Bundesrepublik Deutschland gewählt. Am 1. Oktober 1982 wurde er nach dem Zerfall des sozialliberalen Bündnisses durch ein konstruktives Misstrauensvotum im Bundestag abgelöst. Seit 1983 ist er Mitherausgeber der Hamburger Wochenzeitung »Die Zeit«, seit dem 22. Dezember desselben Jahres auch Ehrenbürger der Hansestadt Hamburg. Rolf Hoffmann, der langjährige Vormann des Rettungskreuzers *Ruhrstahl*, blieb in irgendeiner Weise immer dem Wasser verbunden. Er starb vor zwei Jahren. Sein langjähriger Freund und Weggefährte, der Seenotrettungsarzt Dr. Meinhard Kofahl, hat vor einigen Jahren seine Praxis an seinen Sohn übergeben. Er betreibt nach wie vor intensive medizinische Studien zur Unfallverhütung sowie der Behandlung von Krankheiten und Unfällen durch Laien auf hoher See. Die Spuren des »Robinsons vom Neßsand« sowie des Leuchtturmwärters Walter Drygalla verlieren sich im Nichts. Reinhard und Ingrid Pflug leben in Hamburg. Beide sind im Ruhestand und reisen gern. Reinhard junior arbeitet bei der Hamburger Landesbildstelle, seine Schwester Karin als Kauffrau in der Schuhbranche. Kurt Schwedler, der seine Frau und seinen Sohn verloren hatte, reiste etwa einen Monat nach der Sturmflut zur Erholung an den Plattensee in Ungarn. Dort fand er eine neue Liebe, die er noch im selben Jahr in Hamburg heiratete. Der Hamburger Autohändler Kurt Krim konnte durch seinen viel zu frühen Tod Anfang der 70er Jahre seinen Traum von einem »kleinen Fiat-Imperium« nicht erfüllen. Seine Witwe Magda lebt heute als vierfache Großmutter nach wie vor auf einem »Kibek«-Teppichboden in Großhansdorf; der Autor dieses Buches hat übrigens ihre jüngste Tochter Sabine geheiratet. Die *Silona*, die so unglücklich auf den Elbwiesen vor Balje strandete, musste abgewrackt werden. Dieses Schicksal blieb der *Ondo* erspart: Nach weiteren Bergungsversuchen überließ man sie schließlich der See. Bei Niedrigwasser ragt nur noch ihre Mastspitze aus der Nordsee. Die *Fides* wurde inzwischen komplett vom Mahlsand verschlungen.

# Anhang

# Die Beaufort-Skala

| Wind-stärke | Bezeichnung | Windge-schwindigkeit in m/sek | Auswirkung im Binnenland | Auswirkung auf dem Wasser |
|---|---|---|---|---|
| 0 | Still | 0,0–0,2 | Windstille, Rauch steigt gerade empor | Die See ist spiegelglatt |
| 1 | Leiser Windzug | 03,–1,5 | Rauch zieht weg, aber nicht durch eine Windfahne | Kleine, schuppen-förmig aussehende Kräuselwellen ohne Schaumkämme |
| 2 | Leichte Brise | 1,6–3,3 | Wind ist im Ge-sicht fühlbar. Blätter rascheln | Kleine, kurze Wellen, die sich aber nicht brechen |
| 3 | Schwache Brise | 3,4–5,4 | Blätter und Zweige in leichter Be-wegung. Ein Wim-pel streckt sich | Kämme beginnen sich zu brechen. Vereinzelt kleine Schaumköpfe |
| 4 | Mäßige Brise | 5,5–7,9 | Hebt Staub und Papier vom Boden, wirbelt leichten Ab-fall vom Boden auf | Kleine Wellen, werden jedoch länger. Verbreitet Schaumköpfe |
| 5 | Frische Brise | 8,0–10,7 | Kleine Bäume schwanken. Auf Seen Schaum-köpfe | Mäßige Wellen mit ausgeprägter Form. Vereinzelt kann Gischt vorkommen |

| Wind-stärke | Bezeichnung | Windge-schwindigkeit in m/sek | Auswirkung im Binnenland | Auswirkung auf dem Wasser |
|---|---|---|---|---|
| 6 | Starker Wind | 10,8–13,8 | Starke Äste in Bewegung | Erste große Wellen können entstehen |
| 7 | Steifer Wind | 13,9–17,1 | Ganze Bäume in Bewegung, spürbares Hemmnis beim Gehen gegen den Wind | Die See türmt sich. Der Schaum der Wellen steht waagerecht in der Luft |
| 8 | Stürmischer Wind | 17,2–20,7 | Gehen gegen den Wind ist beschwerlich. Zweige und Äste brechen | Mäßig hohe Wellenberge, Gischt weht von den Wellenkämmen |
| 9 | Sturm | 20,8–24,4 | Kleinere Schäden an Häusern. Dachziegel können sich lösen | Hohe Wellenberge, Gischt beginnt die Sicht zu beeinträchtigen |
| 10 | Schwerer Sturm | 24,5–28,4 | Entwurzelt Bäume, sorgt für massive Schäden an Gebäuden | Sehr hohe Wellenberge mit langen, brechenden Kämmen. Schweres Rollen der See. Gischt beeinträchtigt die Sicht |
| 11 | Orkanartiger Sturm | 28,5–32,6 | Entwurzelt Bäume. Bedeutende Schäden an Bauwerken | Die Sicht ist herabgesetzt. Außergewöhnlich hohe Wellenberge |
| 12 | Orkan | 32,7–36,9 | Schwere Verwüstungen | Durch Gischt und Schaum keine Fernsicht. Die See ist vollständig weiß |

# Die Sturmflut in Schleswig-Holstein

**Wenn Karen Ohlen-Hansen aus Büsum heute das Wort »Sturmflut« hört, dann kommt ihr stets das Bild in den Sinn, wie der Kurpavillon an der Promenade unter einem gewaltigen Brecher gleich einem Kartenhaus in sich zusammenfiel und der Konzertflügel anschließend auf einer Welle durch die Straßen schwamm ...** Zu diesem Zeitpunkt, in den frühen Morgenstunden des 17. Februar 1962, versuchte ihr Vater, der legendäre Hans Ohlen, in seinen drei Funktionen als Bürgermeister, Kurdirektor und Hotelier der *Alten Post*, an der Spitze von hunderten freiwilligen Helfern den Deich zu verteidigen, der die Stadt vor der Nordsee schützte. Am Ende war der Schutzbau gegen die Wellen an manchen Stellen nur noch einen halben Meter dick. Aber er hatte gehalten; zum einen wegen des enormen Arbeitseinsatzes, zum anderen aber auch, weil die Büsumer einfach nur das Glück der Tüchtigen hatten: Denn im letzten Moment hatte der Orkan ein wenig an Kraft verloren, und darüber hinaus war die Sturmflut »gekentert« – sie war nicht ganz so hoch ausgefallen wie vorhergesagt.

Erfahrung, rechtzeitige Vorbereitung, leidenschaftlicher Einsatz und eben ein bisschen Glück: Wahrscheinlich war es dem Zusammenspiel dieser Faktoren zu verdanken, dass die Februarsturmflut des Jahres 1962 an der Westküste Schleswig-Holsteins – trotz großer Überschwemmungen und gewaltiger

Sachschäden – noch einigermaßen »glimpflich« verlief. Jedenfalls waren die Folgen lange nicht so schrecklich wie in Hamburg.

Bereits am Nachmittag hatten viele Küstenbewohner *irgendwie gespürt*, dass dieser Orkan namens »Vincinette« keiner der üblichen Winterstürme war, der die Nordsee aufwühlte. Dennoch hatte er zunächst nicht den Anschein einer besonderen Gefahr. Die meisten Bewohner – eine Ausnahme bildeten diejenigen, die vor der Küste auf den Halligen* lebten – legten sich daher zur gewohnten Zeit ins Bett. Hinter den Deichen fühlten sie sich sicher, denn die waren nach der *Mandrenke* in Holland um ein gutes Stück erhöht, zum Teil sogar vollkommen neu gebaut worden. Allerdings war dieses umfangreiche Küstenschutzprogramm erst zur Hälfte erledigt. Doch eine der verhängnisvollsten Eigenschaften des Menschen im 20. Jahrhundert ist sein großes Vertrauen in die Technik.

Gegen 23 Uhr zeichnete sich dann die drohende Gefahr bereits deutlicher ab, wenn zunächst auch nur für den nieder-elbischen Raum. Als für Cuxhaven bereits Rundfunkwarnungen durchgegeben wurden, ahnten die meisten Schleswig-Holsteiner nicht, dass ihnen eine äußerst unruhige Nacht bevorstehen würde. Hier ist sicherlich eine deutliche Parallele zu Hamburg zu erkennen – doch im Gegensatz zu den hanseatischen »Einzelspielern« begriffen sich die Landratsämter, Marschenbauämter und Deichverbände als Team. Man war weitaus besser auf eine mögliche Katastrophe vorbereitet, als Nordeuropa von der bis dahin größten Sturmflut seit Jahrhunderten heimgesucht wurde. So wurde für die Landkreise Husum, Eiderstedt und Süderdithmarschen zum ersten Mal seit 1936 wieder ein

---

* siehe Glossar

Katastrophenalarm ausgelöst – jedoch so rechtzeitig, dass 6000 Menschen in Windeseile evakuiert werden konnten.

Als Erste wurden die Bewohner Sylts sowie der vorgelagerten Nordfriesischen Inseln und Halligen von der Sturmflut getroffen. Die Bewohner der Halligen flüchteten auf die Dachböden ihrer speziell konstruierten Häuser*, die auf Warften standen. Zum Teil ertrank zwar das Vieh, doch Menschenleben gab es auf den Eilanden nicht zu beklagen. Die Deiche auf Nordstrand und Pellworm wurden schwer angeschlagen. Auf Sylt wurden große Landabbrüche registriert: Einige Häuser rutschten in die brodelnde Nordsee, und die tonnenschweren Betonbefestigungen der Strandpromenaden wurden vom Wasser weggerissen und auf die Reste des Strandes gespült.

Doch sofort kamen entlang der gesamten Küste tausende von Helfern vor Ort zum Einsatz: Bundeswehr, Grenzschutz, die Bereitschafts- und Ordnungspolizei, Feuerwehren, das Deutsche Rote Kreuz, das Technische Hilfswerk sowie unzählige Freiwillige eilten an die Deiche, um die Schäden bis zum nächsten Hochwasser provisorisch zu reparieren.

Ein Augenzeuge berichtete in den »Husumer Nachrichten« mit recht blumigen Worten, wie er die Sturmflutnacht erlebte: »Während ich diesen Bericht schreibe, sitze ich in dem noch einigermaßen sicheren Haus der neuen Schleuse und warte zusammen mit den verantwortlichen Männern und einigen Schaulustigen auf eine bedeutende Stunde, die Stunde der Hochflut, die um 0.33 Uhr fällig ist. Während der Sturm die Regen- und Wasserböen der Nordsee gegen die Fenster peitscht, erfüllt eine wohlige Wärme den Raum, der mit Pfeifendunst geschwängert ist. Der Sturm heulte. Es war ein beschwerlicher

---

* siehe Glossar »Hallig«

Weg, um bis zur Schleuse zu gelangen. Das Heulen des Sturmes wurde begleitet vom Getöse herunterstürzender Dachziegel. Der Weg führte vorbei an entwurzelten großen Bäumen im Schlossgarten. Aber erst auf dem Deich wurde man sich der Wucht des Sturmes bewusst. Viele, meistens junge Leute, hatten sich auf den Weg zum Außendeich gemacht. Regen und Hagel prasselten ins Gesicht, und man hatte Mühe, auf der Deichstraße festen Halt zu bekommen …Während in dem gefüllten Hafenbecken die Schiffe noch friedlich schaukelten, bot sich schon an der Schleuse ein erschreckendes Bild. Schon kurz nach 22 Uhr, also noch zweieinhalb Stunden bis zur Hochflut, spritzte der Gischt der hohen Wellen über die Deichkrone hinweg. Wer sich weiter von der Schleuse in Richtung ›Erholung‹ vorwagte, war in Lebensgefahr. Viele scheuten diese Gefahr nicht. Weit draußen Lichter. Vor der Schleuse schaukelte in den Wogen ein Schiff, das den sicheren Hafen nicht mehr rechtzeitig erreichen konnte. Seine Besatzung war an Bord geblieben. Mitten im tosenden Meer sah man noch die Lichter der ›Erholung‹. Ein gespenstisches Bild. An der Schleusenseite stand eine Wagenkolonne der Bundeswehr und wartete auf ihren Einsatz. Würde man sie benötigen? Es ist 22.50 Uhr. Der Wasserstand vor den Schleusentoren beträgt 10,24 Meter. Das bedeutet 3,76 Meter über normalem Hochwasser und größte Gefahr für unsere Deiche. Der Wasserstand ist der höchste in diesem Jahrhundert und übertrifft sogar den der großen Sturmflut von 1906, als das Wasser 10,09 Meter hoch vor den Schleusen gestanden haben soll. Auch die Sturmflut von 1936 brachte ›nur‹ einen Wasserstand von 9,97 Meter bei Mittlerem Tidehochwasser. Merkwürdig ist auch die Datengleichheit mit der Sturmflut von 1906. Damals stieg das Wasser auch am 16. Februar auf 10,09 Meter, wie geschätzt wurde, da der

Schreibpegel ausgefallen war. Aber es soll noch schlimmer kommen. Der ›Blanke Hans‹ ist heute Nacht in seinem Element und wirft seine Wassermassen in ungezügelter Wucht gegen Deich und Schleusentore, die unter der Kraft des Anpralls laut stöhnen. Sie werden ein wenig geöffnet, um einen ausgeglichenen Wasserstand zu schaffen und ein Zerbersten zu vermeiden. Um 23.12 Uhr zeigt der Pegelstand 10,21 Meter, 3,77 Meter über Normal. Bange Blicke richten sich auf die hohe Kurve, die von einer Nadel gezeichnet wird. Sie erreicht fast das Ende des Papierbogens. Was wird sie in dieser Nacht noch anzeigen? Die Lichter in der ›Erholung‹ sind erloschen. Das Haus steht einsam und verlassen in dem schmutzigen, aufgewühlten Meer. Wird es dem ›Blanken Hans‹ trotzen können?

23.30 Uhr wird es aber bittere Tatsache. Eine Stelle, die schon vor einer halben Stunde von den Fluten angenagt wurde, ist gebrochen. Ich sah, wie die Straße sich unaufhörlich hob, wie immer mehr vom Deich abbröckelte, bis er schließlich brach. ›Es ist ein riesiger Durchbruch, vielleicht 30 Meter breit.‹ So berichtet mir ein Ingenieur vom Marschenbauamt. Die Durchbruchstelle soll ungefähr am Beginn des Straßenanstiegs sein. Es ist unmöglich, zu ihr zu gelangen. Schon an weiteren Stellen hat die Nordsee zugepackt, und es droht ein neuer Bruch. Eine Besichtigung wäre glatter Selbstmord. Und noch immer ist es eine halbe Stunde bis zur Hochflut. Was wird sie bringen?«

Sie brachte an den Küstenabschnitten Dithmarschens vor allem nicht das, was die Ozeanografen vorausberechnet hatten. Das war der Glücksfaktor. Die Sturmflutschäden nahmen in Nord-Süd-Richtung zu. Während kein einziger dänischer Deich gebrochen und das Hochwasser in Westerland auf Sylt sogar um 60 Zentimeter unter dem vorausberechneten Stand geblieben war, wurde der Pegel bei Brunsbüttelkoog in der Elbmündung weit übertroffen. Die massivsten Sturmflutschäden in Schleswig-Holstein wurden daher im Eiderstedter und Süderdithmarscher Küstengebiet registriert. Dort waren mehr als ein Dutzend Koogdeiche gebrochen, insgesamt hatte man 15 dieser Köge geräumt. Auch Helgoland war ziemlich schwer von dem Orkan getroffen worden: Ein Teil der Badedüne war ins Meer gespült, die Zeltstadt auf der Düne vollkommen zerstört worden.

Als es hell wurde, war jedoch das gesamte Stromverbundnetz bis zur dänischen Grenze zusammengebrochen, die meisten Kraftwerke waren ausgefallen. Ungefähr zwei Millionen Schleswig-Holsteiner saßen jetzt in kalten Wohnungen, ohne Licht, ohne warmes Essen. Auf den Halligen gab es kein Trinkwasser, denn die Fethinge*, in denen traditionell das Regenwasser aufgefangen wird, waren mit Salzwasser voll gelaufen. Die Bundeswehr organisierte jedoch sofort den Wassertransport per Hubschrauber und Schiff; vor allem auch des Viehs wegen. Die Bewohner auf den Halligen wurden noch einige Tage aus der Luft verpflegt. Hier waren auch mehrere Häuser zertrümmert worden, aber dennoch gab es im nördlichsten Bundesland nur ein einziges Todesopfer zu beklagen – einen Rentner aus Itzehoe, der vor Aufregung einen Herzinfarkt erlitten hatte.

Die Bundesbahnstrecke Glückstadt-Itzehoe musste wegen Unterspülung der Störbrücke gesperrt werden, die Züge nach Husum und Westerland wurden über Wrist-Itzehoe umgeleitet. Doch überall in Schleswig-Holstein funktionierte noch das Telefon; bis auf Elmshorn, wo der Hauptverteiler im Ortsamt unter Wasser stand.

---

* siehe Glossar

Eine wichtige Erkenntnis für den zukünftigen Hochwasserschutz brachte die Tatsache, dass die brandneuen Deiche des neuen Hauke-Haien-Koogs und des Friedrich-Wilhelm-Lübke-Koogs gehalten hatten. Diese waren mit 70 bis 120 Meter Sohlenbreite doppelt so breit angelegt wie die bisherigen Küstenschutzbauten. Sie wiesen daher ein wesentlich flacheres Profil auf. Die Schäden waren minimal – diese neue Deichbautechnik würde sich in den nächsten Jahren überall in Norddeutschland durchsetzen.

Der schleswig-holsteinische Ministerpräsident Kai-Uwe von Hassel sagte in seiner Regierungserklärung am 12. März 1962: »Das, was sich in der Nacht vom 16. zum 17. Februar in Norddeutschland zutrug, hat bestimmte Vorstellungen über den Haufen geworfen, die wir auf die Erfahrungen vieler Jahrzehnte glaubten gründen zu können ... Eine gnädige Fügung hat die bewunderungswürdige Haltung der Menschen auf Halligen und Inseln, auf und hinter unseren Deichen, aber auch unsere eigenen Vorkehrungen, Bemühungen und Maßnahmen nicht vergeblich sein lassen ... Unsere Bevölkerung hat in den Wochen nach der Flut so viele Beweise schöner Solidarität erbracht, dass der oft gerügte Mangel an staatsbürgerlicher Mitverantwortung und Hilfsbereitschaft in unser aller Augen doch in einem neuen, besseren Lichte gesehen werden sollte.«

# Die Sturmflut an Ems, Jade und Weser

**Als es sich in den frühen Abendstunden abzeichnete, dass die Sturmflut schwerer als gewöhnlich ausfallen würde, begannen augenblicklich die Vorbereitungen für den Katastrophenschutz.** Allerdings war in dieser Region schon ab ungefähr 21 Uhr das Telefonnetz durch besorgte Anfragen der Bevölkerung überlastet und zeitweise sogar völlig blockiert. Doch die zuständigen Einsatzstellen im Nordwesten Niedersachsens reagierten prompt und hielten die Kommunikation über Funk und durch Melder aufrecht. Auch hier arbeiteten die Deichverteidiger zusammen und waren auf Eventualitäten frühzeitig vorbereitet. Die Sturmflutlager waren prall gefüllt, und die professionellen und freiwilligen Deichverteidiger verfügten daher auch zunächst über ausreichendes Material wie Sandsäcke, Stroh, Holzpfähle sowie die notwendigen Arbeitsgeräte wie Schaufeln, Tragen, Schubkarren und Taschenlampen. Daneben existierten auch Sand- und Kleielager direkt an den Deichen.

Als die Sturmflut im Verlauf der Nacht zur Katastrophe zu werden drohte, wurden im Hinterland zusätzliche Einsatzkräfte zur Deichverteidigung versammelt. Außerdem erschöpften sich auch die örtlichen Bestände an Sandsäcken: Bereitstehende Lastwagen und Flugzeuge (!) übernahmen jedoch den Transport aus den Depots im Binnenland an die Küste und auf die Ostfriesischen Inseln. Durch diese von Beginn an groß angelegte, gut vorbereitete Deichverteidigung konnte an den meisten Deichstrecken größeres Unheil verhindert werden. Die konsequente Erhöhung der Deichkronen, die von den engagierten Verbänden immer wieder gefordert worden war, machte sich nun bezahlt. Dennoch wurden einige Deiche beschädigt, vor allem die neuen Schutzbauten, deren Grasnarbe und Boden noch nicht die notwendige Festigkeit besaßen.

Im Vergleich zu Schleswig-Holstein und natürlich auch Hamburg drang die Sturmflut nur an wenigen Stellen durch die Deiche: an der Ems bei Papenburg (dort kam der 21-jährige Bundeswehrsoldat Manfred Bahstahn aus Lingen bei einem Rettungseinsatz ums Leben) sowie an der ostfriesischen Küste zwischen Norddeich und Schillig an der Jade, wo die Sommer- und Polderdeiche die Kräfte der Sturmflut jedoch erlahmen ließen, sodass die rückwärtigen Hauptdeiche meist gar nicht erst mit den Wassermassen in Berührung kamen. Der Maadedeich bei Wilhelmshaven dagegen brach aufgrund seiner geringen Höhe und seines steilen Profils gleich an mehreren Stellen.

Besonders schwierig verlief die Deichverteidigung am Seedeich vor dem Augustgroden an der Ostseite des Jadebusens, der bereits im Jahre 1853 gebaut worden war. Bis zu diesem Zeitpunkt hatte er alle Sturmfluten schadlos überstanden, auch die starke Flut des Jahres 1906, die den gleichen hohen Wasserstand aufwies wie die Februarsturmflut 1962. Doch diesmal war die Brandung heftiger: Am Deich entstanden große Lücken auf der Außenseite sowie Abbrüche auf der Innenseite auf etwa sieben Kilometern Länge. Da befestigte Wege zum Deich fehlten, mussten die Helfer anfangs die gefüllten (!) Sandsäcke über mehrere Kilometer herantragen. Erst der Einsatz von Feldbahnen, die während der Nacht in kürzester Zeit herangeschafft worden waren, ermöglichte schließlich die Sicherung des Deiches.

Der Seedeich in Butjadingen zwischen Jade und Weser war ebenfalls einer starken Brandung ausgesetzt. Die außerhalb des Seedeiches errichtete Strandhalle des Nordseebades Tossens wurde von den Brechern dem Erdboden gleichgemacht. Auch der Stromdeich an der Unterweser bei Käseburg südlich von Brake wurde aufgeweicht. Dieser Deichbruch trat jedoch bei ablaufendem Wasser ein, sodass sich die Überschwemmung lediglich auf ein relativ kleines Gebiet beschränkte.

Der Weserdeich, südlich der Huntemündung gelegen, wurde wegen der zu geringen Deichhöhe zum Teil überflutet und brach ebenfalls an einigen Stellen durch. Doch der feste Lehmboden des Deichkörpers verhinderte eine Vergrößerung der Bruchstellen.

In Bremen selbst hatte bereits das Mittagshochwasser am 16. Februar einige Ortsteile von Vegesack überschwemmt. Außerdem waren zahlreiche Polder an den Weser-Nebenflüssen Lesum und Ochtum voll gelaufen. Sie hatten sich während der nachfolgenden Ebbe nicht wieder entleert. So traf die Sturmflut auf volle Auffangbecken: Der Wasserpegel in den Poldern stieg in der Nacht außerordentlich rasant – ungefähr 140 Zentimeter pro Stunde, woraufhin es zu ausgedehnten Überflutungen kam. Am stärksten betroffen waren davon die Industrieanlagen von Bremen-Nord sowie erneut die niedrig gelegenen Wohngebiete von Vegesack und Grohn.

Besonders betroffen waren aber auch die Parzellengebiete an der Lesum und der Ochtum, wo sich während des Krieges – eine Parallele zu Hamburg – viele ausgebombte Familien angesiedelt hatten. Die Bewohner wurden durch Lautsprecherwagen der Polizei und durch den Bremer Rundfunk frühzeitig gewarnt und zur Räumung ihrer gefährdeten Wohnstätten aufgefordert. Da aber diese Gebiete schon seit mehreren Jahrzehnten nicht mehr überflutet worden waren, wurde die Aufforderung zur Evaku-ierung nur von wenigen Bewohnern ernst genommen. Im Lau-fe der Nacht und des nächsten Morgens mussten 450 Menschen mit Schlauchbooten der Bundeswehr aus den überfluteten Ge-bieten herausgeholt werden – hier ertranken sieben Bewohner. Die Überschwemmungen in diesem Gebiet hielten noch tage-lang an, bis endlich der Wind auf östliche Richtung drehte und das Wasser wieder abfließen konnte.

In Bremerhaven hielten die Hauptdeiche an der Weser und Geeste sowie das Sturmflutsperrwerk der Geeste das Hoch-wasser zurück. Gebäude außerhalb dieser Deichlinie erlitten je-doch erhebliche Schäden: An den »Tiergrotten« in Bremerha-ven wurde eine starke Mauer eingedrückt. Dabei ertranken trotz des mutigen Einsatzes des Zoodirektors Dr. Kurt Ehlers, der Tierpfleger sowie einiger Streifenwagenbesatzungen mehrere exotische Tiere. Vor den Deichen im Bremerhavener Stadtge-biet hatten bereits vor dem Einsetzen des Hochwassers um-fangreiche Sicherungsarbeiten begonnen. So konnten Deich-brüche vermieden werden.

Insgesamt wurden in Bremen und Niedersachsen 370 Qua-dratkilometer Land überflutet.

# Die Sturmflut auf den friesischen Inseln

**Die Ostfriesischen Inseln von Borkum bis Wangerooge liegen wie natürliche Wellenbrecher vor dem Festland.** Während der Februarsturmflut 1962 waren die Inselschutzwerke den Brechern stärker als die Festlanddeiche ausgesetzt. Im tiefen Wasser der offenen See konnten die Wellen sich höher als in den flacheren Wattgewässern vor dem Festland ausbilden.

Der extrem hohe Sturmflutwasserstand vom 16. und 17. Februar 1962 führte dazu, dass die Rückseiten der schützenden Dünen ausgespült wurden – ähnlich wie bei den Deichen, die ja auch nicht von vorne durchbrachen, sondern von der Binnenseite her.

Die Zerstörungen auf den Inseln waren unterschiedlich stark. Wo ein besonders breiter Strand vorhanden war – wie auf Borkum –, gab es nur geringe Schäden zu verzeichnen, während die seeseitigen Küstenlinien von Norderney, Baltrum, Spiekeroog und Wangerooge zum Teil arg in Mitleidenschaft gezogen wurden. Vor allem an den ungeschützten Dünen entstanden Abbrüche bis zu 20 Metern Tiefe, die hohe Steilkanten führten. Durch Sandstäubung und Nachrutschen des Sandes waren diese Steilkanten jedoch binnen weniger Monate wieder verschwunden.

Auf den Inseln kam es auch zu einigen Überflutungen, die jedoch längst nicht solch verheerende Auswirkungen hatten wie

an den übrigen Küsten. Ein Mensch starb in der Sturmflut-
nacht: Es handelte sich dabei um den pensionierten Pastor der
Insel Juist, Bernhard Schmaltz, der gerade an einer Chronik der
Ostfriesischen Inseln gearbeitet hatte. Er erlitt einen Herzinfarkt
und konnte – wegen Hochwassers – nicht mehr rechtzeitig ins
Krankenhaus eingeliefert werden.

Seit jeher werden die Ostfriesischen Inseln vom Sand be-
schützt. Hier kann man besonders gut die Sandwanderung beobachten, die über einen Riffgürtel, der als eine Kette von Sand-
bänken die Inseln miteinander verbindet, stets von West nach
Ost verläuft. Die Lage des *Ansandungsbereiches* ergibt sich dabei
zum einen aus der Stärke der Wasserströmung, zum anderen
durch den Gezeitenwechsel, bei dem bestimmte Wassermengen in die Seegaten* ein- und ausströmen.

Eine Folge dieser regelmäßigen Sandwanderung: Der natürliche Sturmflutschutz an den Westenden der Inseln nimmt kontinuierlich ab, während er an den Ostenden zunimmt. Im Laufe der Zeit veränderten sich auf diese Weise sogar die Lagen der
Inseln. Ab dem Jahre 1797 wurde diese Entwicklung durch den
Bau von Inselschutzwerken aufgehalten, zuerst auf der Insel
Norderney, die bereits damals einen hervorragenden Ruf als
»Nordseebad« genoss. Nach und nach wurden dann alle diese
unbefestigten Düneninseln durch Küstenschutzbauten wie Dü-
nendeckwerke und Buhnen** »stabilisiert«.

---

\* siehe Glossar
\*\* siehe Glossar

# Die Hamburger Sturmflut in Zahlen

• Am Pegel St. Pauli wurden während der Februarflut 1962 folgende Höchstpegelstände gemessen: am 16. Februar, 16.10 Uhr, + **3,98 Meter NN** = 2,28 Meter über MTHW; am 17. Februar, 3.07 Uhr, + **5,71 Meter NN** = 4,00 Meter über MTHW. Zum Vergleich: Die letzte (bis dahin gemessene) höchste Sturmflut am 3. und 4. Februar 1825 erreichte + **5,24 Meter NN**, die bisher höchste Sturmflut erreichte dort am 3. Januar 1976 + **6,45 Meter** über NN – die Hamburger Deiche waren inzwischen bereits auf 7,30 Meter (»internationale Flutbemessungsgrenze«) erhöht worden.

• Die Deiche auf hamburgischem Staatsgebiet waren insgesamt an 61 Stellen gebrochen. An 45 weiteren Stellen waren sie so schwer beschädigt, dass bei anhaltendem Hochwasser weitere Deichbrüche die Folge gewesen wären. Die Länge der Durchbruchstellen betrug insgesamt rund 2,5 Kilometer. Allein von dem 16 Kilometer langen Elbdeich zwischen Moorburg und Cranz waren insgesamt etwa 10 Deichkilometer beschädigt (wenn auch nicht überall gebrochen). Die Größe des überschwemmten Gebiets betrug rund 12 000 Hektar, das sind mehr als ein Sechstel des hamburgischen Staatsgebietes.

- Rund 220 Millionen Kubikmeter Wasser waren allein ins Hamburger Überschwemmungsgebiet zwischen Este und Bunthäuser Spitze eingedrungen. Diese Menge würde ausreichen, um den gesamten Hamburger Wasserbedarf (Verbrauchsstand 2005: 118 Liter pro Tag pro Kopf, rund 1,6 Mio. Einwohner) für dreieinhalb Jahre zu sichern.

- Bei der Katastrophe ließen auf hamburgischem Staatsgebiet 315 Menschen ihr Leben (insgesamt forderte das Sturmtief »Vincinette« in Deutschland 339 Todesopfer). Mehr als 20 000 Menschen mussten aus dem Überschwemmungsgebiet evakuiert werden; 12 000 von ihnen wurden vorübergehend in Notaufnahmelagern wie Schulen und Jugendheimen untergebracht.

- In Hamburg wurden 42 massive Wohngebäude mit insgesamt 74 Wohnungen total zerstört und 211 Gebäude mit 305 Wohnungen schwer beschädigt. 9900 Wohnungen in 608 massiven Gebäuden waren infolge von Wasserschäden wochenlang unbewohnbar. 6231 Behelfsheime wurden zerstört, beschädigt oder durch Wasserschäden vorübergehend unbewohnbar. Davon lagen 2713 in Gebieten, die für unbewohnbar erklärt wurden, und 1078 in Gebieten, die nur noch vorübergehend für bewohnbar erklärt wurden: Insgesamt wurden 33 Behelfsheimgebiete auf Staatskosten geräumt.

- 9500 Wohnungen konnten ausgetrocknet bzw. renoviert werden. Etwa 6200 Anträge auf Zuteilung einer neuen Wohnung wurden eingereicht. Annähernd 3800 Gewerbebetriebe (Einzelhandel, Handwerk, Industrie, Im- und Export usw.) sowie etwa 900 landwirtschaftliche Betriebe (einschließlich Obstanbaubetriebe und Gärtnereien) erlitten durch die Flut ebenfalls schwere Schäden.

• 1500 Rinder, 2500 Schweine, 125 Pferde, 90 Schafe und Ziegen sowie 19 300 Stück Federvieh aus hamburgischen landwirtschaftlichen Erwerbsbetrieben waren umgekommen. Dieser materielle Verlust wurde auf 2 Millionen DM geschätzt.

• Außerdem haben private Tierhalter eine große Anzahl von Schweinen, Schafen, Ziegen und Federvieh verloren. Der finanzielle Schaden betrug ungefähr 500 000 DM.

• 37 240 Doppelzentner Obst, die mit dem Flutwasser in Berührung gekommen waren, mussten vernichtet werden.

• 15 000 Kraftfahrzeuge trugen zum Teil irreparable Wasserschäden davon. Ein Parkplatz dieser Größe entspricht ungefähr der Fläche von 30 Fußballfeldern.

• Insgesamt waren allein in Hamburg rund 26 000 Helfer im Einsatz*. Sie setzten sich zusammen aus:

1. Bundeswehr: 3600 Soldaten des Wehrbereichs I (Einsatzstab Nord), 4000 Soldaten des Wehrbereichs II (Einsatzstab Süd), 200 Heeresfliegern (85 Hubschrauber)

2. Ausländische Einheiten: 40 Hubschrauber der US-Air Force mit 300 Mann Besatzung, 10 Hubschrauber der

---

* Diese Zahlen beruhen auf einer offiziellen Schätzung des Hamburger Katastrophenstabs.

Royal Air Force mit 50 Mann Besatzung, eine belgische Pioniereinheit (50 Soldaten)

3. Hilfsorganisationen: Deutsches Rotes Kreuz (1500 Personen), Arbeiter-Samariter-Bund (500 Personen), Johanniter-Unfallhilfe (50 Personen), Malteser Hilfsdienst (80 Personen), Technisches Hilfswerk (400 Personen), BLSV (5000 Personen), Zivile Pumpenkommandos aus den Niederlanden (600 Personen), 8 Froschmänner der dänischen Falck-Organisation

4. Sonstige Verbände: Polizei (5000 Einsatzkräfte), Bereitschaftspolizei aus den umliegenden Bundesländern (500 Einsatzkräfte), Feuerwehr (3000 Einsatzkräfte), Bundesgrenzschutz (320 Einsatzkräfte), Deutsche Sporttaucher und DLRG (500 Einsatzkräfte)

- Die finanziellen Schäden der Wirtschaft (inklusive der Landwirtschaft, der Verkehrs- und Versorgungsbetriebe; durch Schäden an Lagerbeständen, Maschinen und Einrichtungen) beliefen sich auf rund 195 Millionen DM – nicht eingerechnet die Verluste durch Produktionsausfall, Kundenausfall und durch die langfristige Ertragsminderung bei landwirtschaftlichen Betrieben (Versalzung des Bodens). Diese zusätzlichen finanziellen Verluste beliefen sich nach ersten Schätzungen auf etwa 820 Millionen DM. Auch der Bau neuer Wohnungen wurde bei dieser Schätzung nicht berücksichtigt.

- An Spenden aus dem In- und Ausland gingen rund 40,4 Millionen DM ein, davon 22,3 Millionen DM auf das

Konto des Senats, das übrige Geld auf Konten der freiwilligen Wohlfahrtsverbände. Alle Bewohner der überfluteten Gebiete erhielten aus staatlichen Mitteln 50 DM Handgeld pro Person als Soforthilfe (insgesamt wurden 5,6 Millionen DM ausgezahlt). Hinzu kam die finanzielle Soforthilfe für »unmittelbar Geschädigte«: Einzelpersonen erhielten 500 DM, Ehepaare 750 DM sowie 250 DM für jedes Kind und jeden weiteren Familienangehörigen. Für insgesamt 17 000 Schadensfälle wurden 14 Millionen DM aufgewendet. Die Beihilfen zur Wiederbeschaffung von Hausrat und Bekleidung (zahlbar bei Bezug einer neuen Wohnung, abzüglich bereits erhaltener Soforthilfen) betrug für Ehepaare, die mindestens 2 Zimmer bewohnt hatten, bis zu 3600 DM, für Ehepaare, die 1 Zimmer bewohnt hatten, bis zu 2600 DM, für eine Küche zusätzlich 800 DM und für jedes im Haushalt lebende Kind 600 DM. Insgesamt wurden für rund 31 500 Fälle etwa 50 Millionen DM aufgewendet, weitere 12 Millionen DM wurden zusätzlich aus Spendenmitteln gewährt.

- Die so genannte »Billigkeitsentschädigung« für Behelfsheimbesitzer, die ihr Behelfsheim verloren hatten, es nicht wieder errichten konnten oder die Parzelle im Flutgebiet aufgeben mussten, betrug 2500 DM. Dieser Betrag konnte auf Antrag in begründeten Fällen erhöht werden.

- Die Überbrückungsbeihilfen für Inhaber von Handwerksbetrieben, mittelständischen Kleinbetrieben, Landwirtschaftsbetrieben, Gärtnereien und für Angehörige freier Berufe, deren Betriebsstätten zerstört wurden, wenn die Betriebserlöse infolge der Flut zum Lebensunterhalt nicht ausreichten, betrugen pro Woche für Betriebsinhaber 80 DM, für Ehegatten (sofern nicht selbstständig tätig) 40 DM und für unterhaltsberechtigte Familienangehörige 20 DM. An 1617 Betriebsinhaber wurden insgesamt rund 1,5 Millionen DM ausgezahlt.

- Kleinen und mittleren Unternehmen sowie Angehörigen freier Berufe, die durch die Flutkatastrophe geschädigt waren, wurden Überbrückungshilfen gewährt. Mithilfe des Bundes wurden Investitions- und Betriebsmittelkredite der Kreditinstitute mit einer Laufzeit bis längstens zum 31. März 1967 verbürgt, soweit diese Darlehen die Wiederherstellung und Fortführung der Betriebe oder der Berufstätigkeit ermöglichten. Darlehensnehmer, die nach ihrer Einkommens- und Ertragslage während der ersten beiden Jahre der Laufzeit nicht in der Lage waren, die Darlehen zu verzinsen, erhielten vom Bund für die ersten beiden Jahre die Zinsen erstattet. Bis zum 10. September 1962 wurden 2379 Darlehen mit einer Darlehenssumme von rund 59,8 Millionen DM verbürgt und für 2565 Darlehen mit einer Darlehenssumme von 64,8 Millionen DM Zinszuschüsse bewilligt.

- Als endgültige Beihilfen zum Ausgleich von Sachschäden (ohne Hausrat und Bekleidung) wurden ebenfalls Zuschüsse gewährt: Bei Schäden bis zu 5000 DM bis 100 %, bei Schäden bis zu 10 000 DM bis zu 80 %, bei Schäden bis zu 20 000 DM bis zu 75 % und bei Schäden über 20 000 DM bis zu 70 % der Schadenssumme. Eine Härteklausel erlaubte es in bestimmten Fällen, Zuschüsse über die genannten Höchstsätze hinaus zu leisten. Außerdem konnten zinsgünstige Kredite gewährt werden.

- Zur Versorgung der Hinterbliebenen der durch die Sturmflut umgekommenen Personen errichtete die Freie und Hansestadt Hamburg aus Spendenmitteln eine rechtsfähige
gemeinnützige Stiftung mit einem Stiftungsvermögen von
3 Millionen DM.

- Tausende von Kindern, Mütter mit Kindern und ältere Personen wurden dank privater Spenden zur Erholung ver-
schickt, davon viele ins Ausland, nach Frankreich, Österreich
und in die USA.

# Die Hamburger Opfer

Adler, Albert, 80 Jahre
Adler, geb. Hartung, Anna,
  60 Jahre
Ahrendt, Daniel, 86 Jahre
Ahrendt, Daniele, 57 Jahre
Ahrendt, geb. Weidner,
  Friederike, 82 Jahre
Aleidt, geb. Grunert, Emmy,
  78 Jahre
Aleidt, Reinhold, 77 Jahre
Apel, Margaretha, 73 Jahre
Augustin, Otto, 65 Jahre

Bardt, geb. Grütz, Dorothea,
  61 Jahre
Barendt, geb. Rehder, Gertrud,
  40 Jahre
Barendt, Karl, 78 Jahre
Barke, Andreas, 2 Jahre
Bartella, geb. Bieber, Berta,
  55 Jahre
Bauersfeld, Wilhelm,
  65 Jahre
Baumert, geb. Lühnen,
  Catharina, 68 Jahre

Beckmann, geb. Wechsung,
  Dorothea, 74 Jahre
Beckmann, Heinrich, 74 Jahre
Bennewitz, Angelika, 7 Jahre
Bennewitz, Brigitte, 4 Jahre
Bennewitz, Christa, 5 Jahre
Bennewitz, Holger, 8 Jahre
Bennewitz, Rüdiger, 9 Jahre
Beuck, Rudolf, 79 Jahre
Blume, Hermann, 41 Jahre
Bode, John, 79 Jahre
Boldt, geb. Gutt, Anna,
  77 Jahre
Bolm, Claus, 23 Jahre
Bolz, geb. Fydrich, Martha,
  58 Jahre
Brandt, geb. Leske, Erna,
  68 Jahre
Brasche, Bernhard, 2 Jahre
Breitenstein, Heinrich, 64 Jahre
Bröhan, Harry, 54 Jahre
Brüssow, geb. Neumann, Emma,
  43 Jahre
Buhr, geb. Kölln, Anna, 72 Jahre
Bunte, Fritz, 42 Jahre

Burkhardt, geb. Langfeldt, Anna,
80 Jahre
Busacker, Ronald, 5 Jahre

Callies, Ella, 68 Jahre
Callies, Melida, 77 Jahre
Casten, geb. Berger, Hedwig,
63 Jahre
Cepurin, Matwej, 72 Jahre
Czaja, geb. Sufryd, Franziska,
67 Jahre
Czerwent-Kowska, Hans, 78 Jahre

Dähn, geb. Fleige, Auguste,
71 Jahre
Degenhardt, Gustav, 77 Jahre
Degenhardt, Uwe, 10 Jahre
Diehl, Cäsar, 71 Jahre
Diehl, geb. Kuczymski, Sophie,
62 Jahre
Donner, Karl, 60 Jahre
Dubrau, geb. Surau, Auguste,
75 Jahre
Dzierzbicki, Andreas, 78 Jahre

Eggers, Gisela, 19 Jahre
Enke, Esther, 2 Jahre
Epheser, Paul, 74 Jahre
Eul, geb. Elfers, Luise, 61 Jahre
Eul, Georg, 73 Jahre
Ewert, geb. Wilken, Elsa,
63 Jahre
Ewert, Willy, 64 Jahre

Faber, Christoph, 83 Jahre
Faber, geb. Hose, Wilhelmine,
81 Jahre

Fichelmann, Rudolf, 74 Jahre
Filous, Alois, 64 Jahre
Franke, geb. Marik, Sophie,
71 Jahre
Franke, Paul, 88 Jahre
Friemann, Paul, 69 Jahre

Gädke, geb. Peters, Erna,
52 Jahre
Gadow, Paula, 74 Jahre
Gätje, Adolf, 62 Jahre
Gätje, Käthe, 68 Jahre

Hinz, geb. Hermanowski,
Gertrude, 64 Jahre
Hinzmann, geb. Möller, Anna,
73 Jahre
Höcker, Ewald, 60 Jahre
Höcker, geb. Zimmermann,
Margarethe, 52 Jahre
Höcker, Hermann, 66 Jahre
Holst, geb. Meyer, Emma,
50 Jahre
Holst, Rudolf, 53 Jahre
Holtz, Gustav, 82 Jahre
Hübner, geb. Schmidt, Martha,
72 Jahre

Jacke, geb. Behr, Maria,
84 Jahre
Jacubek, August, 60 Jahre
Jacubek, geb. Nordhaus, Klara,
64 Jahre
Janczak, Heinrich, 55 Jahre
Jantzen, Silke, 11 Jahre
Japp, geb. Haalk, Wilma,
39 Jahre

Japp, Ingo, 3 Jahre
Japp, Karin, 6 Jahre
Johansen, Henry, 58 Jahre
Jurdzak, Franz, 73 Jahre
Jurdzak, geb. Mensing, Alma,
 64 Jahre

Kaiser, geb. Keutsch, Martha,
 81 Jahre
Kaiser, Georg, 75 Jahre
Kania, geb. Ochlast, Elisabeth,
 49 Jahre
Karstens, geb. Nagel, Marta,
 53 Jahre
Karstens, Otto, 59 Jahre
Kasel, geb. Appel, Hulda,
 66 Jahre
Kellermann, geb. Bartella,
 Katharina, 62 Jahre
Ketterer, geb. Flügel, Irmgard,
 53 Jahre
Kias, Otto, 64 Jahre
Kjeer, Eduard, 54 Jahre
Klein, geb. Giesel, Johanna,
 48 Jahre
Klocke, Johann, 73 Jahre
Klocke, Margarete, 73 Jahre
Klose, geb. Findeklee, Martha,
 84 Jahre
Klose, Joseph, 86 Jahre
Kluge, Ernst, 73 Jahre
Klügel, Walli, 37 Jahre
Kobel, Emil, 77 Jahre
Koch, geb. Kuhlina, Irma,
 73 Jahre
Köhn, geb. Lorenz, Johanna,
 77 Jahre

König, geb. Brüning, Dorothea,
 80 Jahre
Kopania, Ewald, 22 Jahre
Kortas, Carmen, 1½ Jahre
Kortas, Heike, 9 Monate
Kortas, Manfred, 31 Jahre
Krüger, geb. Radloff, Alma,
 76 Jahre
Krüger, Gustav, 65 Jahre
Krüger, Harald, 1½ Jahre
Kruse, Rudolf A. F., 66 Jahre
Kubiak, Franz, 76 Jahre
Kubiak, geb. Konopniak,
 Apolonia, 63 Jahre
Kümmel, geb. Sass, Lucie,
 70 Jahre
Kurps (Kurbs), Max, 64 Jahre
Kurps, geb. Kuhn, Gertrud,
 67 Jahre
Kuse, Waltraud, 6 Jahre

Lau (verh. gew. Wölper), Ina,
 62 Jahre
Lau, Lotte, 18 Jahre
Leenlowski, Andreas W., 5 Jahre
Lenz, Max, 65 Jahre
Lesniewski, geb. Ketterer, Luise,
 25 Jahre
Lesniewski, Hans-Joachim,
 3 Jahre
Lesniewski, Rosemarie,
 5 Monate
Lieberum, Gerda, 24 Jahre
Lieberum, Reinhard, 51 Jahre
Lieberum, Waltraud, 25 Jahre
Lipp, Otto, 61 Jahre
Lohmann, Hermann, 65 Jahre

Lück, geb. Röpke, Frieda,
  65 Jahre
Lück, Willi, 63 Jahre
Lutterbach, Reinhold, 85 Jahre

Maksymczuk, Klara, 65 Jahre
Malzahn, geb. Hinz, Käte,
  64 Jahre
Märtensson, geb. Griesche,
  Ursula, 25 Jahre
Märtensson, Wilhelm, 26 Jahre
Matroß, geb. Koplitta,
  Magdalena, 67 Jahre
Matroß, Josef, 73 Jahre
Matuszczak, Albin, 70 Jahre
Matuszczak, geb. Dymala,
  Pauline, 72 Jahre
Matuszczak, geb. Zippwald,
  Pauline, 73 Jahre
Meißner, geb. Strauß,
  Wladislawa, 65 Jahre
Meißner, Wilhelm, 77 Jahre
Meyer, Astrid, 5 Jahre
Meyer, geb. Winkler, Frieda,
  59 Jahre
Meyer, Walter, 62 Jahre
Michael, geb. Collewuie, Grete,
  69 Jahre
Michael, Gertrud, 48 Jahre
Mielke, geb. Gertz, Olga,
  62 Jahre
Mohr, Margarethe, 82 Jahre
Muhsfeldt, Friedrich, 66 Jahre
Müller, Cornelia, 4 Jahre
Müller, Edith, 21 Jahre
Müller, geb. Kopania,
  Anna-Luise, 24 Jahre

Müller, geb. Viergut, Marie,
  42 Jahre

Neitzel, Ernst, 68 Jahre
Neukirchner, geb. Müller,
  Bertha, 86 Jahre

Oestreicher, Margerethe,
  68 Jahre
Otto, geb. Degenhardt, Klara,
  48 Jahre

Papenfuß, Ernst, 71 Jahre
Papenfuß, geb. Damer, Alma,
  35 Jahre
Papenfuß, geb. Hertel, Anna,
  64 Jahre
Papenfuß, Joachim, 2 Jahre
Papenfuß, Petra, 1 Jahr
Paul, Günther, 37 Jahre
Petersen, geb. Wiese, Berta,
  79 Jahre
Pfau, Robert, 65 Jahre
Pietrowski, Angela, 3 Jahre
Plottkow, Otto, 66 Jahre
Poerschke, geb. Schernau, Maria,
  67 Jahre
Pohl, Peter, 14 Jahre
Prahl, Heinrich, 72 Jahre
Prott, Klaus, 58 Jahre

Reiche, geb. Kuse, Edith,
  24 Jahre
Reiche, Manuela, 1½ Jahre
Reissig, geb. Hoffmann, Helene,
  57 Jahre
Renken, Wilhelm, 76 Jahre

Richert, geb. Bohl, Hedwig,
    73 Jahre
Rohmann, Fritz, 49 Jahre
Rohmann, geb. Mangel, Anni,
    35 Jahre
Rumanowski, Maria, 62 Jahre
Rüsch, Friederike, 77 Jahre

Sachtleben, Meta, 60 Jahre
Sahm, geb. Kackmann, Anita,
    26 Jahre
Sahm, Kai, 2 Jahre
Sahm, Monika, 6 Jahre
Schäfer, geb. Pawlowski,
    Gertrud, 50 Jahre
Scherner, geb. Dittmer, Anna,
    73 Jahre
Scherner, Theodor, 80 Jahre
Schilling, geb. Abel, Friede H.,
    48 Jahre
Schlange, Alfred, 47 Jahre
Schlichting, geb. Büst, Antonie,
    69 Jahre
Schmidt, Ingrid, 10 Jahre
Schmidt, Willi, 56 Jahre
Schmitt, geb. Behrens, Maria,
    75 Jahre
Schmitt, Heinrich, 72 Jahre
Schmolls, geb. Egerer,
    Margaretha, 68 Jahre
Schmücker, geb. Beckmann,
    Rita, 21 Jahre
Schmücker, Jörg, 3 Jahre
Schmudde, Emil, 63 Jahre
Schmudde, geb. Kebschull,
    Emilie, 61 Jahre
Schnitker, Minna, 50 Jahre

Scholz, Kurt, 59 Jahre
Schramm, geb. Röpke, Martha,
    56 Jahre
Schramm, Peter, 58 Jahre
Schröder, geb. Böse, Ida,
    82 Jahre
Schröder, geb. Höcker, Christa,
    17 Jahre
Schröder, Willi, 41 Jahre
Schulz, geb. Mannstein, Minna,
    66 Jahre
Schulz, Gottfried, 69 Jahre
Schurwanz, geb. Hasse, Alma,
    66 Jahre
Schütz, Gustav, 71 Jahre
Schwedler, geb. Peter, Else,
    38 Jahre
Schwedler, Holger, 6 Monate
Seeck, Minna, 71 Jahre
Seeck, Otto, 72 Jahre
Seidel, Paul, 77 Jahre
Semmelhack, geb. Brockmann,
    Hedwig, 50 Jahre
Semmelhack, Walter, 49 Jahre
Sens, geb. Matthies, Magdalena,
    55 Jahre
Siebert, geb. Peters, Ernestine,
    60 Jahre
Siehr, Heinz, 24 Jahre
Siggert, geb. Reese, Johanna,
    86 Jahre
Skibb, Anna, 74 Jahre
Stahl, Wilhelm, 61 Jahre
Stapelfeldt, geb. Möller, Elli,
    54 Jahre
Steyer, geb. Fuchs, Ida,
    77 Jahre

Stockhaus, geb. Liebscher, Elsa,
56 Jahre

Tasche, geb. Hichert, Erna,
65 Jahre
Thiede, Margret, 15 Jahre
Timm, Dora, 52 Jahre
Topf, Luise, 61 Jahre
Törber, Peter, 60 Jahre
Trommer, Ernst, 48 Jahre
Trommer, geb. Küsber, Ingeborg,
29 Jahre

Uciechowski, Erich, 42 Jahre
Uciechowski, geb. Beckmann,
Anni, 39 Jahre

Vogler, geb. Grusz, Elise,
62 Jahre
von Borstel, Johann, 82 Jahre
von Cieminski, geb. Baak,
Ingrid, 26 Jahre
Voth, Johannes, 79 Jahre

Waese, Bruno, 52 Jahre
Weicht, geb. Maass, Anna,
82 Jahre
Werner, Marita, 4 Jahre
Westfalen, geb. Listewnik, Lucia,
67 Jahre
Westfalen, Hermann, 70 Jahre
Westphal, geb. Oldag, Beate,
67 Jahre

Westphal, geb. Schöning, Elsa,
77 Jahre
Westphal, Heinrich, 79 Jahre
Westphal, Karl, 79 Jahre
Wewior, geb. Szynanowska,
Stanislawa, 72 Jahre
Wieland, geb. Sens, Martha,
61 Jahre
Wollborn, Friedrich, 77 Jahre
Wolter, Johann, 90 Jahre

Zehbe, geb. Martensen, Auguste,
50 Jahre
Zehbe, Hermann, 57 Jahre
Ziburt, Karl, 60 Jahre
Zimmer, Friedrich, 73 Jahre
Zissler, Walter, 28 Jahre
Zühlke, Friedo, 22 Jahre

*Als Helfer ließen im Einsatz
ihre Leben*

Fischer, Albert, 21 Jahre,
Gefreiter
Gowitzke, Gerhard, 26 Jahre,
Unteroffizier
Meyer, Johann, Ortsamt
Süderelbe
Wald, Jürgen, 18 Jahre, THW
Zimmermann, Ernst, 44 Jahre,
DRK

# Wer hatte die Schuld?

Der »Stern«-Gründer, Chefredakteur und spätere Herausgeber Henri Nannen, 1913 in Emden geboren, 1996 in Hannover gestorben, gilt bis heute als einer der bedeutendsten deutschen Journalisten der Nachkriegszeit. In der Ausgabe des »Stern« vom 6. März 1962 schrieb der streitbare Journalist einen seiner berühmten »Briefe an den Sternleser«, in dem er die »Schuldigen an der Flutkatastrophe« ausmachte – nämlich die Politiker und Beamten in der Wirtschaftswunder-Republik Deutschland:

»Die letzten Wellen der großen Flut waren noch nicht verebbt, da erschienen auf den Bildschirmen die Verantwortlichen aus Senat und Staat, um das in Bewegung zu setzen, was man später mit selbstzufriedenem Pathos ›die Welle der Hilfsbereitschaft‹ nannte.

Man brauchte Decken und Mäntel, wollene Unterwäsche und Anzüge, und man brauchte Geld und immer wieder Geld. Der Hamburger Bürgermeister genierte sich nicht, um Spenden zu bitten, damit die Überlebenden der Flut Fahrkarten kaufen könnten, um zu ihren Verwandten zu reisen.

Dabei ging wenige hundert Meter vom Überschwemmungsgebiet das Wirtschaftswunderleben weiter, als ob nichts gewesen wäre. In der Hamburger Innenstadt barsten die Schaufenster der Geschäfte vor Lebensmitteln, Textilien, Decken, Daunenbetten, Seidenkissen, und was man will.

Ich denke nicht an Beschlagnahmen. Ich denke daran, dass die Behörden in diesen Geschäften hätten kaufen und aus dem Staatssäckel bezahlen können, was notwendig war, um rasch und ausreichend zu helfen.

Anstatt auf Hilfssendungen aus Süddeutschland zu warten, anstatt mühsam tausende von getragenen Kleidungsstücken zu sortieren, an Stelle dieser ganzen empörenden Bettelei um alte Sachen und Almosen, hätte man die Geschädigten in wenigen Stunden wärmen, ernähren und kleiden können. Und statt sie auf dem nackten Boden von Schulklassen und alten Kasernen unterzubringen, hätte man ihnen in Hotels und Pensionen in ganz Norddeutschland ein menschenwürdiges Unterkommen schaffen können.

Wozu, so frage ich, haben wir denn sonst unseren Staat?

Wozu, so frage ich, zahlen wir denn sonst unsere Steuern?

Die Überlebenden der Flut hatten umso mehr Anspruch auf die Hilfe der Behörden, als diese Behörden die nicht wegzuleugnende Schuld am Ausmaß dieser Katastrophe tragen.

Gewiss, sie hatten einen ›Deutschen Küstenplan‹. Aber der basierte auf überholten Vorstellungen. Man hatte die Veränderungen der Küste und die Erkenntnisse der Hollandkatastrophe von 1953 nicht genügend berücksichtigt. Und obwohl es in Holland 1852 Tote gegeben hatte, fehlte es an der deutschen Nordseeküste an Geld oder Baukapazität für die Deiche.

Es gab nicht einmal einen vernünftigen Alarmplan!

Heute wissen wir, dass die Retter schon bereitstanden, als die Opfer noch schliefen. Dass die Behörden alarmiert waren, als die Kinder, die nachher als Wasserleichen angeschwemmt wurden, noch in ihren Betten lagen.

Und das alles, weil kein Hydrographisches Institut und keine Senatsdienststelle auf die Idee kamen, in Rundfunk und Fernsehen mit aller Deutlichkeit vor dem zu warnen, was da auf uns zukam.

Nein, es ist empörend! Es ist empörend von Anfang bis zum Ende. Und es lässt sich durch noch so viele Beileidskundgebungen und Trauerfeiern, durch noch so viel Halbmastflaggen und noch so viele Bundespräsidenten- und Ministerreden nicht vertuschen, dass hier unser Staat und seine Beauftragten auf der ganzen Linie versagt haben. Hoffentlich holen sie nun schnellstens nach, was sie bisher versäumten. Wozu hätten wir sie sonst gewählt, und wozu bezahlen wir sie sonst?«

Dieser Brandbrief fand Gehör – auch und vor allem in der DDR: Das »Neue Deutschland« druckte *Nannens Brief an die Sternleser* als »Stern-Bericht« ab und garnierte ihn genüsslich mit der üblichen klassenkämpferischen Propaganda. Die Schlagzeilen lauteten:

- »Der Stern« bestätigt DDR-Presse: Bonner Regierung trägt Schuld an der Hochwasserkatastrophe
- Während die Reichen prassen, betteln Hamburgs Stadtväter um Spenden
- Steuern fließen in die Rüstung – für Obdachlose und Geschädigte ist kein Geld da
- 328 Menschen könnten noch leben, wenn man an die Menschen gedacht hätte
- Beileidsreden von Lübke und den Bonner Ministern können die Schuld nicht abwaschen

# Kann solch eine Katastrophe
wieder passieren?

**Auch Hamburg hat eine fünfte Jahreszeit:** Die Sturmflutsaison, die in der Regel von Mitte September bis Mitte April dauert. In dieser Zeit muss man in der Hansestadt verstärkt mit Sturmfluten rechnen.

Das durch Hochwasser gefährdete Gebiet ist etwa 250 Quadratkilometer groß. Hier wohnen rund 180 000 Menschen, und es gibt circa 140 000 Arbeitsplätze. Außerdem lagern hier ständig Güter und Waren in einem Gesamtwert von rund fünf Milliarden Euro. Doch in den über 40 Jahren seit der Sturmflut 1962 ist natürlich eine Menge passiert, damit sich solch eine Katastrophe nicht wiederholen kann:

- Die Deiche sind insgesamt 80 Kilometer lang. Nach 1962 wurden sie auf 7,30 Meter über NN erhöht. Die Zielhöhe der zurzeit laufenden Bauprogramme beträgt jedoch 7,60 Meter bzw. 8,50 Meter über NN. Hierfür sind unter anderem die klimatischen Veränderungen verantwortlich – heftigere Stürme sowie der kontinuierlich ansteigende Meeresspiegel.
- Die Länge der Hochwasserschutzwände beträgt zurzeit 21,9 Kilometer. Die Höhe der Wände soll an die Deichhöhen angepasst werden.

- Hinzu kommen derzeit 77 zusätzliche Hochwasserschutz-bauten wie Schöpfwerke, Siele und Fluttore.
- Das umfangreiche Hochwasserschutz-Bauprogramm soll bis zum Jahre 2009 fertig gestellt werden. Die Investitionskosten sollen rund 500 Millionen Euro betragen.
- Auf der vorerst letzten offiziellen Deichschau im Oktober des Jahres 2004 wurde die rund 100 Kilometer lange Hoch-wasserschutzlinie als »sicher und solide« eingestuft.

Die Höhe der Sturmflut und die Eintrittszeit werden vom Hamburger Sturmflutschutz WADI berechnet und über den WADI-Funk sowie über den Rundfunk verbreitet. Tiefer liegende Hafenteile überfluten bereits, wenn der Wasserstand eine Höhe von NN + 5,00 Meter erreicht. Der Hafen muss deshalb rechtzeitig für den Durchgangsverkehr gesperrt und eventuell auch zügig geräumt werden, um Gefahren für Leib und Leben so weit wie möglich auszuschließen. Die Entscheidung über die Sperrung und Räumung des Hafens ist an die zu erwartenden Wasserstände gekoppelt und wird zusammen mit der Behörde für Inneres vom Hafenstab HASTA angeordnet. Bei Gefahr von Deichüberströmungen und Deichbrüchen sind auch einige Wohngebiete besonders gefährdet und deshalb für die plan-mäßige Evakuierung vorgesehen.

Etwa acht Stunden vor einem zu erwartenden hohen Wasser-stand werden von den Abschussbasen Stadtdeich, Hafentor, Maakenwerder Höft, Teufelsbrück und Ernst-August-Schleu-se Böller abgefeuert. Es wird mit zwei schnell aufeinander fol-genden Böllerschüssen gewarnt. Diese Warnung bedeutet, dass der zu erwartende Wasserstand höher als 4,50 Meter über Nor-malnull eintreten wird – das sind mehr als 1,50 Meter über Mittlerem Hochwasser (MHW). Sturmflutwarnungen für das

Hamburger Hafen- und Stadtgebiet werden verbreitet, wenn Wasserstände von + 4,50 Metern über NN erwartet werden.

Auch die meisten Rundfunksender geben regelmäßig Wasserstandsvorhersagen bekannt. Die Zeiten sind von Sender zu Sender verschieden. Besteht jedoch die Gefahr einer Sturmflut mit einem Wasserstand von 5,00 Meter über NN oder höher, senden alle Rundfunksender etwa ab neun Stunden vor dem Hochwasser in kürzeren Abständen Warnungen der Behörde für Inneres. Im Extremfall enthalten diese Warnungen auch die Anordnung zur Räumung und Evakuierung besonders gefährdeter Gebiete. Zusätzlich werden im Ernstfall in den sturmflutgefährdeten Gebieten die Sirenen ausgelöst (eine Minute Heulton). Das bedeutet: Rundfunkgerät einschalten und auf Durchsagen achten! Darüber hinaus warnen bei der Gefahr von Deichüberströmungen und Deichbrüchen zusätzlich die Bezirksämter in den gefährdeten Gebieten vor Ort mit Lautsprecherwagen, ggf. fordern sie dazu auf, das Gebiet zu verlassen.

Insbesondere für den Fall von Sturmfluten mit kurzen Vorwarnzeiten werden in Wilhelmsburg zusätzlich »Fluchtburgen« eingerichtet. Es handelt sich um flutsichere Gebäude, in denen Mitarbeiter von Hilfsorganisationen als Ansprechpartner zur Verfügung stehen. Wo sich die Notunterkünfte und Fluchtburgen befinden, kann bei den Hamburger Bezirksämtern erfragt werden. Außerdem werden dort jedes Jahr Merkblätter für das richtige Verhalten bei Sturmfluten in den Niederungsgebieten der Elbe ausgegeben. Diese Merkblätter können auch im Internet eingesehen werden und stehen als Download zur Verfügung (unter der Rubrik »Service« auf der Internetseite www.katastrophenschutz.hamburg.de).

Ähnlich sorgfältig – weil auch besonders sturmerprobt – funktioniert natürlich auch der Hochwasserschutz entlang der deutschen Nordseeküste. Doch all diese Vorsichtsmaßnahmen bergen eine latente Gefahr: Experten sind zwar der Ansicht, dass sich a.) eine Sturmflut wie in den Jahren 1962 oder 1976 nicht so bald wiederholen wird und b.) die Wahrscheinlichkeit eines Pegels von + 7,00 Metern über NN nahezu ausgeschlossen werden kann.

Wirklich?

Die – unberechenbare – Natur hatte in den vergangenen Jahren für die Menschheit immer wieder ein paar äußerst unangenehme Überraschungen parat. Gleichzeitig aber ist das Bewusstsein für solche Gefahren innerhalb der Bevölkerung kaum oder zu wenig vorhanden. Deshalb appellieren die Sturmflutwarndienste weltweit, dass man sich wenigstens einmal im Jahr mit den Gefahren einer Sturmflut auseinander setzen sollte: vor allem dann, wenn man in einem gefährdeten Gebiet wohnt …

# Die Havarie der *Ondo*

**Am frühen Morgen des 6. Dezember des Jahres 1961 stampfte die *Ondo*, ein 137 Meter langer Frachter der »O-Klasse«, durch die aufgewühlte See auf die Elbmündung bei Cuxhaven zu.** Schon seit zwei Tagen fegte ein Sturm mit Windstärken um 9 Beaufort, in Böen bis 11, aus west- bis südwestlichen Richtungen über die Deutsche Bucht. Wie man wusste, hatte dieser Orkan in Irland, England und in der Normandie schon mehr als ein Dutzend Todesopfer gefordert. Kaum ein Kind würde es wohl an diesem Morgen wagen, vor die Tür zu gehen, um nachzusehen, ob der Nikolaus vielleicht Süßigkeiten in den Stiefeln versteckt hatte. Man hatte sich in den eigenen vier Wänden verkrochen, und diejenigen, die direkt an der Nordseeküste hinter den Deichen wohnten, im tief gelegenen Marschland in den Kögen, mussten – wie schon öfter in diesem außergewöhnlichen Winter – mit einer Sturmflut rechnen. In allen Deich- und Schleusenverbänden herrschte erhöhte Wachsamkeit. Die Experten im Deutschen Hydrographischen Institut in Hamburg sagten für den Pegel in St. Pauli jedoch nur ein Ansteigen des Wasserspiegels von 2,50 bis 2,80 Meter über dem Mittleren Hochwasser voraus. Wäre der Wind dagegen aus nordwestlichen Richtungen gekommen, hätte er bei aufkommender Flut mehr Nordseewasser in die Elbe gedrückt.

Die *Ondo* besaß eine Ladekapazität von rund 8000 Tonnen und wurde von ihrer Besitzerin, der Liverpooler Reederei »Elder-Dempster-Line«, für den regelmäßigen Transport von landwirtschaftlichen Erzeugnissen aus Afrika nach Europa eingesetzt. Das Schiff hatte am 20. November im ghanaischen Hafen Tenan abgelegt. In den Laderäumen lagerten 5000 Tonnen Kakao, verstaut in etwa 80 000 Jutesäcken. Die Ladung war für eine Schokoladenfabrik in Leningrad bestimmt. Vor der Passage durch den Nord-Ostsee-Kanal war noch ein kurzer Zwischenstopp im Hamburger Hafen vorgesehen, um Frischwasser und Verpflegung für die sechsundvierzigköpfige Besatzung zu bunkern.

Etwa gegen 3.35 Uhr passierte die *Ondo* das Feuerschiff *Elbe 1* an Steuerbord. Von hier waren es noch dreiundzwanzig Seemeilen bis zur berühmten schwarzen Kugelbake von Cuxhaven; dem Punkt, an dem die Elbe geografisch beginnt. Für den 44-jährigen Kapitän William L. Farquahr und seine Crew bedeutete dies weitere drei bis vier Stunden Fahrt, und das auf einer der gefährlichsten Schifffahrtsrouten der Welt unter schwierigsten Wetterbedingungen.

Dabei erscheint die Elbmündung bei ruhigem Wetter und Hochwasser breit, träge und ungefähr so gemütlich wie eine Badewanne. Doch für alle Schiffe mit größerem Tiefgang führt der Weg zur Einfahrt in den Nord-Ostsee-Kanal bei Brunsbüttel (oder den rund 60 Seemeilen landeinwärts gelegenen Hamburger Hafen) – durch das schmale Tiefenfahrwasser der Außenelbe. Zu beiden Seiten dieses Korridors lauern knapp unter dem Wasserspiegel tückische Gefahren: der »Große Vogelsand«, das »Scharhörn-Riff«, der »Mittelgrund« und der »Gelbsand«. Diese gefürchteten Mahlsände haben im Lauf der vergangenen Jahrhunderte schon für unzählige Totalverluste gesorgt. Wenn der Mahlsand erst einmal richtig zugepackt hat, lässt er einen Schiffsrumpf für gewöhnlich nicht mehr los.

Die letzte große Schiffstragödie auf der Nordsee, genauer gesagt, auf der Außenelbe, lag zu diesem Zeitpunkt fast genau drei Jahrzehnte zurück: Am 23. November des Jahres 1931 war der Hamburger Dampfer *Luise Leonhardt* nach einem Ruderkettenbruch sowie einer Reihe fataler Fehlentscheidungen durch ihren Kapitän in schwerem Sturm auf den Großen Vogelsand geworfen worden und gesunken. Einunddreißig Seeleute hatten damals das Leben verloren, auch Kommandant Hoffmann war in der eiskalten »Mordsee« ertrunken. Das zertrümmerte Wrack der *Luise Leonhardt* lag inzwischen unter einer meterdicken Schicht aus Mahlsand begraben.

30 Jahre nach dieser schweren Havarie durften sich die Schiffsführer eigentlich auf ein erneut verbessertes Leuchtfeuersystem sowie genauere Wettervorhersagen verlassen. Aber Naturgewalten lassen sich leider weder auf Knopfdruck abstellen, noch kann man sie trotz modernster Sicherheitstechnik vollständig austricksen. Ein gewisses Restrisiko bleibt immer bestehen, und an einem derart stürmischen Dezembermorgen erst recht: So hatten sich seit dem 5. Dezember Dutzende von Schiffen in den Hafen von Cuxhaven geflüchtet. Dort lagen sie dicht an dicht, »im Päckchen«*, und längst war der Hafenmeister gezwungen gewesen, Neuankömmlinge wegen Überfüllung auf die Elbe-Außenreeden** vor Altenbruch und Brunsbüttel umzuleiten.

Der Kapitän der *Ondo* galt als erfahrener und besonnener Seemann. William L. Farquhar hatte alle Weltmeere bereist und

---

* Bordwand an Bordwand. Um auf ein Schiff zu gelangen, muss man über die Decks der anderen gehen.
** siehe Glossar

war weit davon entfernt, die Gefahren der Elbmündung zu unterschätzen. Seit zwei Jahren hatte er das Kommando über den Frachter, der mit der Baunummer 1554 am 7. Juni 1956 in Belfast bei »Harland & Wolff« vom Stapel gelaufen war, jener nordirischen Werft, in der ein halbes Jahrhundert zuvor auch die *Titanic* zusammengeschweißt worden war. Die *Ondo*, die wie ihre drei baugleichen Schwesterschiffe *Oti, Ori* und *Owerri* den Namen einer nigerianischen Stadt trug, war mit 5435 BRT* natürlich wesentlich kleiner als der legendäre *unsinkbare* Luxusdampfer, dessen tragische Jungfernfahrt am 14. April des Jahres 1912 um 23.40 Uhr an einem Eisberg im Nordatlantik** geendet hatte.

Jetzt, etwa drei Stunden vor Sonnenaufgang, betrug die Lufttemperatur gerade mal 2 Grad und die Wassertemperatur 6 Grad. Über das Deck der *Ondo* peitschte kalter Regen, vermischt mit Hagel- und Graupelkörnern. Hinzu kam die schäumende Gischt der meterhohen Wellen, die im Fünf-Sekunden-Takt über das Vorschiff hereinbrachen. Am Horizont gingen Himmel und Wasser ansatzlos ineinander über, die Fernsicht lag nahezu bei null. Die sechs Männer der Brückenmannschaft, gut 12 Meter über der brodelnden See, hielten verkniffen Ausschau nach wegweisenden Seezeichen. Doch bei dieser miserablen Sicht blitzten die richtungweisenden Leuchtfeuer und Fahrwassertonnen an Back- und Steuerbord höchstens als winzige Glühwürmchen auf – und das gerade mal für den Bruchteil einer Sekunde. Kapitän Farquahr ließ sich ständig die neuesten Wettermeldungen geben. Es waren ausnehmend schlechte Nachrichten: Die *Ondo* durfte binnen der nächsten Stunde

---

* Bruttoregistertonne, siehe Glossar
** 1503 Passagiere kamen damals ums Leben, 789 konnten gerettet werden.

Böen in Orkanstärke erwarten. Darüber hinaus rechneten die Ozeanografen am Deutschen Hydrographischen Institut in Hamburg mit einer Sturmflut von bis zu drei Metern über dem Mittleren Hochwasser. Farquhar fürchtete, dass der 3750 PS starke Diesel im Bauch des Frachters zu schwach sein könnte, um dem Winddruck und der vorherrschenden Strömung auf Dauer entgegenzuwirken. Schon mehrmals hatte er das unbestimmte Gefühl, sein Schiff würde ab und zu nach Backbord abdriften, in Richtung des Großen Vogelsandes am nördlichen Rand des Tiefenfahrwassers. Jetzt zögerte Farquhar nicht mehr länger und forderte, obwohl es nicht seine Pflicht gewesen wäre, über Funk einen Lotsen an: einen ortskundigen Schiffsführer als nautischen Berater.

**Gewöhnlich wartete das brandneue Lotsenversetzschiff *Kapitän Hilgendorf* in Höhe des Feuerschiffs *Elbe II* auf Kundschaft.** Wegen des schlechten Wetters hatte sich Kommandant Stockfleth jedoch dazu entschlossen, den Sturm lieber ein Stück flussaufwärts abzureiten. Nachdem Farquhars Funkspruch eingegangen war, nahm das 55 Meter lange Spezialschiff Kurs auf die *Ondo*. Zwanzig Minuten später tauchten die Lichter des Frachters auf. Kapitän Stockfleth stutzte: »Der Engländer fährt viel zu weit nördlich«, rief er, »der hält ja direkt auf den Großen Vogelsand zu!« Sofort schickte er seinen Ersten Offizier auf die Brückennock hinaus, um die *Ondo* mit gemorsten Lichtsignalen zu einem Kurswechsel zu bewegen.

Stockfleths umsichtiges Handeln hatte zunächst tatsächlich die beabsichtigte Wirkung: Folgsam schwenkte die *Ondo* auf einen südlicheren Kurs ein, aber schon nach wenigen Minuten trieb sie erneut nach Norden ab und kam den Grundseen, die sich an der Brandungskante des Großen Vogelsandes brachen, bedrohlich näher. »Entweder sind die Tommies besoffen, oder die haben irgendein Problem mit dem Ruder«, fluchte der total durchnässte Erste Offizier, als er wieder die Brücke betrat und einen Schwall Seewasser mit hereinbrachte.

Die beiden Schiffe waren zu diesem Zeitpunkt noch eine halbe Seemeile voneinander entfernt. An Deck der *Kapitän Hilgendorf* machten die beiden Cuxhavener Matrosen Henry Jetzi und Martin Szaknis schon seit ein paar Minuten mit klammen Fingern eines der beiden sechs Meter langen Beiboote klar, mit dem sie den Lotsen (und Kapitän zur See) Ulrich Engbruch zur *Ondo* übersetzen wollten. Gleichzeitig ließ Kapitän Farquahr ein beleuchtetes Fallreep zunächst auf der Luvseite ausbringen. Doch wenig später wurde es auf die Backbordseite, nach Lee, verlegt. Als beide Schiffe ungefähr noch 300 Meter voneinander entfernt waren, wurde das kleine Lotsenboot zu Wasser gelassen. Die *Kapitän Hilgendorf* drehte ab, setzte sich vor den Bug der *Ondo* und fuhr ihr auf südlichem Kurs voraus.

Jetzi und Szaknis hatten enorme Mühe, ein Kentern ihrer Nussschale zu vermeiden. Ulrich Engbruch kauerte mittschiffs, eine Ledertasche mit Kartenmaterial um den Hals. Ihm stand gleich eine lebensgefährliche Kletterpartie auf dem Fallreep bevor – wenn es den Steuerleuten gelänge, das Beiboot nahe genug an die Bordwand der *Ondo* heranzubringen.

Zwischen 4.45 Uhr und 5.05 Uhr registrierte man drei vergebliche Versuche, ehe es die beiden Matrosen dann beim vierten Versuch endlich schafften, das Fallreep von schräg achtern mittschiffs anzusteuern. Engbruch sprang ohne zu zögern aufs Fallreep und klammerte sich an den nassen Tauen fest. Wie seine beiden Steuerleute trug auch er keine Schwimmweste, denn die klobigen Dinger schränkten bloß die Bewegungsfreiheit ein.

Überdies hätte ihn die Weste bloß vorm Ertrinken, nicht aber vor Unterkühlung geschützt. Ein Mensch würde bei dieser niedrigen Wassertemperatur höchstens fünf Minuten überleben.

Da rollte von achtern ein gewaltiger Brecher heran. Die *Ondo* krängte ruckartig nach Backbord, das Beiboot schlug sofort um, und die beiden Matrosen Jetzi und Szaknis verschwanden in der tosenden See. Auch der Lotse, der sich verzweifelt ans Fallreep geklammert hatte, war von der Wucht des Wassers ins Meer gespült worden.

Kapitän Farquahr ließ augenblicklich die Maschine stoppen. Er befürchtete, die Männer könnten in die Schiffsschraube geraten. Rettungsringe und Rettungsleinen flogen über die Reling, und die Lichtkegel aller verfügbaren Scheinwerfer und Taschenlampen an Bord tanzten über die aufgewühlte See. Doch von den drei Männern war nichts zu sehen. Die Nordsee hatte sie verschluckt, nur das Lotsenboot trieb kieloben ab. Zwischen den Wellenbergen geriet es rasch außer Sicht. Für einen Moment dachte Farquahr daran, selbst ein Rettungsboot zu Wasser zu lassen. Aber dies wäre für die Bootsbesatzung zu einem Himmelfahrtskommando geworden. Deshalb gab er schweren Herzens den Befehl, die Fünf-Zylinder-Dieselmaschine wieder anlaufen zu lassen, um die *Ondo* nicht noch weiter nach Backbord abtreiben zu lassen, während sein Funkoffizier den Kommandanten der *Kapitän Hilgendorf* über das tragische Unglück informierte.

»Männer über Bord?« – Sofort nach dem Eintreffen der Schreckensnachricht setzte der sichtlich erschütterte Stockfleth ebenfalls einen Funkspruch ab. Er forderte den Seenotrettungskreuzer *Ruhrstahl* an, der in Cuxhaven einsatzbereit am Kai lag. Auch ließ Stockfleth das zweite Beiboot ausbringen, um selbst mit der Suche nach den Verunglückten zu beginnen. Aber schon nach wenigen Minuten wurde klar, dass die Gefahr des Kenterns zu groß war. Der Plan wurde wieder aufgegeben. In den Gesichtern seiner Crew bemerkte der Kapitän so etwas wie stummen Protest gegen diese harte Entscheidung. »Wir dürfen nicht noch mehr Leben riskieren, Männer«, sagte Stockfleth. Doch wer genau hinhörte, bemerkte, dass seine Stimme zitterte. Jedem an Bord war schließlich klar, dass es für ihre Kameraden keine Hoffnung mehr gab – außer, es geschähe ein Wunder. Doch für ein solches Wunder war die See an diesem Morgen zu rau und zu kalt. Dennoch begab sich die *Kapitän Hilgendorf* sofort auf Suchfahrt.

Etwa zur gleichen Zeit stellte die Brückenwache des englischen Frachters mit Entsetzen fest, dass sich ihr Schiff plötzlich nur noch wenige Meter vor der Brecherkante einer Untiefe befand. »Volle Kraft zurück!«, schrie Farquahr, aber das hektisch eingeleitete Manöver kam zu spät: Wenige Sekunden später, exakt um 5.20 Uhr, bekam die *Ondo* Grundberührung. In Höhe der Tonne 4 wühlte sich ihr Bug in den Großen Vogelsand hinein. Ein Zittern durchfuhr den Rumpf des Schiffes. Dann rührte es sich nicht mehr. Die *Ondo* lag fest. Nur die Grundseen schlugen dröhnend gegen den Rumpf, und die Schiffsschraube drehte sich nach wie vor auf Hochtouren.

Drüben auf der *Kapitän Hilgendorf* merkte man sofort, was passiert war. Kommandant Stockfleth alarmierte über Funk unverzüglich die in Cuxhaven stationierten Bergungsschlepper, von denen sich binnen einer halben Stunde gleich vier auf den Weg zur Unglücksstelle machten: Die *Atlas*, die *Danzig*, die *Fairplay V* und *Taucher O. Wulf 3*. Gemeinsam verfügten die bulligen Schiffe über rund 10 000 PS. Je schneller es nun gelänge, eine Verbindung zwischen den Schleppern und dem Havaristen zustande zu bringen, desto größer war die Chance, den gestrande-

ten Frachter vielleicht doch noch aus dem Mahlsand herausziehen zu können. Zu diesem Zweck hatte jedes der vier Bergungsschiffe eine gut drei Zentimeter dicke, knapp eine Seemeile lange
und rund fünf Tonnen schwere stählerne Schlepptrosse an Bord.

Eine Bergungsaktion ist jedoch immer mit hohen Kosten für
die Reederei verbunden, wobei der Bergungslohn anhand des
Wertes von Schiff und Ladung bemessen wird. Im Prinzip ist
es ein faires Geschäft, denn alle Bergungsfirmen arbeiten auf
Risikobasis. »No cure, no pay«, heißt die Devise, »bezahlt wird
nur bei Erfolg.« Aber Kapitän Farquhar scheute das finanzielle Risiko. Er wollte seiner Reederei diese Ausgabe ersparen. Die
Kakaoladung war wertvoll und die *Ondo* ein relativ neues
Schiff. Er schätzte den Bergungslohn auf rund eine Viertel Million Mark. Überdies glaubten er und seine Offiziere, dass sie
sich mit der Kraft der Maschine und dem Mittagshochwasser
aus der misslichen Lage selbst würden befreien können. Und
vielleicht würde bis dahin ja auch der Sturm abflauen …

Farquhar lehnte daher die angebotene Schlepperhilfe ab. Er
ließ sich auch nicht davon abbringen, die Schraube seines
Frachters weiterhin mit voller Kraft rückwärts laufen zu lassen. Doch bei ablaufendem Wasser war dies die größte Fehlentscheidung, die er hatte treffen können: Der unermüdlich
rotierende Propeller sorgte dafür, dass sich der hintere Teil des
Schiffsrumpfs Zentimeter um Zentimeter tiefer in den Mahlsand eingrub. Gleichzeitig trieb die Strömung den Frachter immer weiter auf den Großen Vogelsand hinauf. Schon waren es
mehr als 600 Meter zum rettenden Fahrwasser. In seiner Verzweiflung ließ Kapitän Farquhar den Anker fallen, aber die
tonnenschwere Eisenkrampe fand im Mahlsand keinen Halt.

Inzwischen war auch Rolf Hoffmann, der 45-jährige, bärbei
ßige Vormann des Cuxhavener Seenotrettungskreuzers *Ruhrstahl,*

an der Unglücksstelle eingetroffen, um das Lotsenversetzschiff bei der Suche nach den drei Vermissten* zu unterstützen. Er schaute durchs Glas zur *Ondo* hinüber und schüttelte immer wieder den Kopf. Als der freiwillig mitreisende Seenotrettungsarzt Dr. Meinhard Kofahl die Brücke der *Ruhrstahl* betrat, sagte Hoffman, der normalerweise mehr nuschelte als sprach: »Schau mal durchs Glas, Manni: Die Tommies haben sich ihr eigenes Grab geschaufelt!« Der Arzt nickte. Jetzt, bei Ebbe, im ersten Büchsenlicht, konnte man es deutlich sehen: Um das eingesunkene Heck der *Ondo* hatten sich mächtige Sandwülste gebildet und dafür gesorgt, dass der Bug des Frachters immer höher aus dem Wasser herauskam. Für Hoffmann stand fest: Die *Ondo* war ein sterbendes Schiff. Die Bergungsunternehmen würden mit an Sicherheit grenzender Wahrscheinlichkeit Arbeit bekommen ...

Gegen Mittag brach die *Ruhrstahl* die Suche nach den drei vermissten Männern endgültig ab und ging vor der Insel Neuwerk vor Anker, wo die vierköpfige Mannschaft und der Seenotrettungsarzt in aller Ruhe die Evakuierung der *Ondo*-Crew vorbereiten wollten. Die Stimmung an Bord der *Ruhrstahl* war gedrückt. Cuxhaven war eigentlich bloß ein Dorf, in dem jeder jeden kannte – wozu eben auch Ulrich Engbruch, Henri Jetzi und Manfred Szaknis gehörten.

Rolf Hoffmann, der den Zweiten Weltkrieg als Kapitän eines Vorpostenbootes im Geleitzugkrieg gegen England und die USA überlebt hatte; der auch so manchen anderen seemännischen Schlamassel unversehrt überstanden hatte und in den Ha-

---

* Etwa drei Monate später wurde ein Leichnam an der schleswig-holsteinischen Küste nahe Meldorf an den Strand gespült. Die Obduktion ergab, dass es sich um die sterblichen Überreste des vermissten Martin Szaknis handelte. Ulrich Engbruch und Henri Jetzi dagegen blieben bis heute verschollen.

fenkneipen der Stadt als »harter Hund« verschrien war, bekam
bei dem Gedanken an die drei vermutlich toten Seeleute feuch-
te Augen. Zwar mussten die Angehörigen eines Seemanns stets
mit dem Schlimmsten rechnen, denn dieser Beruf war nun einmal häufig mit großen Gefahren für Leib und Leben verbunden. Aber es gab nichts, was Rolf Hoffmann so sehr verab-
scheute wie die Ungewissheit – wie unverrichteter Dinge von
einem solchen Einsatz zurückzukehren, um dann mit leeren
Händen vor einer angstvoll dreinblickenden Ehefrau stehen zu
müssen. Gut, dass er sich jetzt mit Arbeit von diesem Schick-
salsschlag ablenken konnte. Doch um 13.30 Uhr lehnte der Kapitän der *Ondo* auch die Anfrage der *Ruhrstahl* ab, wenigstens
einen Teil seiner Mannschaft von Bord zu evakuieren.

**Erst am frühen Nachmittag, als der Sturm endlich etwas nach-
gelassen hatte, beschloss William L. Farquahr, das Hilfsange-
bot der Schlepper anzunehmen.** Sein Ersuchen kam nun jedoch
um mehrere Stunden zu spät, denn die Ebbe hatte schon wieder eingesetzt. Der Schleppversuch musste auf den nächsten Tag
verschoben werden. Um die Stahltrossen auf die *Ondo* hi-
nüberzubekommen und festzulaschen, hätten die Schlepper
wegen ihres Tiefgangs erst mit dem Abendhochwasser nahe genug an den Havaristen heranfahren können. Aber die Dunkelheit hätte jeden Bergungsversuch noch unberechenbarer gemacht. Darüber hinaus brachen sich an der Kante des Großen
Vogelsandes noch immer gewaltige Grundseen, die sogar dem
als unsinkbar geltenden Seenotrettungskreuzer gefährlich werden konnten.

Während die Schiffsführer über Funk versuchten, einen gemeinsamen Plan für den nächsten Tag zu entwickeln, traf plötzlich eine Meldung des Motor-Rettungsbootes *Rickmer Bock* aus

Friedrichskoog* an der nordfriesischen Küste ein, das sich seit den Mittagsstunden ebenfalls an der Suche nach den drei vermissten Seeleuten beteiligt hatte: Man hatte an der Tonne NE 10, in der Nähe des Lüchterlochs – einer Untiefe im noch schmaleren Norderelbe-Fahrwasser – das gekenterte Lotsenboot der *Kapitän Hilgendorf* entdeckt und geborgen. Der Fundort lag etwa acht Seemeilen nordöstlich von der eigentlichen Unglücksstelle. Noch einmal keimte leise Hoffnung auf, dass die drei Männer vielleicht doch gefunden werden könnten – wenigstens ihre sterblichen Überreste ...

**Der nächste Morgen brachte neben neuen Regenschauern und abflauenden Winden einen fünften Schlepper als Verstärkung.** An Bord von *Bugsier 17* befand sich der erfahrene Bergungsinspektor Richard Kräft aus Cuxhaven, der den Einsatz leiten sollte. Das Meer war immer noch rau, und die schwere Dünung hatte in der Nacht ganze Arbeit geleistet. Kräft runzelte die Stirn, als er die Entfernung zwischen der gestrandeten *Ondo* und dem Fahrwasser auf knapp 1500 Meter schätzte. Höchste Eile war jetzt geboten, denn die Schlepptrossen waren ja »nur« 1650 Meter lang.

Er beauftragte Hoffmann, mit der *Ruhrstahl* den »Sprung« über die Brandungskante zu wagen und die Trossen von den Schleppern zur *Ondo* hinüberzubringen. Das Heck des gestrandeten Schiffes steckte mittlerweile mehr als 30 Zentimeter tief im Mahlsand. Die Maschine schwieg, die Schraube drehte sich nicht mehr. Auf allen Schiffen wurde fieberhaft gearbeitet. Kräft wollte unbedingt die erwartete Springtide** aus-

---

* siehe Glossar
** siehe auch Tide, Glossar

nutzen: Je höher die Flut steigen würde, desto größer war die Chance, dass die *Ondo* sich freischwamm.

Gegen 12 Uhr mittags kam der spannende Moment: Das Hochwasser erreichte seinen Scheitelpunkt. Noch einmal begann die Schraube der *Ondo* langsam anzulaufen. Die fünf Schlepper brachten die Trossen vorsichtig auf Spannung. Am ersten Strang hingen die *Bugsier 17* und die *Danzig*, am zweiten *Fairplay V* und *Taucher O. Wulf 3*. Die *Atlas*, die von allen Schiffen über die stärkste Maschine verfügte, hing am dritten Strang. »So, Männer, dann lasst uns den Pott jetzt runterziehen«, krächzte Richard Kräft ins Funkgerät, der an Bord der *Bugsier 17* den Einsatz koordinierte, und befahl »volle Kraft, zugleich«. Sechs Maschinentelegrafen wurden nach vorne geschoben, sechs Dieselmotoren brüllten auf und stießen fette Qualmwolken aus den Schornsteinen. Aber trotz 13 000 PS Zugkraft bewegte die *Ondo* sich kein bisschen.

Als Kräft durch sein starkes Fernglas hinüber zum Havaristen blickte, bemerkte er zu seinem Erstaunen, dass auf dem Deck des englischen Frachters die Seeleute hektisch durcheinander liefen. Dann quäkte auch schon das Funkgerät: Kapitän Farquahr meldete den »totalen Ausfall der Maschine«. Somit fehlten jetzt 3750 PS zusätzliche Schubkraft.

»Dann muss es eben ohne die *Ondo* gehen – pull!«, rief Kräft. Aber das klang bereits stark nach Zweckoptimismus, denn schon jetzt gab es eigentlich niemanden mehr, der den letzten Funkspruch des englischen Kapitäns nicht als Hiobsbotschaft verstanden hatte. Trotzdem zerrten die fünf Schlepper weitere zwei Stunden lang an dem gestrandeten Schiff, bis das Niedrigwasser wieder einsetzte.

Richard Kräft ließ sich mit der *Ruhrstahl* zur Insel Neuwerk übersetzen, wo mittlerweile zwei Inspektoren und ein Ingenieur der Liverpooler Reederei »Elder-Dempster-Line« mit einem Hubschrauber eingetroffen waren. Gemeinsam fuhr diese Kommission zurück zur *Ondo*, um eine Bestandsaufnahme der Schäden vorzunehmen und das weitere Vorgehen zu besprechen.

Kapitän Farquahr, der wie die meisten seiner Crewmitglieder mittlerweile schon länger als achtundvierzig Stunden auf den Beinen war, empfing die Delegation mit bleichem, fast versteinertem Gesicht. Er führte seine Landsleute und den deutschen Bergungsfachmann hinunter in den Maschinenraum, wo der Erste Offizier und die Maschinisten ratlos um die verstummte Dieselmaschine herumstanden. »Durch die Seeventile ist wahrscheinlich Sand ins Kühlwasser geraten«, sagte Farquahr leise. Trotz seines erschöpften Zustands klang seine Stimme blasiert. Typisch englisch, dachte Richard Kräft. Für ihn hatte sich der Job jetzt endgültig erledigt. Auch weil er bereits beim Anlegen den gewaltigen Kolk bemerkt hatte, den die *Ondo* sich selbst gegraben hatte: Das Schiff saß in seinem eigenen »Becken« auf Grund, umgeben von meterhohen Wällen aus Mahlsand. Aber Kräft war auch eine Kämpfernatur. »Glauben Sie, dass Sie den Schaden vielleicht reparieren können?«, fragte er. Der Ingenieur der Liverpooler Reederei winkte jedoch frustriert ab.

»Dann müssen wir eben auf die Kraft der Schlepper vertrauen«, rief Kräft und rieb sich die Hände, so als wollte er fröhliche Tatkraft verbreiten.

In der folgenden Neumondnacht ließ eine neuerliche Springtide das Hochwasser sogar noch einige Zentimeter höher steigen als normal. Erneut zerrten die Schlepper mehrere Stunden lang am Heck der *Ondo*, aber wieder ohne Erfolg, im Gegenteil: Neue Tiefenlotungen der *Ruhrstahl* am Freitagvormittag brachten das niederschmetternde Ergebnis, dass sich das Heck des

Frachters noch tiefer eingegraben hatte. Damit blieb nur noch das Leichtern* übrig, aber die See war noch immer viel zu kabbelig und somit unbefahrbar für die flachen Lastkähne, die für diese Arbeit hätten längsseits gehen müssen. Gegen 13 Uhr schlug Richard Kräft den Inspektoren der Liverpooler Reederei deshalb vor, ein Fünftel der Ladung aus den hinteren Laderäumen ins Meer zu werfen: Der Verlust von 1000 Tonnen Kakao könnte mindestens siebzig Zentimeter weniger Tiefgang bewirken. Die beiden Engländer nickten gottergeben. Ihnen blieb jetzt auch nichts anderes übrig.

Jeder verfügbare Mann musste mit anpacken. Die Kakaosäcke wurden mit dem bordeigenen Ladegeschirr aus den Luken der hinteren Laderäume an Deck gehievt und dann mit Muskelkraft über Bord geworfen. Die Nachricht, dass die *Ondo* einen Teil ihrer wertvollen Ladung opferte, sprach sich wie ein Lauffeuer in den umliegenden Häfen herum. Bereits am Nachmittag tuckerten Dutzende von Krabben- und Fischkuttern zum Unglücksort. Die Kakaosäcke, die von den Fischern mit Enterhaken aus dem Meer gefischt wurden, galten als »Strandgut«. Sie mussten bei den Strandmeistern abgegeben werden. Und der afrikanische Rohkakao war ein besonders lohnender Fang: Die Qualität des Kakaos blieb erstklassig, denn das Meerwasser konnte man mit Süßwasser abspülen. Bei der anschließenden Versteigerung würden die »Finder« dreißig Prozent des Erlöses erhalten …

Richard Kräft trieb zur Eile an: Er wollte in der Nacht zum Samstag bei ruhiger See einen letzten Schleppversuch unternehmen. *Taucher O. Wulf 3,* inzwischen als Verbindungsschiff zwischen Cuxhaven und dem Großen Vogelsand eingesetzt,

---

* siehe Glossar

brachte auf der nächsten Fahrt ein Dutzend kräftiger Schauerleute aus dem Hafen mit, was auf den Kuttern ringsherum mit besonders großer Freude registriert wurde.

Gegen Mitternacht zogen mehr als 17 000 PS an der *Ondo*: Mit der *Goliath* war ein weiterer Hochseeschlepper eingetroffen. Doch auch dieser dritte Befreiungsversuch musste nach wenigen Minuten abgebrochen werden, denn durch die gewaltigen Zugkräfte und die Reibung des Mahlsandes lösten sich achtern am Rumpf des Frachters plötzlich einige Nieten und Stahlplatten. Binnen weniger Minuten entstand ein ernsthaftes Leck. Seewasser strömte ins Schiff hinein, der Wellentunnel lief in kurzer Zeit voll und musste abgeschottet werden. Ein paar Minuten später meldeten die schwitzenden Cuxhavener Schauerleute aus den Luken Vier und Fünf ebenfalls »Wassereinbruch«.

»Die See will dich wohl behalten«, murmelte Richard Kräft, aber er verzichtete darauf, seine düstere Ahnung ins Englische zu übersetzen. Stattdessen ließ er aus Cuxhaven Lenzpumpen und Schläuche heranschaffen.

Währenddessen stieg das Wasser in den hinteren Laderäumen bedrohlich. Dieses zusätzliche Gewicht drückte das Heck des Frachters noch tiefer in den Mahlsand, während der Bug jetzt Zentimeter um Zentimeter höher aus dem Wasser kam. Dadurch wuchs die Gefahr, dass die *Ondo* in der Mitte durchbrechen könnte – der Aufenthalt an Bord wurde für die rund siebzig Männer, die sich zu diesem Zeitpunkt auf dem Havaristen befanden, zu einer lebensgefährlichen Angelegenheit.

Gegen 1.00 Uhr morgens traf aus der Hamburger Seewetterwarte an der Bernhard-Nocht-Straße eine erneute Hiobsbotschaft ein: In den kommenden zweiundsiebzig Stunden sollte sich das Wetter wieder rapide verschlechtern. Über Island hatte sich ein neues Sturmtief gebildet, und die Meteorologen rechneten mit konstanten Windstärken von 8 Beaufort.

Rolf Hoffmann, der mit der *Ruhrstahl* die ganze Zeit über am Rande des Fahrwassers auf »Standby« geblieben war, bereitete sich mit seiner Mannschaft zum zweiten Mal auf die rasche Evakuierung der *Ondo* vor. Zur Unterstützung forderte er die *Rickmer Bock* aus Friedrichshafen an und begann dann ein weiteres Mal, die Wassertiefe rund um den Rumpf des Frachters auszuloten*. Niemand hatte ihn dazu aufgefordert, niemand hatte ihn darum gebeten. Rolf Hoffmann wusste einfach, was er zu tun hatte.

Das niederschmetternde Ergebnis der Tiefenlotungen überraschte ihn kein bisschen: Der Bug der *Ondo* tauchte nur noch zwei Meter tief ins Wasser ein, das Heck jedoch bereits fünf Meter. Wann würde sich das gepeinigte Schiff durchbiegen? Wann würde die Stahlhaut abplatzen, wann würden die Decksplanken an der Bruchstelle den Männern an Bord um die Ohren fliegen – wann würde die *Ondo* krachend auseinander brechen? Und wann würde das Sturmtief über der Deutschen Bucht eintreffen?

In Wahrheit war der »harte Hund« Hoffmann ein sensibler Menschenfreund. Er konnte nicht begreifen, warum Kräft und die »Herren Engländer« ihre Leben und das der Schauerleute und Mannschaftsdienstgrade für ein paar tausend Tonnen Stahlschrott aufs Spiel setzten. Die Nordsee hatte sich die *Ondo* geholt, die Nordsee würde sie auch behalten.

Kurz vor 19 Uhr erbat Kapitän Farquahr über Funk plötzlich medizinische Hilfe: Ein Besatzungsmitglied litt an einem

---

* siehe Glossar

schweren Fieberanfall, verbunden mit starken Schmerzen. Der englische Kapitän hielt es für ratsam, den Mann sofort an Land in ein Krankenhaus bringen zu lassen, am besten in Quarantäne, da niemand die Ursache der plötzlichen Erkrankung deuten konnte. Es geschah immerhin recht häufig, dass sich ein Seemann in Afrika, Asien oder Südamerika mit einer ansteckenden Tropenkrankheit infizierte.

Wenige Minuten später ging die *Ruhrstahl* längsseits. Die Trage mit dem Erkrankten, der krampfte und nicht mehr ansprechbar war, wurde vorsichtig unter Deck des Seenotrettungskreuzers gehoben, wo ihm der »Doc« Meinhard Kofahl prophylaktisch eine schmerzstillende Spritze verpasste und ihn dann oberflächlich untersuchte. Der gebürtige Hamburger und begeisterte Hochseesegler, der sich Mitte der Fünfzigerjahre mit einer Praxis in Cuxhaven niedergelassen hatte, glaubte zwar nicht an ein ansteckendes Tropenvirus, aber mit hundertprozentiger Sicherheit konnte (und durfte) er das natürlich nicht sagen …

Oben an Deck des Rettungsschiffes war Rolf Hoffmann indes überrascht, dass die beiden Reedereiinspektoren aus Liverpool den Krankentransport nun ebenfalls zur Überfahrt nach Cuxhaven nutzen wollten, wo inzwischen ein englischer Versicherungsmakler des internationalen Schiffsversicherers »Lloyds« warten sollte. Das ist wohl Glück im Unglück, dachte der Vormann der *Ruhrstahl.* Er gedachte, auf der kurzen Fahrt nach Cuxhaven beide Mitarbeiter der Reederei zu einer Evakuierung der *Ondo*-Mannschaft zu überreden – alles andere war Hoffmanns Meinung nach »Kappes«.

Sobald sein Schiff das Tiefenfahrwasser erreichte, begann Hoffmann den beiden erschöpften Männern in seemännisch gefärbtem Englisch zu erzählen, was er bei seinen jüngsten Lotungen herausgefunden hatte. Dabei entwickelte er ein Schreckensszenario, wobei er nicht einmal übertreiben musste.

»Wie groß, sagten Sie gerade, ist der Tiefenunterschied?«, fragte einer der beiden Engländer.

»So um die drei Meter«, entgegnete Hoffmann und legte sein zerfurchtes Gesicht in noch mehr sorgenvolle Falten.

»Sie kennen sich ja wohl sehr gut aus hier … mit dem Wetter und den weiteren Gegebenheiten!«

»Das kann man wohl so sagen … Sir!«, nickte der Vormann.

»Was würden Sie also vorschlagen … Wenn sich das Wetter jetzt wirklich verschlechtern sollte?«

Hoffmann blickte den beiden Inspektoren seelenruhig ins Gesicht. Es würde ihnen nicht leicht fallen, die Wahrheit zu verdauen: »Lassen Sie alle Mann von Bord runterholen«, sagte er dann. »Das Schiff ist gestorben, und das wissen Sie.«

Die beiden Engländer blickten sich wissend an. Eine Antwort war überflüssig. Sie dachten ja dasselbe.

»Woher sprechen Sie eigentlich so gut Englisch?«, fragte plötzlich einer der beiden Inspektoren, um die betroffene Stille auf der Kommandobrücke zu unterbrechen.

»Kriegsgefangenschaft«, antwortete Hoffmann und grinste schelmisch, »eure Navy hat mich Ende fünfundvierzig auf dem Hilfskreuzer *Hansa* in der Ostsee geschnappt …« Er verschwieg jedoch wohlweislich, dass er schon nach knapp zwei Monaten – Ende Juli 1945 – aus dem britischen Gefangenenlager auf Fehmarn entlassen worden war.

**Die endgültige und bittere Entscheidung über das weitere Schicksal der *Ondo* fiel jedoch erst im Lauf des Sonntags, nachdem zwei weitere Schleppversuche während des Mittaghochwassers erfolglos geblieben waren.** Die Lecke im Rumpf des Frachters waren jetzt so groß, dass der Wasserstand in den Laderäumen mit der Tide anstieg und fiel. Am frühen Nachmittag um 14.30 Uhr verkündete Richard Kräft schließlich den Abbruch der Bergungsaktion: Die *Ondo* wurde aufgegeben.

Die Schlepper holten die Trossen ein und kehrten in ihre Heimathäfen zurück. Nur die Löscharbeiten gingen mit unverminderter Eile weiter. Inzwischen hatte sich die See wieder so weit beruhigt, dass die beiden Hamburger Leichter *Chronik* und *Nation* längsseits gehen konnten. Jetzt flogen die Kakaosäcke aus den vorderen Ladeluken zum Leidwesen der Fischer nicht mehr in die Nordsee, sondern in die Laderäume der Schuten. Bis zum Dienstag wurden so 3800 Tonnen der Ladung gelöscht. Darüber hinaus machten weitere Schuten am Havaristen fest, um so viel wie möglich von dem wertvollen nautischen und technischen Material aufzunehmen, das sich an Bord befand; darunter die drei Anker, die komplette Funkanlage des Schiffes sowie Matratzen, Decken, Geschirr, Einrichtungsgegenstände und alle Küchengeräte aus der Kombüse.

Um 16 Uhr stieg die erste Hälfte der *Ondo*-Mannschaft auf die *Ruhrstahl* über. Die Männer waren fix und fertig, die meisten von ihnen hatten in den vergangenen fünf Tagen gerade mal ein paar Stunden geschlafen. Sie hatten kaum noch die Kraft, um ihr armseliges Gepäck zu tragen.

Unter Deck des kleinen Rettungskreuzers herrschte bereits drangvolle Enge, als oben an Deck ein lautstarkes Wortscharmützel begann: Ein schwarzafrikanischer Hilfsmatrose hatte sich geweigert, seinen sperrigen Vogelkäfig an Bord zu lassen, in dem ein zerzauster Papagei teilnahmslos auf seiner Stange saß. Rolf Hoffmann beendete den Streit mit der Autorität eines Kapitäns: »Der Piepmatz kommt mit«, bellte er an der Bordwand hoch, »der kann schließlich nix dafür.« Er verstaute den

Käfig höchstpersönlich auf der Kommandobrücke und erntete dafür so manches Lächeln, vor allem von den unteren Mannschaftsdienstgraden.

Am Ende dieses Tages blieben nur Kapitän Farquahr, der Erste Offizier, der leitende Ingenieur, Richard Kräft, die beiden Reedereiinspektoren, zwei Boots- und Zimmerleute, drei Matrosen und einige freiwillige Schauerleute auf der *Ondo* zurück. In der Nacht verschlechterte sich das Wetter. Das Getöse der Wellen, die gegen die Bordwand schlugen, wurde immer lauter. Die *Ondo* vibrierte und ächzte. Der Hilfsdiesel zur Stromerzeugung fiel aus. In der Dunkelheit mussten sich die Männer mit Petroleumlampen behelfen. Die Männer froren gemeinsam, rückten enger zusammen, teilten die letzten trockenen Zigaretten untereinander auf und verbrachten eine ziemlich ungemütliche Nacht.

Am frühen Morgen trat noch einmal eine neue Schicht Cuxhavener Schauerleute zur Arbeit an. Doch als gegen Mittag die Windstärke auf sieben Beaufort anschwoll, wurden die Lenzpumpen und Schläuche von Bord gebracht. Dann entließ Richard Kräft alle Leichter, Bergungsboote und auch den vor der Insel Neuwerk ankernden Schlepper *Goliath*. Nur die *Ruhrstahl* und die *Rickmer Bock* mussten noch auf der unruhigen See ausharren. Um 13 Uhr wurden an Deck der *Ondo* acht Beaufort gemessen.

»Das war's dann wohl«, bemerkte Richard Kräft traurig, aber er war auch erleichtert, dass es vorbei war. 70 Minuten später hatten die 23 noch an Bord verbliebenen Männer ihre Sachen gepackt und stiegen einer nach dem anderen zur *Ruhrstahl* über. Währenddessen hielt sich die kleine *Rickmer Bock* für einen etwaigen Notfall bereit. Als Letzter verließ Kapitän William L. Farquahr das Schiff. Um 14.10 Uhr wurden die Leinen zum

Havaristen gelöst. Der Seenotrettungskreuzer nahm Kurs auf Cuxhaven.

Zurück blieb ein herrenloses Schiff. Fortan würde die *Ondo* nur noch ein Spielball der Wellen und des Windes sein, ein weiteres Opfer des Großen Vogelsandes. Als die Männer ein letztes Mal zurückblickten, konnten sie bereits eine leichte Schlagseite erkennen. Es war ein trauriges Bild. Bald würde sich die *Ondo* wahrscheinlich ganz auf die Seite drehen, vielleicht schon mit der nächsten Sturmflut, bevor sie der Mahlsand dann irgendwann endgültig unter sich begraben würde. Niemand ahnte zu diesem Zeitpunkt, dass dies jedoch erst das vorletzte Kapitel der tragischen Geschichte der *Ondo* gewesen war. Die Saison der Winterstürme hatte gerade erst begonnen. Rolf Hoffmann und die Mannschaft der *Ruhrstahl* sollten jedoch nur wenige Wochen später erneut eine entscheidende Rolle bei der dramatischen Rettung von Menschenleben auf dem Großen Vogelsand spielen: während der verheerenden Sturmflut im Februar 1962 …

# Glossar

**Achtern**
Achtern bedeutet immer »hinten«: Achterdeck oder »der Wind kommt von achtern ...«.

**Backbord**
In der Seefahrersprache bedeutet Backbord immer links (Kennfarbe rot).

**Beaufort**
Maßeinheit für die Windgeschwindigkeit bzw. Sturmstärke. Acht Beaufort = ca. 75 km/h Windgeschwindigkeit (12 Beaufort = ca. 120 km/h Windgeschwindigkeit)

**Brückennock**
Deckverbreiterung, die zumeist auf beiden Seiten der Kommandobrücke zu finden ist.

**Bruttoregistertonne**
Die Bruttoregistertonne (BRT) ist ein Raummaß und keine Massenangabe. Eine Registertonne ist gleich 100 englischen Kubikfuß, was einem Volumen von ungefähr 2,83 m³ entspricht. Als Bruttoregistertonnen bezeichnet man das Raummaß des gesamten Schiffes.

**Buhnen**
Buhnen sollen Wellen bereits vor dem Strand brechen und gleichzeitig uferparallele Strömungen fern halten. Buhnen werden auch zur Landgewinnung eingesetzt. Sie bestehen in der Regel aus dicken Holzpfählen oder Steinwällen, die bis zu mehreren hundert Metern senkrecht ins Meer gebaut werden – neuerdings sagt man auch »Surferabwehrwaffe« dazu ...

| | |
|---|---|
| **Deichbruch** | Deiche brechen in der Regel »von innen«: Das überspülende Wasser reißt Löcher in die Rückseite des Walls, durchfeuchtet den Boden und höhlt den Deich auf diese Weise rasch aus – so lange, bis die Vorderseite nachgibt und das Wasser schließlich ungehindert durch die Deichbruchstelle fließen kann. |
| **Dollbord** | Das Dollbord (manchmal auch Sielbord genannt) bildet den obersten, zumeist wulstigen Rand und Abschluss der Bordwand eines offenen Bootes. |
| **Fallreep** | Eine Strickleiter, außenbords, auch »Jakobsleiter« genannt |
| **Faschinen** | Faschinen bestehen meistens aus Holzmaterial und dienen zur Deich- bzw. Uferbefestigung. Üblicherweise werden in einem Abstand von rund 50 cm Holzpfähle in den Grund geschlagen. Um diese Pfähle werden dann dünne Äste (z.B. Weidenreisig) gewunden, sodass eine Reisigwand entsteht. |
| **Fethinge** | Offene Teiche auf den Warften, die – insbesondere auf den Halligen – als Regenwasser-Sammelbecken dienen |
| **Geest** | Der Begriff »Geest« bezeichnet einen Landschaftstyp in Norddeutschland, der durch Ablagerungen der Eiszeiten entstanden ist und im Gegensatz zur Marsch steht. Geestlandschaften sind generell höher als die Marsch. Sie bestehen aus Endmoränen, Grundmoränen oder Sandern. Häufig findet man daher sandigen unfruchtbaren Boden. Hier wird vor allem Kartoffelanbau betrieben, und es finden sich Kiefernwälder. Grund- und Endmoränengebiete sind fruchtbarer als Sander und sind von Natur aus mit Mischwald bestanden. Generell sind Geestgebiete weniger fruchtbar als die Marschen. Typisch ist diese Landschaftsform für weite Teile Niedersachsens, Schleswig-Holsteins, Hamburgs |

und Mecklenburg-Vorpommerns. Kennzeichnend für viele Geestlandschaften der Küstenländer sind die »Knicks«, die Sonderform einer Wallhecke, die regelmäßig bis auf den Stock hinuntergeschnitten wird und Schutz vor Wind und Sandflucht bietet. Dort, wo die Geest direkt an das Meer grenzt, bilden sich Kliffs (Steilküsten), wie etwa auf Sylt und Amrum.

**Grundsee**          Starke Brandung, die den Meeresgrund aufwühlt

**Halligen**          Die zehn Halligen vor der schleswig-holsteinischen Westküste sind Eilande, die als Reste der ehemals großen Marschinsel im nordfriesischen Wattenmeer nach den Sturmfluten von 1362 und 1634 entstanden sind. Auf den Rudimenten der untergegangenen alten Marsch entstand neue Marsch. Die Halligen werden seit dem Jahre 1867 leicht befestigt und gehen während der jährlichen Wintersturmfluten mehrmals »landunter«. Die Häuser sind auf Erdhügeln (siehe Warften) gebaut. Sie sind so konstruiert, dass sich die Bewohner bei Sturmflut auf den Dachboden flüchten können. Dieser Dachboden ruht auf einem speziellen Ständerwerk, sodass ein Überleben selbst dann möglich ist, wenn die Häuserwände weggespült werden. Die Februarflut von 1825 hatte allerdings verheerende Folgen für die Halligbewohner: 74 Menschen ertranken, von 339 Häusern wurden 79 vernichtet, 233 waren danach unbewohnbar. Nach der Hollandflut von 1953 war klar, dass sich die Halligen angesichts steigender Wasserstände nicht mehr in gewohnter Art halten ließen. Da die Wellenbrecherfunktion der Eilande jedoch anerkannt war, sah sich der Staat in der Pflicht. 1957 entstand auf Süderoog das erste Schutzhaus. Die Sturmflut vom Februar 1962 bewies die Notwendigkeit solcher Maßnahmen, die danach mit erhöhtem Druck im Rahmen des »Generalplans Küstenschutz« beendet wurden. Bis in die 1970er Jahre erfolgte die Wasserversorgung durch das Sammeln von Regenwasser in offenen Teichen, den »Fethingen«. Ab 1963 begann der Bau von Wasserleitungen durch das Watt nach Oland und Langeneß. 1976 waren alle bewohnten Halligen an Strom und Wasser angeschlossen – alles Investitionen, um die Bewirtschaftung der Halligen zu sichern. Hooge, Habel, Gröde-Appelland, Norderoog, Süderoog und Südfall sind auch heute nur per Schiff oder bei Ebbe zu Fuß zu erreichen. Die Hamburger Hallig wurde 1862, Oland 1896 durch einem Damm mit dem Festland verbunden. 1897 wurde der Damm von Oland nach Nordmarsch-Langeneß weitergebaut und später auch Nordstrandischmoor mit dem Festland verbunden.

**Knoten**

Die Geschwindigkeit von Schiffen wird in Knoten angegeben, wobei ein Knoten einer nautischen Meile (=1852 Meter) entspricht. Zwanzig Knoten entsprechen rund 37 km/h.

**Kolk**

Eine durch Wasserströmung verursachte Vertiefung bzw. Ausspülung des Grundes

**Koog**

Als »Koog« bezeichnet man an der Westküste Schleswig-Holsteins ein durch einen Deich aus den Seemarschen gewonnenes Stück Land. In Niedersachsen nennt man Köge auch »Groden«, in den Niederlanden und Friesland »Polder«. Weil neue Köge stets *vor* alte Deiche gesetzt werden (und daher rundherum von Deichen umschlossen sind und das neu gewonnene Marschland ungemein fruchtbar ist), spricht man ebenfalls von den »goldenen Ringen«. Das Motiv, neue Köge zu schaffen, war bis in die Mitte des 20. Jahrhunderts rein wirtschaftlicher Natur: Es ging um Landgewinnung.

Diese Ära endete 1954 mit dem Bau des Friedrich-Wilhelm-Lübke-Kooges in Nordfriesland. Seitdem wird Deichbau als Küstenschutz betrieben. Heute gibt es an der Elbe und der Westküste noch 170 Köge, die von insgesamt rund 850 Deichkilometern umgeben sind.

| | |
|---|---|
| **Krängen** | Starke Schieflage eines Schiffes über die Längsseite |
| **KüMo** | Abkürzung für Küstenmotorschiff; ein motorisiertes, kleineres Frachtschiff von ca. 300 bis 1600 BRT zum Einsatz in küstennahen Gewässern und auf Flüssen zum Transport von Stück- und Schüttgut |
| **Kugelbake** | Die Kugelbake von Cuxhaven, ein Seezeichen, ist eine 30 Meter hohe Holzkonstruktion am Ende eines Wellenbrechers, der 250 Meter lang ins Wasser hineinragt. Seit dem späten Mittelalter war vor allem Hamburg – als eigentlicher Nutznießer der für den Handel so wichtigen Elbe – bestrebt, mit hohem finanziellem Aufwand die Sicherheit der Schifffahrt zu gewährleisten. Auch ortsfremde Seeleute sollten sicher auf dem Strom navigieren können. Heute hat die Kugelbake, das Wahrzeichen der niedersächsischen Hafenstadt, ihre eigentliche Bestimmung als Navigationshilfe jedoch verloren. |
| **Lee** | Die dem Wind abgewandte Seite eines Schiffes |
| **Leichtern** | Das Entladen eines Schiffes |
| **Lenzen** | Das Abpumpen bzw. Schöpfen von eingedrungenem Wasser aus einem Schiff |
| **Loten** | Mit Loten bezeichnet man zum einen das Messen der Wassertiefe, zum anderen aber auch das Messen der Geschwindigkeit eines Schiffes. |
| **Luv** | Die dem Wind zugewandte Seite eines Schiffes |

| | |
|---|---|
| **Mahlsand** | Weicher Sandgrund, der durch die wechselnden Strömungen bei Ebbe und Flut in ständiger Bewegung gehalten wird |
| **Marschland** | Marschen sind generell flache Landstriche ohne natürliche Erhebungen. Sie liegen nur wenige Meter über oder teilweise auch unter dem Meeresspiegel und werden daher durch Fluss- und Seedeiche gegen Sturmfluten geschützt. Wo kein Schutz durch Deiche vorhanden ist, zum Beispiel auf Halligen, werden Gebäude wegen der Überflutungsgefahr auf *Warften* oder Wurten (niederländisch: Terpen) gebaut. Das Marschland wird durch ein Entwässerungssystem, bestehend aus Gräben, Wettern, Pumpstationen und Sielen, trocken gehalten. Ohne diese ständige Entwässerung wäre die Marsch ein unbewohnbarer Sumpf. Marschgebiete gibt es auch entlang der Tideflüsse wie der Elbe, Weser, Eider, Oste und Ems. |
| **Mittleres Hochwasser** | Durchschnittliche Höhe des Wasserstandes bei Flut, gemessen an einer bestimmten Stelle |
| **Niedrigwasser** | Durchschnittliche Höhe des Wasserstandes bei Ebbe, gemessen an einer bestimmten Stelle |
| **Nautische Meile** | Eine nautische Meile (Seemeile) entspricht der Strecke von 1852 Metern |
| **Normalnull (NN)** | Der Ausgangspunkt für Höhenmessungen über dem Meeresspiegel (nach dem Amsterdamer Pegel). Man erhält die Fluthöhe in NN, indem man zu Angaben in MHW etwa 2 Meter hinzurechnet. |
| **Pegelnull (PN)** | Nullpunkt des örtlich festgelegten Maßstabes nach dem niedrigsten bekannten Wasserstand an dieser Stelle |
| **Priel** | Priele sind Vertiefungen im Watt, in denen sich das Wasser sammelt, das bei Ebbe nicht abfließen kann. |

Je nach Strömung und Bodenfestigkeit sind Priele unterschiedlich breit und tief – bei Flut laufen sie rasch voll und können für unkundige Wattwanderer gefährlich werden.

**Reeden**    Ausgewiesene Anker- und Liegeplätze. Sie dienen den Schiffen als Warte- und Schutzzone.

**Schöpfwerk**    Hebevorrichtung für Wasser. Dabei geht es in der Hauptsache um die Bewässerung in der Landwirtschaft, wenn die Felder höher als das Wasser liegen. Schöpfwerke werden auch zur Entwässerung verwendet. Dabei wird das Wasser angehoben, um ein Gefälle für seinen Ablauf zu schaffen. Die Werke werden zumeist von motorengetriebenen Wasserpumpen betrieben.

**Seegaten**    Die Westfriesischen Inseln (Baltrum, Borkum, Juist, Norderney, Spiekeroog) werden von tiefen Rinnen begrenzt, den Seegaten. Die enormen Strömungen in diesen Nadelöhren halten die Inseln auf Distanz. Die Zahl der Seegaten (und damit auch die Zahl und Länge der Inseln) hängt von der bewegten Wassermenge ab. Die wiederum setzt sich aus Tidenhub und Wattfläche zusammen. Die Faustregel: viel Watt = wenig Insel

**Seemeile**    Auch nautische Meile; 1,852 Kilometer

**Springtide**    Durch gebündelte Anziehungskräfte von Mond und Sonne besonders stark ausgeprägte Hoch- und Niedrigwasser (Flut und Ebbe)

**Steuerbord**    In der Seefahrersprache bedeutet Steuerbord immer rechts (Kennfarbe Grün).

**Steven**    Bezeichnung für die vordere oder die hintere (Achtersteven) Begrenzung des Schiffsrumpfs

**Tide**    Bezeichnung für Ebbe *und* Flut (Niedrig- und Hochwasser). Tiden laufen *ab* und *auf.*

| | |
|---|---|
| **Windstau** | Höhenunterschied zwischen dem eingetretenen und vorausberechneten Tidehochwasser |
| **Winsch** | Als Winsch bezeichnet man eine in der Seefahrt gebräuchliche Winde. Dabei wird das Seil mit einigen Windungen um die Winsch gelegt und diese dann mittels einer Kurbel per Hand oder mit Motorkraft gedreht. |
| **Warften** | Warften (oder Wurten) sind künstlich aufgeschüttete Schutzhügel in den flachen Marschlanden, auf denen die Einwohner ihre Wohnhäuser (auch Kirchen, Bauernhöfe, manchmal sogar ein komplettes Dorf) errichteten, damit sie bei Sturmfluten nicht überspült wurden. Die ersten Warften entstanden etwa um 50 n. Chr. Die letzten Warften wurden im 19. Jahrhundert auf den nordfriesischen Halligen errichtet. |

# Quellen

Brockhaus, Chronik des 20. Jahrhunderts in 25 Bänden – Gütersloh 2002

BÜTOW, H.: Die große Flut in Hamburg – Freie und Hansestadt Schulbehörde – Hamburg 1963

FREISTADT, H.: Die Sturmflut vom Februar 1962, Die Küste 10, Heft 1 – 1962

FRIEDRICH, O. A.: Bericht des vom Senat der Freien und Hansestadt berufenen Sachverständigenausschusses zur Untersuchung des Ablaufs der Flutkatstrophe – Hamburg 1962

HASSEL, K.-U. VON: Die Sturmflut vom 16./17. Februar 1962 und ihre Folgen, Bericht der Schleswig-Holsteinischen Landesregierung – Kiel 1962

HENSEN, W.: Kurzbericht über den Ablauf der Sturmflut in der Elbe vom 16./17. Februar 1962, in: Bericht des vom Senat der Freien und Hansestadt berufenen Sachverständigenausschusses zur Untersuchung des Ablaufs der Flutkatstrophe – Hamburg 1962

HERLIN, H.: Die Sturmflut – Hamburg 1987
www.info-aus-germanien.de

JACOBS, H. / CHRISTIAN, H.: Landunter im schwersten Orkan seit 100 Jahren – Breklum 1962

KOPPEN, W. / TUHY, F.: Die Sturmflut 1962 – Jever 2002

KRAMER, J.: Sturmflut 1962, Sonderdruck der AG der Sparkassen Ostfrieslands und Oldenburgs – Oldenburg 1967

Meyers Enzyklopädisches Lexikon in 25 Bänden – Mannheim 1986

NANNEN, H.: Lieber Sternleser, Gruner & Jahr Sonderdruck – Hamburg 1983

O. V.: Die Sturmflut vom 16./17. Februar an der Schleswig-Holsteinischen Westküste, Die Küste, 10, Heft 1 – 1962

O. V.: Die Sturmflutkatastrophe im Februar 1962, Verlag A. Pockwitz Nachf. Karl Krause – Stade/Buxtehude 1962

O. V.: Das war die große Flut. Chronik und Dokumentation der bitteren Tage im Februar 1962, Sonderausgabe im Hamburger Abendblatt – Hamburg 1962

O. V.: Katstrophen-Sturmflut. Stadt unter, Der Spiegel – Hamburg 1962

O. V.: Die große Februar-Sturmflut an Elbe-, Weser- und Ostemündung, Niederelbe Zeitung / Cuxhavener Nachrichten – Cuxhaven 1962

O. V.: Kurier, Deutsches Rotes Kreuz – Hamburg, März 1962

PFLUG, R.: Hamburg und die große Flut – Die Katastrophe von 1962, Medienarchiv Film des Landesmedienzentrums Hamburg – Hamburg 1997

RÖDIGER, G.: Entwicklung und Verlauf der Wetterlage vom 16./17. Februar 1962, Die Küste 10, Heft 1 – 1962

SAGERT, G.: Ozeanschiffe stranden vor Cuxhaven – Hannover-Linden 1962

SCHULTE, K.: Büsum – Von der Insel zum Nordseeheilbad – Heide 1989

SCHWABEDISSEN, T.: Gestrandet – Schiffsunglücke vor der Nordseeküste – Hamburg 2004

See- und Flusskarten: Die Elbe – von Helgoland bis Magdeburg – Hamburg 1994

SOELL, H.: Helmut Schmidt – Vernunft und Leidenschaft, 2. Auflage, München 2004

STEFFAHN, H.: Helmut Schmidt, 4. Aufl. – Reinbek bei Hamburg 2004

TRAEGER, G.: Die Sturmflut vom 16./17. Februar 1962 in Bremen, Die Küste 10, Heft 1 – 1962

WENN, H.: Sturmflut 1962 – Bericht des Diakonischen Werkes – Hamburg 1962

WIEMEIER, C.: www.ondo.sea-rescue.de

WIRZ, H.: Seenot, Opfer, Siege – Ein Jahrhundert DGzRS – Bremen 1965

Die Aufsätze und Berichte von Augenzeugen sind zum Teil dem Schulbuch »Die große Flut in Hamburg – Eine Chronik der Katastrophe vom Februar 1962« entnommen. Für dieses Buch wurden sie leicht bearbeitet und zum Teil gekürzt.

# Dank an …

Ralph Annutsch, Hamburg · Axel-Springer-Verlag · Helga & Heinrich Baarck, Kranenburg · Heinrich Bauer-Verlag, Hamburg · Bezirksamt Wilhelmsburg · Harry Braun, Quickborn · Familie Buck, Kranenburg · Bundesamt für Seeschifffahrt und Hydrographie, Hamburg · Buxtehuder Tageblatt · Cuxhavener Nachrichten · Deutsche Presse Agentur, Hamburg · Deutsches Rotes Kreuz, Landesverband Hamburg · Karl Kühne, Cuxhaven · Dr. Hermann Eilers, Cuxhaven · Gerhardt Gebhardt, Rellingen · Gruner & Jahr, Hamburg · Werner Felsberg, Hamburg · Feuerwehr Hamburg · Hamburger Morgenpost · Hamburger Staatsarchiv · Silke Haß, Kiel · Torsten Heitsch, Otterndorf · Gertrud Hoffmann, Cuxhaven · Günther Holst, Neu-Wulmstorf · Hans-Dieter Kallmann, Cuxhaven · Horst Köhler, Großhansdorf · Dr. Meinhard Kofahl, Cuxhaven · Dr. Georg Koopmann, Hamburg · Horst Kopperschmidt, Cuxhaven · Günther Kressling, Hamburg · Magda Krim, Großhansdorf · Landesbildstelle Hamburg · Carl-Heinz Mannel, Hamburg · Ingeborg Michel, Cuxhaven · Norddeutscher Rundfunk, Hamburg · Karen Ohlen-Hansen, Büsum · Carl Osthoff, Hamburg · Familie Pflug, Hamburg · Polizei-Pressestelle Hamburg · Ute Salterberg, Hamburg · Erich Schildt, Hörne · Ernst-Gerhard Scholz, Elmshorn · Karl-Heinz Schulze, Kranenburg · Familie Seemann, Rübke · Stader Tageblatt · Hans-Dieter

Steffen, Hamburg · Rolf Stubbe, Hamburg · Ingrid Sührcke, Hamburg · Technisches Hilfswerk, Landesverband Hamburg · Udo Theel, Obernkirchen · Karl »Kuddl« Thielsch, Hamburg · Anna Valentin, Elmshorn · Gisela Wachtendorf, Cuxhaven · Uschi Weber, Elmshorn · Lotti Westphal, Hamburg · Knud Wildführ, Cuxhaven · Jule Monika Witt, Bergedorf

Sie alle haben mit ihren Erinnerungen, Aufzeichnungen, ihrem Sachverstand und vor allem mit ihrer Erzählbereitschaft wesentlich zum Gelingen dieses Buches beigetragen. Helga Quandt und Sonny Holst haben für den plattdeutschen Dialekt in den »Kranenburger Kapiteln« gesorgt. Schließlich möchte der Autor sich vor allem aber bei Angela Kuepper für ihre Engelsgeduld beim Lektorieren und ihre ermutigenden Worte bedanken.